Ein Recht auf Vergessen im Internet

Dissertation
zur Erlangung des Grades eines Doktors der Rechte
der Rechts- und Wirtschaftswissenschaftlichen Fakultät
der Universität Bayreuth

Vorgelegt
von
Livia Wagner
aus
Nürnberg

Dekan:	Prof. Dr. Martin Leschke
Erstberichterstatter:	Prof. Dr. Stefan Leible
Zweitberichterstatter:	Prof. Dr. Heinrich Amadeus Wolff
Tag der mündlichen Prüfung:	23. Mai 2018

Ein Recht auf Vergessen im Internet

Europäische Hochschulschriften

European University Studies

Publications Universitaires Européennes

Reihe II	**Rechtswissenschaft**
Series II	Law
Série II	Droit

Band/ Volume **6051**

Livia Wagner

Ein Recht auf Vergessen im Internet

Bibliografische Information der Deutschen Nationalbibliothek
Die Deutsche Nationalbibliothek verzeichnet diese Publikation in der Deutschen Nationalbibliografie; detaillierte bibliografische Daten sind im Internet über http://dnb.d-nb.de abrufbar.

Zugl.: Bayreuth, Univ., Diss., 2018

Die vorliegende Arbeit wurde durch ein Begabtenstipendium der Hanns-Seidel-Stiftung aus den Mitteln des Bundesministeriums für Bildung und Forschung (BMBF) gefördert.

Gedruckt auf alterungsbeständigem, säurefreiem Papier.
Druck und Bindung: CPI books GmbH, Leck

D 703
ISSN 0531-7312
ISBN 978-3-631-77434-2 (Print)
E-ISBN 978-3-631-77457-1 (E-PDF)
E-ISBN 978-3-631-77458-8 (EPUB)
E-ISBN 978-3-631-77459-5 (MOBI)
DOI 10.3726/b14922

© Peter Lang GmbH
Internationaler Verlag der Wissenschaften
Berlin 2018
Alle Rechte vorbehalten.
Peter Lang – Berlin · Bern · Bruxelles · New York · Oxford · Warszawa · Wien

Das Werk einschließlich aller seiner Teile ist urheberrechtlich geschützt.
Jede Verwertung außerhalb der engen Grenzen des Urheberrechtsgesetzes ist ohne Zustimmung des Verlages unzulässig und strafbar.
Das gilt insbesondere für Vervielfältigungen, Übersetzungen, Mikroverfilmungen und die Einspeicherung und Verarbeitung in elektronischen Systemen.

Diese Publikation wurde begutachtet.

www.peterlang.com

Für Marco, Constantin und Leonard

Danksagungen

Mein ganz besonderer Dank gilt meinem lieben Marco für all seine Unterstützung während der Bearbeitung meiner Dissertation.

Ein ganz besonderer Dank gilt auch meiner Mama, die mich auf meinem Weg immer begleitet und unterstützt.

Besonders danken möchte ich weiterhin meinen Geschwistern Fabian und Finja für ihre vielen lieben Worte während der Erstellung meiner Dissertation.

Ich möchte der Hanns-Seidel-Stiftung an dieser Stelle sehr herzlich für das Promotionsstipendium und die damit verbundene Förderung danken.

Mein besonderer Dank gilt dabei Herrn Professor Hans-Peter Niedermeier, Herrn Professor Ludwig Hilmer, Herrn Professor Gerd Strohmeier und Frau Isabel Küfer von der Hanns-Seidel-Stiftung.

Inhaltsverzeichnis

Literaturverzeichnis 21

Erstes Kapitel Einführung 29
  A. Aktualität der Thematik 29
  B. Überblick zu den Inhalten der Arbeit 31

Zweites Kapitel Grundlagen und Ausgangspunkte für das „Recht auf Vergessen" 37
  A. Einordnung des „Rechts auf Vergessen" 37
      I. Terminologische und anthropologische Einordnung 37
     II. Dogmatische Einordnung als datenschutzrechtlicher Löschungsanspruch 38
    III. Sachlicher Anwendungsbereich 39
        1. Personenbezug 39
        2. Inhaltsdaten 40
        3. Bildnisse als personenbezogene Daten 42
        4. Ursprünglich rechtmäßig eingestellte Daten 43
  B. Zielsetzung des „Rechts auf Vergessen" 44
      I. Digitalisierung und Vernetzung 44
     II. Chancen und Risiken für die Persönlichkeitsentfaltung 45
    III. Rechtsschutzziel des „Rechts auf Vergessen" 46
  C. Räumliche Anwendbarkeit des deutschen und europäischen Datenschutzrechts 47
      I. Bisherige Rechtslage 49
        1. Relevante Normen und ihre Reichweite 49
        2. Räumliche Anwendbarkeit nach dem „Niederlassungsprinzip" 49
        3. Räumliche Anwendbarkeit nach dem Territorialprinzip ... 51
     II. Wandel durch das Urteil des Europäischen Gerichtshofs vom 13. Mai 2014 52
        1. Die Entscheidung des Europäischen Gerichtshofs zur räumlichen Anwendbarkeit 53
          a. Hintergrund und maßgebliche Rechtsfrage 53
          b. Die Entscheidung des Europäischen Gerichtshofs 55

2. Bewertung und Reichweite 58
III. Der räumliche Anwendungsbereich
der Datenschutz-Grundverordnung 59
1. Die Reform der Datenschutzgesetze in Europa 59
2. Zielsetzung der Datenschutzreform 59
3. Stand der Reformen 60
4. Auswirkungen der Datenschutz-Grundverordnung
auf die deutsche Gesetzeslage 62
5. Das Marktortprinzip nach der
Datenschutz-Grundverordnung 62

D. Grundrechtlicher Rahmen eines „Rechts auf Vergessen" 64
I. Interessen des Betroffenen am Schutz seiner Daten 65
1. Deutsche Verfassungsebene 65
2. Europäische Rechtsebene 66
II. Entgegenstehende Interessen im Onlinebereich 67
III. Mittelbare Drittwirkung der Grundrechte unter Privaten 68

E. Grundprinzipien des Datenschutzrechts 69
I. Datenschutzrechtliches Verbotsprinzip mit Erlaubnisvorbehalt 69
II. Grundsätze der Datenvermeidung und Datensparsamkeit 70
III. Grundsätze der Zweckbindung und Erforderlichkeit 71

F. Potentielle Normen für ein „Recht auf Vergessen" im Internet 72
I. Bisherige Rechtslage in Deutschland 72
II. Künftige Rechtslage 74
1. Entwicklung der Normtexte 75
2. Abstrakte Betrachtung von Artikel 17
Datenschutz-Grundverordnung 77
a. Motivation des Gesetzgebers 77
b. Allgemeine Rezeption 78
3. Neuerungen im Vergleich zur bisherigen Gesetzeslage
im Überblick 79
a. Normtitel 79
b. Inhaltliche Unterschiede der Löschungsansprüche 80

Drittes Kapitel Ein „Recht auf Vergessen" im Hinblick auf selbst online gestellte Daten 83

A. Zulässigkeitsgrundlage für vom Betroffenen selbst online
gestellte Daten 83

- I. Eingriff in die Persönlichkeitsrechte oder reine Selbstschädigung 83
  1. Onlinestellen für sich genommen 84
  2. Betrachten der Daten durch Dritte 84
  3. Datenverarbeitungen durch den Dienstanbieter 84
- II. Einwilligung oder gesetzlicher Erlaubnistatbestand 85
- III. Erteilung der Einwilligung bei selbst eingestellten Daten 86
  1. Einwilligungserklärung für selbst online gestellte Inhaltsdaten 87
     a. Einwilligung in den Datenschutzbestimmungen 87
     b. Konkludente Einwilligung durch das Onlinestellen eigener Daten 88
        aa. Kein Verstoß gegen das Schriftformerfordernis nach bisheriger Rechtslage 89
        bb. Zulässigkeit der konkludenten Einwilligung im Datenschutzrecht 90
           (1) Bisherige Rechtslage 90
           (2) Rechtslage nach der Datenschutz-Grundverordnung 91
        cc. Abgrenzung der Willenserklärung mit Rechtsfolgenwillen von rein passivem Verhalten 92
  2. Einwilligung bei Minderjährigen 94
     a. Einwilligende Personen 94
     b. Einsichtsfähigkeit 96
        aa. Bisherige Rechtslage 96
        bb. Rechtslage nach der Datenschutz-Grundverordnung 96
     c. Kontrolle und Altersverifikation 97

B. Potentielle Mittel, um selbst online gestellte Daten „zurückzuholen" 98

C. Löschung wegen Widerrufs der datenschutzrechtlichen Einwilligung 98
- I. Widerruf der datenschutzrechtlichen Einwilligung nach derzeitiger Rechtslage 99
  1. Gesetzliche Anknüpfungspunkte 99
     a. Keine bundesgesetzliche Normierung des Widerrufsrechts für Inhaltsdaten 99
     b. Anspruchsgrundlage für die Löschung 100
        aa. Zweckwegfall wegen Widerrufs der Einwilligung 100
        bb. Löschungsanspruch aus § 35 Absatz 2 Satz 2 Nummer 1 Bundesdatenschutzgesetz 101
  2. Konsequenzen des erfolgreichen Widerrufs 101
  3. Erteilungsform des Widerrufs 102
  4. Inhaltliche Zulässigkeitsvoraussetzungen des Widerrufs 103

   a. Erste Phase: Widerruflichkeit vor Beginn
     der Datenverarbeitung 103
   b. Zweite Phase: Widerruflichkeit nach Beginn
     der Datenverarbeitung 103
     aa. Widerruf bei Veränderung des Verwendungszwecks ... 104
     bb. Widerruf bei Wegfall der rechtsgeschäftlichen
       Beziehung 105
     cc. Widerruf bei Persönlichkeitswandel des Betroffenen ... 105
       (1) Ansicht der freien Widerruflichkeit 106
       (2) Ansicht der beschränkten Widerruflichkeit 106
       (3) Streitentscheid und Übertragung
         auf alle Datenformen 107
       (4) Zwischenergebnis 108
 II. Widerruf der datenschutzrechtlichen Einwilligung nach
   der Datenschutz-Grundverordnung 108
   1. Normierung der Widerruflichkeit 108
     a. Die Widerruflichkeit nach Artikel 7 Absatz 3
       Datenschutz-Grundverordnung 109
     b. Vergleich mit dem Einwilligungswiderruf nach
       bisheriger Rechtslage 110
     c. Erforderlichkeit einer Interessenabwägung 111
       aa. Argumente aus der bisherigen Rechtslage
         im Datenschutzrecht 112
       bb. Kein absolutes Grundrecht auf informationelle
         Selbstbestimmung 113
       cc. Argumente aus der Entwicklung
         der Datenschutz-Grundverordnung 114
 III. Interessenabwägung im Einzelnen 115
   1. Betroffene Interessen 116
     a. Interessen des Betroffenen 116
     b. Interessen der Online-Dienstanbieter 117
   2. Abwägungsaspekte im Einzelnen 117
     a. Sensibilität der Daten 118
     b. (Un)entgeltlichkeit 119
     c. Konsequenzen für den Dienstanbieter 120
     d. Eigenverantwortlichkeit des Betroffenen 121
       aa. Verbraucherleitbild im Internet als Grundlage 122
       bb. Das „Altersgruppenmodell" 122
         (1) Besonderes Schutzbedürfnis 123
         (2) Altersgrenze 18 124
       cc. Zwischenergebnis 126

    e. Persönlichkeits- und Gesinnungswandel des Betroffenen ... 126
     aa. Maßstäbe des § 42 Absatz 1 Satz 1 Urhebergesetz 128
     bb. Übertragung auf den Onlinebereich 129
     cc. Zwischenergebnis 130
 D. Ergebnis zum Widerruf 130
 E. Zeitliche Befristung der Einwilligung („Verfallsdatum") 131
  I. Auslegung der Einwilligung hinsichtlich
   einer zeitlichen Befristung 131
   1. Schlichtes Onlinestellen ohne weitere Anhaltspunkte 132
   2. Anhaltspunkte für die Auslegung einer zeitlich
    begrenzten Einwilligung 133
    a. Speicherfristen in § 35 Absatz 2 Satz 2
     Nummer 4 Bundesdatenschutzgesetz 134
    b. Zeitliche Befristung der Einwilligung nach
     der Datenschutz-Grundverordnung 136
     aa. Wunsch nach Wiederaufnahme
      des Löschungsanspruchs wegen Ablaufs
      der Einwilligungsspeicherfrist in
      die Datenschutz-Grundverordnung 136
     bb. Wie geht es weiter ohne einen expliziten
      Löschungsanspruch? 137
  II. Ergebnis zur zeitlichen Befristung der Einwilligung 138
 F. Technischer Selbstdatenschutz im Internet 139
  I. Gesetzliche Anknüpfungspunkte zum technischen
   Selbstdatenschutz 140
  II. Technisch eingeschränkte Zugriffsmöglichkeit des Betroffenen ... 140
  III. Konsequenzen für die Praxis 141
  IV. Technische Implementierungsansätze 142
   1. „Digital Rights Management"-Techniken 142
   2. Softwareumsetzungsmechanismen 142
    a. Das Programm „X-Pire!" 143
     aa. Funktionsweise von „X-Pire!" 143
     bb. Analyse der Technologie „X-Pire!" 144
     cc. Resümee zu „X-Pire!": Stärkung des
      Selbstdatenschutzes 145
    b. Das Programm „Vanish" 145
   3. Vorzug der Softwarelösung 146
 G. Gesamtergebnis zum dritten Kapitel 147

Viertes Kapitel Ein „Recht auf Vergessen" im Hinblick auf Online-Archive der Presse 149

- A. Anwendung des Allgemeinen Persönlichkeitsrechts 150
  - I. Das datenschutzrechtliche Medienprivileg 152
  - II. Anwendung des Medienprivilegs auf journalistische Online-Archive 153
- B. Räumliche Anwendbarkeit des deutschen Persönlichkeitsrechts 154
- C. Einordnung der persönlichkeitsrechtlichen Herausforderung 156
  - I. Legitimes Interesse an einem Rückzug aus der Öffentlichkeit 156
  - II. Zwei-Stufen-Konzept 157
  - III. Schwerpunkt: Online archivierte Berichte über Straftaten und Strafverdachte 158
- D. Ein „Recht auf Vergessen" in Bezug auf journalistische Berichterstattungen in Online-Archiven über Strafverurteilungen ... 160
  - I. Ergangene Rechtsprechung 161
    1. Rechtsprechung vor 2009 161
       a. „Lebach I" und „Lebach II"-Entscheidungen des Bundesverfassungsgerichts 161
       b. Rechtsprechung deutscher Instanzgerichte 162
    2. Die „Online-Archive"-Urteilsreihe des Bundesgerichtshofs 163
    3. Jüngste Entscheidungen „Gazprom" und „Apollonia" 165
  - II. Rechtliche Beurteilung im Einzelnen 167
    1. Rechtsschutzziel und Anspruchsgrundlage 167
    2. Eingriff in das Allgemeine Persönlichkeitsrecht 167
    3. Rechtfertigung des Eingriffs 168
       a. Betroffene Interessen 169
          aa. Interessen des Betroffenen 169
          bb. Interessen des Online-Archiv-Betreibers und der Allgemeinheit 169
       b. Rechts- und Interessenabwägung im Einzelnen 170
          aa. Ausgangspunkt: Das Grundsatz-Ausnahme-Modell des Bundesgerichtshofs 171
             (1) Presserechtliche Äußerungsrechtsgrundsätze 172
             (2) Öffentliches Informationsinteresse an zeitgeschichtlicher Recherche 173
             (3) Kommunikationspolitische Bedeutung von Online-Archiven 174

(4) Wertungen des datenschutzrechtlichen
Medienprivilegs 175
bb. Kein absolutes „Recht auf Vergessen" 176
cc. Substanzieller Nachteil für das Persönlichkeitsrecht 177
dd. Keine fixierten Fristen 178
ee. Potentielle Gewichte zu Gunsten des Betroffenen 179
    (1) Bedeutungszuwachs des
        Resozialisierungsinteresses 179
    (2) Art und Weise der Berichterstattung 180
    (3) Erneute Veröffentlichung – Ursprung
        dieses Abwägungsmerkmals 182
        (a) Dogmatische Einordnung
            als Abwägungsaspekt 182
        (b) Mindermeinung: Erneute Berichterstattung ... 183
        (c) Herrschende Ansicht: Keine
            erneute Berichterstattung 184
    (4) Breitenwirkung des berichtenden Mediums 185
        (a) Vertreter einer hohen Breitenwirkung
            bei Online-Archiven 186
        (b) Bundesgerichtshof: Geringe
            Breitenwirkung in Online-Archiven 187
    (5) Erkennbarkeit als Altbericht 189
        (a) Einbettung in ein „Archiv" 189
        (b) Kennzeichnung als Altbericht 190
            (aa) Erforderlichkeit einer zusätzlichen
                  Kennzeichnung 190
            (bb) Konkrete Kennzeichnungsmerkmale 191
4. Anonymisierung als milderes Mittel 191
   a. Standpunkt des Oberlandesgerichts Hamburg:
      Anonymisierung genügt 192
   b. Standpunkt des Bundesgerichtshofs: Anonymisierung
      nicht ausreichend 192
5. Keine proaktive Prüfungspflicht der Archivbetreiber 193
   a. Kontrollpflicht bei von Dritten bestückten
      Online-Archiven 194
   b. Kontrollpflicht bei selbst bestückten Online-Archiven 194
   c. Zwischenergebnis: Keine proaktive Prüfungspflicht 197
6. Besonderheiten bei Bildern und „Teasern" 197

E. Ein „Recht auf Vergessen" bei identifizierenden Strafverdachts-berichterstattungen in journalistischen Online-Archiven 198
    I. Überblick zu den Rechtmäßigkeitsvoraussetzungen einer journalistischen Strafverdachtsberichterstattung 199
    II. Auswirkungen des nachträglichen Verdachtswegfalls 200
    III. Das „Gazprom"-Urteil 201
    IV. Maßstäbe der Interessenabwägung im Einzelnen 202
        1. Vereinbarkeit mit der Unschuldsvermutung 203
        2. Differenzierung nach Einstellungsgründen 204
            a. Verfahrenseinstellung gemäß § 153a Strafprozessordnung 205
            b. Verfahrenseinstellung gemäß § 170 Absatz 2 Strafprozessordnung 206

F. Ein „Recht auf Vergessen" bei online archivierten Berichterstattungen außerhalb von Strafurteilen und Strafverfahren 208

G. Neue Rechtsentwicklungen 209
    I. Auswirkungen der Datenschutz-Grundverordnung 209
    II. Auswirkungen des „Google"-Urteils des Europäischen Gerichtshofs 210

H. Ergebnis zum vierten Kapitel 210

Fünftes Kapitel Ein „Recht auf Vergessen" gegenüber Internetsuchmaschinen 213

A. Rechtliche Kernfrage 214

B. Funktionsablauf des Suchdienstes 216

C. Das Urteil des Europäischen Gerichtshofs 216
    I. Sachverhalt und Gang des Rechtsstreits 217
    II. Ergebnisse des Urteils und Reaktionen im Allgemeinen 218

D. Datenschutzrechtliche Verantwortlichkeit für Suchergebnisse 220
    I. Vorlagefragen zur Datenverarbeitung und Verantwortlichkeit 221
    II. „Datenverarbeitung" durch Anzeige von Suchergebnissen 222
    III. Suchmaschinenbetreiber als „für die Verarbeitung Verantwortlicher" 223
        1. Auffassung des EU-Generalanwalts 223
        2. Auffassung des Europäischen Gerichtshofs 224

IV. Gesetzliche Grundlagen der Datenverarbeitung
durch Suchmaschinen 226
1. Einwilligung 226
2. Gesetzliche Erlaubnistatbestände 227
V. Zwischenergebnis zur eigenen datenschutzrechtlichen
Verantwortlichkeit von Suchmaschinenbetreibern 228
E. Ein „Recht auf Vergessen" bei regulären Suchergebnissen 228
I. Erforderlichkeit einer Rechts- und Interessenabwägung 231
II. Kollidierende Grundrechte 233
1. Grundrechte des Betroffenen 233
2. Grundrechte der Suchmaschinenbetreiber 234
   a. Meinungsfreiheit für Suchmaschinenbetreiber 235
   b. Pressefreiheit für Suchmaschinenbetreiber 236
3. Grundrechte der Allgemeinheit 237
4. Grundrechte der Betreiber der Ursprungswebseite 238
5. Zwischenergebnis 238
III. Abwägungsmaßstäbe des Europäischen Gerichtshofs
im „Google"-Urteil 238
1. Grundsatz-Ausnahme-Modell des Europäischen
Gerichtshofs 239
2. Differenzierte Behandlung des Betreibers
der Ursprungswebseite 240
3. Vorgehensweise für den Betroffenen 241
IV. Rezeption und Weiterentwicklung der Urteilsmaßstäbe 242
1. Ausgangspunkt: Das Betroffeneninteresse 243
   a. Kein Per-se-Überwiegen des Betroffeneninteresses 244
      aa. Argument der Gleichgewichtsverschiebung 244
      bb. Argument der drohenden Internetzensur 245
2. Potentielle Abwägungsaspekte 246
   a. Potentielle Gewichte für das Betroffeneninteresse 246
      aa. Zeitablauf 246
      bb. Betroffene Lebenssphäre 248
      cc. Subjektives Empfinden des Betroffenen 248
      dd. Eigenverantwortlichkeit des Betroffenen 249
   b. Ausgleich mit den Interessen
      der Suchmaschinenbetreiber 250
      aa. Keine Rechtfertigung durch rein wirtschaftliche
          Interessen 250
      bb. Kenntnisnahmemöglichkeit
          der Suchmaschinenbetreiber 251

cc. Keine proaktive Prüf- und Überwachungspflicht 251
dd. Eigene Prüfungskompetenzen des
Suchmaschinenbetreibers 252
(1) Kompetenzüberschreitung
der Suchmaschinenbetreiber 253
(2) Gefährdung der Informations-, Meinungs-
und Pressefreiheit 254
(3) Lösung durch externe Schlichtungsstelle 255
c. Ausgleich zum Informationsinteresse der Allgemeinheit
sowie zu den Interessen der Betreiber
der Ursprungswebseiten 256
aa. Differenzierung zwischen Suchergebnis
und Ursprungsquelle 256
bb. Gewichtung des öffentliches Interesses im Einzelfall 257
(1) Sondergewichtung bei journalistischen
Online-Archiven 258
(2) Öffentliches Interesse bei gesetzlichen
Anordnungen, öffentlichem Beamtenverhalten
und strafrechtlichen Verurteilungen 260
(3) Rolle und Bekanntheit des Betroffenen
im öffentlichen Leben 260

F. Reichweite des „Google"-Urteils 261
  I. Namensbezogene Suchabfragen in Online-Suchmaschinen 261
  II. Aspekt des Marktanteils 262
G. Künftige Rechtsentwicklungen 263
  I. Kein „Grundrecht auf Vergessenwerden" 263
  II. Auswirkungen der Datenschutz-Grundverordnung 264
    1. Auswirkungen des „Google"-Urteils auf den direkten
       Löschungsanspruch im Hinblick auf Suchergebnisse nach
       der künftigen Rechtslage 265
    2. Streben nach Konkretisierung der Abwägungsmaßstäbe 266
H. Gesamtergebnis zum fünften Kapitel 268

Sechstes Kapitel Rechtsfolgenseite des „Rechts auf Vergessen" 269

A. Materiell-rechtliche Umsetzungspflichten 269
  I. Rechtliche Grundlagen 269
    1. Recht oder „Pflicht auf Vergessen" 269
    2. Die „Löschung" im Datenschutzrecht 270

      a. Funktionales Verständnis nach derzeitiger Gesetzeslage 270
      b. Technische Umsetzungsmethoden einer funktionalen
         Löschung 271
   3. Maßstab auf Rechtsfolgenseite: Möglichkeit und Zumutbarkeit 271
II. Löschung der Daten auf den eigenen Servern
    der verantwortlichen Stelle 272
   1. Möglichkeit und Zumutbarkeit einer funktionalen
     Datenlöschung 272
   2. Online-Suchmaschine als direkter Anspruchsgegner 274
   3. Umsetzungsfrist 275
III. Umsetzungspflichten hinsichtlich der Datenkopien
    auf fremden Servern, die mit Zutun der verantwortlichen
    Stelle an Dritte gelangt sind 275
   1. Derzeitige Rechtslage 276
   2. Künftige Rechtslage 276
IV. Umsetzungspflichten hinsichtlich der Datenkopien
    auf *fremden* Servern, die *ohne Zutun* der verantwortlichen
    Stelle an Dritte gelangt sind 277
   1. Keine Anwendbarkeit des § 35 Absatz 7
     Bundesdatenschutzgesetz 278
   2. Neuregelung in Artikel 17 Absatz 2a
     Datenschutz-Grundverordnung 279
      a. Anwendungsbereich der Norm 280
      b. Prüfungsmaßstab: Möglichkeit und Zumutbarkeit 281
   3. Auffinden der Daten auf fremden Servern 282
      a. Möglichkeiten zur Auffindung von Datenkopien
         auf fremden Servern 282
        aa. Relevanz der technischen Komponente
           im Allgemeinen 282
        bb. Löschungsmöglichkeiten und ihre Grenzen
           im Internet 283
        cc. Die „analoge Lücke" als Markierung
           der rechtlichen Unmöglichkeitsgrenze 284
        dd. Möglichkeiten zum Auffinden digital angefertigter
           Kopien und Verlinkungen 285
        ee. Das „Digitale Wasserzeichen" 286
      b. Zumutbarkeit des Aufspürens von Datenkopien
         nach bewussten Datenzugriffen Dritter 287
        aa. Orientierung am realen Rechtsschutzbedürfnis 288

        bb. Verpflichtung zur Durchforstung
von Online-Suchmaschinen 289
           (1) Ansichten in Rechtsprechung und Fachliteratur 289
           (2) Argumentationsansatz unter Berücksichtigung
der künftigen Rechtsentwicklung 290
        cc. Löschungsbemühungen innerhalb
eines Kommunikationsnetzwerks 291
        dd. Verpflichtungsumfang bei Hinweis durch
den Betroffenen 292
        ee. Onlinedienste, die auf dauerhafte Webarchivierung
ausgelegt sind 293
        ff. Rechtliche Zumutbarkeit der Verwendung digitaler
Wasserzeichen 294
    4. Einflussnahme auf die anderen Stellen 295
      a. Dogmatische Ausgestaltung und
Verantwortungsverteilung nach Artikel 17 Absatz 2a
Datenschutz-Grundverordnung 295
        aa. Entwicklung des Normtextes 295
        bb. Bewertung 296
      b. Konkretisierung der „angemessenen Maßnahmen" 297
      c. Fehlende Regelung der Konsequenzen 298

B. Sanktionen als Rechtsfolge 299
  I. Sanktionen nach derzeitiger Rechtslage 299
  II. Sanktionen nach der Datenschutz-Grundverordnung 300

C. Rechtsdurchsetzung 301

D. Gesamtergebnis zum sechsten Kapitel 302

Siebtes Kapitel Zusammenfassung und Ausblick 305

Literaturverzeichnis

Albrecht, Jan Philipp: Die EU-Datenschutzgrundverordnung rettet die informationelle Selbstbestimmung!, ZD 2013, S. 587–591

Alexander, Christian: Urheber- und persönlichkeitsrechtliche Fragen eines Rechts auf Rückzug aus der Öffentlichkeit, ZUM 2011, S. 382–389

Altenhain, Karsten/ Heitkamp, Ansgar: Altersverifikation mittels des elektronischen Personalausweises, K&R 2009, S. 619–625

Arenas Ramiro, Mónica/ Yankova, Silviya: Spanische Datenschutzbehörde (AEPD) vs. Google: „Das Recht auf Vergessen", ZD-Aktuell 2012, 02845, ZD Fokus S. V–VIII

Auernhammer, Herbert: Bundesdatenschutzgesetz (BDSG) Kommentar, 4. Auflage, Köln 2014

Ballhausen, Miriam/ Roggenkamp, Jan Dirk: Personenbezogene Bewertungsplattformen, K&R 2008, S. 403–410

Beckhusen, G. Michael: Der Datenumgang innerhalb des Kreditinformationssystems der SCHUFA: unter besonderer Berücksichtigung des Scoring Verfahrens ASS und der Betroffenenrechte, Baden-Baden 2004

Berberich, Matthias: Die urheberrechtliche Zulässigkeit von Thumbnails bei der Suche nach Bildern im Internet, MMR 2005, S. 145–148

Boehme-Neßler, Volker: Das Recht auf Vergessenwerden – Ein neues Internet-Grundrecht im Europäischen Recht, NVwZ 2014, S. 825–830

Brand, Peter-Andreas: Persönlichkeitsrechtsverletzungen im Internet, E-Commerce und „Fliegender Gerichtsstand", NJW 2012, S. 127–130

Bräutigam, Peter: Das Nutzungsverhältnis bei sozialen Netzwerken – Zivilrechtlicher Austausch von IT-Leistungen gegen personenbezogene Daten, MMR 2012, S. 635–641

Buchner, Benedikt: Betriebliche Datenverarbeitung zwischen Datenschutz und Informationsfreiheit, in: Bauer/ Kort/ Möllers/ Sandmann (Hrsg.): Festschrift für Herbert Buchner, München 2009, S. 153–162

Bull, Hans Peter: Persönlichkeitsschutz im Internet: Reformeifer mit neuen Ansätzen, NVwZ 2011, S. 257–263

Calliess, Christian/ Ruffert, Matthias: EUV/AEUV – Das Verfassungsrecht der Europäischen Union mit Europäischer Grundrechtecharta – Kommentar, 4. Auflage, München 2011

Caspar, Johannes: Datenschutz im Verlagswesen: Zwischen Kommunikationsfreiheit und informationeller Selbstbestimmung, NVwZ 2010, S. 1451–1457

Däubler, Wolfgang/ Klebe, Thomas/ Wedde, Peter/ Weichert, Thilo: Bundesdatenschutzgesetz: Kompaktkommentar zum BDSG, 5. Auflage, Köln 2016

Dehmel, Susanne/ Hullen, Nils: Auf dem Weg zu einem zukunftsfähigen Datenschutz in Europa?, ZD 2013, S. 147–153

Dreier, Thomas/ Euler, Ellen/ Fischer, Veronika/ van Raay, Anne: Musseen, Bibliotheken und Archive in der Europäischen Union, ZUM 2012, S. 273–281

Dreier, Thomas/ Schulze, Gernot: Urheberrechtsgesetz Kommentar, 5. Auflage, München 2015

Eberle, Carl-Eugen: Medien und Datenschutz – Antinomien und Antipathien, MMR 2008, S. 508–513

Erd, Rainer: Datenschutzrechtliche Probleme sozialer Netzwerke, NVwZ 2011, S. 19–22

Federrath, Hannes/ Fuchs, Karl-Peter/ Herrmann, Dominik/ Maier, Daniel/ Scheuer, Florian/ Wagner, Kai: Grenzen des „digitalen Radiergummis", DuD 2011, S. 403–407

Feldmann, Thorsten: Das „Recht auf Vergessenwerden", DSRITB 2012, S. 675–687

Frenz, Walter: Konkretisierte Abwägung zwischen Pressefreiheit und Persönlichkeitsschutz, NJW 2012, S. 1039–1042

Frömming, Jens/ Peters, Butz: Die Einwilligung im Medienrecht, NJW 1996, S. 958–962

Gerling, Sebastian/ Gerling Rainer W.: Wie realistisch ist ein „Recht auf Vergessenwerden"?, DuD 2013, S. 445–446

Gersdorf, Hubertus/ Paal, Boris P.: Beck'scher Online-Kommentar Informations- und Medienrecht, 16. Edition, München 2017

Giurgiu, Andra: Die Modernisierung des europäischen Datenschutzrechts – Was Unternehmen erwartet, CCZ 2012, S. 226–229

Gola, Peter/ Klug, Christoph/ Körffer, Barbara/ Schomerus, Rudolf: Bundesdatenschutzgesetz Kommentar, 12. Auflage, München 2015

Gounalakis, Georgios/ Klein, Catherine: Zulässigkeit von personenbezogenen Bewertungsplattformen – Die „Spickmich" Entscheidung des BGH vom 23.6.2009, NJW 2010, S. 566–571

Greve, Holger/ Schärdel, Florian: Der digitale Pranger – Bewertungsportale im Internet, MMR 2008, S. 644–650

Gstrein, Oskar Josef: Die umfassende Verfügungsbefugnis über die eigenen Daten, ZD 2012, S. 424–428

Härting, Niko: „Prangerwirkung" und „Zeitfaktor", CR 2009, S. 21–28

Ders.: Starke Behörden, schwaches Recht – der neue EU-Datenschutzentwurf, BB 2012, S. 459–466

Ders.: Datenschutz-Grundverordnung, DSRITB 2012, S. 687–699

Ders./ Schneider, Jochen: Wird der Datenschutz nun endlich internettauglich?, ZD 2012, S. 199–203

Ders.: Zweckbindung und Zweckänderung im Datenschutzrecht, NJW 2015, S. 3284–3288

Hauck, Romy: Bereicherungsausgleich bei Anweisungsfällen nach Umsetzung der Zahlungsdienstrichtlinie, JuS 2014, S. 1066–1070

Heckmann, Dirk: Vertrauen in virtuellen Räumen?, K&R 2010, S. 1–7

Ders.: Das EU-Datenschutzpaket: Keine Jahrhundertreform, in: Leible/ Kutschke (Hrsg.): Der Schutz der Persönlichkeit im Internet, Stuttgart u.a. 2013, S. 17–32

Ders.: Zweckbindung und Zweckänderung im Datenschutzrecht, NJW 2015, S. 3284–3289

Heidrich, Joerg/ Forgó, Nikolaus/ Feldmann, Thorsten: Heise Online-Recht: Der Leitfaden für Praktiker & Juristen, Auflage 2011 (Loseblattsammlung), Hannover 2011

Herrmann, Joachim: Modernisierung des Datenschutzrechts – ausschließlich eine europäische Aufgabe?, ZD 2012, S. 49

Hoeren, Thomas: Anonymität im Web – Grundfragen und aktuelle Entwicklungen, ZRP 2010, S. 251–253

Ders.: Und der Amerikaner wundert sich... – Das Google-Urteil des EuGH, ZD 2014, S. 325–326

Ders./ Sieber, Ulrich/ Holznagel, Bernd: Handbuch Multimedia-Recht, Juni 2015 (42. Ergänzungslieferung), München 2015

Hornung, Gerrit: Datenschutz durch Technik in Europa, ZD 2011, S. 51–56

Ders.: Eine Datenschutz-Grundverordnung für Europa?, ZD 2012, S. 99–106

Hürlimann, Daniel: Das Google-Urteil des EuGH und die Entfernungspflicht von Suchmaschinen nach schweizerischem Rechts, sui-generis 2014, S. 1–21 (online abrufbar unter http://sui-generis.ch/pdf/huerlimann_eugh-google.pdf)

Jandt, Silke/ Roßnagel, Alexander: Datenschutz in Social Networks, ZD 2011, S. 160–166

Dies.: Social Networks für Kinder und Jugendliche – Besteht ein ausreichender Datenschutz?, MMR 2011, S. 637–642

Dies./ Kieselmann, Olga/ Wacker, Arno: Recht auf Vergessen im Internet, DuD 2013, S. 235–241

Janal, Ruth: Abwehransprüche im elektronischen Markt der Meinungen, CR 2005, S. 873–878

Jarass, Hans D.: Charta der Grundrechte der Europäischen Union: unter Einbeziehung der vom EuGH entwickelten Grundrechte, der Grundrechtsregelungen der Verträge und der EMRK – Kommentar, 3. Auflage, München 2016

Jotzo, Florian: Gilt deutsches Datenschutzrecht auch für Google, Facebook & Co. bei grenzüberschreitendem Datenverkehr?, MMR 2009, S. 232–237

Kalabis, Lukas/ Selzer, Annika: Das Recht auf Vergessenwerden nach der geplanten EU-Verordnung, DuD 2012, S. 670–675

Karg, Moritz/ Fahl, Constantin: Rechtsgrundlagen für den Datenschutz in sozialen Netzwerken, K&R 2011, S. 453–457

Kaufmann, Noogie C.: Für immer und ewig beschuldigt? Verdachtsberichterstattung im Internet und Onlinearchive, MMR 2010, S. 520–523

Kipker, Dennis-Kenji/ Voskamp, Friederike: Datenschutz in sozialen Netzwerken nach der Datenschutzgrundverordnung, DuD 2012, S. 737–742

Klass, Nadine: Die zivilrechtliche Einwilligung als Instrument zur Disposition über Persönlichkeitsrechte, AfP 2005, S. 507–518

Knabe, Axel: Rechtssicherheit im virtuellen öffentlichen Raum, in: Schünemann/ Weiler (Hrsg.): E-Government und Netzpolitik im europäischen Vergleich, Baden-Baden 2012

Kodde, Claudia: „Die Pflicht zu Vergessen", ZD 2013, S. 115–118

Köhler, Helmut/ Bornkamm, Joachim: Gesetz gegen den unlauteren Wettbewerb, 33. Auflage, München 2015

Koreng, Ansgar/ Feldmann, Thorsten: Das „Recht auf Vergessen", ZD 2012, S. 311–315

Korte, Benjamin: Internationale/ örtliche Zuständigkeit und anwendbares Recht bei Persönlichkeitsrechtsverletzungen im Internet , in: Leible/ Kutschke (Hrsg.): Der Schutz der Persönlichkeit im Internet, Stuttgart u. a. 2013, S. 103–121

Kühling, Jürgen/ Seidel, Christian/ Sivridis, Anastasios: Datenschutzrecht, 2. Auflage 2015

Kühn, Ulrich/ Karg, Moritz: Löschung von Google-Suchergebnissen – Umsetzung der EuGH-Entscheidung durch den Hamburgischen Datenschutzbeauftragten, ZD 2015, S. 61–66

Künast, Renate: „Meine Daten gehören mir" – und der Datenschutz gehört ins Grundgesetz, ZRP 2008, S. 201–205

Lackum, v. Jens: Verantwortlichkeit der Betreiber von Suchmaschinen, MMR 1999, S. 697–704

Lang, Markus: Reform des EU-Datenschutzrechts, K&R 2012, S. 145–151

Lederer, Beatrice: Das Verbraucherleitbild im Internet, NJW 2011, S. 3274–3275

Leible, Stefan/ Kutschke, Torsten: Der Schutz der Persönlichkeit im Internet, Stuttgart u. a. 2013

Lerch, Hana/ Krause, Beate/ Hotho, Andreas/, Roßnagel, Alexander/ Stumme, Gerd: Social Bookmarking-Systeme – die unverkannten Datensammler – Ungewollte personenbezogene Datenverarbeitung?, MMR 2010, S. 454–458

Lettl, Tobias: Medienberichterstattung und allgemeines Persönlichkeitsrecht, WRP 2005, S. 1045–1987

Leutheusser-Schnarrenberger, Sabine: Zur Reform des europäischen Datenschutzrechts, MMR 2012, S. 709–710

Lewinski v., Kai, Europäisierung des Datenschutzrechts, DuD 2012, S. 564–570

Libertus, Michael: Die Einwilligung als Voraussetzung für die Zulässigkeit von Bildnisaufnahmen und deren Verbreitung, ZUM 2007, S. 621–628

Ders.: Determinanten der Störerhaftung für Inhalte in Onlinearchiven, MMR 2007, S. 143–149

Ders.: Umfang und Reichweite von Löschungspflichten bei Rechtsverstößen im Internet, ZUM 2005, S. 627–631

Lindner, Eric: Die datenschutzrechtliche Einwilligung nach §§ 4 Abs. 1, 4a BDSG: ein zukunftsfähiges Institut?, Hamburg 2013

Lorenz, Bernd: Das Schriftformerfordernis für das Veröffentlichen von Bildnissen, ZD 2012, S. 367–371

Mann, Roger: Muss das Internet Vergessen lernen?, in: Leible/ Kutschke (Hrsg.): Der Schutz der Persönlichkeit im Internet, Stuttgart u. a. 2013, S. 133–142

Masing, Johannes: Herausforderungen des Datenschutzes, NJW 2012, S. 2305–2311

Mayer-Schönberger, Viktor: Delete – Die Tugend des Vergessens in digitalen Zeiten, 3. Auflage, Wiesbaden, Berlin 2015

Meyer-Goßner, Lutz: Strafprozessordnung: Gerichtsverfassungsgesetz, Nebengesetze und ergänzende Bestimmungen, 58. Auflage, München 2015

Milstein, Alexander/ Lippold, Matthias: Suchmaschinenergebnisse im Lichte der Meinungsfreiheit der nationalen und europäischen Grund- und Menschenrechte, NVwZ 2013, S. 182–187

Möhring, Philipp/ Nicolini, Käte: Urheberrecht Kommentar, 3. Auflage, München 2014

Molle, Alexander: Die Verdachtsberichterstattung, ZUM 2010, S. 331–336

Nebel, Maxi/ Richter, Philipp: Datenschutz bei Internetdiensten nach der DS-GVO, ZD 2012, S. 407–413

Nolte, Norbert: Zum Recht auf Vergessen im Internet, ZRP 2011, S. 236–240

Ders.: Das Recht auf Vergessenwerden – Mehr als nur ein Hype?, NJW 2014, S. 2238–2242

Ohly, Ansgar: Verändert das Internet unsere Vorstellung von Persönlichkeit und Persönlichkeitsrecht?, AfP 2011, S. 428–438

Ders.: Zwölf Thesen zur Einwilligung im Internet, GRUR 2012, S. 983–993

Ott, Stephan: Das Internet vergisst nicht – Rechtsschutz für Suchobjekte?, MMR 2009, S. 158–163

Palandt, Otto: Bürgerliches Gesetzbuch, 75. Auflage, München 2015

Petersdorff-Campen, Thomas v.: Persönlichkeitsrecht und digitale Archive, ZUM 2008, S. 102–108

Piltz, Carlo: Spaniens Don Quijote: Google gegen die Datenschutzbehörde, ZD 2013, S. 259–263

Ders.: Der räumliche Anwendungsbereich europäischen Datenschutzrechts, K&R 2013, S. 292–296

Rando Casermeiro, Pablo/ Hoeren, Thomas: Konturen des „Rechts auf Vergessenwerden", GRUR-Prax 2014, S. 537–539

Rauda, Christian, Der Rückruf wegen gewandelter Überzeugung nach § 42 UrhG – Von Web 2.0 aus dem Dornröschenschlaf geweckt?, GRUR 2010, S. 22–27

Reding, Viviane: Herausforderungen an den Datenschutz bis 2020: Eine europäische Perspektive, ZD 2011, S. 1–2

Diess.: Sieben Grundbausteine der europäischen Datenschutzreform, ZD 2012, S. 195–198

Rohlfing, Bernd/ Kobusch, Christian: Das urheberrechtliche Rückrufsrecht an Dissertationen wegen gewandelter Überzeugung, ZUM 2000, S. 305–310

Ronellenfitsch, Michael: Fortentwicklung des Datenschutzes, DuD 2012, S. 561–563

Roßnagel, Alexander/ Richter, Philipp/ Nebel, Maxi: Besserer Internetdatenschutz für Europa, ZD 2013, S. 103–108

Sajuntz, Sascha: Die Entwicklung des Presse- und Äußerungsrechts in den Jahren 2010 bis 2012, NJW 2012, S. 3761–3768

Schaar, Peter: Datenschutzrechtliche Einwilligung im Internet, MMR 2001, S. 644–648

Schaffland, Hans-Jürgen/ Wiltfang, Noeme: Bundesdatenschutzgesetz: Kommentar, Berlin, Stand: 2013

Schneider, Jochen/ Härting, Niko: Warum wir ein neues BDSG brauchen, ZD 2011, S. 63–68

Schoch, Friedrich: Das Recht auf informationelle Selbstbestimmung in der Informationsgesellschaft, in: Sachs, Michael/ Siekmann, Helmut (Hrsg.), Festschrift für Klaus Stern, 2012, S. 1491–1512

Schricker, Gerhard/ Loewenheim, Ulrich: Urheberrechtskommentar, 4. Auflage, München 2010

Schröder, Markus: Datenschutz als Wettbewerbsvorteil – Es ist an der Zeit!, ZD 2012, S. 193–194

Schultze-Melling, Jyn: Ein Datenschutzrecht für Europa – eine schöne Utopie oder irgendwann ein gelungenes europäisches Experiment?, ZD 2012, S. 97–98

Ders.: Datenschutz jenseits und diesseits des Atlantiks – Ein Nachruf zum Tod von Alan F. Westwin und Wilhelm Steinmüller, ZD 2013, S. 145–146

Schwartz, Paul M.: „Personenbezogene Daten" aus internationaler Perspektive, ZD 2011, S. 97–97

Seidel, Janine/ Nink, Judith: Personensuchmaschinen, CR 2009, S. 666–671

Sieber, Ulrich/ Liesching, Marc: Die Verantwortlichkeit der Suchmaschinenbetreiber nach dem Telemediengesetz, MMR Beilage 2007, S. 1–30

Simitis, Spiros: Bundesdatenschutzgesetz, 8. Auflage, Frankfurt am Main 2014

Spindler, Gerald: Persönlichkeitsrecht und Datenschutz im Internet – Anforderungen und Grenzen einer Regulierung, NJW-Beil. 2012, S. 98–101

Ders.: Datenschutz- und Persönlichkeitsrechte im Internet – Der Rahmen für Forschungsaufgaben und Reformbedarf, GRUR Beil. 2014, S. 101–108

Ders./ Schuster, Fabian: Recht der elektronischen Medien, 3. Auflage, München 2015

Stadler, Thomas: Verstoßen Facebook und Google Plus gegen deutsches Recht?, ZD 2011, S. 57–59

Streinz, Rudolf: EUV/AEUV: Vertrag über die Europäischen Union und Vertrag über die Arbeitsweise der Europäischen Union, 2. Auflage, München 2012

Taeger, Jürgen/ Gabel, Detlev: Kommentar zum BDSG und zu den Datenschutzvorschriften des TKG und des TMG, 2. Auflage, Frankfurt 2013

Ungern-Sternberg, Joachim v.: Schlichte einseitige Einwilligung und treuwidrig widersprüchliches Verhalten des Urheberberechtigten bei Internetnutzungen, GRUR 2009, S. 369–375

Verweyen, Urs/ Schulz, Tim-Frederik: Die Rechtsprechung zu den „Onlinearchiven", AfP 2008, S. 133–139

Voigt, Paul: Datenschutz bei Google, MMR 2009 , S. 377–382

Wagner, Edgar: Der Entwurf einer Datenschutz-Grundverordnung der Europäischen Kommission, DuD 2012, S. 676–678

Wandtke, Artur-Axel/ Bullinger, Winfried: Praxiskommentar zum Urheberrecht, 4. Auflage, München 2014

Weichert, Thilo: Datenschutz bei Suchmaschinen, MR-Int. 2007, S. 188–194

Ders.: BDSG-Novelle zum Schutz von Internet-Inhaltsdaten, DuD 2009, S. 7–14

Ders.: Datenschutz bei Internetveröffentlichungen, VuR 2009, S. 323–330

Wiebe, Andreas: Vertrauensschutz und geistiges Eigentum am Beispiel der Suchmaschinen, GRUR 2011, S. 888–895

Wolff, Heinrich Amadeus/ Brink, Stefan: Beck'scher Online-Kommentar Datenschutzrecht, 20. Edition, München 2017

Wybitul, Tim/ Rauer, Nils: EU-Datenschutz-Grundverordnung und Beschäftigtendatenschutz, ZD 2012, S. 160–164

Zscherpe, Kerstin A.: Anforderungen an die datenschutzrechtliche Einwilligung im Internet, MMR 2004, S. 723–727

Erstes Kapitel
Einführung

„Das Internet vergisst nicht". Mit diesem Satz warnen Datenschutzrechtler regelmäßig vor der Permanenz online veröffentlichter persönlicher Informationen und ihrer Konsequenzen. Den Wunsch, das Internet das „Vergessen" zu lehren und dies mit rechtlichen Instrumenten erzwingen zu können, haben viele Personen im Laufe ihres Lebens. Eine juristische Norm zur ausdrücklichen Regelung eines „Rechts auf Vergessen im Internet" existierte bislang nicht. Die vorliegende Arbeit, die im privaten Datenschutzrecht mit internetrechtlicher Prägung anzusiedeln ist, diskutiert, inwieweit der Betroffene in den folgenden Konstellationen ein „Recht auf Vergessen" hat und unter welchen Voraussetzungen er dieses geltend machen kann: Erstens bei personenbezogenen Daten, die er selbst online gestellt hat, zweitens bei ihn identifizierenden Berichten in Online-Archiven der Presse sowie drittens im Hinblick auf Direktansprüche auf „Vergessen" gegenüber Internetsuchmaschinen. Daneben wird die Umsetzung derartiger Ansprüche vor dem Hintergrund der onlinespezifischen Besonderheiten in rechtlicher sowie in technischer Hinsicht analysiert.

Dabei thematisiert die vorliegende Arbeit die Frage des „Vergessens" solcher personenbezogener Daten, die ursprünglich recht*mäßig* veröffentlicht wurden. Es geht also um den Wunsch, Informationen, die sachlich richtig sind und auf rechtmäßigem Wege online gelangt sind, dauerhaft und umfassend wieder aus dem Internet zu löschen. So bleibt insbesondere die Haftungsfrage von Forenbetreibern bei von Anfang an rechts*widrigen* Veröffentlichungen außen vor, die unter Rechtswissenschaftlern bereits ausgiebig diskutiert worden ist.

A. Aktualität der Thematik

Die bislang geltenden Datenschutzgesetze in den einzelnen Mitgliedstaaten der Europäischen Union basieren auf der Richtlinie 95/46/EG des Europäischen Parlaments und des Rates vom 24. Oktober 1995 zum Schutz natürlicher Personen bei der Verbreitung personenbezogener Daten und zum freien Datenverkehr (im Folgenden: „EU-Datenschutzrichtlinie").[1]

Hierdurch entstanden zwei Kernprobleme: Zum einen haben die Mitgliedstaaten die EU-Datenschutzrichtlinie mit zum Teil erheblichen Unterschieden in ihr

---

1   Amtsblatt Nr. L 281 vom 23. November 1995, S. 0031–0050.

jeweils nationales Recht umgesetzt, sodass das Datenschutzrecht unterschiedlich hohe Schutzniveaus innerhalb der Europäischen Union aufweist. Zum anderen werden diese Richtlinie sowie die auf ihr basierenden nationalen Umsetzungsnormen den Anforderungen nicht mehr gerecht, die das digitale 21. Jahrhundert aufgrund seiner technischen und gesellschaftlichen Entwicklung im Bereich des Internets an den Datenschutz stellt. Diese bislang geltenden Normen sind nicht für internetspezifische Sachverhalte konzipiert, sondern stammen aus einer Ära vor dem Internetzeitalter. In Deutschland werden die genannten Rechtsfragen zu einem „Recht auf Vergessen" im Internet bislang mit Hilfestellungen aus dem Bundesdatenschutzgesetz sowie aus dem Bürgerlichen Gesetzbuch gelöst.

Geleitet von diesen Motiven initiierte die Europäische Kommission am 25. Januar 2012 mit ihrem offiziellen Reformentwurf ein Gesetzespaket zur Neuordnung des Datenschutzrechts in der Europäischen Union. Dieses umfasst insbesondere[2] den Vorschlag für die „Verordnung des Europäischen Parlaments und des Rates zum Schutz natürlicher Personen bei der Verarbeitung personenbezogener Daten und zum freien Datenverkehr – Datenschutz-Grundverordnung"[3] (im Folgenden: „Datenschutz-Grundverordnung") mit weitreichenden Auswirkungen für den Datenschutz im Internet. Das Streben nach einer europaweiten Harmonisierung des Datenschutzes und seiner Durchsetzung ist der Grund für das Instrument einer Verordnung, die unmittelbar und ohne Umsetzungsakte in allen Mitgliedstaaten gilt. Als eines der wesentlichen Kernelemente und Neuerungen der Datenschutz-Grundverordnung gilt das in Artikel 17 ausdrücklich gefasste „Recht auf Löschung („Recht auf Vergessenwerden")" für personenbezogene Daten.

Auf die Kommissionsinitiative hin hat das Europäische Parlament am 12. März 2014 einen eigenen Entwurf der Datenschutz-Grundverordnung beschlossen,[4] der das „Recht auf Vergessenwerden" nach dem Vorschlag der Kommission modifi-

---

2 Den anderen Teil des Reformpakets bildet der Entwurf der „Richtlinie des Europäischen Parlaments und des Rates zum Schutz natürlicher Personen bei der Verarbeitung personenbezogener Daten durch die zuständigen Behörden zum Zwecke der Verhütung, Aufdeckung, Untersuchung oder Verfolgung von Straftaten oder der Strafvollstreckung sowie zum freien Datenverkehr vom 25.01.2012 (KOM(2012) 10 endgültig)". Diese Richtlinie gilt für den öffentlich-rechtlichen Bereich der Strafbekämpfung und ist nicht Gegenstand der vorliegenden Arbeit.

3 KOM (2012) 11 endgültig, online abrufbar unter http://ec.europa.eu/justice/data-protection/document/review2012/ com_2012_11_de.pdf. Sämtliche der in den folgenden Fußnoten angegebenen Webseiten wurden zuletzt am 01. März 2016 abgerufen.

4 Siehe zu den Änderungen des Parlamentsentwurfs gegenüber dem Kommissionsentwurf http://www.europarl.europa.eu/sides/ getDoc.do?pubRef=-//EP//TEXT+TA+P7-TA-2014-0212+0+DOC+XML+V0//DE.

zierte und zum Teil verschärfte. Nachdem sich Mitte Juni 2015 auch der Rat der Innen- und Justizminister diesbezüglich auf eine gemeinsame Position geeinigt hatte, begannen im Sommer 2015 die Trilogverhandlungen, die Verhandlungen zwischen dem Europäischen Parlament, dem Ministerrat und der Europäischen Kommission, die in die Einigung auf den finalen Verordnungstext am 15. Dezember 2015 mündeten.[5] Nach der finalen Zustimmung des Ministerrats und des Plenums des Europäischen Parlaments trat die Datenschutz-Grundverordnung am 24. Mai 2016 in Kraft, wobei den Mitgliedstaaten eine Übergangsfrist von zwei Jahren eingeräumt wird. Ab dem 25. Mai 2018 wird die Datenschutz-Grundverordnung sodann unmittelbar in allen EU-Mitgliedstaaten gelten.

Die vorliegende Arbeit bietet eine umfangreiche abstrakte sowie fall- und rechtsprechungsbezogene Verknüpfung und Vergleichung der bisherigen deutschen Rechtslage mit dem anstehenden „Recht auf Vergessenwerden" nach Rechtslage der Datenschutz-Grundverordnung. Damit schafft die Arbeit ein Bindeglied zwischen der bisherigen und der künftigen Rechtslage insbesondere mit Blick auf die anstehende zweijährige Übergangfrist. Zudem bieten die erarbeiteten Inhalte Empfehlungen zur Auslegung und Konkretisierung künftiger Regelungen der Datenschutz-Grundverordnung. Methodisch werden hierbei zur Lösung der genannten Konstellationen die bisherige und die künftige Rechtslage gegenüber gestellt und bei Bedarf die unterschiedlichen Entwicklungsstufen des Verordnungstexts (Kommissions-, Parlaments- und Finalfassung) miteinander verglichen. Ein besonderer Schwerpunkt der Arbeit liegt darin, die sowohl nach derzeitiger als auch nach künftiger Rechtslage bei einem „Recht auf Vergessen" stets erforderliche Rechts- und Interessenabwägung mit Leben zu erfüllen. So werden die Rechte und Interessen sämtlicher Betroffener analysiert; die einzelnen Abwägungsaspekte werden im Detail diskutiert und praxisnah weiterentwickelt.

B. Überblick zu den Inhalten der Arbeit

Die vorliegende Arbeit gliedert sich in sieben Teile. Im zweiten Kapitel, dem Grundlagenkapitel, wird das „Recht auf Vergessen" terminologisch und rechtsdogmatisch eingeordnet sowie dessen Zielsetzung und räumliche Anwendbarkeit bestimmt. Nach dem vorliegend zugrunde gelegten Verständnis umfasst das „Recht auf Vergessen" den Fragenkomplex nach einem datenschutzrechtlichen Löschungsanspruch für personenbezogene *Inhalts*daten, also Daten, die öffent-

---

[5] Diese Finalfassung ist in deutscher Sprache abrufbar unter http://www.europarl.europa.eu/sides/getDoc.do?pubRef=-//EP//TEXT+TA+P7-TA-2014-0212+0+DOC+XML+V0//DE.

lich im Internet einsehbar sind. Dabei wird erarbeitet, dass das Rechtsschutzziel des Wunsches, „vergessen zu werden" in den meisten Fällen darin liegt, die Recherchemöglichkeiten nach veröffentlichten Daten im Internet an das Niveau des analogen Lebens anzugleichen. Im Mittelpunkt steht hier der Ausgleich von „Zeitfaktor" und „Prangerwirkung" – den beiden wesentlichen Unterschieden zwischen analoger und digitaler Recherche. So sind online veröffentlichte Daten wesentlich schneller (Zeitfaktor) und zudem für einen immensen Personenkreis (Prangerwirkung) besonders leicht auffind- und abrufbar. Den Aufwand einer analogen Recherche in einem Printarchiv würden hingegen nur einzelne interessierte Personen betreiben.

Daneben wird das „Recht auf Vergessen" in die bestehenden Rechtssysteme auf europäischer und nationaler Rechtsebene eingeordnet. Hierzu werden die relevanten Grundrechte auf Verfassungsebene analysiert und ihre mittelbare Wirkung zwischen Privaten erörtert. Dabei wird deutlich, dass der vom Grundrecht auf informationelle Selbstbestimmung geschützte Wunsch, „vergessen zu werden", seinerseits im Spannungsverhältnis zu Grundrechten Dritter steht und etwa mit der Informationsfreiheit der Allgemeinheit anhand einer Einzelfallbetrachtung in eine sachgerechte Balance zu bringen ist.

Des Weiteren wird die räumliche Anwendbarkeit des europäischen Datenschutzrechts in der Datenschutz-Grundverordnung neu geregelt. Für internationale Unternehmen wie Google und Facebook gilt nach neuer Rechtslage unverkennbar das europäische Datenschutzrecht. Dass die hiesigen Datenschutzgesetze aber bereits nach der bisherigen Gesetzeslage für solche globalen Internetfirmen gelten können, hat der *Europäische Gerichtshof* in seinem „Google"-Urteil vom 13. Mai 2014 entschieden. Die an sich unklar geregelte räumliche Reichweite der bislang geltenden europäischen Datenschutzgesetze auf Unternehmen mit einem Sitz außerhalb der Europäischen Union wurde von den Luxemburger Richtern in diesem Urteil weit ausgelegt.

Das zweite Kapitel schließt mit einer abstrakten Vorstellung der für ein „Recht auf Vergessen" relevanten Normen. Der detaillierte Blick auf die entsprechenden Regelungen, ihre Bedeutung und Auswirkungen erfolgt in den nachfolgenden Kapiteln an entsprechender Stelle. Durch Einflechtung der künftigen europäischen Normen in die Fallgestaltungen und ihre Lösungen nach der bisherigen Rechtlage kann ein aussagekräftiger Vergleich gezogen werden und die fallbezogenen Auswirkungen der Datenschutz-Grundverordnung können deutlicher gezeichnet werden.

Im dritten Kapitel werden das Bestehen sowie die Voraussetzungen eines Rechts jedes Einzelnen erörtert, personenbezogene Daten, die er oder sie selbst auf einer Onlineplattform von sich preisgegeben hat, nachträglich nach freiem Belieben wieder löschen (lassen) zu können. Die eröffneten Möglichkeiten zur digitalen Freizügigkeit gehen neben einer Steigerung der eigenen Persönlichkeitsentfaltung auch mit erheblichen Risiken für die Persönlichkeitsrechte der Einstellenden einher. Besonders Kinder und Jugendliche können die Risiken einer allzu freizügigen Datenpreisgabe für ihre soziale und berufliche Zukunft oftmals nicht einschätzen. Im Regelfall willigt der Betroffene konkludent in die Abrufbarkeit der Daten ein, indem er sie selbst online stellt. Potentielle Mittel, um eigens eingestellte Daten nachträglich wieder „zurückzuholen", sind der Widerruf und die zeitliche Befristung dieser Einwilligung. Für die Widerruflichkeit der Einwilligung kommt es auf eine einzelfallabhängige Interessenabwägung an, bei der mitunter die altersbedingte Eigenverantwortlichkeit des Betroffenen im Zeitpunkt des Onlinestellens der Daten von besonderer Bedeutung ist. Hingegen kann die weitere Möglichkeit – eine zeitliche Befristung der Einwilligung – lediglich mittels Auslegung entwickelt werden, was jedoch ohne Vorliegen besonderer Umstände nur schwer zu begründen ist. Erstmalig in der Datenschutz-Grundverordnung wird nunmehr zumindest die Widerruflichkeit der Einwilligung hinsichtlich personenbezogener Inhaltsdaten einschließlich der Frage des Löschungsanspruchs explizit normiert. Den Abschluss des dritten Kapitels bildet eine Zusammenschau der technischen Implementierungsmethoden zum Selbstdatenschutz. Dabei werden insbesondere Techniken analysiert und anhand der rechtlichen Vorgaben bewertet, die auf die Funktion eines sogenannten „Digitalen Radiergummis" abzielen, insbesondere die Programme „X-Pire!" und „Vanish".

Im Bereich namensidentifizierender Berichte in Online-Archiven der Presse, mit dem sich das vierte Kapitel ausführlich befasst, wird der buchstäbliche Wunsch nach Vergessenwerden besonders relevant, wenn etwa ein ehemals verurteilter Straftäter wünscht, dass die Berichte über seine vergangene Tat nach Abgeltung seiner Strafe nicht länger in den Online-Archiven eines Presseverlags erscheinen. Ein ähnlicher Wunsch kann entstehen, wenn der Betroffene eines strafrechtlichen Ermittlungsverfahrens die Löschung entsprechender medialer Verdachtsberichterstattungen aus einem solchen Archiv verlangt, nachdem das Verfahren gegen ihn eingestellt worden ist. Dabei geht es stets um die Frage eines nachträglichen „Vergessens" von identifizierenden Berichten, die zum Zeitpunkt ihrer ursprünglichen Erstveröffentlichung und Erstarchivierung recht*mäßig* waren und bei denen sich nunmehr die Frage stellt, ob ihre weitere Bereithaltung aufgrund bloßen Zeitablaufs oder der Veränderung sonstiger Umstände rechts*widrig* geworden ist und die Berichte daher zu löschen oder zu verändern sind. Von dieser Fragestellung wird gerade der Bereich der *journalistischen* Online-

Archive geprägt. Hingegen ist der Bereich nicht-journalistischer Äußerungen von der vorliegenden Arbeit ausgeklammert, da die rechtliche Prüfung hier in der Regel mehr auf der Frage der rechtmäßigen *Erst*veröffentlichung liegt, beispielsweise ob ein das Persönlichkeitsrecht beeinträchtigender Kommentar in einem Bewertungsportal bereits von Anfang an rechtswidrig war, etwa weil er im Bereich der Schmähkritik liegt. Im vierten Kapitel nimmt insoweit die Urteilsreihe des *Bundesgerichtshofs* zu den „Online-Archiven" eine bedeutende Stellung ein, bei der die Mörder des bayerischen Volksschauspielers *Walter Sedlmayr* nach ihrer Haftentlassung gegen zahlreiche Presseorgane auf Löschung der Artikel zu der damaligen Straftat geklagt hatten, die diese in ihren Online-Archiven weiterhin abrufbar hielten. Die Kläger führten dabei vor allem ein nach Abgeltung ihrer Strafe erstarktes Resozialisierungsinteresse an. Maßgeblich ist in diesem Zusammenhang die Abwägung aller betroffenen Grundrechte: Dem Recht des Betroffenen auf informationelle Selbstbestimmung stehen insbesondere die Informationsinteressen der Öffentlichkeit zur Konservierung zeitgeschichtlicher Geschehnisse sowie die Meinungs- und Pressefreiheit der Archivbetreiber gegenüber. Wenngleich die Grundrechte primär Abwehrrechte des Bürgers gegen den Staat sind, so finden sie im Bereich des Persönlichkeitsschutzes dennoch mittelbare Drittwirkung unter Privaten. Dabei bilden sowohl das Recht des Betroffenen auf informationelle Selbstbestimmung als auch die Meinungs-, Presse- und Informationsfreiheit elementare Säulen unserer freiheitlich demokratischen Grundordnung. Eine pauschale Lösung dieses Konflikts kann der Bedeutung dieser Grundrechte keinesfalls gerecht werden. Daher werden in diesem Kapitel die von der Rechtsprechung und rechtswissenschaftlichen Fachliteratur aufgestellten Abwägungsmaßstäbe detailliert aufgearbeitet sowie durch eigene Vorschläge weiterentwickelt und ergänzt.

Im fünften Kapitel wird der Besonderheit Rechnung getragen, dass die Nutzbarkeit des Internets maßgeblich von Internetsuchmaschinen, insbesondere vom Marktführer Google, bestimmt wird. Diesen kommt insoweit die Funktion des „Gatekeepers", des Torwächters der unzähligen online verfügbaren Inhalte, zu. Auf der einen Seite ermöglichen Online-Suchmaschinen erst die Nutzung des Internets in seiner Gesamtheit, indem sie interessierte Nutzer auf entsprechende – und ihnen gegebenenfalls bislang unbekannte Webseiten – hinweisen. Auf der anderen Seite führt diese extreme Auffindbarkeit durch Suchmaschinen dazu, dass ein „Vergessen" von Informationen scheinbar unmöglich wird. Aus diesem Grund wird zur Klärung der Rechtsfrage nach einem „Vergessenwerden" im Netz in diesem Kapitel besonders beleuchtet, ob – neben einem unmittelbaren Vorgehen des Betroffenen gegen den Betreiber der Ursprungswebseite – der

Betroffene zusätzlich oder sogar unabhängig davon ein „Recht auf Vergessen" direkt gegenüber dem Suchmaschinenbetreiber geltend machen kann. Konkret wird diskutiert, ob dem Betroffenen ein direkter Löschungsanspruch hinsichtlich solcher Suchtreffer zusteht, die zu auf einer Ursprungswebseite rechtmäßig publizierten persönlichen Daten verweisen, bei denen sich der Betroffene jedoch wünscht, dass andere Internetnutzer sie nach einer gewissen Zeit nicht mehr über die Suchmaschine auffinden können. Eine zentrale Rechtsfrage liegt dabei in der datenschutzrechtlichen Verantwortlichkeit von Suchmaschinenbetreibern für ihre regulären Suchergebnisse. In diesem Kontext hatte der *Europäische Gerichtshof* am 13. Mai 2014 ein Urteil gefällt, in dem er dem Betreiber von Google neue Grenzen im Hinblick auf ein „Recht auf Vergessen" gesetzt hat. Mitunter wegen seiner Ausführungen zu der dabei relevanten Grundrechtsabwägung zwischen dem Persönlichkeitsrecht des Betroffenen und der Informationsfreiheit der Allgemeinheit wird diese Rechtsprechung hier kontrovers diskutiert. Wenngleich das Urteil anhand der bisherigen Datenschutzgesetze entschieden wurde, sind die darin getroffenen Auslegungen sowie die Weiterentwicklungsansätze im vorliegenden Kapitel ebenso für die künftige Rechtslösung anhand der Datenschutz-Grundverordnung von großer Bedeutung.

Das sechste Kapitel widmet sich der rechtlichen und technischen Umsetzung eines „Rechts auf Vergessen" im Internet. Seinem Wortlaut nach müsste ein „Vergessen" zur Folge haben, dass die streitgegenständlichen Daten von niemandem jemals mehr online aufgefunden werden können. Naturgemäß stehen die Globalität und Infrastruktur des Internets, geprägt von unzähligen Kopien und Querverweisen, einer solchen ganzheitlichen Löschung entgegen. Deutlich wird, dass die Effektivität der Umsetzung eines „Rechts auf Vergessen" im Internet nicht zuletzt in der Praxis von einer erfolgreichen Symbiose zwischen Recht und Technik abhängt. Aus diesem Grund erfolgt vorliegend eine Analyse technischer Lösungsansätze, um die rechtlichen Vorgaben zu implementieren. Neben den technischen Umsetzungs*möglichkeiten* ist für die Rechtsfolgenseite stets entscheidend, welcher Löschungsumfang der verantwortlichen Stelle im Einzelnen *zumutbar* ist. In diesem Kontext stehen auch die in der europäischen Datenschutz-Grundverordnung neu geregelten Verpflichtungsreichweiten in der Diskussion.

Zum Abschluss werden im siebten Kapitel die erarbeiteten Ergebnisse zusammengefasst und mit Blick auf die Zukunft reflektiert. In der Tat steckt viel Wahres in der Warnung „Das Internet vergisst nicht" – selbst wenn durch die anstehende Gesetzesreform die Betroffenenrechte gestärkt werden. Sowohl aufgrund technischer Lücken als auch aufgrund der rechtlichen Einzelfallabhängigkeit kann dem Internet nicht vollumfänglich das Vergessen gelehrt werden.

Deshalb erfordert der Komplex des „Rechts auf Vergessen" im Internet gleichzeitig ein gesellschaftliches Umdenken: So sollten die Dienstanbieter dazu übergehen, die Einhaltung der Datenschutzregelungen als Wettbewerbsvorteil für sich zu nutzen. Wer höheren Schutz garantiert, gewinnt Kunden – dieses wirtschaftliche Prinzip könnte so zu einem allgemein höheren Schutzniveau führen. Gleichzeitig müssen die Nutzer gerade auch in datenschutzrechtlichen Belangen lernen, die Vorteile des Internets selbstbestimmt für sich zu nutzen und etwaige Risiken zu kalkulieren. Insbesondere Jugendliche müssen die langfristigen Konsequenzen einer Datenpreisgabe im Internet für ihre soziale und berufliche Zukunft begreifen. Aber auch im Allgemeinen müssen Internetnutzer verinnerlichen, dass ihre persönlichen Daten einen nicht zu unterschätzenden wirtschaftlichen Wert haben, sodass sie mit ihrer Preisgabe überlegt umgehen sollten. Denn dieser Wert schafft für Webunternehmen letztlich einen Anreiz, die Daten zu vereinnahmen und sie gewinnbringend weiterzuvertreiben beziehungsweise zu verbreiten. Bei diesem Lernprozess dürfen die (jungen) Internetnutzer allerdings nicht allein gelassen werden: Datenschutz muss insoweit auch für den Staat zur Bildungsaufgabe werden.

Zweites Kapitel
Grundlagen und Ausgangspunkte für das „Recht auf Vergessen"

A. Einordnung des „Rechts auf Vergessen"
I. Terminologische und anthropologische Einordnung

Der Begriff des „Rechts auf Vergessen" im Internet geht auf den österreichischen Rechts- und Politikwissenschaftler *Victor Mayer-Schönberger* zurück. Als Professor der Rechtswissenschaften lehrt er in Großbritannien und den Vereinigten Staaten von Amerika und prägte den Begriff zunächst in einem 2007 veröffentlichten Arbeitspapier.[6] Im Jahr 2009 folgte sein Buch mit dem Titel „Delete – The Virtue of Forgetting in the Digital Age".[7] *Mayer-Schönberger* reflektiert darin die Vor- und Nachteile des Vergessens und ordnet diese gesellschaftlich ein. Er betont in diesem Zusammenhang den Paradigmenwechsel, dass durch das Internet heutzutage weniger über uns vergessen wird als früher. So müsse der Einzelne heutzutage damit rechnen, dass Jugendsünden das spätere Leben, insbesondere die berufliche Karriere, nachhaltig negativ beeinträchtigen können. *Mayer-Schönberger* diskutiert Konsequenzen des unbegrenzten virtuellen Gedächtnisses heutiger Informationssysteme und geht dabei der anthropologischen Bedeutung des Vergessens als menschlichem Charakterzug auf den Grund. Trotz der Chancen des Internets als globaler und leicht zugänglicher Wissensspeicher gelangt er zu dem Schluss, dass das Vergessen weniger als Schwäche, sondern vielmehr als Tugend aufgefasst werden könne, die die Menschheit in ihrer Gesamtheit voranbrächte.[8] Je komplexer die bei einer Entscheidung zu berücksichtigenden Informationen seien, desto schwieriger sei es, die Entscheidung tatsächlich zu treffen. Dementsprechend weist auch *Boehme-Neßler*[9] darauf hin, dass Menschen ihre Entscheidungen regelmäßig auf wenige, im Gedächtnis überschaubare Informationen stützten

---

6 *Mayer-Schönberger*, Useful Void: The Art of Forgetting in the Age of Ubiquitous Computing (April 2007), online abrufbar unter http://papers.ssrn.com/sol3/papers.cfm?abstract_id=976541.
7 In deutscher Sprache erschienen als „Delete – Die Tugend des Vergessens in digitalen Zeiten", 3. Auflage 2015.
8 *Mayer-Schönberger*, S. 199 ff..
9 *Boehme-Neßler*, NVwZ 2014, 825, 826.

und die physische Grenze letztlich in der Kapazität des menschlichen Gehirns bestehe, Informationen zu verarbeiten. Bei einer Überflutung mit zu berücksichtigenden Faktoren könne es zu Fehlentscheidungen kommen oder sogar zu einem Zustand, in dem gar keine Entscheidungen mehr getroffen werden. Bei diesem evolutionär entwickelten Mechanismus helfe die Fähigkeit des menschlichen Gehirns, zu vergessen, indem es die zu verarbeitenden Informationen auf eine realistische Menge reduziert, die es tatsächlich verarbeiten kann. Aus der anthropologischen Perspektive ist die Fähigkeit des Vergessens daher notwendig zur Erhaltung der menschlichen Denkfähigkeit und zur Optimierung der Verhaltenssteuerung.[10] Ohne die Möglichkeit zum Vergessen könne kein dauerhafter Fortschritt erreicht werden, weswegen es gerade in der heutigen Informationsgesellschaft wichtig sei, eine effektive Datenlöschung – ein „Vergessen" persönlicher Daten – zu gewährleisten.[11]

II. Dogmatische Einordnung als datenschutzrechtlicher Löschungsanspruch

Hinter dem öffentlichkeitswirksamen Begriff des „Rechts auf Vergessen" verbirgt sich aus juristischer Perspektive ein bekanntes Betroffenenrecht: Rechtsdogmatisch handelt es sich dabei um einen datenschutzrechtlichen Löschungs- und Unterlassungsanspruch des Betroffenen.[12] Die vorliegende Arbeit befasst sich insofern ausschließlich mit datenschutzrechtlichen Gesichtspunkten, also mit personenbezogenen Daten im Netz. Außen vor bleiben Löschungsrechte aus anderen Rechtsgebieten, wie dem Marken-, Wettbewerbs- oder Urheberrecht. Konkret geht es vorliegend um den privatrechtlichen Bereich des Datenschutzrechts.[13] Abzugrenzen ist die Thematik insbesondere zu Fragen des öffentlich-rechtlichen Datenschutzes, etwa bei der Datenausspähung durch Geheimdienste. Somit befasst sich die vorliegende Arbeit speziell mit einem „Recht auf Vergessen" in den privat-datenschutzrechtlichen Bereichen der selbst eingestellten Daten (Kapitel 3), der journalistischen Online-Archive (Kapitel 4) sowie der Online-Suchmaschinen (Kapitel 5).

---

10 *Boehme-Neßler*, NVwZ 2014, 825, 826.
11 *Boehme-Neßler*, NVwZ 2014, 825, 830; *Mayer-Schönberger*, S. 22, 141.
12 *Giurgiu*, CCZ 2012, 226, 228; *Roßnagel/Richter/Nebel*, ZD 2013, 103, 107; *Feldmann*, DSRITB 2012, 675, 676; *Jandt/Kieselmann/Wacker*, DuD 2013, 235, 235; *Gerling/Gerling*, DuD 2013, 445, 445; *Koreng/Feldmann*, ZD 2012, 311, 312.
13 So auch *Hoeren*, ZD 2014, 325, 326.

III. Sachlicher Anwendungsbereich

1. Personenbezug

Nach diesseitigem Verständnis bezieht sich das „Recht auf Vergessen" nicht auf sämtliche der im Internet verfügbaren Inhalte, sondern speziell auf personenbezogene Daten, also auf Informationen über Menschen.[14] Gegenstand der vorliegenden Arbeit sind damit personenbezogene Daten – das Schutzgut des Datenschutzrechts. Besteht kein Personenbezug, ist dieses Rechtsgebiet von voneherein nicht einschlägig, § 1 Absatz 1 Bundesdatenschutzgesetz beziehungsweise künftig Artikel 2 Datenschutz-Grundverordnung. Im Zusammenhang mit einem „Recht auf Vergessen" erfolgt die Fokussierung auf personenbezogene Daten aus dem Grund, dass sie im Gegensatz zu Daten ohne Personenbezug ein besonders hohes Gefährdungspotential für die Persönlichkeitsrechte des Betroffenen haben. Bei ihnen ist daher regelmäßig auch der Wunsch ausgeprägter, die Besonderheiten des Internets in Form von „Zeitfaktor" und „Prangerwirkung" (s. hierzu A. III. dieses Kapitels) einzuschränken. Denn Daten mit Personenbezug ermöglichen im wörtlichen Sinne einen Bezug zur Person des Betroffenen.

Der Personenbezug erfordert keine ausdrückliche Namensnennung. So definiert § 3 Absatz 1 Bundesdatenschutzgesetz sie als „Einzelangaben über persönliche oder sachliche Verhältnisse einer bestimmten oder bestimmbaren natürlichen Person". Artikel 4 Absatz 1 Datenschutz-Grundverordnung spricht hier von „allen Informationen über eine bestimmte oder bestimmbare natürliche Person", wobei die Bestimmbarkeit einer Person bereits gegeben ist, wenn sie anhand der Daten direkt oder indirekt identifiziert werden kann. Diese Identifizierbarkeit ist im Zeitalter des Internets absolut zu verstehen,[15] sodass ein Datum personenbezogen ist, wenn weltweit *irgendjemand* die Mittel zur Herstellung des Personenbezugs besitzt und diese aller Voraussicht nach auch einsetzen würde.[16] Darunter fallen jedenfalls viele der Daten, die ein Nutzer etwa auf seiner Profilseite in einem sozialen Netzwerk eingibt, insbesondere sein Personenname sowie seine Adresse.[17] Bei einem Foto oder Video handelt es sich um ein personenbezogenes Datum, soweit es sich um ein „Bildnis" handelt, also um eine Abbildung einer darauf

---

14 *Boehme-Neßler*, NVwZ 2014, 825, 827; *Gerling/Gerling*, DuD 2013, 445, 446.
15 Zum Streit in der Vergangenheit zwischen dem relativen und dem absoluten Verständnis siehe *Dehmel/Hullen*, ZD 2013, 147, 148 sowie *Weichert*, VuR 2011, 323, 325.
16 *Boehme-Neßler*, NVwZ 2014, 825, 827.
17 Beispiele für personenbezogene Daten im Internet nennt *Schmitz*, in: Hoeren/Sieber/Holznagel, Multimediarecht 2015, Teil 16.2 Rn. 99 ff..

erkennbaren Person. Insbesondere durch Gesichtserkennungsprogramme wird die Personenbeziehbarkeit heutzutage auch in technischer Hinsicht erweitert. Der sachliche Anwendungsbereich des Datenschutzrechts unterliegt jedoch auch Grenzen: Trotz eines bestehenden Personenbezugs ist das Datenschutzrecht von vorneherein nicht anwendbar, wenn es um Datenverarbeitungen zu rein persönlichen und familiären Zwecken geht, § 1 Absatz 2 Nummer 3 Bundesdatenschutzgesetz beziehungsweise Artikel 2 Absatz 2 lit. d) Datenschutz-Grundverordnung.[18] Dementsprechend erörtert die vorliegende Arbeit ein „Recht auf Vergessen" hinsichtlich solcher Daten, die online der Internet*öffentlichkeit* zugänglich gemacht sind,[19] sich also nach ihrer Zielsetzung und Publikation dazu eignen, einem individuell nicht bestimmbaren Personenkreis vermittelt zu werden.[20] Ein weiteres Ende der sachlichen Anwendbarkeit der Datenschutzgesetze bildet die Anonymisierung von Daten.[21] Ausgeklammert sind damit insbesondere Fälle, in denen der Betroffene anonym Äußerungen mit personenbezogenen Daten im Internet postet.

2. Inhaltsdaten

Nach bisheriger deutscher Rechtslage werden bei personenbezogenen Daten drei Arten unterschieden: Nutzungs-, Bestands- und Inhaltsdaten.[22] Diese Unterscheidung hat Auswirkungen auf die anwendbaren Gesetze und damit auf die potentiellen Löschungsansprüche. So verteilen sich die bereichsspezifischen Regelungen des Datenschutzes auf verschiedene Gesetze: Hauptsächlich sind sie im Bundesdatenschutzgesetz geregelt, Einzelnormen finden sich im Telemediengesetz sowie im Telekommunikationsgesetz. Für Bestands- und Nutzerdaten gelten die datenschutzrechtlichen Normen des Telemediengesetzes, soweit es Spezialregelungen enthält, § 12 Absatz 3 Telemediengesetz. Im Übrigen gilt für sie das Bundesdatenschutzgesetz, § 1 Absatz 3 Bundesdatenschutzgesetz.

Gegenstand der vorliegenden Arbeit sind personenbezogene *Inhalts*daten, weil sie im Zusammenhang mit dem „Wunsch auf Vergessenwerden" die größte Relevanz haben. Für Inhaltsdaten galt bislang ausschließlich das Bundesdaten-

---

18 *Simitis*, in Simitis, § 1 BDSG Rn. 243.
19 Zur Abgrenzung zwischen Privatsphäre und Öffentlichkeit bei selbst eingestellten Daten *Ohly*, AfP 2011, 428, 429 f..
20 *Heckmann*, in: Leible/Kutschke, 17, 19.
21 *Simitis*, in: Simitis, § 4a BDSG Rn. 60.
22 Nach der Datenschutz-Grundverordnung wird es lediglich den allgemeinen Begriff der „personenbezogenen Daten" geben, der alle Kategorien personenbezogener Daten umfasst.

schutzgesetz.[23] Die Definition dieser Datenart erfolgt in Abgrenzung zu den Bestand- und Nutzungsdaten:[24] Bestandsdaten sind solche, die vor allem bei der Registrierung zur Nutzung eines Internetdienstes erhoben werden. Beispiele hierfür sind Anmeldedaten, wie Name oder Geburtstag des Nutzers sowie dessen Kontaktdaten und Login-Name.[25] Während der darauf folgenden Nutzungsphase können sodann sogenannte Nutzungsdaten vom Betroffenen generiert werden, insbesondere Merkmale zur Identifikation des Nutzers (§ 15 Absatz 1 Satz 2 Telemediengesetz), etwa seine IP-Adresse, Identifikation- und Transaktionsnummern (PINs und TANs).[26] Nutzungsdaten sind aber auch Angaben über Beginn, Ende und Umfang der jeweiligen Nutzung. Beide Datenarten betreffen demnach das reine Innenverhältnis zwischen dem Betroffenen und dem Dienstanbieter.[27]

Hingegen sind Inhaltsdaten Daten, die das Telemedium nicht selbst erhebt, sondern lediglich übermittelt.[28] Es sind die Daten, die ein Nutzer während seiner Mitgliedsphase in einem sozialen Netzwerk oder Onlineportal regelmäßig in Form von eigenen Inhalten generiert, insbesondere also alle personenbezogenen Einträge des Nutzers selbst.[29] Die Eingabe solcher Daten erfolgt gerade nicht infolge einer technischen Abwicklung des Onlinedienstes. Inhaltsdaten sind beispielsweise die personenbezogenen Daten, die das Mitglied eines sozialen Netzwerks auf seiner „Pinnwand" oder anderen Teilen seiner Profilseite eingibt oder hochlädt sowie die Inhalte seiner Postings, sofern sie personenbezogene Daten enthalten.[30] Grundsätzlich können auch Meinungsäußerungen[31] und Werturteile[32] unter diesen Begriff fallen, solange sie einen Bezug zur Person aufweisen. Im Rahmen sozialer Netzwerke und anderer Onlineplattformen lässt sich zusam-

---

23 *Jandt/Roßnagel*, MMR 2011, 637, 639; *Spindler/Nink*, in: Spindler/Schuster, § 11 TMG Rn. 6.
24 Zur Abgrenzung und der spezifischen Einordnung der üblicherweise in Social Networks anfallenden Daten als Bestands-, Nutzungs- und Inhaltsdaten siehe *Lerch/Krause/Hotho/Roßnagel/Stimme*, MMR 2010, 454, 455 ff..
25 *Jandt/Roßnagel*, MMR 2011, 637, 639.
26 *Jandt/Roßnagel*, MMR 2011, 637, 639.
27 Rechtsprobleme bei Löschungsansprüchen von Bestands- und Nutzungsdaten sind vor allem das Profiling, das heißt die Bildung von Nutzerprofilen.
28 *Schmitz*, in: Hoeren/Sieber/Holznagel, Teil 16.2 Rn. 258.
29 *Jandt/Roßnagel*, MMR 2011, 637, 639.
30 *Heckmann*, in: Leible/Kutschke, 17, 19; *Lerch/Krause/Hotho/Roßnagel/Stimme*, MMR 2010, 454, 457.
31 *Ohly*, AfP 2011, 428, 437; *Härting*, CR 2009, 21, 26.
32 *Dammann*, in: Simitis, § 3 BDSG Rn. 12; *Gola/Klug/Körffer*, in: Gola/Schomerus, § 3 BDSG Rn. 6.

menfassend festhalten, dass all diejenigen selbst generierten personenbezogenen Informationen und Einträge der Nutzer, die von anderen Nutzern abgerufen werden können, Inhaltsdaten sind, und zwar unabhängig von der jeweils zugangsberechtigten Anzahl von Netzwerkmitgliedern.[33]

Im Zusammenhang mit dem „Wunsch auf Vergessenwerden" erhalten die Inhaltsdaten eine besondere Bedeutung. Denn die wesentlichen Ursachen für diesen Wunsch – Zeitfaktor und Prangerwirkung bei der Auffindbarkeit im Internet (siehe hierzu A. III. dieses Kapitels) – wirken sich allein bei Inhaltsdaten aus. Hier steht gerade nicht das Innenverhältnis zwischen Betroffenem und Dienstanbieter im Vordergrund, wie bei Nutzungs- und Bestandsdaten. Vielmehr sind es die *Inhalts*daten, die durch ihre leichte und weltweite Abrufbarkeit der Öffentlichkeit die Möglichkeit geben, tiefe Einblicke in die soziale und berufliche Persönlichkeit des Betroffenen zu erhalten. Vor diesem Hintergrund orientiert sich die vorliegende Arbeit zur Frage nach einem „Recht auf Vergessenwerden" speziell an personenbezogenen Inhaltsdaten im Internet.

3. Bildnisse als personenbezogene Daten

Unter den Begriff der personenbezogenen Daten fallen ebenso Bilder oder Filme, sobald der Abgebildete auf ihnen zu erkennen ist.[34] Die Persönlichkeitsrechte des Abgebildeten werden in Deutschland sowohl auf grundrechtlicher als auch auf einfach-gesetzlicher Ebene jeweils in doppelter Hinsicht geschützt, da Bildnisse Schutzgegenstand zweier persönlichkeitsrechtlicher Ausprägungen sind, konkret des Grundrechts auf informationelle Selbstbestimmung und des Grundrechts am eigenen Bild. Parallel hierzu werden Bildnisse auch von den jeweiligen einfach-gesetzlichen Ausprägungen dieser Grundrechte geschützt: Den Datenschutzgesetzen, insbesondere dem Bundesdatenschutzgesetz einerseits und den §§ 22 ff. Kunsturhebergesetz andererseits. Das Bundesdatenschutzgesetz gilt dabei für personenbezogene Daten im Allgemeinen, für die §§ 22 ff. Kunsturhebergesetz sind Bildnisse die einzigen Schutzobjekte. Die letztgenannten Normen ähneln von ihrer Systematik her gerade dem Verbotsprinzip mit Erlaubnisvorbehalt im Datenschutzrecht (siehe hierzu C. I. dieses Kapitels): So ist nach dem Kunsturhebergesetz die Verbreitung oder Zurschaustellung eines Bildnisses zulässig, wenn entweder die subjektive Einwilligung des Abgebildeten gemäß § 22 Kunsturhebergesetz oder eine objektive Schranke gemäß § 23 Kunsturhebergesetz vorliegt.

---

33 *Jandt/Roßnagel*, MMR 2011, 637, 639.
34 *Lerch/Krause/Hotho/Roßnagel/Stimme*, MMR 2010, 454, 456 f.; *Fricke*, in: Wandtke/Bullinger, § 22 KUG Rn. 5.

Aufgrund dieser Überschneidung der anwendbaren Gesetze ist vorab zu klären, in welchem Verhältnis die beiden Persönlichkeitsrechte sowie die entsprechenden einfach-gesetzlichen Schutznormen zu einander stehen. Diese Rechtsfrage wird auch in Zukunft relevant bleiben, da die Datenschutz-Grundverordnung zwar die Datenschutzgesetze, nicht jedoch das Kunsturhebergesetz verdrängen wird. Während einigen zufolge die Gesetze grundsätzlich nebeneinander anwendbar sein sollen,[35] sprechen die besseren Argumente dafür, die §§ 22 ff. Kunsturhebergesetz für den Bereich der Bildnisse als leges specialis gegenüber den Regelungen des Bundesdatenschutzgesetzes einzuordnen.[36] Diese Meinung stützt sich maßgeblich auf § 1 Absatz 3 Satz 1 Bundesdatenschutzgesetz, wonach dieses Gesetz insoweit nicht gilt, als speziellere Vorschriften auf personenbezogene Daten anzuwenden sind. Zu beachten ist allerdings die Einschränkung „insoweit" im Gesetzestext. Eine Spezialität mit der Folge der Verdrängung des Bundesdatenschutzgesetzes kann demnach nur eintreten, soweit sich erstens der Regelungsgegenstand des Bundesdatenschutzgesetzes und der des anderen Gesetzes decken, also der gleiche Sachverhalt durch mehrere Gesetze geregelt wird. Zweitens ist entscheidend, ob die etwaige Spezialnorm selbst den Regelungsgegenstand vollständig regelt. Soweit sie dies nicht tut, schließt sie damit nicht die übrigen Normen des Bundesdatenschutzgesetzes aus.[37] Somit kann die Anwendbarkeit des Kunsturhebergesetzes oder der Datenschutzgesetze je nach Regelungsgegenstand variieren, etwa bei der Frage der passenden Anspruchsgrundlage oder dem Einwilligungswiderruf, und wird in den folgenden Kapiteln an den jeweiligen Stellen gesondert geprüft.

4. Ursprünglich rechtmäßig eingestellte Daten

Die Thematik der vorliegenden Arbeit wird zudem dahingehend konkretisiert, dass sie ein „Recht auf Vergessen" hinsichtlich solcher personenbezogener Daten im Internet behandelt, die ursprünglich auf recht*mäßigem* Wege in das Netz gelangt sind. Dies kann beispielsweise bei selbst online gestellten Daten durch eine wirksame Einwilligung des Betroffenen erfolgt sein oder – bei fehlender Einwilligung – durch eine vorherige Interessenabwägung, nach deren Ergebnis die Grundrechte anderer, insbesondere die Meinungs-, Presse- und Informationsfreiheit, das Recht des Betroffenen auf informationelle Selbstbestimmung zunächst überwogen haben. Nicht hingegen werden solche Daten beleuchtet,

---

35 *Lorenz*, ZD 2012, 367, 369; *Jandt/Roßnagel*, MMR 2011, 637, 640.
36 *Gola/Klug/Körffer*, in: Gola/Schomerus, § 1 BDSG Rn. 24; *Weichert*, in: Däubler/Klebe/Wedde/Weichert, § 1 BDSG Rn. 13; *Schmidt*, in: Taeger/Gabel, § 1 BDSG Rn. 33.
37 *Lorenz*, ZD 2012, 367, 369.

deren Onlinestellung von vorneherein unrechtmäßig war und bei denen ein Löschungsanspruch von Anfang begründet war, da noch nie ein berechtigtes Interesse der Allgemeinheit oder der verantwortlichen Stelle an ihrer Veröffentlichung bestanden hat.[38]

Dementsprechend bleiben auch datenschutzrechtliche Löschungsansprüche außen vor, die Daten betreffen, die von vorneherein unrichtig oder unvollständig waren oder zu deren Richtigkeit eine non-liquet Situation vorliegt, wie etwa § 35 Absatz 1 und Absatz 2 Satz 2 Nummer 2 Bundesdatenschutzgesetz. Vielmehr wird vorliegend der Frage nachgegangen, ob und inwieweit der Betroffene trotz einer ursprünglich rechtmäßigen Onlinestellung personenbezogener Daten dennoch spätere Löschungsansprüche geltend machen kann, beispielsweise aus Gründen reinen Zeitablaufs, des Widerrufs seiner Einwilligung oder einer nachträglichen Verschiebung der Interessenabwägung zu seinen Gunsten etwa wegen Erstarkung eines Rehabilitationsinteresses oder einem verblassenden öffentlichen Interesse, dem sogenannten Abkühlungseffekt („chilling effect").

B. Zielsetzung des „Rechts auf Vergessen"

I. Digitalisierung und Vernetzung

Vor dem Internetzeitalter konnten mediale Inhalte nur auf analogen Medien festgehalten werden, wie der Kassette, CD oder Fotografie. Diese analogen Speicherträger unterlagen einer natürlichen Vergänglichkeit. Soweit keine weitere Kopie des Inhalts angefertigt wurde, gingen die Daten mit dem Verfall des Speichermediums verloren. Um dem entgegen zu wirken, begannen die Menschen früh, analoge Archive mit Kopien der Speicherträger anzulegen. Je höher die Bedeutung der Information für die Allgemeinheit, desto höher waren die Archivierungsbemühungen.

Im Zuge der Digitalisierung hat sich der Prozess der Datenspeicherung erheblich verändert. Transport, Speicherung und Verbreitung personenbezogener Inhalte ist wesentlich leichter geworden. Gleichzeitig hat sich auch die Beschaffung und Recherche der Daten durch die Infrastruktur des Internets gravierend verändert: Die wesentlichen Unterschiede einer personenbezogenen Recherche im Internet im Vergleich zu Archiven der analogen Welt bestehen im „Zeitfaktor" und in der „Prangerwirkung":[39] Der Zugang zu Informationen im Internet wird nunmehr durch die rasche Abrufbarkeit mit einem vergleichsweise

---

38 *Nolte*, NJW 2014, 2238, 2241.
39 Zu diesen Begriffen ausführlich *Härting*, CR 2009, 21, 21 ff..

geringen Aufwand dauerhaft ermöglicht (Zeitfaktor) und dies flächendeckend für die gesamte Internetöffentlichkeit (Prangerwirkung). Die Herausforderung für den Datenschutz besteht darin, dass ein nahezu unbegrenzter Personenkreis eine dauerhafte Zugriffsmöglichkeit erhält, sodass die Verbreitung und Veröffentlichung personenbezogener Daten keinen nennenswerten räumlichen und zeitlichen Grenzen unterliegt. Diese Effekte werden dabei durch die intuitive „Plug-and-Play"-Oberfläche im Onlinebereich zusätzlich verstärkt. Auch Online-Suchmaschinen nehmen insoweit eine Schlüsselfunktion ein. Die durch sie ermöglichte schnelle und einfache Aufrufbarkeit führt zu einem potenziell größeren Rezipientenkreis der betreffenden Daten und zwar auch im Hinblick auf Personen, die kein unmittelbares Sachinteresse daran haben, sondern aus reiner Neugier recherchieren.[40] Dementsprechend steht ein vollständiger Rückzug der Daten aus der Öffentlichkeit im Internet sowohl rechtlich als auch technisch vor besonderen Herausforderungen – der Hintergrund für die Warnung, dass das Internet „nicht vergisst".

II. Chancen und Risiken für die Persönlichkeitsentfaltung

Die Entwicklung des Web 2.0[41] zu einer Kommunikations- und Selbstdarstellungsplattform hat sowohl zu Chancen als auch zu Risiken für die Persönlichkeitsrechte geführt.[42] Auf der einen Seite ermöglichen die heutigen Onlineplattformen die freie Entfaltung der eigenen Persönlichkeit wie kein Dienst zuvor. So bieten zahlreiche Onlinedienste unkomplizierte Präsentationsmöglichkeiten der eigenen Person mittels Preisgabe eigener Daten auf öffentlich abrufbaren Webseiten. Von einer solchen Datenpreisgabe profitieren vor allem aber auch die Webdienstanbieter durch Weiterverwendung der Daten, aber auch die Öffentlichkeit. So hat die Formung des Internets zu einer immensen Wissensbank beispielsweise erhebliche Vorteile für die Recherche von Journalisten und damit für die Allgemeinheit. Würden alle Beteiligten mit den insoweit gegebenen Möglichkeiten verantwortungsbewusst umgehen und die rechtlichen Vorgaben von Datenschutz und Persönlichkeitsrechtsschutz einhalten, könnten die neuartigen Kommunikationsformen ausschließlich eine große Chance für die freie Persönlichkeitsentfaltung bieten.[43]

---

40 *Gounalakis/Klein*, NJW 2010, 566, 567.
41 Zu diesem Begriff *Erd*, NVwZ 2011, 19, 19.
42 *Ohly*, AfP 2011, 428, 429.
43 *Jandt/Roßnagel*, MMR 2011, 637, 637; *Ohly*, AfP 2011, 428, 429.

In der Realität gehen jedoch viele der Beteiligten, sowohl auf Seiten der Plattformbetreiber als auch auf Seiten der Internetnutzer selbst, aus wirtschaftlichen, privaten oder sonstigen Gründen nicht verantwortungsvoll mit dieser Chance um. Gerade das Rückzugsrecht wird als Teil der freien Persönlichkeitsentfaltung oftmals nicht ernst genommen. Unzureichende Rückzugsmöglichkeiten bergen jedoch Risiken für die Persönlichkeitsrechte. Der Ursprung dessen liegt nicht selten im fehlenden Risikobewusstsein der Betroffenen selbst und ihrer allzu freizügigen Datenoffenbarung in der Onlinewelt. So neigen insbesondere die jüngeren Webnutzer dazu, auf den ihnen angebotenen Plattformen sorglos intimste Informationen und Tagesabläufe in Sprach- und Bildform der Öffentlichkeit preiszugeben.[44] Die Grenze zwischen freier Persönlichkeitsentfaltung und einer Selbstdarstellungsform mit exhibitionistischen Anklängen verschwimmt zunehmend. Oftmals unterschätzen insbesondere Kinder und Jugendliche zum Zeitpunkt der Onlinestellung persönlicher Informationen die potentiellen Folgen für ihre soziale und berufliche Zukunft. In diesem Moment bedenken sie gegebenenfalls nicht, dass viele potentielle Arbeitgeber die sozialen Medien zur Mitarbeitergewinnung nutzen und dabei nicht nur auf Berufsportale, sondern auch auf private Netzwerke wie Facebook zurückgreifen.[45] Dabei kann ein peinliches Partyfoto oder ein bestimmter Kommentar mit personenbezogenen Inhalten, der den Bewerber in eine extreme politische Richtung rückt, einen entsprechenden Eindruck hinterlassen. In dieser Phase bereut der Betroffene seine eigene Datenfreizügigkeit – oftmals leider zu spät. Ein insoweit klassisches Beispiel ist der Fall einer jungen Lehrerin in den Vereinigten Staaten von Amerika, die ein Foto von sich, als Piratin verkleidet, mit einem Plastikbecher (ohne alkoholischen Inhalt) in die Hand, in einem sozialen Netzwerk mit der Beschriftung „drunken pirate" gepostet hatte. Sie wurde daraufhin durch die Schulaufsicht von der Lehrerlaufbahn ausgeschlossen.[46]

III. Rechtsschutzziel des „Rechts auf Vergessen"

Vor diesem Hintergrund lässt sich nunmehr das der vorliegenden Arbeit zugrundeliegende Verständnis des „Rechts auf Vergessen" im Internet festlegen. Vereinzelt wird eingewandt, dass das „Vergessen" kein Rechtsbegriff und es unmöglich sei, ein „Vergessen" im wörtlichen Sinne zum Anspruchsgegenstand zu machen.[47] Jedoch sind die Bedeutungen und Forderungen nach einem „Vergessen

---

44 *Ohly*, AfP 2011, 428, 429.
45 *Greve/Schärdel*, MMR 2008, 644, 645.
46 Siehe hierzu ausführlich *Mayer-Schönberger*, S. 10 ff..
47 *Koreng/Feldmann*, ZD 2012, 311, 312.

durch Personen" von einem „Vergessen durch das Internet" zu differenzieren: „Vergessen" im wörtlichen Sinne ist die menschliche Eigenschaft, eine Erinnerung aus dem Gedächtnis zu verlieren, sie nicht behalten oder sich nicht merken zu können. Das „Vergessen" nach dieser Definition kann nicht direkt auf das Internet übertragen werden. Dementsprechend ist das „Recht auf Vergessen" in der digitalen Welt gerade nicht wörtlich zu verstehen, da es keinen Rechtsanspruch auf das Vergessen durch Menschen beschreibt, sondern auf das „Vergessen" durch die Maschine Internet abzielt.

Vor diesem Hintergrund besteht das Rechtsschutzziel eines „Rechts auf Vergessen" im Internet im Hinblick auf personenbezogene Inhaltsdaten darin, die Besonderheiten des Internets im Verhältnis zum analogen Leben auszugleichen, konkret dessen Zeitfaktor und Prangerwirkung einzuschränken.[48] Parallel dazu führte bereits *Mayer-Schönberger* für den von ihm gewünschten Wandel im Umgang mit Daten als Hauptargument den Vergleich zur analogen Welt an, in der das Vergessen oder Verbleichen von Daten anthropologisch ein natürlicher Prozess sei.[49] So wird das Rechtsschutzziel realistischerweise nicht darin bestehen, erfolgte Wahrnehmungen personenbezogener Daten seitens der Internetnutzer aus deren Gedächtnissen zu löschen. Vielmehr liegt die adäquate Zielsetzung darin, die weitere und dauerhafte Verfügbarkeit der persönlichen Daten im Internet einzuschränken.[50] Ähnlich wie im analogen Leben könnten entsprechende Inhalte so zwar gegebenenfalls weiterhin auffindbar sein, jedoch mit einem wesentlich größeren Zeit- und Arbeitsaufwand, also mit eingeschränktem Zeitfaktor und verringerter Prangerwirkung. Auf diese Weise könnte dem Betroffenen das Recht gegeben werden, sein Selbstbild – wie in der realen Welt – kontinuierlich weiterentwickeln und neu gestalten zu können.

C. Räumliche Anwendbarkeit des deutschen und europäischen Datenschutzrechts

Es gibt keinen international einheitlichen Datenschutz.[51] Aufgrund der Diskrepanzen in den Grundhaltungen zum Thema Datenschutz, insbesondere zwischen Europa und den Vereinigten Staaten von Amerika, ist es bislang nicht gelungen, Rechtsprinzipien und Grundrechtsstandards international festzuschreiben und

---

48 Vergleiche auch *Nolte*, ZRP 2011, 236, 237; *Masing*, NJW 2012, 2305, 2308.
49 Siehe *Mayer-Schönberger*, S. 26 ff..
50 *Jandt/Kieselmann/Wacker*, DuD 2013, 235, 235.
51 Eine Harmonisierung des Datenschutzrechts auf internationaler Ebene würde etwa *Schwartz*, ZD 2011, 97, 98 begrüßen.

durchzusetzen.[52] Während vor allem in den Vereinigten Staaten von Amerika das Prinzip gilt, das Recht des Einzelnen auf Schutz seiner personenbezogenen Daten müsse grundsätzlich hinter dem „free flow of information" zurückstehen,[53] ist in Deutschland ein umfassender, grundrechtlich verankerter und streng reglementierter Schutz personenbezogener Daten gegeben.[54]

Eine der größten Herausforderungen für ein „Recht auf Vergessen" im Internet liegt in der Praxis daher in der räumlichen Anwendbarkeit des deutschen beziehungsweise des europäischen Datenschutzrechts auf internationale Dienstanbieter. Besonders populäre Anbieter wie Facebook oder Google unterhalten ihren Hauptsitz sowie ihre Datenserver außerhalb der Europäischen Union. Innerhalb Europas verfügen sie lediglich über einzelne Niederlassungen, wie beispielsweise Google Germany. Dadurch haben sie sich zumindest bis zum Urteil des *Europäischen Gerichtshofs* am 13. Mai 2014 gegen Datenschutzvorwürfe regelmäßig erfolgreich mit dem Argument wehren können, dass sie nicht unter den räumlichen Anwendungsbereich des hiesigen Datenschutzrechts fielen.[55] Die Auswirkungen der von ihnen quasi unreglementiert verübten Datenschutzrechtsverstöße wurden durch die Infrastruktur des Internets noch potenziert. Diese gelebte Praxis wurde mit dem Urteil des *Europäischen Gerichtshofs* in Sachen Google nun unterbrochen und wird auch anhand der künftigen Normen in der Datenschutz-Grundverordnung nicht mehr praktiziert werden können. Die räumliche Anwendbarkeit des Datenschutzrechts bildet die Basis für materielle Ausführungen zu einem „Recht auf Vergessen" im Internet, da ein solches Recht gerade gegenüber den globalen Internetfirmen gefragt ist. Demnach werden im Folgenden die Auswirkungen des „Google"-Urteils auf die bisherige Rechtslage sowie die räumliche Anwendbarkeit gemäß den Regelungen der künftigen Datenschutz-Grundverordnung diskutiert.

---

52 *Albrecht*, ZD 2013, 587, 587.
53 Dort bestehen nur in besonderen Bereichen ausnahmsweise Gesetze zum Schutz der Daten, beispielsweise der „Children's Online Privacy Protection Act" zum Schutz der Daten von Kindern im Internet.
54 Dass der Schutz personenbezogener Daten die Grundlage einer freiheitlich demokratischen Rechtsordnung bildet, wurde nicht zuletzt in Zeiten deutlich, in denen dieser Schutz nicht gewährleistet war, insbesondere während der Zeit des Nationalsozialismus in Deutschland. Siehe insoweit *Masing*, NJW 2012, 2305, 2305; *Ohly*, AfP 2011, 428, 429 und *Hoeren*, ZRP 2010, 251, 252, der die Gegenüberstellung dieser unterschiedlichen Datenschutzverständnisse als „clash of values" bezeichnet.
55 Viele internationale Anbieter wie Facebook und Google halten sich häufig nicht an die Bestimmungen des deutschen Datenschutzrechts, wobei hauptsächlich gegen die datenschutzrechtlichen Grundprinzipien und das Bestimmtheitsgebot verstoßen wird, siehe hierzu im Detail *Erd*, NVwZ 2011, 19, 19 ff..

I. Bisherige Rechtslage

1. Relevante Normen und ihre Reichweite

Die Regelungen zum räumlichen Anwendungsbereich fanden sich bislang in § 1 Absatz 5 Bundesdatenschutzgesetz. Danach bestimmt sich der räumliche Anwendungsbereich nach dem Niederlassungsprinzip (§ 1 Absatz 5 Satz 1 Bundesdatenschutzgesetz) sowie nach dem Territorialprinzip (§ 1 Absatz 5 Satz 2 Bundesdatenschutzgesetz).

2. Räumliche Anwendbarkeit nach dem „Niederlassungsprinzip"

Gemäß Artikel 4 Absatz 1 lit. a) EU-Datenschutzrichtlinie gilt für die Niederlassung, die eine verantwortliche Stelle in einem europäischen Mitgliedstaat unterhält, das im Inland geltende einzelstaatliche Recht. Dieses sogenannte „Niederlassungsprinzip" setzt in Deutschland § 1 Absatz 5 Satz 1 Bundesdatenschutzgesetz um. Danach gilt das Bundesdatenschutzgesetz auch für Stellen, die ihren Sitz in einem anderen europäischen Mitgliedstaat oder in einem anderen Vertragsstaat des Abkommens über den Europäischen Wirtschaftsraum haben, wenn sie eine Niederlassung im Inland haben und die Erhebung, Verarbeitung oder Nutzung der Daten durch die Niederlassung im Inland – also in Deutschland – erfolgt.

Soweit ein Unternehmen seinen Hauptsitz innerhalb eines europäischen Mitgliedstaats hat, ist eine „Niederlassung" in diesem Sinne in jedem Fall gegeben.[56] Ansonsten war die Auslegung des Begriffs der datenschutzrechtlichen „Niederlassung" in der deutschen Rechtswissenschaft und Rechtsprechung bislang umstritten. Nach einer strengen Auslegung wird ausschließlich auf den Standort der die Daten verarbeitenden Server abgestellt.[57] Danach wäre deutsches Datenschutzrecht nur anwendbar, soweit sich diese Server in Deutschland befinden. Hingegen würden Dienstleistungen, die im Ausland abgewickelt werden, nicht unter diese Regelungen fallen. Nach einer anderen Ansicht kommt es für eine „Niederlassung" auf die Beteiligung der inländischen Standorte an der Datenverarbeitung in der Form an, dass in Deutschland lokalisierte Stellen Entscheidungen über die grundlegende Funktionsweise des betreffenden Webdienstes treffen.[58] Dies wäre beispielsweise bei Google abzulehnen, da die in Deutschland lokalisierten Datencenter lediglich Suchanfragen von Nutzern aus Deutschland

---

56 *Piltz*, ZD 2013, 259, 260.
57 *Voigt*, MMR 2009, 377, 378.
58 *Ott*, MMR 2009, 158, 160.

abwickeln. Ähnlich hierzu stellte das *Oberlandesgericht Schleswig* darauf ab, dass eine Niederlassung in diesem Sinne die betreffende Stelle die Kompetenz habe, über die Verarbeitungszwecke und -mittel der personenbezogenen Daten zu entscheiden.[59]

Demgegenüber stellt die Artikel 29-Datenschutzgruppe[60] niedrigere Anforderungen an eine „Niederlassung": Hierzu sei lediglich erforderlich, dass die betreffende Stelle im Hoheitsgebiet eines europäischen Mitgliedstaats an der Verarbeitung von Benutzerdaten beteiligt ist.[61] Dabei muss eine „Niederlassung" ihre Tätigkeit effektiv, tatsächlich und unter dauerhaften Bedingungen ausüben. Dies sei unabhängig von der Rechtsform, sodass grundsätzlich auch eine Geschäftsstelle oder eine Tochtergesellschaft mit Rechtspersönlichkeit eine „Niederlassung" in diesem Sinne darstellen können.[62] Allerdings muss die Stelle auch eine bedeutende Rolle im Verarbeitungsvorgang spielen, was die Artikel-29-Datenschutzgruppe insbesondere bei Suchmaschinenbetreibern bejaht, die ein Büro in einem Mitgliedstaat unterhalten, das sich am Verkauf zielgruppenspezifischer Werbung für die Einwohner dieses Staates beteiligt.[63] Damit verfolgte die Artikel-29-Datenschutzgruppe bereits den gleichen Auslegungsansatz wie der *Europäische Gerichtshof* in seinem späteren Urteil vom 13. Mai 2014 in Sachen „Google", bei dem zu beurteilen war, ob die spanische Tochtergesellschaft „Google Spain, S. L." den räumlichen Anwendungsbereich des europäischen Datenschutzrechts für den gesamten Google-Konzern eröffnet (siehe hierzu B. II. dieses Kapitels).[64]

---

59 *Oberlandesgericht Schleswig*, ZD 2013, 364, 365.
60 Die Artikel 29-Datenschutzgruppe wurde im Rahmen der EU-Datenschutzrichtlinie eingerichtet und ist in unabhängiger und beratender Funktion tätig. Sie setzt sich zusammen aus Vertretern der nationalen Aufsichtsbehörden, Vertretern der Behörden, die für die EU-Institutionen und -organe geschaffen wurden sowie einem Vertreter der Europäischen Kommission. Siehe näher hierzu http://ec.europa.eu/justice/data-protection/article-29/index_de.htm.
61 *Artikel-29-Datenschutzgruppe*, Stellungnahme 1/2008 zu Datenschutzfragen im Zusammenhang mit Suchmaschinen, 00737/DE WP 148, S. 11, online abrufbar unter http://ec.europa.eu/justice/policies/privacy/docs/wpdocs/2008/ wp148_de.pdf.
62 *Artikel-29-Datenschutzgruppe*, Stellungnahme 1/2008 zu Datenschutzfragen im Zusammenhang mit Suchmaschinen, 00737/DE WP 148, S. 11, online abrufbar unter http://ec.europa.eu/justice/policies/privacy/docs/wpdocs/2008/ wp148_de.pdf.
63 *Artikel-29-Datenschutzgruppe*, Stellungnahme 1/2008 zu Datenschutzfragen im Zusammenhang mit Suchmaschinen, 00737/DE WP 148, S. 11, online abrufbar unter http://ec.europa.eu/justice/policies/privacy/docs/wpdocs/2008/ wp148_de.pdf.
64 So auch *Piltz*, ZD 2013, 259, 260.

3. Räumliche Anwendbarkeit nach dem Territorialprinzip

Da die Begründung einer „Niederlassung" bei globalen Internetfirmen insofern umstritten war, wurde die räumliche Anwendung der Datenschutzgesetze bei Unternehmen mit Hauptsitz außerhalb der europäischen Union in der Vergangenheit stärker unter dem Gesichtspunkt des Territorialprinzips diskutiert, das in § 1 Absatz 5 Satz 2 Bundesdatenschutzgesetz beziehungsweise Artikel 4 Absatz 1 lit. c) EU-Datenschutzrichtlinie geregelt ist. Vorliegend wird diese Diskussion lediglich überblicksartig wiedergegeben, da sie durch das Urteil des *Europäischen Gerichtshofs* vom 13. Mai 2014 obsolet geworden ist. Er hat seine Rechtsprechung zur räumlichen Anwendbarkeit ausschließlich auf das Niederlassungsprinzip gestützt und die ihm vorgelegten Auslegungsfragen zum Territorialprinzip bewusst unbeantwortet gelassen.

Den Mittelpunkt der Problematik des Territorialprinzips bildet die Auslegung des „Rückgriffs auf im Inland belegene Mittel" im Sinne von Artikel 4 lit. c) EU-Datenschutzrichtlinie. Es kommt in diesem Zusammenhang auf die Lokalisierung der Datenverarbeitung an und gerade diese wurde bislang unterschiedlich bewertet: Eine Extremposition nahm das *Oberlandesgericht Hamburg* mit der Auffassung ein, allein auf die Onlineabrufbarkeit als solche abzustellen. Da die Seiten von Unternehmen wie Facebook und Google von Rechnern in Deutschland aus abrufbar seien, seien diese auch an die Regelungen des deutschen und europäischen Datenschutzrechts gebunden.[65] Die meisten Vertreter der rechtswissenschaftlichen Literatur verneinen diese Begründung der räumlichen Anwendbarkeit aufgrund bloßer Onlineabrufbarkeit, da diese nicht richtlinienkonform sei.[66] Nach diesen Stimmen käme es zur Bestimmung der „im Inland belegenen Mittel" vielmehr auf andere Faktoren an, wie den Standort der datenverarbeitenden Server[67] und die Entscheidungsherrschaft über Inhalt und Verarbeitungsart der Daten.[68] Da sich die datenverarbeitenden Server von Unternehmen wie Google und Facebook nicht in Europa befänden und in Falle eines aktiven Abrufs einer Webseite durch einen Nutzer die Initiative von diesem selbst ausgehe,

---

65 *Oberlandesgericht Hamburg*, ZD 2011, 138, 139.
66 *Stadler*, ZD 2011, 57, 58; *Arning*, ZD 2011, 140, 141.
67 *Hoeren*, ZRP 2010, 251, 252.
68 *Artikel-29-Datenschutzgruppe*, Arbeitspapier über die Frage der internationalen Anwendbarkeit des EU-Datenschutzrechts bei der Verarbeitung personenbezogener Daten im Internet durch Websites außerhalb der EU, 5035/01/DE/endg. WP 56, S. 10, online abrufbar unter www.ec.europa.eu/justice/policies/privacy/docs/updocs/2002/up56_de.pdf.

sei ein Zugriff dieser Dienstanbieter auf im Inland belegene Mittel und damit die Anwendbarkeit des hiesigen Datenschutzrechts nach diesen Auffassungen jedenfalls abzulehnen.

II. Wandel durch das Urteil des Europäischen Gerichtshofs vom 13. Mai 2014

Die letzten Abschnitte haben gezeigt, dass die Anwendbarkeit des deutschen und europäischen Datenschutzrechts auf globale Internetfirmen wie Google und Facebook von deutschen Rechtswissenschaftlern überwiegend verneint wurde. Lediglich die Artikel-29-Datenschutzgruppe bejahte die für die räumliche Anwendbarkeit erforderliche „Niederlassung" bei einer Zweigstelle mit Büro in einem Mitgliedstaat, die am Verkauf zielgruppenspezifischer Werbung für die Einwohner des jeweiligen Staates beteiligt ist. Damit blieb das Datenschutzrecht gegenüber den großen Internetfirmen – und damit in besonders praxisrelevanten Bereichen – ein zahnloser Tiger. Die Unternehmen konnten durch geschickte Wahl ihres Unternehmensstandorts das europäische Datenschutzrecht legal umgehen.[69]

Mit seinem prominenten Urteil am 13. Mai 2014 hat der *Europäische Gerichtshof* einen bedeutenden Wandel bei der Frage der räumlichen Anwendbarkeit des hiesigen Datenschutzrechts herbeigeführt. Insbesondere werden sich internationale Internetfirmen wie Google und Facebook bei ihren Angeboten auf dem europäischen Markt künftig an die Regeln des europäischen Datenschutzrechts und seiner nationalen Umsetzungsakte halten müssen. Dies gilt bereits nach der bisherigen Rechtslage, denn das Urteil erging zur Auslegung der geltenden EU-Datenschutzrichtlinie, nicht der künftigen Datenschutz-Grundverordnung. Jedoch dürfte es dem Verordnungsgeber entgegengekommen sein, dass die Auslegung der Luxemburger Richter zur geltenden Rechtslage mit den Regelungen zur räumlichen Anwendbarkeit in der Datenschutz-Grundverordnung im Ergebnis weitgehend übereinstimmt (siehe hierzu C. III. dieses Kapitels).

Dem Urteil des *Europäischen Gerichtshofs* lag ein Rechtsstreit zugrunde, bei dem ein Rechtsanwalt aus Spanien dagegen vorgehen wollte, dass ein ihn namentlich nennender Zeitungsartikel aus dem Jahr 1998 über seine damalige und mittlerweile abgeschlossene Zwangsvollstreckung im Online-Archiv der entsprechenden Tageszeitung erschien und damit auch über den Suchdienst Google zu erreichen war. Während die spanische Datenschutzbehörde eine Pflicht zur Löschung des Artikel aus dem Online-Archiv selbst verneinte, verpflichtete

---

69 Aus diesem Grund unterhält beispielsweise Facebook seinen Sitz in Irland.

sie Google zur Löschung der entsprechenden Suchergebnisse. Dagegen ging Google vor, was über die *Audiencia Nacional*, dem nationalen Staatsgerichtshof in Spanien, in den Rechtsstreit vor dem *Europäischen Gerichtshof* mündete. Im Folgenden wird diese Rechtsprechung speziell mit Blick auf die räumliche Anwendung des europäischen Datenschutzrechts diskutiert. Die materiellrechtlichen Fragen des Rechtsstreits werden im Fünften Kapitel ausführlich behandelt.

1. Die Entscheidung des Europäischen Gerichtshofs zur räumlichen Anwendbarkeit

a. Hintergrund und maßgebliche Rechtsfrage

Die *Audiencia Nacional* hatte dem *Europäischen Gerichtshof* mehrere Auslegungsfragen zum räumlichen Anwendungsbereich der EU-Datenschutzrichtlinie vorgelegt: drei davon zur Auslegung der „Niederlassung" im Sinne von Artikel 4 Absatz 1 lit. a EU-Datenschutzrichtlinie (Pendant zu § 1 Absatz 5 Satz 1 Bundesdatenschutzgesetz) und weitere zur Auslegung des „Rückgriffs auf Mittel, die im Hoheitsgebiet des betreffenden Mitgliedstaats belegen sind" im Sinne von Artikel 4 Absatz 1 lit. c EU-Datenschutzrichtlinie (Pendant zu § 1 Absatz 5 Satz 2 Bundesdatenschutzgesetz).[70] Der *Europäische Gerichthof* befasste sich in seinem Urteil ausschließlich mit einer dieser Fragen, konkret mit der ersten Variante der ersten Auslegungsfrage zum Begriff der „Niederlassung" (Vorlagefrage Nummer 1 lit. a).[71] Darin wurde gefragt, ob eine „Niederlassung" gegeben sei,

---

70 Siehe zur Beantwortung der Vorlagefragen zum „Rückgriff auf Mittel" insbesondere *Piltz*, ZD 2013, 259, 261, der dies etwa beim Einsatz von Webcrawlern ablehnt, da diese technisch anders funktionierten als „Cookies" (die als „Mittel" eingeordnet werden) und zudem das „Crawlen" kein „Zurückgreifen" darstelle.

71 Die spanische *Audiencia Nacional* legte dem *Europäischen Gerichtshof* Vorlagefragen zum Begriff der „Niederlassung" zwei weitere Konstellationen vor: Die Varianten b) und c) betrafen die Frage, ob (Variante b)) eine „Niederlassung" im Sinne der Norm gegeben sei, wenn die Muttergesellschaft eine in diesem Mitgliedstaat ansässige Tochtergesellschaft als ihre Vertreterin und für zwei konkrete Dateien mit den Daten ihrer Werbekunden als für die Verarbeitung Verantwortliche benennt oder (Variante c)) wenn die in einem Mitgliedstaat ansässige Niederlassung oder Tochtergesellschaft Beschwerden und Anordnungen, die von den betroffenen Personen bzw. den zuständigen Behörden an sie gerichtet werden, um zu erwirken, dass das Recht auf Schutz personenbezogener Daten beachtet wird, an die außerhalb der Europäischen Union ansässige Muttergesellschaft weiterleitet, auch wenn diese Zusammenarbeit freiwillig erfolgt. Siehe zur Beurteilung dieser Fragen *Piltz*, ZD 2013, 259, 260 f..

„(...) (a) wenn das die Suchmaschine betreibende Unternehmen in einem Mitgliedstaat für die Förderung des Verkaufs der Werbeflächen der Suchmaschine und diesen Verkauf selbst eine Zweigniederlassung oder Tochtergesellschaft gründet, deren Tätigkeit auf die Einwohner dieses Staats ausgerichtet ist (...)"

Im Gegensatz zur früheren Rechtsmeinung in Deutschland ordnete der *Europäische Gerichtshof* im konkreten Fall die innereuropäische Tochtergesellschaft „Google Spain" als „Niederlassung" gemäß Artikel 4 Absatz 1 lit. a) EU-Datenschutzrichtlinie ein. Vor diesem Hintergrund prüfte er die beiden weiteren Alternativen zur Begriffsauslegung der „Niederlassung" sowie die Fragen zur Auslegung des „Rückgriffs auf Mittel" und für den Fall der Nichtanwendbarkeit der EU-Datenschutzrichtlinie nicht mehr.[72]

Im streitgegenständlichen Fall lag es so, dass die Google Inc. als Muttergesellschaft des Google-Konzerns die Betreiberin des gesamten Suchdienstes war und ihren Hauptsitz in den Vereinigten Staaten von Amerika unterhielt.[73] Der Suchdienst „Google Search" ist weltweit über „www.google.com" nutzbar, wobei in vielen Ländern lokale und an die Landessprache angepasste Versionen angeboten werden, wie die im streitgegenständlichen Fall betroffene spanischsprachige Version „www.google.es". In Europa unterhält Google lediglich Einzelbüros, wobei die bei der Beantwortung von Suchanfragen eingesetzten Server weltweit verteilt liegen.[74] Nach Angaben von Google befinden sich die meisten ihrer datenverarbeitenden Rechner in den Vereinigten Staaten von Amerika. Das Unternehmen hält jedoch die genauen Serverstandorte aus Wettbewerbsgründen geheim.[75] Welcher Server die konkrete Suchanfrage bearbeitet, hängt zudem von Zufallskriterien, wie der aktuellen Belastung der Server-Parks, ab. So können mit der Beantwortung einer einzigen Suchanfrage bis zu 1.000 Rechner befasst sein.[76] Die Datenverarbeitung als solche wird von dem Mutterkonzern Google Inc. von den Vereinigten Staaten von Amerika aus gesteuert. Gewinn erzielt das Unternehmen dadurch, dass es Unternehmen gegen

---

72 *Europäischer Gerichtshof*, Urteil vom 13. Mai 2014, Rs. C-131/12 – *Google Spain SL und Google Inc./Agencia Española de Protección de Datos (AEPD) und Costeja Gonzáles*, Rn. 59, 61. Im Vorfeld des Urteils des *Europäischen Gerichtshofs* wurde in der rechtswissenschaftlichen Literatur über die Beantwortung dieser weiteren Vorlagefragen diskutiert, siehe insbesondere *Piltz*, ZD 2013, 259, 260 ff..
73 *Europäischer Gerichtshof*, Urteil vom 13. Mai 2014, Rs. C-131/12 – *Google Spain SL und Google Inc./Agencia Española de Protección de Datos (AEPD) und Costeja Gonzáles*, Rn. 43.
74 *Ott*, MMR 2009, 158, 159.
75 *Voigt*, MMR 2009, 377, 377 f..
76 *Ott*, MMR 2009, 158, 159.

Entgelt ermöglicht, ihre Werbung bei der Anzeige der Suchergebnisse so einzubetten, dass diese zum eingegebenen Suchbegriff passen.[77] Den Verkauf dieser Werbeflächen sowie das Werbemarketing im Allgemeinen wurde den innereuropäischen Tochtergesellschaften übertragen – in Spanien beispielsweise an Google Spain, in Deutschland an Google Germany. Diese Tochtergesellschaften richten sich dabei vor allem an die Unternehmen des jeweiligen Mitgliedstaats. Sie haben die Aufgabe, den Verkauf von Produkten und Diensten der Online-Werbung zu fördern, zu erleichtern und durchzuführen sowie ein entsprechendes Marketing zu betreiben.[78]

Wie in der Vergangenheit hatte sich Google auch im damaligen Rechtsstreit darauf berufen, dass weder das europäische Datenschutzrecht noch eine seiner nationalen Umsetzungen für das Unternehmen gelte. Insbesondere sei die in Rede stehende Tochter Google Spain keine „Niederlassung" im Sinne der EU-Datenschutzrichtlinie. Sie wirke nicht bei den Datenverarbeitungsvorgängen des Suchdienstes Google Search mit, sondern unterstütze die Tätigkeit des Google-Konzerns lediglich beim Angebot von Werbung.[79] Die entscheidende Rechtsfrage ist demnach dahingehend zusammenzufassen, ob die Vermarktung und der Verkauf von Werbeflächen durch eine innereuropäische Tochtergesellschaft unter den Terminus der „Datenverarbeitung im Rahmen der Tätigkeit einer Niederlassung" subsumiert werden kann.

b. Die Entscheidung des Europäischen Gerichtshofs

Der *Europäische Gerichtshof* hat diese Frage bejaht und die räumliche Anwendbarkeit damit auf Artikel 4 Absatz 1 lit. a EU-Datenschutzrichtlinie gestützt. Sein zweiter Urteilsleitsatz lautete insoweit:

> *„Artikel 4 Absatz 1 lit. a der RL 95/46/EG ist dahin auszulegen, dass im Sinne dieser Bestimmung eine Verarbeitung personenbezogener Daten im Rahmen der Tätigkeiten einer Niederlassung ausgeführt wird, die der für die Verarbeitung Verantwortliche im Hoheitsgebiet eines Mitgliedstaats besitzt, wenn der Suchmaschinenbetreiber in einem Mitgliedstaat für die Förderung des Verkaufs der Werbeflächen der Suchmaschine und diesen Verkauf*

---

77 *Europäischer Gerichtshof*, Urteil vom 13. Mai 2014, Rs. C-131/12 – *Google Spain SL und Google Inc./Agiencia Española de Protección de Datos (AEPD) und Costeja Gonzáles*, Rn. 43.
78 *Europäischer Gerichtshof*, Urteil vom 13. Mai 2014, Rs. C-131/12 – *Google Spain SL und Google Inc./Agiencia Española de Protección de Datos (AEPD) und Costeja Gonzáles*, Rn. 43.
79 *Europäischer Gerichtshof*, Urteil vom 13. Mai 2014, Rs. C-131/12 – *Google Spain SL und Google Inc./Agiencia Española de Protección de Datos (AEPD) und Costeja Gonzáles*, Rn. 51.

selbst eine Zweigniederlassung oder Tochtergesellschaft gründet, deren Tätigkeit auf die Einwohner dieses Staats ausgerichtet ist."

Ausgehend von den Maßgaben zum Begriff der Niederlassung im 19. Erwägungsgrund der EU-Datenschutzrichtlinie bejaht der Gerichtshof das Vorliegen einer „Niederlassung" als solcher knapp mit dem Argument, dass Google Spain unstreitig effektiv und tatsächlich eine Tätigkeit mittels fester Einrichtung in Spanien ausübe.[80] Hinzu käme, dass Google Spain als Tochtergesellschaft der Google Inc. in Spanien eine eigene Rechtspersönlichkeit habe.

Sodann widmeten sich die Luxemburger Richter der Voraussetzung, dass die Verarbeitung der personenbezogenen Daten durch den Verantwortlichen „im Rahmen der Tätigkeiten" seiner innereuropäischen Niederlassung durchgeführt werden muss. Entsprechend der Argumentation der Klägerseite[81] legten sie den räumlichen Anwendungsbereich von Artikel 4 Absatz 1 lit. a EU-Datenschutzrichtlinie weit aus. Vom Wortlaut her verlange diese Norm gerade nicht, dass der konkret in Rede stehende Verarbeitungsvorgang auch tatsächlich von der betreffenden Niederlassung selbst ausgeführt werde, vielmehr sei lediglich die Ausführung „im Rahmen der Tätigkeiten" der Niederlassung gefordert.[82] Die eigentliche Verarbeitung der Daten könne dabei trotzdem vom Mutterunternehmen mit außereuropäischem Sitz ausgeführt werden und werde – wie es die Norm verlangt – gerade auch „im Rahmen der Tätigkeit" einer innereuropäischen „Niederlassung" ausgeführt,

> *„(...) wenn diese die Aufgabe hat, in dem Mitgliedstaat für die Förderung des Verkaufs der angebotenen Werbeflächen der Suchmaschine, mit denen die Dienstleistung der Suchmaschine rentabel gemacht werden soll, und diesen Verkauf selbst zu sorgen."*[83]

Im vorliegenden Fall sei unklar geblieben, inwieweit Google Spain in Spanien Tätigkeiten ausübe, die im unmittelbaren Zusammenhang mit der eigentlichen Datenverarbeitung als solcher zu tun haben, etwa mit der Indexierung oder Speicherung

---

80 *Europäischer Gerichtshof*, Urteil vom 13. Mai 2014, Rs. C-131/12 – *Google Spain SL und Google Inc./Agiencia Española de Protección de Datos (AEPD) und Costeja Gonzáles*, Rn. 49.
81 *Europäischer Gerichtshof*, Urteil vom 13. Mai 2014, Rs. C-131/12 – *Google Spain SL und Google Inc./Agiencia Española de Protección de Datos (AEPD) und Costeja Gonzáles*, Rn. 52 f..
82 *Europäischer Gerichtshof*, Urteil vom 13. Mai 2014, Rs. C-131/12 – *Google Spain SL und Google Inc./Agiencia Española de Protección de Datos (AEPD) und Costeja Gonzáles*, Rn. 55.
83 *Europäischer Gerichtshof*, Urteil vom 13. Mai 2014, Rs. C-131/12 – *Google Spain SL und Google Inc./Agiencia Española de Protección de Datos (AEPD) und Costeja Gonzáles*, Rn. 55.

von Onlineinhalten. Vor diesem Hintergrund stellte der *Europäische Gerichtshof* darauf ab, dass die unstreitig bestehende Tätigkeit von Google Spain in Spanien, namentlich der Verkauf von Werbeflächen sowie die Förderung dieses Verkaufs, „den wesentlichen Teil der geschäftlichen Tätigkeit des Google-Konzerns" darstelle und davon ausgegangen werden könne, „dass diese Tätigkeit eng mit dem Suchdienst zusammenhänge".[84] Konkret seien die Werbeförderung durch Google Spain und die eigentliche Suchmaschinenarbeit „untrennbar miteinander verbunden". Da diese Anzeigen gemeinsam mit den Suchergebnissen auf derselben Seite angezeigt würden, erfolge die Datenverarbeitung „im Rahmen der Werbetätigkeit", die wiederum von der „Niederlassung" Google Spain durchgeführt werde.[85]

Neben dem Normwortlaut stützt der *Europäische Gerichtshof* seine weite Auslegung des räumlichen Anwendungsbereichs auf die Zielsetzung der EU-Datenschutzrichtlinie. Diese besteht letztlich darin, die Grundfreiheiten und Grundrechte natürlicher Personen, insbesondere deren Recht auf Privatleben bei der Verarbeitung personenbezogener Daten, wirksam und umfassend zu schützen.[86] Diese Zielsetzung würde jedenfalls unterlaufen, wenn die Suchdienste der Online-Suchmaschine Google nicht unter dieses Regelwerk gefasst würden.[87]

Im Ergebnis stellt die Tochtergesellschaft Google Spain nach Auffassung des *Europäischen Gerichtshofs* somit eine „Niederlassung" des Google-Konzerns im Sinne von Artikel 4 Absatz 1 lit. a) EU-Datenschutzrichtlinie dar, da sie Werbeflächen der Suchmaschine in Spanien verkaufe und diese Tätigkeit in einem engen Zusammenhang mit der Datenverarbeitung stehe. Damit hat sich *Europäische Gerichtshof* den Auffassungen vieler deutscher Rechtswissenschaftler entgegen gestellt. Lediglich die Meinung der Artikel-29-Datenschutzgruppe (siehe C. I. 2. dieses Kapitels) ging in die gleiche Richtung wie die Rechtsprechung aus Luxemburg. So hat nunmehr das höchste europäische Gericht eine bislang umstrittene

---

84 *Europäischer Gerichtshof*, Urteil vom 13. Mai 2014, Rs. C-131/12 – *Google Spain SL und Google Inc./Agiencia Española de Protección de Datos (AEPD) und Costeja Gonzáles*, Rn. 46.
85 *Europäischer Gerichtshof*, Urteil vom 13. Mai 2014, Rs. C-131/12 – *Google Spain SL und Google Inc./Agiencia Española de Protección de Datos (AEPD) und Costeja Gonzáles*, Rn. 57.
86 *Europäischer Gerichtshof*, Urteil vom 13. Mai 2014, Rs. C-131/12 – *Google Spain SL und Google Inc./Agiencia Española de Protección de Datos (AEPD) und Costeja Gonzáles*, Rn. 58.
87 *Europäischer Gerichtshof*, Urteil vom 13. Mai 2014, Rs. C-131/12 – *Google Spain SL und Google Inc./Agiencia Española de Protección de Datos (AEPD) und Costeja Gonzáles*, Rn. 54.

Auslegungsfrage geklärt und lässt das Bestehen einer innereuropäischen Niederlassung, die die Förderung der Rentabilität des Suchmaschinendiensts bezweckt, ausreichen, um die räumliche Anwendbarkeit des hiesigen Datenschutzrechts zu begründen.[88]

2. Bewertung und Reichweite

Das Urteil des *Europäischen Gerichtshofs* zur Auslegung des Niederlassungsbegriffs in Artikel 4 Absatz 1 lit. a) EU-Datenschutzrichtlinie wurde von vielen Seiten begrüßt.[89] Neben dem ehemaligen Bundesbeauftragten für Datenschutz *Schaar*,[90] kam auch von Seiten der Politik fraktionsübergreifend Zustimmung.[91] Die ehemalige EU-Justizkommissarin *Reding* lobte, dass sich nun Unternehmen nicht mehr hinter ihren Servern verstecken könnten, die sich sonst wo auf der Welt befänden.[92] Tatsächlich stellte der Gerichtshof in seinem Urteil erstmalig klar, dass das Internet auch für eine Online-Suchmaschine wie Google kein datenschutzrechtsfreier Raum ist. Nach dem Verband der deutschen Internetgesellschaft *eco* führe die weite Auslegung des räumlichen Anwendungsbereichs des europäischen Datenschutzrechts zu mehr Rechtssicherheit.[93]

Auch nach diesseitiger Ansicht überzeugt die Begründung der räumlichen Anwendung durch den *Europäischen Gerichtshof*. Dem gegnerischen Argument, der für maßgeblich gehaltene Zusammenhang zwischen der Werbung und dem Datenschutzrecht bestehe in der Realität nicht,[94] ist entgegen zu halten, dass die Werbung bei Google Spain – ebenso wie bei Google – an der jeweiligen Suchtätigkeit im jeweiligen eigenen Land ausgerichtet wird und dadurch der Zusammenhang in der Realität besteht.[95] Schließlich sammelt Google mit Hilfe sogenannter „Googlebots"[96] Informationen von den Webseiten des jeweiligen Mitgliedstaats

---

88 *Europäischer Gerichtshof*, Urteil vom 13. Mai 2014, Rs. C-131/12 – *Google Spain SL und Google Inc./Agencia Española de Protección de Datos (AEPD) und Costeja Gonzáles*, Rn. 55 f..
89 *Karg*, ZD 2014, 359, 359.
90 *Schaar* sprach insoweit von einem „Etappensieg für den Datenschutz" in der Zeitung *Die Welt* vom 14. Mai 2014, S. 1.
91 *Die Welt* vom 14. Mai 2014, S. 1, 9.
92 *Die Welt* vom 14. Mai 2014, S. 1.
93 Mitteilung auf MMR-Aktuell 2014, 358535.
94 So *Hoeren*, ZD 2014, 325, 325.
95 Vergleiche auch *Arenas Ramiro/Yankova*, ZD-Aktuell 2012, 02845.
96 Googlebots sind Webcrawler, die Internetinhalte eigenständig herunterladen und auf den Servern der Suchmaschine für diese speichern, www.wikipedia.de.

in der landestypischen Sprache, um damit das Angebot für die Werbeanbieter im jeweiligen Mitgliedstaat zu optimieren. Der Befürchtung, Suchmaschinenbetreiber könnten das europäische Datenschutzrecht künftig umgehen, indem sie ihr Werbegeschäft innerorganisatorisch von einer Stelle außerhalb der Europäischen Union durchführen ließen,[97] ist die Auslegung des Urteils dahingehend entgegen zu setzen, dass sämtliche Anbieter mit Niederlassungen in den entsprechenden Mitgliedstaaten unter das europäische Datenschutzrecht fallen, soweit sie das Kerngeschäft für den Markt im entsprechenden Mitgliedstaat ermöglichen oder organisieren und das ohne eine Beschränkung auf den Verkauf und die Vermarktung von Werbung.[98] Darüber hinaus sind die vom *Europäischen Gerichtshof* aufgestellten Auslegungsgrundsätze zum räumlichen Anwendungsbereich nicht auf die Suchmaschine Google beschränkt. Vielmehr dürften diese Maßstäbe auf viele große internationale Internetunternehmen, wie Facebook übertragbar sein, sodass auch diese den Regelungen der EU-Datenschutzrichtlinie unterfallen.[99]

III. Der räumliche Anwendungsbereich der Datenschutz-Grundverordnung

1. Die Reform der Datenschutzgesetze in Europa

Die europäische Gesetzgebungskompetenz auf dem Gebiet des Datenschutzes ergibt sich aus den Artikeln 114 Absatz 1 sowie 16 Absatz 2 Vertrags zur Arbeitsweise der Europäischen Union. Mit Inkrafttreten des Vertrags von Lissabon hat der europäische Gesetzgeber am 1. Dezember 2009 demnach das Mandat und die Kompetenz für eine umfassende Regelung des Datenschutzes erhalten.[100]

2. Zielsetzung der Datenschutzreform

Eine Neuordnung des europäischen Datenschutzrechts ist aus verschiedenen Gesichtspunkten notwendig geworden. Kernmotive sind dabei zum einen die europaweite Vereinheitlichung des Datenschutzrechts und zum anderen die Anpassung des Datenschutzrechts an das Internetzeitalter. Da die Mitgliedstaaten

---

97 Darauf hinweisend *Hoeren*, ZD 2014, 325, 325.
98 *Karg*, ZD 2014, 359, 359.
99 So auch *Jandt*, MMR-Aktuell 2014, 358242.
100 *Albrecht*, ZD 2013, 587, 587. Die einzige Ausnahme bildet insoweit der Bereich der Gemeinsamen Außen- und Sicherheitspolitik, vergleiche *Heckmann*, in: Leible/Kutschke, 17, 20.

die EU-Datenschutzrichtlinie mit zum Teil erheblichen Unterschieden in ihr nationales Recht umgesetzt haben, bestehen unterschiedlich hohe Datenschutzniveaus, wobei das deutsche Datenschutzrecht im europäischen Vergleich einen hohen Standard aufweist.[101] Dieses „Rechtsmosaik" soll durch ein einheitliches europäisches Datenschutzrecht ersetzt werden.[102] Im Sinne der Wachstumsstrategie Europa 2020[103] sowie der Digitalen Agenda für Europa[104] soll durch einen modernen und einheitlichen Datenschutz die digitale Wirtschaft in einem freien europäischen Binnenmarkt garantiert werden, Erwägungsgründe 3 und 11 Datenschutz-Grundverordnung.[105]

Wie bereits erwähnt, stammt die EU-Datenschutzrichtlinie aus dem Jahr 1995 und damit aus einer Zeit, in der eine mobile Datennutzung über das Internet in dem Ausmaß, wie wir es heute kennen, kaum vorstellbar war. Die gegenwärtige Rechtslage wird den Anforderungen nicht mehr gerecht, die das digitale 21. Jahrhundert aufgrund seiner technischen und gesellschaftlichen Entwicklung im Bereich des Internets an den Datenschutz stellt und bedarf daher nach einhelliger Auffassung dringend einer Modernisierung.[106]

3. Stand der Reformen

Geleitet von diesen Motiven initiierte[107] die Europäische Kommission nach einem circa dreijährigen Konsultationsverfahren durch öffentliche Anhörungen[108] am 25. Januar 2012 ihren offiziellen[109] Reformentwurf zur Neuordnung des Daten-

---

101 Nach Bundesverfassungsrichter *Masing*, NJW 2012, 2305, 2305 herrscht hierzulande ein Datenschutz „der seinesgleichen sucht".
102 *Reding*, ZD 2012, 1, 1; siehe zudem ausführlich *Albrecht*, ZD 2013, 587, 588.
103 Mitteilung der Kommission: EUROPA 2020 – Eine Strategie für intelligentes, nachhaltiges und integratives Wachstum, vom 3.3.2010, KOM (2010) 2020 endgültig, online abrufbar unter http://ec.europa.eu/eu2020/pdf/COMPLET%20%20DE%20 SG-2010-80021-06-00-DE-TRA-00.pdf, S. 6, 16 f..
104 Online abrufbar unter http://eur-lex.europa.eu/legal-content/DE/TXT/?uri=URIS ERV:si0016.
105 *Reding*, ZD 2012, 195, 196 f..
106 Unter anderem *Leutheusser-Schnarrenberger*, MMR 2012, 709, 709; *Kalabis/Selzer*, DuD 2012, 9, 9; *Dehmel/Hullen*, ZD 2013, 147, 147.
107 Das Initiativrecht in Artikel 17 Absatz 2 des Vertrags über die Europäische Union ermächtigt die Kommission dazu, Gesetze, wie Richtlinien und Verordnung, einzuleiten.
108 Siehe hierzu ausführlich *Albrecht*, ZD 2013, 587, 587.
109 Zuvor war am 29. November 2011 ein nicht-offizieller Entwurf der Datenschutz-Grundverordnung an die Öffentlichkeit gelangt, online abrufbar unter http://

schutzrechts in der Europäischen Union. Das vorgeschlagene Reformpaket enthielt zwei Rechtsakte: zum einen den Entwurf der „Verordnung des Europäischen Parlaments und des Rates zum Schutz natürlicher Personen bei der Verarbeitung personenbezogener Daten und zum freien Datenverkehr (Datenschutz-Grundverordnung)"[110] und zum anderen den Entwurf einer Richtlinie zum öffentlichen Datenschutzrecht zur Datenverarbeitung im Bereich von Strafverfolgung und Gefahrenabwehr. Für die vorliegende Arbeit ist die Datenschutz-Grundverordnung von Bedeutung.

Die Datenschutz-Grundverordnung wird die geltende EU-Datenschutzrichtlinie ablösen und verspricht weitreichende Auswirkungen auf den privatrechtlichen Datenschutz im Internet. Im Allgemeinen wurde der Entwurf der Kommission sowohl vom Europäischen Parlament als auch von der europäischen Datenschutz-Fachöffentlichkeit positiv angenommen und das „Ob" des Reformvorhabens nahezu einhellig begrüßt.[111] Nach Veröffentlichung des Entwurfs der Datenschutz-Grundverordnung durch die Kommission[112] beriet das Europäische Parlament über den Vorschlag, wobei knapp 4.000 Änderungsanträge eingingen.[113] Nach einer Abstimmung des federführenden Ausschusses für bürgerliche Freiheiten, Justiz und Inneres (LIBE-Ausschuss) stimmte am 12. März 2014 das Europäische Parlament[114] im Plenum darüber ab und einigte sich auf einen eigenen Entwurfstext der Datenschutz-Grundverordnung.[115]

Mitte Juni 2015 einigte sich auch der EU-Ministerrat[116] auf eine gemeinsame Position zu dem Reformvorhaben. Die Beratungen im Ministerrat hatten sich aufgrund von Widerständen aus einzelnen Mitgliedstaaten, insbesondere auch

---

statewatch.org/news/2011/dec/eu-com-draft-dp-reg-inter-service-consultation.pdf. Die Kommission erhielt dafür rasch harte Kritik und Beeinflussungsversuche von Seiten der datenverarbeitenden Wirtschaft und aus den Vereinigten Staaten von Amerika, online abrufbar unter http://edri.org/files/12_2011_DPR_USlobby.pdf.

110 Einen systematischen und ausführlichen Überblick über die Inhalte der Datenschutz-Grundverordnung gibt *Wybitul/Rauer*, ZD 2012, 160, 160 ff..
111 Etwa *Albrecht*, ZD 2013, 587, 589; *Dehmel/Hullen*, ZD 2013, 147, 153; *Schneider/Härting*, ZD 2012, 199, 199.
112 Artikel 294 Absatz 2 des Vertrags über die Arbeitsweise der Europäischen Union.
113 Siehe zu den Änderungswünschen im Einzelnen *Albrecht*, ZD 2013, 587, 590.
114 Artikel 294 Absätze 2 bis 8 des Vertrags über die Arbeitsweise der Europäischen Union.
115 Siehe zu Einzelheiten bei den Beratungen im Parlament *Albrecht*, ZD 2013, 587, 590.
116 Artikel 294 Absätze 2 bis 9 des Vertrags über die Arbeitsweise der Europäischen Union.

von Seiten der deutschen Bundesregierung,[117] Lobbyisten sowie Rechtsanwälten globaler Internetkonzerne, in die Länge gezogen.[118] Nach dieser Einigung hatten im Sommer 2015 die Trilogverhandlungen, die Verhandlungen zwischen Europäischem Parlament, dem Ministerrat und der Europäischer Kommission, begonnen. Die Einigung über den finalen Text erfolgte am 15. Dezember 2015. Nach der für das Frühjahr 2016 geplanten finalen Zustimmung des Ministerrats und des Plenums des Europäischen Parlaments wird die Datenschutz-Grundverordnung in Kraft treten.

4. Auswirkungen der Datenschutz-Grundverordnung auf die deutsche Gesetzeslage

Das Streben nach einer europaweiten Harmonisierung des Datenschutzes und seiner Durchsetzung war letztlich der Grund für das Instrument einer Verordnung, die unmittelbar und ohne Umsetzungsakte für alle Mitgliedstaaten gilt, Artikel 288 Absatz 2 des Vertrags über die Arbeitsweise der Europäischen Union. Artikel 88 Absatz 1 EU-Datenschutz-Grundverordnung sieht explizit vor, dass die bislang geltende Datenschutzrichtlinie durch sie aufgehoben wird. Dementsprechend wird die Datenschutz-Grundverordnung auch die derzeit geltenden datenschutzrechtlichen Normen in Deutschland ablösen, da sie auf der EU-Datenschutzrichtlinie aus dem Jahr 1995 beruhen. Konkret ersetzt sie das Bundesdatenschutzgesetz, die bereichsspezifischen Datenschutzregelungen in den §§ 11 ff. Telemediengesetz sowie die Landesdatenschutzgesetze.[119] Den Mitgliedstaaten wird nach Artikel 91 Absatz 2 Datenschutz-Grundverordnung ein Umstellungszeitraum von zwei Jahren nach Inkrafttreten der Verordnung zur Vollharmonisierung bis Anfang 2018 eingeräumt.

5. Das Marktortprinzip nach der Datenschutz-Grundverordnung

Der Wunsch nach legislativer Klarstellung des weiten räumlichen Anwendungsbereichs der europäischen Datenschutzgesetze besteht nicht erst seit dem Urteil des *Europäischen Gerichtshofs*.[120] Für die bisherige Rechtslage wäre eine Klarstellung im Gesetz nach diesem Urteil nicht zwingend, da bereits hiernach das

---

117 Die deutsche Regierung wollte sicherstellen, dass das hohe Niveau des deutschen Datenschutzrechts durch die Verordnung erhalten bleibt.
118 Zu Einzelheiten aus dem Ablauf der Beratungen im Ministerrat *Albrecht*, ZD 2013, 587, 590.
119 *Nebel/Richter*, ZD 2012, 407, 409.
120 *Arenas Ramiro/Yankova*, ZD-Aktuell 2012, 02845.

derzeitige europäische Datenschutzrecht gegenüber vielen großen Internetunternehmen mit Hauptsitz außerhalb der Europäischen Union gelten würde.

Für die Zukunft trifft die Datenschutz-Grundverordnung nun aber folgende legislative Klarstellung: Gemäß Artikel 3 Absatz 1 wird die Datenschutz-Grundverordnung bei Verarbeitungen personenbezogener Daten Anwendung finden, soweit diese im Rahmen der Tätigkeiten einer Niederlassung eines für die Verarbeitung Verantwortlichen in der Union erfolgt, unabhängig davon, ob die Verarbeitung selbst in der Union erfolgt – diese Norm gilt somit für innereuropäische Unternehmen und ist die Fortführung des Niederlassungsprinzips.[121]

Eine Neuheit stellt indes das in Artikel 3 Absatz 2 Datenschutz-Grundverordnung normierte „Marktortprinzip" dar:[122] Hiernach sind auch Verantwortliche an die Verordnung gebunden, die *keine* Niederlassung in der Europäischen Union haben, wenn sie personenbezogene Daten bei einer in der Union ansässigen Person erheben, um (lit. a)) dieser Person Waren oder Dienstleistungen anzubieten, unabhängig davon, ob von der betroffenen Person eine Zahlung zu leisten ist, oder (lit. b)) ihr Verhalten zu beobachten.[123] Das Merkmal der „Verwendung von Mitteln" aus der bisherigen Rechtslage gibt es in der Datenschutz-Grundverordnung nicht mehr.[124]

Das Marktortprinzip deklariert damit die Unabhängigkeit von der Lage des Sitzes eines Unternehmens oder des Standorts seiner Server. Vielmehr stellt die Norm für die räumliche Anwendbarkeit der Datenschutz-Grundverordnung darauf ab, in welchem Land das Unternehmen seine Dienste anbietet. Dabei ist auch nicht auf die Möglichkeit abzustellen, online Geschäfte abzuschließen, vielmehr zählt das reine Anbieten.[125] Der Klarstellung halber sei angemerkt, dass der *Europäische Gerichtshof* in seiner „Google"-Entscheidung nicht dieses „Marktortprinzip" festgelegt hat. Vielmehr hat der Gerichtshof entschieden, dass es für eine die räumliche Anwendbarkeit begründende „Niederlassung" ausreicht, dass sich in dem betreffenden europäischen Mitgliedstaat eine Tochtergesellschaft befindet, die dort die Werbeflächen für den Mutterkonzern vermarktet. Hingegen ist das „Marktortprinzip" ein Instrument der europäischen Verordnungsgeber,

---

121 *Simitis*, in: Simitis, § 1 BDSG Rn. 241.
122 *Simitis*, in: Simitis, § 1 BDSG Rn. 241; *Leutheusser-Schnarrenberger*, MMR 2012, 709, 710. Dieses Prinzip ist aus dem Wettbewerbsrecht bekannt, siehe insoweit *Köhler* in Köhler/Bornkamm, UWG, Einleitung Rn. 5.5 ff.
123 Die letztgenannte Variante zielt insbesondere auf die Profilbildung ab, wie beispielsweise durch das Instrument des „like-button" auf Facebook.
124 *Simitis*, in: Simitis, § 1 BDSG Rn. 241.
125 *Simitis*, in: Simitis, § 1 BDSG Rn. 241; *Piltz*, K&R 2013, 292, 297.

das zwar in vielen Fällen zu ähnlichen Ergebnissen wie die Maßstäbe des *Europäischen Gerichtshofs* führen wird, dies jedoch mit einer anderen Methodik. Für das Marktortprinzip wird entscheidend sein, inwiefern die verantwortliche Stelle ihr Angebot auf die europäischen Verbraucher ausrichtet und ihnen ihre Waren oder Dienstleistungen anbietet.

Wann ein Angebot auf die Bewohner eines europäischen Mitgliedstaates ausgerichtet ist, wird in der Verordnung nicht konkretisiert. Sachgerecht wäre es insoweit eine Vielzahl von Faktoren zu berücksichtigen, wie beispielsweise die Gestaltung der Webseite, die verwendete Sprache oder das Lieferangebot in bestimmte Mitgliedstaaten.[126] Der europäische Verordnungsgeber verfolgt mit seiner Regelung die Schaffung gleicher Wettbewerbschancen für alle Unternehmen, die ihre Waren und Dienstleistungen auf dem europäischen Markt anbieten, weswegen die Normierung des „Marktortprinzips" im Verordnungstext besonders zu begrüßen ist.[127] Neben der Förderung der Chancengleichheit wird durch die Klarstellung der weiten räumlichen Anwendbarkeit der Datenschutz-Grundverordnung zugleich die Wahrnehmung der Betroffenenrechte praktikabler und leichter.

Zusammenfassend lässt sich festhalten, dass große Internetfirmen wie Facebook und Google sich in der Zukunft in jedem Fall an die europäischen Datenschutzgesetze werden halten müssen: Für die bisher geltenden Gesetze hat dies der *Europäische Gerichtshof* durch seine weite Auslegung des Niederlassungsbegriffs begründet. Künftig wird dies durch das „Marktortprinzip" in Artikel 3 Absatz 2 Datenschutz-Grundverordnung klargestellt, worin die räumliche Gesetzesanwendbarkeit über die Rechtsprechung des *Europäischen Gerichtshofs* hinaus auf sämtliche Unternehmen erweitert wird, die ihr Angebot auch auf den europäischen, insbesondere den deutschen Verbraucher ausrichten.

D. Grundrechtlicher Rahmen eines „Rechts auf Vergessen"

Als datenschutzrechtlicher Löschungsanspruch basiert das „Recht auf Vergessen" auf dem Grundrecht des Einzelnen auf informationelle Selbstbestimmung, das wiederum im Spannungsverhältnis zu Grundrechten anderer steht. Die entsprechenden grundrechtlichen Positionen, die im Rahmen der folgenden Kapitel zu einem materiell-rechtlichen „Recht auf Vergessen" im Rahmen der jeweiligen Rechts- und Interessenabwägungen relevant werden, werden im Folgenden abs-

---

126 *Nolte*, NJW 2014, 2238, 2240.
127 So auch *Roßnagel/Richter/Nebel*, ZD 2013, 103, 104; *Leutheusser-Schnarrenberger*, MMR 2012, 709, 710.

trakt dargestellt. Die konkrete Abwägung der jeweiligen Grundrechte erfolgt in den einzelnen Kapiteln an entsprechender Stelle (siehe bei selbst eingestellten Daten B. II. 4. des dritten Kapitels, zu Online-Archiven D. II. 3. b. des vierten Kapitels, zu Suchmaschinen E. des fünften Kapitels).

I. Interessen des Betroffenen am Schutz seiner Daten

1. Deutsche Verfassungsebene

Das Interesse an einem „Vergessenwerden im Internet" ist Ausdruck des Grundrechts auf informationelle Selbstbestimmung, auch „Grundrecht auf Datenschutz" genannt.[128] Da hierzulande der Datenschutz als Fundament eines freiheitlichen Rechtsstaats verstanden wird, wird dieser in Deutschland bereits auf verfassungsrechtlicher Ebene besonders geschützt.[129] Ausgangspunkt dieses Grundrechts ist das „Volkszählungsurteil" des *Bundesverfassungsgerichts* vom 15. Dezember 1983, ein datenschutzrechtlicher Meilenstein. Darin hat das *Bundesverfassungsgericht* das Grundrecht auf informationelle Selbstbestimmung anerkannt.[130] Heute ist es als Ausprägung des Allgemeinen Persönlichkeitsrechts allgemein anerkannt und leitet sich aus Artikel 2 Absatz 1 in Verbindung mit Artikel 1 Absatz 1 Grundgesetz ab. Es gibt dem Einzelnen das Recht, selbst über die Preisgabe und Verwendung seiner Daten zu bestimmen und damit grundsätzlich allein zu entscheiden, wer was wann bei welcher Gelegenheit über ihn weiß.[131] Dies gilt unabhängig von der Qualität der jeweiligen Daten.[132]

Zugleich stellte das *Bundesverfassungsgericht* klar, dass das Recht auf informationelle Selbstbestimmung nicht absolut sei.[133] Vielmehr stünde es im Spannungsverhältnis zu Grundrechten anderer und sei mit diesen im Wege praktischer Konkordanz auszugleichen. In diesem Zusammenhang forderten die Karlsruher

---

128 *Bundesverfassungsgericht*, NJW 1991, 2129, 2132.
129 *Masing*, NJW 2012, 2305, 2305.
130 *Bundesverfassungsgericht*, BVerfGE 65, 1 = NJW 1984, 419 Rn. 148 ff. – *Volkszählung, Mikrozensus.*
131 *Bundesverfassungsgericht*, BVerfGE 65, 1 = NJW 1984, 419 Rn. 172 – *Volkszählung, Mikrozensus.* Bereits zuvor hatte der bedeutende US-amerikanische Datenschützer Alan F. Westwin in seinem Werk „Privacy and Freedom" (1967) die Privatsphäre als das Recht jedes Menschen definiert, über seine Daten frei zu verfügen und dabei zu kontrollieren, wann, wie und wie viel davon Dritten mitgeteilt werden soll, siehe hierzu *Schultze-Melling*, ZD 2013, 145, 145.
132 *Nolte*, ZRP 2011, 236, 237.
133 *Bundesverfassungsgericht*, BVerfGE 65, 1 = NJW 1984, 419 Rn. 174 – *Volkszählung, Mikrozensus*; ebenso *Bull*, NVwZ 2011, 257, 258.

Richter den Gesetzgeber auf, bereichsspezifische und präzise Normen zur Regelung des Umgangs mit personenbezogenen Daten zu schaffen.[134] Diesen Schutzauftrag erfüllt der Staat durch den Erlass von Datenschutzgesetzen.[135]

2. Europäische Rechtsebene

Mit Inkrafttreten des Vertrags von Lissabon wurde am 01. Dezember 2009 auch die Charta der Grundrechte der Europäischen Union (im Folgenden „EU-Grundrechte-Charta") Bestandteil des europäischen Primärrechts und der Datenschutz zum expliziten Schutzauftrag der Verträge der Europäischen Union, Artikel 6 des Vertrags über die Europäische Union.[136] Dementsprechend wird das Recht auf Datenschutz in Artikel 8 der EU-Grundrechte-Charta sowie in Artikel 16 Absatz 1 des Vertrags über die Arbeitsweise der Europäischen Union normiert. Auch europäische Grundrechte enthalten sowohl Gewährleistungsrechte als auch Abwehrrechte.[137] Daneben werden in Artikel 7 der EU-Grundrechte-Charta und in Artikel 8 der Europäischen Menschenrechtskonvention[138] auch der Schutz der Privatsphäre, der Kommunikation und der Persönlichkeitsentfaltung des Betroffenen normiert, die das Grundrecht auf Datenschutz flankieren.[139] Diese Rechte gelten ebenso in Online- wie in Offline-Sachverhalten.[140]

---

134 *Bundesverfassungsgericht,* BVerfGE 65, 1 = NJW 1984, 419 Rn. 192 ff. – *Volkszählung, Mikrozensus.*
135 *Jandt/Roßnagel,* MMR 2011, 637, 638.
136 *Albrecht,* ZD 2013, 587, 587.
137 Siehe den Wortlaut in Artikel 8 Absatz 1 der EU-Grundrechte-Charta „Recht auf Schutz der (...) Daten" und in Absatz 2 „dürfen nur".
138 Über Artikel 6 Absatz 2 des Vertrags über die Europäische Union entfaltet sich der Ordnungsrahmen der Europäischen Menschenrechtskonvention über der Europäischen Union sowie der Rechtsprechung des Europäischen Gerichtshofs und prägt den europäischen Grundrechtsschutz auf diese Weise mit. Vor diesem Hintergrund sind auch der deutsche Gesetzgeber, die Verwaltung sowie die Rechtsprechung an die Vorgaben der Europäischen Menschenrechtskonvention gebunden. Jeder europäische Bürger, der sich in den Rechten verletzt sieht, die ihm die Konvention gibt, kann gemäß Artikel 34 der Europäischen Menschenrechtskonvention den Europäischen Gerichtshof für Menschenrechte (Straßburg) anrufen, wenn innerstaatliche Rechtsbehelfe keinen Erfolg haben, *Weichert,* VuR 2011, 323, 324 sowie Schlussanträge des *EU-Generalanwalts* vom 25. Juni 2013 – C-131/12, abrufbar unter BeckRS2014, Rn. 115.
139 Siehe etwa *Europäischer Gerichtshof,* Urteil vom 13. Mai 2014 – C-131/12 – *Google Spain SL und Google Inc./Agencia Española de Protección de Datos (AEPD) und Costeja Gonzáles,* Rn. 69.
140 *Milstein/Lippold,* NVwZ 2013, 182, 186.

Soweit die Mitgliedstaaten der Europäischen Union Hoheitsrechte übertragen haben, gebührt hierbei dem europäischen Recht Anwendungsvorrang gegenüber sämtlichen nationalen Regelungen, einschließlich des deutschen Grundgesetzes.[141] Bei Auslegungs- und Abwägungsfragen der künftigen Datenschutz-Grundverordnung werden demnach die europäischen Grundrechte maßgeblich sein.[142] Die dezidierte Dogmatik, die sich in Deutschland zum Recht auf informationelle Selbstbestimmung etabliert hat, dürfte dabei jedoch als Vorbild gelten und die europäischen Grundrechte beeinflussen. Von ihrem Gehalt her sollten die europäischen Rechte nicht hinter dem deutschen Recht auf informationelle Selbstbestimmung zurückstehen.[143]

II. Entgegenstehende Interessen im Onlinebereich

Von der Löschung einmal veröffentlichter Daten sind regelmäßig Grundrechte Dritter betroffen. Typischerweise stehen dem Recht auf informationelle Selbstbestimmung die Kommunikationsfreiheiten der verantwortlichen Stelle sowie das Informationsinteresse der Allgemeinheit gegenüber. Der Dienstbetreiber wird sich etwa im Falle der journalistischen Online-Archive auf seine Meinungs- und Pressefreiheit berufen dürfen, die in Deutschland durch Artikel 5 Absatz 1 Grundgesetz und auf europäischer Rechtsebene durch Artikel 11 der EU-Grundrechte-Charta sowie Artikel 10 Absatz 1 der Europäischen Menschenrechtskonvention garantiert sind. Zudem wird durch eine Löschung regelmäßig das Recht der Bürger betroffen sein, sich aus allgemein zugänglichen Quellen frei informieren zu können. Ihre Informationsfreiheit ist ebenso in Artikel 5 Absatz 1 Grundgesetz, Artikel 11 Absatz 1 der EU-Grundrechte-Charta sowie Artikel 10 Absatz 1 der Europäischen Menschenrechtskonvention geregelt. Diese Kommunikationsfreiheiten bilden in der analogen sowie in der digitalen Welt grundlegende Säulen für eine freiheitlich demokratische Rechtsordnung. Zudem können sich auch juristische Personen des Privatrechts auf sie berufen.[144]

---

141 *Von Lewinski*, DuD 2012, 564, 568; *Ruffert*, in: Callies/Ruffert, Artikel 288 AEUV Rn. 20. Der am Bundesverfassungsgericht federführend für Datenschutzrecht zuständige Richter *Masing* kritisiert den Entwurf der Datenschutz-Grundverordnung der Kommission bereits vor seiner Veröffentlichung im Januar 2012 in einem Zeitungsbeitrag dahingehend, dass die Verordnung einen „Abschied von den Grundrechten" darstelle, Süddeutsche Zeitung, Printausgabe vom 09. November 2012, S. 10.
142 *Heckmann*, in: Leible/Kutschke, 17, 20.
143 *Von Lewinski*, DuD 2012, 564, 567.
144 *Masing*, NJW 2012, 2305, 2307; *Milstein/Lippold*, NVwZ 2013, 182, 186.; *Jarass*, Artikel 11 EU-GRCh Rn. 13.

III. Mittelbare Drittwirkung der Grundrechte unter Privaten

Grundsätzlich dienen Grundrechte dem Schutz des Bürgers vor staatlichem Handeln. Als Grundrecht mit einer solchen „Abwehrfunktion" konzipierte das *Bundesverfassungsgericht* auch das Recht auf informationelle Selbstbestimmung ursprünglich als Abwehrrecht des Bürgers gegen den Staat. Auch auf europäischer Rechtsebene sind nach Artikel 51 der EU-Grundrechte-Charta alle Organe, Einrichtungen und sonstigen Stellen der Europäischen Union an die dort geregelten Grundrechte gebunden, ebenso wie die Mitgliedstaaten selbst.[145]

Jedoch hat das ursprünglich überwiegend öffentlich-rechtliche Datenschutzrecht durch das Internet im Laufe der Zeit seine privatrechtliche Seite stärker ausgeprägt. Dementsprechend hat auch das Grundrecht auf Datenschutz zwischen Privaten an Bedeutung gewonnen. Die Unternehmen, gegenüber denen sich die meisten Internetnutzer ein „Recht auf Vergessen" wünschen, sind zumeist natürliche und juristische Personen des Privatrechts. Zunächst sind diese selbst Träger von Grundrechten und können nicht gleichzeitig unmittelbar von ihnen verpflichtet werden (Kollisionstheorie). Jedoch haben auch Private untereinander die Grundrechte in der Form zu beachten, dass sie mittelbar als Wertentscheidungen und objektive Prinzipien der Rechtsordnung bei der Anwendung einfachen Rechts zwischen ihnen zu berücksichtigen sind und sie daher letztlich mittelbar an die Grundrechte gebunden sind.[146] Für das Grundrecht auf informationelle Selbstbestimmung auf der deutschen Verfassungsebene ist die mittelbare Drittwirkung zwischen Privaten allgemein anerkannt, sodass sämtliche Akteure der Privatwirtschaft dieses Recht beachten müssen.[147] Auch auf der europäischen Grundrechtsebene hat der *Europäische Gerichtshof* diese mittelbare Drittwirkung etabliert.[148] Dementsprechend hat er den Löschungsanspruch in seinem „Google"-Urteil auf Artikel 12 Datenschutzrichtlinie gestützt, also eine Norm aus dem privaten Datenschutzrecht, die auf den Grundrechten in Artikel 7 und 8 der EU-Grundrechte-Charta basiert. Indem Grundrechte über das europarechtliche Sekundärrecht, insbesondere die Datenschutz-Grundverordnung, auch zwischen Privaten relevant werden, wird der klassische Anwendungsbereich ihrer Drittwirkung deutlich.[149] Ebenso entfalten die Kommunikationsfreiheiten mittelbare Drittwirkung zwischen Privaten.[150]

---

145 *Boehme-Neßler*, NVwZ 2014, 825, 828.
146 *Masing*, NJW 2012, 2305, 2307; *Eberle*, MMR 2008, 508, 510.
147 *Kaufmann*, MMR 2010, 520, 521; *Nolte*, ZRP 2011, 236, 237.
148 *Streinz*, in: Streinz, Artikel 8 EU-GRCh Rn. 6, *Jarass*, Artikel 51 EU-GRCh Rn. 30.
149 *Boehme-Neßler*, NVwZ 2014, 825, 828.
150 Vergleiche *Boehme-Neßler*, NVwZ 2014, 825, 828; *Kaufmann*, MMR 2010, 520, 521.

E. Grundprinzipien des Datenschutzrechts

Das Datenschutzrecht basieret auf vier Grundprinzipien: Dem Verbot mit Erlaubnisvorbehalt, der allgemeinen Zielbestimmung von Datenvermeidung und Datensparsamkeit, dem Zweckbindungsgrundsatz und dem Transparenzgrundsatz.[151] Jedes dieser Prinzipien hat eine eigene Bedeutung für die datenschutzrechtlichen Löschungsansprüche und Löschungspflichten.[152]

I. Datenschutzrechtliches Verbotsprinzip mit Erlaubnisvorbehalt

Dogmatischer Ausgangspunkt für den Schutz des Rechts auf informationelle Selbstbestimmung und damit aller Überlegungen zu einem „Recht auf Vergessen" ist das datenschutzrechtliche Leitprinzip des Verbots mit Erlaubnisvorbehalt.[153] Für Inhaltsdaten regelte dieses Prinzip bislang § 4 Absatz 1 Bundesdatenschutzgesetz beziehungsweise Artikel 7 EU-Datenschutzrichtlinie.[154] Neuerdings ist es auch in Artikel 8 Absatz 2 EU-Grundrechte-Charta geregelt. Das Prinzip benennt die beiden abschließenden Zulässigkeitsalternativen für eine Verwendung personenbezogener Inhaltsdaten und ist dadurch auch für die Frage eines späteren Löschungsanspruchs von Inhaltsdaten relevant, deren Veröffentlichung einst rechtmäßig erfolgte. Danach ist eine Erhebung, Verarbeitung und Nutzung personenbezogener Daten grundsätzlich unzulässig, es sei denn es liegt eine Einwilligung des Betroffenen oder Rechtfertigung durch eine gesetzliche Erlaubnisnorm vor.

Das Verbotsprinzip mit Erlaubnisvorbehalt wird künftig in der Datenschutz-Grundverordnung beibehalten: So regelt Artikel 6 Absatz 1 Datenschutz-Grundverordnung, dass personenbezogene Daten nur verarbeitet werden dürfen, wenn entweder die Einwilligung des Betroffenen (Artikel 6 Absatz 1 lit. a)) oder einer der – abschließend geregelten – gesetzlichen Erlaubnistatbestände der lit. b)

---

151 Bislang war der Transparenzgrundsatz nicht gesetzlich geregelt. Er ergab sich aber implizit aus dem in § 34 Absatz 1 Bundesdatenschutzgesetz geregelten Auskunftsanspruch des Betroffenen bezüglich seiner gespeicherten Daten und deren Herkunft, siehe hierzu *Erd*, NVwZ 2011, 19, 20.
152 *Jandt/Kieselmann/Wacker*, DuD 2013, 235, 236.
153 Die Begrifflichkeit des „Verbots mit Erlaubnisvorbehalt" ist umstritten, da der aus der Eingriffsverwaltung des öffentlichen Rechts stammende Terminus unterschiedslos für das privatrechtliche Datenschutzrecht gilt, siehe hierzu im Einzelnen *Scholz/Sokol*, in: Simitis, § 4 BDSG Rn. 3 f..
154 Für Bestands- und Nutzungsdaten war das gleiche Prinzip bislang in § 12 Absatz 1 Telemediengesetz geregelt.

bis f) vorliegen. Dabei unterscheidet die Verordnung nicht – wie die derzeitige deutsche Gesetzeslage – zwischen den einzelnen Datenverarbeitungsschritten, wie Erhebung, Verarbeitung und Nutzung, sondern fasst diese zusammen und spricht allgemein von „Datenverarbeitungen". Eine Neuerung ist insbesondere der Rechtfertigungsgrund in Artikel 6 Absatz 1 lit. f) Datenschutz-Grundverordnung, durch den die Interessenabwägung direkten Eingang in das neue Datenschutzgesetz findet: Danach dürfen Daten nur verarbeitet werden, wenn nicht berechtigte Interessen des Betroffenen überwiegen.

Vor dem Hintergrund des für alle Datenarten geltenden Verbots mit Erlaubnisvorbehalt, bedarf auch jeder Onlinedienst zum Umgang mit den Daten des Nutzers entweder dessen Einwilligung oder einer gesetzlichen Erlaubnisnorm. Die einzelnen Modalitäten der datenschutzrechtlichen Einwilligung regelte bislang § 4a Bundesdatenschutzgesetz. Künftig wird Artikel 7 Datenschutz-Grundverordnung die insoweit maßgebliche Norm sein. Die gesetzlichen Erlaubnistatbestände, die im privaten Datenschutzrecht speziell für Inhaltsdaten relevant werden könnten, sind derzeit die §§ 28 und 29 Bundesdatenschutzgesetz, die insbesondere im Rahmen des fünften Kapitels (Online-Suchmaschinen) erörtert werden.[155]

Da in den vorliegend behandelten Konstellationen vorausgesetzt wird, dass die ursprüngliche Datenverarbeitung zulässig war (siehe A. III. 4. dieses Kapitels), muss ursprünglich auch stets eine dieser beiden Optionen vorgelegen haben. Im Allgemeinen kommt im privaten Datenschutzrecht, besonders bei Internetsachverhalten, der Einwilligung eine größere Bedeutung zu als gesetzlichen Erlaubnisnormen (siehe A. II. des dritten Kapitels). Die Zulässigkeitsvoraussetzungen der jeweiligen Datenverarbeitung werden in den jeweiligen Kapiteln separat erörtert.

II. Grundsätze der Datenvermeidung und Datensparsamkeit

Nach den bislang in § 3a Bundesdatenschutzgesetz verankerten Grundsätzen der Datenvermeidung und Datensparsamkeit sind alle Datenverwendungsprozesse sowie die Auswahl und Gestaltung von Datenverarbeitungssystemen an dem Ziel auszurichten, so wenig wie möglich personenbezogene Daten zu erheben, zu verarbeiten und zu nutzen. Auch die Löschung muss sich dabei als Unterform der Datenverarbeitung daran orientieren. Beide Prinzipien werden in der Datenschutz-Grundverordnung beibehalten, Artikel 5 Absatz 1 lit. c). Zudem werden sie durch die Regelungen zu „Privacy by Design and Default" erweitert,

---

155 *Jandt/Roßnagel*, MMR 2011, 637, 639.

also Regelungen zum Datenschutz durch Technik und durch datenschutzfreundliche Voreinstellungen in Artikel 23 Datenschutz-Grundverordnung.

III. Grundsätze der Zweckbindung und Erforderlichkeit

Ein weiterer Ausgangspunkt für die Löschung personenbezogener Daten ist der Grundsatz der Zweckbindung, der unter anderem in Artikel 8 Absatz 2 der EU-Grundrechte-Charta, in Artikel 6 lit. b) S. 1 sowie als Löschungsgrund in Artikel 12 lit. b) EU-Datenschutzrichtlinie niedergelegt ist.[156] Künftig wird er in Artikel 5 Absatz 1 lit. b) Datenschutz-Grundverordnung geregelt sein, wonach eine Datenverarbeitung nur für festgelegte Zwecke erfolgen darf. Die jeweilige Erlaubnisform (Einwilligung oder gesetzliche Erlaubnis) darf sich somit ausschließlich auf *eine* konkrete Datenverwendung und damit allein auf den *einen* Zweck beziehen, zu dem sie einst erteilt worden ist.[157] Dieser Grundsatz spielt vor allem für die Dauer und Reichweite einer erteilten Einwilligung eine Rolle (siehe drittes Kapitel). Bei Veränderung oder Hinzukommen eines weiteren Zwecks, oftmals einer weiteren Verwendungsoption, bedarf es daher streng genommen auch einer neuen eigenständigen Erlaubnis. Bei vom Nutzer selbst online gestellten Daten bedeutet dies, dass der Onlineanbieter bei einem neuen Verwendungsweck auch eine neue Einwilligung des Betroffenen einzuholen hat.[158]

An den Grundsatz der Zweckbindung knüpft der Grundsatz der Erforderlichkeit an, wonach Zweck und Mittel einer Datenverwendung im Verhältnis zu einander stehen müssen. Eine Datenverwendung ist erforderlich, wenn die verantwortliche Stelle den damit verfolgten Zweck nicht, nicht rechtzeitig oder nur mit einem unverhältnismäßigen Aufwand ohne die konkrete Datenverwendung erreichen kann. Werden die Daten für ihren ursprünglichen Zweck nicht mehr benötigt und besteht keine weitergehende Erlaubnis für etwaige weitergehende Zwecke, entfällt damit die Erforderlichkeit der weiteren Datenspeicherung mit der Folge einer Löschungspflicht.[159] Relevante Normen, die auf diesem Grundsatz beruhen, sind die bislang geltende turnusmäßige Prüfpflicht nach § 35 Absatz 2 Satz 2 Nummer 4 Bundesdatenschutzgesetz, sowie der Löschungsgrund in § 35 Absatz 2 Satz 2 Nummer 3 Bundesdatenschutzgesetz. Auch liegt dieses Prinzip der Widerruflichkeit der Einwilligung zugrunde (siehe B. II. des dritten Kapitels).

---

156 Im Bundesdatenschutzgesetz wird der Grundsatz der Zweckbindung nicht erwähnt. Siehe ausführlich zu diesem Grundsatz *Härting*, NJW 2015, 3284, 3284 ff..
157 *Härting*, NJW 2015, 3284, 3286.
158 *Härting*, NJW 2015, 3284, 3287.
159 *Jandt/Kieselmann/Wacker*, DuD 2013, 235, 236.

Bislang sind die Grundsätze der Zweckbindung und Erforderlichkeit in der Praxis von Onlineanbietern häufig missachtet worden. Beispielsweise werden trotz Vertragsendes Altdaten mit dem Argument nicht gelöscht, dass deren Erforderlichkeit nicht eindeutig entfallen sei oder diese für weitere (Werbe-)Aktionen benötigt werden. Durch das Vorbringen immer neuer Geschäftszwecke versucht mancher Onlinedienstanbieter, die entsprechenden datenschutzrechtlichen Normen zu umgehen.[160] Zudem werden Daten im Internet häufig „zweckfrei" gespeichert mit der Folge, dass eine Löschung wegen Zweckerreichung oder -wegfalls nie erfolgen kann.[161] Diesen Umsetzungslücken in der Praxis wird in Zukunft insbesondere mit den weitreichenden Transparenzpflichten in Artikel 14 Datenschutz-Grundverordnung begegnet, in denen beispielsweise die Anbieter dazu verpflichtet werden, den Betroffenen klar über die jeweiligen Speicherungszwecke zu informieren.

F. Potentielle Normen für ein „Recht auf Vergessen" im Internet

I. Bisherige Rechtslage in Deutschland

Wie bereits erwähnt, beruht das deutsche Datenschutzrecht bislang auf der EU-Datenschutzrichtlinie (RL 95/46/EG) vom 24. Oktober 1995, in Kraft getreten am 13. Dezember 1995. Diese Richtlinie bildet seit jeher die Grundlage der europäischen Datenschutzgesetze. Nicht zuletzt aus dem Grund, dass die derzeit geltenden Datenschutzgesetze aus einer Zeit vor dem Internet stammen, enthält das Bundesdatenschutzgesetz weder ein ausdrückliches „Recht auf Vergessen im Internet" noch sonstige internetspezifische Löschungsansprüche. Wie bereits in A. II. 2. dieses Kapitels dargelegt, begibt man sich bei der Suche nach potentiellen Normen für ein solches Recht im Internet auf die Spur der datenschutzrechtlichen Löschungsansprüche für Inhaltsdaten. Diese sind vorwiegend eingebettet in die Betroffenenrechte des privaten Datenschutzrechts, also den §§ 33 bis 35 Bundesdatenschutzgesetz. Insbesondere vermittelt dabei § 35 Bundesdatenschutzgesetz dem Betroffenen Eingriffs- und Steuerungsbefugnisse gegenüber privaten Stellen.[162] Diese Norm enthält vier Betroffenenrechte: Das Recht auf Berichtigung (Absatz 1), auf Löschung (Absatz 2), auf Sperrung (Absätze 3 und 4) sowie auf Widerspruch (Absatz 5). Als Lösungsansätze für ein „Recht auf Vergessen" kom-

---

160   *Kodde*, ZD 2013, 115, 115.
161   *Weichert*, DuD 2009, 7, 9.
162   § 20 Bundesdatenschutzgesetz regelt parallel dazu Löschungsansprüche gegenüber öffentlichen Stellen.

men der Löschungsanspruch in Absatz 2 sowie das Widerspruchsrecht in Absatz 5 in Betracht,[163] wobei das Widerspruchsrecht vor allem im Zusammenhang mit einem direkten Vorgehen gegen Online-Suchmaschinen wegen der Löschung personenbezogener Suchtreffer relevant wird (siehe insoweit fünftes Kapitel).

Speziell im Bereich der journalistischen Online-Archive kommt dabei als „Recht auf Vergessen" ein Anspruch aus den §§ 823 Absatz 1, 1004 Absatz 1 Satz 1 Bürgerliches Gesetzbuch analog in Verbindung mit Artikel 2 Absatz 1, Artikel 1 Absatz 1 Grundgesetz in Betracht (siehe D. II. 1. des vierten Kapitels). Zwar hat der *Bundesgerichtshof* entschieden, dass in Bezug auf die Löschung personenbezogener Daten das Bundesdatenschutzgesetz abschließend ist.[164] Andere Normen mit derselben Rechtsfolge, insbesondere die §§ 823 und 1004 Bürgerliches Gesetzbuch sind grundsätzlich nicht anwendbar.[165] Eine Ausnahme besteht jedoch, wenn – wie im Falle der journalistischen Online-Archive – das Bundesdatenschutzgesetz aufgrund des Medienprivilegs nur eingeschränkt gilt (siehe A. II. des vierten Kapitels).

Wenngleich diese Betroffenenrechte nicht dafür konzipiert wurden, gelten sie dennoch uneingeschränkt für den Onlinebereich.[166] Als einfachgesetzliche Ausprägungen des Rechts auf informationelle Selbstbestimmung sind die datenschutzrechtlichen Betroffenenrechte indisponibel, können also weder durch Rechtsgeschäft noch durch Betriebs- oder Dienstvereinbarung beschränkt oder ausgeschlossen werden.[167] Der Löschungsanspruch in § 35 Absatz 2 Bundesdatenschutzgesetz setzt Artikel 12 lit. b) EU-Datenschutzrichtlinie um und lautet folgendermaßen:

> *„Personenbezogene Daten können (…) jederzeit gelöscht werden. Personenbezogene Daten sind zu löschen, wenn*
> 1. *ihre Speicherung unzulässig ist,*
> 2. *es sich um Daten über die rassische oder ethnische Herkunft, politische Meinungen, religiöse oder philosophische Überzeugungen, Gewerkschaftszugehörigkeit, Gesundheit, Sexualleben, strafbare Handlungen oder Ordnungswidrigkeiten handelt und ihre Richtigkeit von der verantwortlichen Stelle nicht bewiesen werden kann,*
> 3. *sie für eigene Zwecke verarbeitet werden, sobald ihre Kenntnis für die Erfüllung des Zwecks der Speicherung nicht mehr erforderlich ist, oder*
> 4. *sie geschäftsmäßig zum Zweck der Übermittlung verarbeitet werden und eine Prüfung jeweils am Ende des vierten, soweit es sich um Daten über erledigte Sachverhalte handelt und der Betroffene der Löschung nicht widerspricht, am Ende des dritten Kalender-*

---

163 So auch *Nolte*, ZRP 2011, 236, 239.
164 *Bundesgerichtshof*, NJW 1986, 2505, 2506 f..
165 *Bundesgerichtshof*, NJW 1986, 2505, 2506 f..
166 *Brink*, in Wolff/Brink, § 35 BDSG Rn. 1; *Jandt/Roßnagel*, MMR 2011, 637, 640.
167 *Dix*, in Simitis, § 35 BDSG Rn. 3.

jahres beginnend mit dem Kalenderjahr, das der erstmaligen Speicherung folgt, ergibt, dass eine längerwährende Speicherung nicht erforderlich ist. (...)"

Die Norm ist systematisch zweigeteilt: Satz 1 regelt die Zulässigkeit, also das „Dürfen" einer Löschung seitens der verantwortlichen Stelle; Satz 2 regelt das „Müssen" der Löschung, also den Löschungsanspruch des Betroffenen sowie parallel dazu die Löschungspflicht der verantwortlichen Stelle. Das Löschungs*recht* in Satz 1 besagt, dass eine Datenlöschung grundsätzlich jederzeit und ohne inhaltliche Voraussetzungen zulässig ist.[168] Hintergrund dieser Norm ist das Leitprinzip der Datensparsamkeit. Demgegenüber kann ein Löschungs*anspruch* des Betroffenen in vier Fällen bestehen, konkret bei Unzulässigkeit der Speicherung (Nummer 1), bei besonders sensitiven Daten, deren Richtigkeit nicht feststeht (Nummer 2), bei der Erfüllung oder dem Wegfall des Speicherungszwecks (Nummer 3) sowie bei Wegfall der Erforderlichkeit der Speicherung (Nummer 4). Für einst selbst onlinegestellte Daten wird vor allem die Unzulässigkeit der Speicherung nach Nr. 1 relevant (siehe B. II. 1. a. bb. des dritten Kapitels).

II. Künftige Rechtslage

Anzuwendende Norm für ein „Recht auf Vergessen" wird künftig Artikel 17 Datenschutz-Grundverordnung sein. Diese Vorschrift wurde als einer der „Eckpunkte" der gesamten Datenschutzreform angepriesen.[169] In der Entwurfsfassung der Europäischen Kommission vom 25. Januar 2012 wurde die Norm noch mit „Recht auf Vergessenwerden und auf Löschung" tituliert, wobei dieser Titel im Laufe der Verordnungsgebung Änderungen unterlag (siehe hierzu sogleich in Abschnitt 5. a.). Diese Norm soll die Verbraucherrechte stärken, indem sie allen Personen mehr Kontrolle über ihre persönlichen Daten gibt und dabei unterstützt, deren Löschung, beispielsweise in sozialen Netzwerken, leichter erwirken zu können. Hierdurch soll letztlich das Vertrauen der Verbraucher in Internetdienste gestärkt werden, um den digitalen Binnenmarkt zu fördern.[170]

---

168 Ausnahmen gibt es bei entgegenstehenden Aufbewahrungsfristen (§ 35 Absatz 3 Nummer 1 Bundesdatenschutzgesetz) oder bei schutzwürdigen Betroffeneninteressen (§ 35 Absatz 3 Nummer 2 Bundesdatenschutzgesetz), weswegen es in diesen Fällen zur bloßen Sperrung der Daten kommen soll.
169 Die zuständige EU-Kommissarin *Reding*, bezeichnet das Recht auf Vergessen als eines der fünf Eckpfeiler der Datenschutzreform, *Reding*, ZD 2011, 1, 2.
170 *Reding*, ZD 2012, 195, 198.

1. Entwicklung der Normtexte

In der Sache handelt es sich bei Artikel 17 Datenschutz-Grundverordnung um eine Anspruchsgrundlage auf Löschung und Unterlassung. Insgesamt gibt es vier Fassungen für Artikel 17 Datenschutz-Grundverordnung: die Entwurfsfassungen der Europäischen Kommission (25. Januar 2012), des Europäischen Parlaments (12. März 2014) und des Rats (11. Juni 2015) sowie die finale Fassung vom 17. Dezember 2015. Von der Struktur her zeichnet sich Artikel 17 Datenschutz-Grundverordnung dadurch aus, dass er bei Vorliegen eines der Löschungsgründe in lit. a) bis f) dem Betroffenen in Absatz 1 eine Anspruchsgrundlage gegen den für die Verarbeitung Verantwortlichen auf Löschung der jeweiligen personenbezogenen Daten zugesteht. Daneben konkretisiert Absatz 2a die Rechtsfolgenseite aus dem Löschungsanspruch in Absatz 1 in Bezug auf Kopien öffentlich gemachter Daten. Die finale Textfassung von Artikel 17 Datenschutz-Grundverordnung lautet:

> *„Artikel 17 – Recht auf Löschung („Recht auf „Vergessenwerden")*
> 1. *Die betroffene Person hat das Recht, von dem für die Verarbeitung Verantwortlichen zu verlangen, dass sie betreffende personenbezogene Daten ohne unangemessene Verzögerung gelöscht werden, und der für die Verarbeitung Verantwortliche ist verpflichtet, personenbezogene Daten ohne unangemessene Verzögerung zu löschen, sofern einer der folgenden Gründe zutrifft:*
> *(a) Die Daten sind für die Zwecke, für die sie erhoben oder auf sonstige Weise verarbeitet wurden, nicht mehr notwendig.*
> *(b) Die betroffene Person widerruft ihre Einwilligung, auf die sich die Verarbeitung gemäß Artikel 6 Absatz 1 Buchstabe a oder Artikel 9 Absatz 2 Buchstabe a stützte, und es fehlt an einer anderweitigen Rechtsgrundlage für die Verarbeitung der Daten.*
> *(c) Die betroffene Person legt gemäß Artikel 19 Absatz 1 Widerspruch gegen die Verarbeitung personenbezogener Daten ein und es liegen keine vorrangigen berechtigten Gründe für die Verarbeitung vor, oder die betroffene Person legt gemäß Artikel 19 Absatz 2 Widerspruch gegen die Verarbeitung ein.*
> *(d) Die Daten wurden unrechtmäßig verarbeitet.*
> *(e) Die Löschung der Daten ist zur Erfüllung einer rechtlichen Verpflichtung nach dem Recht der Union oder der Mitgliedstaaten erforderlich, dem der für die Verarbeitung Verantwortliche unterliegt.*
> *(f) Die Daten wurden in Bezug auf angebotene Dienste der Informationsgesellschaft gemäß Artikel 8 Absatz 1 erhoben.*
> 2a. *Hat der für die Verarbeitung Verantwortliche die personenbezogenen Daten öffentlich gemacht und ist er gemäß Absatz 1 zu deren Löschung verpflichtet, so trifft er unter Berücksichtigung der verfügbaren Technologie und der Implementierungskosten angemessene Maßnahmen, auch technischer Art, um für die Datenverarbeitung Verantwortliche, die die Daten verarbeiten, darüber zu informieren, dass eine betroffene*

Person von ihnen die Löschung aller Links zu diesen personenbezogenen Daten oder von Kopien oder Replikationen dieser Daten verlangt hat.
3. Die Absätze 1 und 2 gelten nicht, soweit die Verarbeitung der personenbezogenen Daten erforderlich ist
   (a) zur Ausübung des Rechts auf freie Meinungsäußerung und Information;
   (b) zur Erfüllung einer rechtlichen Verpflichtung, die die Verarbeitung personenbezogener Daten nach dem Recht der Union oder der Mitgliedstaaten, dem der für die Verarbeitung Verantwortliche unterliegt, erfordert, oder zur Wahrnehmung einer Aufgabe, die im öffentlichen Interesse liegt oder in Ausübung öffentlicher Gewalt erfolgt, die dem für die Verarbeitung Verantwortlichen übertragen wurde;
   (c) aus Gründen des öffentlichen Interesses im Bereich der öffentlichen Gesundheit gemäß Artikel 9 Absatz 2 Buchstaben h und hb sowie Artikel 9 Absatz 4;
   (d) für im öffentlichen Interesse liegende Archivzwecke oder wissenschaftliche und historische Forschungszwecke oder für statistische Zwecke gemäß Artikel 83 Absatz 1, soweit das in Absatz 1 genannte Recht voraussichtlich die Verwirklichung der Ziele der im öffentlichen Interesse liegenden Archivzwecke oder der wissenschaftlichen und historischen Forschungszwecke oder der statistischen Zwecke unmöglich macht oder ernstlich beeinträchtigt.
   (e) zur Geltendmachung, Ausübung oder Verteidigung von Rechtsansprüchen."

Die für Artikel 17 Datenschutz-Grundverordnung relevanten Erwägungsgründe finden sich in den Nummern 53 und 54, wobei Erwägungsgrund 53 letztlich Artikel 17 Absatz 1 Datenschutz-Grundverordnung betrifft und Erwägungsgrund 54 Absatz 2 dieser Norm. Erwägungsgrund 53 lautet insoweit:

„Eine natürliche Person sollte ein Recht auf Berichtigung der sie betreffenden personenbezogenen Daten besitzen sowie ein „Recht auf Vergessenwerden", wenn die Speicherung ihrer Daten gegen diese Verordnung oder gegen das Recht der Union oder der Mitgliedstaaten, dem der für die Verarbeitung Verantwortliche unterliegt, verstößt. Insbesondere sollten betroffene Personen Anspruch darauf haben, dass ihre personenbezogenen Daten gelöscht und nicht mehr verarbeitet werden, wenn sich die Zwecke, für die die Daten erhoben wurden, erübrigt haben, wenn die betroffenen Personen ihre Einwilligung in die Verarbeitung widerrufen oder Widerspruch gegen die Verarbeitung der sie betreffenden personenbezogenen Daten eingelegt haben oder wenn die Verarbeitung ihrer personenbezogenen Daten aus anderen Gründen gegen diese Verordnung verstößt. Dieses Recht ist besonders wichtig in Fällen, in denen die betroffene Person ihre Einwilligung noch im Kindesalter gegeben hat und insofern die mit der Verarbeitung verbundenen Gefahren nicht in vollem Umfang absehen konnte und die personenbezogenen Daten – insbesondere die im Internet gespeicherten – später löschen möchte. Die betroffene Person sollte dieses Recht auch dann ausüben können, wenn sie kein Kind mehr ist. Die weitere Speicherung der Daten sollte jedoch rechtmäßig sein, wenn dies für die Ausübung des Rechts auf freie Meinungsäußerung und Information, zur Erfüllung einer rechtlichen Verpflichtung, für die Wahrnehmung einer Aufgabe, die im öffentlichen Interesse liegt oder in Ausübung öffentlicher Gewalt erfolgt, die dem für die Verarbeitung Verantwortlichen übertragen wurde, aus Gründen des öffentlichen Interesses im Bereich der öffentlichen Gesundheit, für im öffentlichen Interesse liegende Archivzwecke, zu wissenschaftlichen und historischen Forschungszwecken oder zu statistischen Zwecken oder zur Begründung, Geltendmachung oder Verteidigung von Rechtsansprüchen erforderlich ist."

In Erwägungsgrund 54 wird Folgendes geregelt:

„Um dem „Recht auf Vergessenwerden" im Netz mehr Geltung zu verschaffen, sollte das Recht auf Löschung so weit gehen, dass ein für die Verarbeitung Verantwortlicher, der die personenbezogenen Daten öffentlich gemacht hat, die Pflicht hat, den für die Verarbeitung Verantwortlichen, die diese Daten verarbeiten, mitzuteilen, dass alle Links zu diesen personenbezogenen Daten oder Kopien oder Replikationen dieser Daten zu löschen sind. Der für die Verarbeitung Verantwortliche sollte unter Berücksichtigung der verfügbaren Technologie und der ihm zur Verfügung stehenden Mittel angemessene Maßnahmen, auch technischer Art, treffen, um die für die Verarbeitung Verantwortlichen, die die Daten verarbeiten, über den Antrag der betroffenen Person zu unterrichten, damit die vorgenannte Mitteilung sichergestellt ist."

2. Abstrakte Betrachtung von Artikel 17 Datenschutz-Grundverordnung

a. Motivation des Gesetzgebers

Die maßgebliche Motivation für die Einführung eines „Rechts auf Vergessenwerden" bestand bereits zur Zeit der Veröffentlichung des Kommissionsentwurfs im Januar 2012 darin, jeder Einzelperson ein Mittel zu geben, seine digitalen Spuren im Internet, unter anderem solche, die sie selbst initiiert hat, auch nach ihrer Erstveröffentlichung weiter beherrschen zu können. Wesentlicher Grundgedanke der Norm ist der Schutz des Verbrauchers in der Konzeption, dass dieser eine Verfügungsbefugnis über seine persönlichen Daten erhält.[171] Hierbei hatte bereits die Kommission im Besonderen Betroffene im Blick, die bereits im Kindes- und Jugendalter eigene persönliche Daten online gestellt haben und die Risiken, die ihnen durch eine freizügige Nutzung sozialer Netzwerke drohen, oftmals noch nicht abschätzen konnten. So fand sich im Kommissionsentwurf des Löschungsanspruchs in Artikel 17 Absatz 1 Datenschutz-Grundverordnung der Zusatz „speziell wenn es sich um Daten handelt, die die betroffene Person im Kindesalter öffentlich gemacht hat". Im Parlamentsentwurf wurde diese Betonung auf Daten von Kindern und Jugendlichen nicht übernommen. Der finale Text der Datenschutz-Grundverordnung knüpft insoweit an die Intention der Kommission an und hebt das besondere Schutzbedürfnis hervor: So findet sich neben entsprechenden Ausführungen in Erwägungsgrund

---

171 Reding, Rede „Sieben Grundbausteine für Europas Datenschutzreform" am 20. März 2012 S. 10, online abrufbar unter http://bit.ly/GCz8hu.

53 nunmehr in Artikel 17 Absatz 1 lit. f) Datenschutz-Grundverordnung ein zusätzlicher Löschungsgrund, der auf die Altersvoraussetzung des Kindes bei einer datenschutzrechtlichen Einwilligung gegenüber Diensten der Informationsgesellschaft abzielt, die in Artikel 8 Absatz 1 Datenschutz-Grundverordnung geregelt ist (siehe hierzu A. III. 3. des dritten Kapitels).

b. Allgemeine Rezeption

Das „Recht auf Vergessenwerden und auf Löschung" – wie es im ursprünglichen Kommissionsentwurf betitelt wurde – sorgte nicht zuletzt durch seine öffentlichkeitswirksame Überschrift für viel Aufmerksamkeit und Diskussion. Zum Inhalt der Norm kamen Stellungnahmen sogar aus den Vereinigten Staaten von Amerika, wo europäische Gesetzesvorhaben üblicherweise nur wenig Aufmerksamkeit finden. Die meisten Vertreter der rechtswissenschaftlichen Literatur sehen hierzulande das geplante Recht als einen Schritt in die richtige Richtung.[172] Wie im vertraglichen Bereich durch die „e-commerce"-Bewegung müsse dem Internet, als festem Bestandteil unseres Lebens, auch im Datenschutzrecht ein adäquater Rechtsrahmen zugeordnet werden, der dabei die Besonderheiten dieses Mediums hinreichend berücksichtige.[173] Einzelne Stimmen befürchten eine „legislative Überregulierung", die die Meinungsfreiheit zu stark beschränke.[174] Sie befürchten, die damit einhergehenden Einschränkungen für Unternehmen könnten zur Folge haben, dass diese ihre Onlinedienste nur noch eingeschränkt anbieten könnten.[175] Daneben wird bemängelt, Artikel 17 Datenschutz-Grundverordnung entbehre der Konkretisierungen einiger unbestimmter Rechtsbegriffe, wodurch eine eindeutige und effektive Rechtsanwendung erschwert werde.[176] Dass Artikel 17 Absatz 9 Datenschutz-Grundverordnung in seiner Kommissionsfassung noch wichtige Auslegungsaspekte der Norm an die Kommission delegieren sollte, wurde scharf kritisiert.[177] Insofern ist es zu begrüßen, dass diese Übertragungsoptionen im

---

172 *Leutheusser-Schnarrenberger*, MMR 2012, 709, 710; *Wagner*, DuD 2012, 676, 678; *Ronellenfitsch*, DuD 2012, 561, 563; *Schultze-Melling*, ZD 2012, 97, 97; *Kipker/Voskamp*, DuD 2012, 737, 742.
173 *Jandt/Kieselmann/Wacker*, DuD 2013, 235, 237.
174 *Koreng/Feldmann*, ZD 2012, 311, 313.
175 *Gstrein*, ZD 2012, 424, 427.
176 *Gstrein*, ZD 2012, 424, 426, wobei sich dieser Vorwurf nicht auf Artikel 17 Datenschutz-Grundverordnung beschränkt, sondern auch andere Regelungen der Datenschutz-Grundverordnung betrifft.
177 Kritisiert wurde vor allem, dass einer solchen Übertragung von Rechtsmacht an die Kommission die Regelung des Artikels 290 Absatz 1 Unterabsatz 2 des Vertrags

finalen Verordnungstext nicht übernommen wurden. Auch bei der europäischen Bevölkerung stößt das Konzept eines „Rechts auf Vergessen" als umfassende Verfügungsmöglichkeit über die eigenen Daten im Internet auf positive Resonanz: Eine diesbezügliche Umfrage des europäischen Statistikamts Eurostat ergab, dass 75 % der europäischen Bürgerinnen und Bürger ein solches Recht befürworten.[178]

3. Neuerungen im Vergleich zur bisherigen Gesetzeslage im Überblick

Der Vorwurf, Artikel 17 Datenschutz-Grundverordnung weise „keine inhaltlichen Neuerungen"[179] im Vergleich zur bisherigen Rechtslage auf, trifft nicht zu. Im Einzelnen werden an den entsprechenden Stellen der folgenden Kapitel die bisherige und die neue Rechtslage zu einem „Recht auf Vergessen" in ihren Gemeinsamkeiten und Unterschieden gegenübergestellt und ihre Auswirkungen für entsprechende Fallkonstellationen diskutiert. Zusammenfassend lässt sich sagen, dass Artikel 17 Datenschutz-Grundverordnung mit den bislang geltenden Löschungsansprüchen zwar ein „kongruentes Wesen"[180] hat, inhaltlich aber über diese hinausgeht.[181] So werden einige Aspekte transparenter und andere erstmalig im Gesetz geregelt. Hierbei erklärte die Europäische Kommission selbst, dass der von ihr konzipierte Artikel 17 Datenschutz-Grundverordnung die „Präzisierung" beziehungsweise die „Weiterführung" der Vorgängerbestimmung in Artikel 12 lit. b) Datenschutz-Richtlinie darstellt, welche auch die Basisnorm für § 35 Absatz 2 Bundesdatenschutzgesetz bildet.[182] In den nächsten Abschnitten werden allgemeine Unterschiede zwischen bisheriger und neuer Rechtslage abstrakt dargestellt:

a. Normtitel

Die Kommission hatte Artikel 17 in ihrem Entwurf mit „Recht auf Vergessenwerden und auf Löschung" betitelt – eine Neuerung im Vergleich zur bisherigen Rechtslage. Diesen weniger juristisch als medienwirksam gewählten, plakativen

---

über die Arbeitsweise der Europäischen Union entgegen steht, siehe beispielsweise *Herrmann*, ZD 2012, 49, 50.
178 *Eurostat*, Special Eurobarometer 359, Attitudes on Data Protection and Electronic Identity in the European Union, online abrufbar unter www.ec.europa. eu/COMMFrontOffice/PublicOpinion/index.cfm/Survey/getSurveyDetail/ instruments/ SPECIAL/surveyKy/864/p/2.
179 *Gstrein*, ZD 2012, 424, 426.
180 *Feldmann*, DSRITB 2012, 675, 677.
181 So auch *Spindler*, GRUR-Beil. 2014, 101, 105; *Jandt/Kieselmann/Wacker*, DuD 2013, 235, 237.
182 *Europäische Kommission*, KOM(2012) 10 endgültig vom 25.01.2012, S. 9.

Titel hat das Europäische Parlament in seinem eigenen Entwurf der Datenschutz-Grundverordnung in „Recht auf Löschung" abgeändert. Die Mehrheit der Parlamentarier hatte den Titel im Kommissionsentwurf als Irreführung der Verbraucher empfunden.[183] In der finalen Fassung wird der Kompromiss zwischen beiden Positionen spürbar: Artikel 17 trägt nun endgültig den Titel „Recht auf Löschung („Recht auf Vergessenwerden")".

Die Einschränkung durch Einklammerung und Setzen von Anführungszeichen um die Worte „Recht auf Vergessenwerden" ist sachgerecht, da hierdurch der eigentliche Normgehalt – nämlich das „Recht auf Löschung" – dem Verordnungsadressaten realistischer vermittelt wird. Nichtsdestotrotz bleibt der Begriff des „Vergessens" missverständlich, als es sich dabei um eine menschliche Eigenschaft handelt, es vorliegend aber um die Löschung von Daten aus dem Internet und damit einer Maschine geht, bei der der schlichte Begriff der „Löschung" passt. Da eine ganzheitliche Löschung einmal online gestellter Daten im Internet angesichts der weltweiten potenziellen Speicherungsmöglichkeiten technisch nicht zu bewerkstelligen ist[184] (siehe hierzu E. I. des sechsten Kapitels), sollte dem Leser des Verordnungstexts auch nicht im Titel der Norm suggeriert werden, dass ein wörtlich verstandenes „Vergessen" möglich sei.[185]

b. Inhaltliche Unterschiede der Löschungsansprüche

Der Löschungsanspruch wegen Zweckerfüllung oder -wegfalls in Artikel 17 Absatz 1 Nummer 1 lit. a) Datenschutz-Grundverordnung bringt eine inhaltliche Neuerung mit sich. Die Knüpfung des Löschungsanspruchs an den Zweck der Erhebung oder sonstigen Verarbeitung der Daten gibt es zwar auch nach bisherigem Recht. Neu ist aber die differenzierungslose Umfassung aller Datenerhebungszwecke. So wird nach der neuen Rechtslage nicht mehr zwischen den einzelnen Datenerhebungszwecken unterschieden, also der „zu eigenen Zwecken" (§ 35 Absatz 2 Satz 2 Nummer 3 Bundesdatenschutzgesetz) und der „zu geschäftlichen Zwecken" (§ 35 Absatz 2 Satz 2 Nummer 4 Bundesdatenschutzgesetz).

Ferner wird die Anknüpfung an bestimmte Prüfpflichten der verantwortlichen Stelle in § 35 Absatz 2 Satz 2 Nummer 4 Bundesdatenschutzgesetz in die Datenschutz-Grundverordnung nicht übernommen (siehe hierzu B. III. 2. aa. des dritten Kapitels). Der bei selbst eingestellten Daten einschlägige Löschungsanspruch in Artikel 17 Absatz 1 Nummer 1 lit. b) Datenschutz-Grundverordnung ist

---

183   *Albrecht*, ZD 2013, 587, 588.
184   *Jandt/Roßnagel*, MMR 2011, 637, 641.
185   Im Ergebnis ebenso *Koreng/Feldmann*, ZD 2012, 311, 312.

als solcher eine Neuerung: Erstmalig wird damit die Löschung wegen Widerrufs der Einwilligung bei Inhaltsdaten explizit im Gesetz normiert. Neu ist auch die in Artikel 7 Absatz 3 Datenschutz-Grundverordnung parallel dazu ausdrücklich geregelte Widerruflichkeit der Einwilligung für alle Datenarten, insbesondere auch Inhaltsdaten, die nun besonders verbraucherfreundlich ausgestaltet ist (siehe hierzu B. II. des dritten Kapitels).

Neu ist weiterhin, dass die Datenschutz-Grundverordnung nicht zwischen den einzelnen Datenverwendungsarten differenziert, etwa zwischen Datenerhebung, -speicherung und -verarbeitung und Artikel 17 Absatz 1 damit über den bisherigen Löschungsgrund in § 35 Absatz 2 Satz 2 Nummer 1 Bundesdatenschutzgesetz hinaus geht, der lediglich die unzulässige „Speicherung" der Daten erfasste. Da Artikel 17 Datenschutz-Grundverordnung neben der Löschungsregelung zusätzlich einen Unterlassungsanspruch enthält, werden Betroffene diesen Anspruch oftmals durch Abmahnung und Aufforderung des Dienstanbieters zu einer Unterlassungs- und Verpflichtungserklärung nebst anwaltlicher Kostenforderung verfolgen.[186] Weiterhin wird in Artikel 17 Absatz 3 lit. a) Datenschutz-Grundverordnung der datenschutzrechtliche Löschungsanspruch unmittelbar an eine Abwägung mit dem Interesse der Meinungsfreiheit und der Informationsfreiheit geknüpft, was sich besonders in den Bereichen der Online-Archive (siehe viertes Kapitel) und der Suchmaschinen (siehe fünftes Kapitel) auswirkt. Außerdem sind die Regelungen der Rechtsfolgenseite eines Löschungsanspruchs in Artikel 17 Absatz 2a Datenschutz-Grundverordnung neu: Hier wird die verantwortliche Stelle zur Umsetzung der Löschung in Form von „reasonable steps" aufgefordert, auf die Löschung etwaiger Kopien oder Verlinkungen der Daten durch Dritte hinzuwirken.

---

186 Hierzu ausführlicher *Feldmann*, DSRITB 2012, 675, 676.

Drittes Kapitel
Ein „Recht auf Vergessen" im Hinblick auf selbst online gestellte Daten

Den ersten Bereich, für den ein materiell-rechtliches „Recht auf Vergessen" beleuchtet wird, nehmen die personenbezogenen Daten ein, die der Betroffene selbst im Internet eingestellt und offenbart hat. In der Praxis erfolgt dies täglich Millionen Male weltweit, indem Nutzer beispielsweise ihre Profilseite in einem sozialen Netzwerk schmücken, sei es in Text- oder Bildform (zu personenbezogenen Daten im Internet siehe A. III. des zweiten Kapitels). Diese persönlichen Daten stellt der Rechtsinhaber im Regelfall von sich aus zur Verfügung. Welche Optionen ihm nach bisheriger sowie nach künftiger Rechtslage bleiben, um derartige Einträge, Postings, Fotos etc. später wieder aus dem Internet „zurückzuholen", etwa weil er sie bereut oder mittlerweile eine andere Auffassung vertritt, wird im Folgenden diskutiert. Um aufzuzeigen, wie selbst online gestellte Daten später wieder aus dem Internet gelöscht werden können (B.), bedarf es im Vorfeld dazu einer Analyse, auf welche Zulässigkeitsgrundlage sich ihre Verarbeitung ursprünglich stützt (A.). Dies ist von grundlegender Bedeutung, da in der vorliegenden Arbeit das „Recht auf Vergessen" als Löschungsanspruch ursprünglich recht*mäßig* veröffentlichter Daten beleuchtet wird.

A. Zulässigkeitsgrundlage für vom Betroffenen selbst online gestellte Daten
I. Eingriff in die Persönlichkeitsrechte oder reine Selbstschädigung

Zu klären ist zunächst, ob es bei der eigenen freiwilligen Datenpreisgabe, sei es in Bild- oder Textform,[187] im Internet durch den Betroffenen selbst überhaupt zu einem Eingriff in sein Persönlichkeitsrecht kommt oder es sich dabei um eine bloße Selbstschädigung handelt. Nur im erstgenannten Fall, bei einem Eingriff in die Grundrechte des Betroffenen, bedürfte es einer Rechtfertigung, entweder in Form einer Einwilligung oder durch gesetzliche Erlaubnis.

---

187 *Ohly*, AfP 2011, 428, 431 betrachtet diese Frage vorwiegend anhand der Bereitstellung von Bildnissen im Internet, betont jedoch, dass diese Rechtsproblematik übergreifend gilt.

1. Onlinestellen für sich genommen

Was im analogen Leben das selbstständige Aufhängen des eigenen Bildnisses in der Öffentlichkeit ist, ist im Onlinebereich die Datenpreisgabe auf Plattformen wie sozialen Netzwerken mit öffentlichem Zugang. Es herrscht Einigkeit darüber, dass die Handlung der eigenen und freiwilligen Zurverfügungstellung weder im analogen noch im digitalen Kontext als Eingriff in das eigene Persönlichkeitsrecht des Abgebildeten eingeordnet werden kann. Vielmehr stellt dieser Akt eine reine Selbstschädigung dar.[188] Auch bei den Regelungen zu Bildnissen im Kunsturhebergesetz ist eine nach § 22 Kunsturhebergesetz tatbestandsmäßige Handlung nicht gegeben, wenn der Abgebildete das Bildnis selbst veröffentlicht.[189]

2. Betrachten der Daten durch Dritte

Nach dem Hochladen persönlicher Daten durch den Betroffenen werden diese für die anderen Internetnutzer zur Einsicht und zum Abruf bereitgestellt. Sofern ein anderer Nutzer die online gestellten Daten betrachtet, werden diese Dateien automatisch in seinem Arbeitsspeicher abgelegt.[190] Allerdings kann auch in dieser Speicherung regelmäßig kein Eingriff in die Persönlichkeitsrechte des Betroffenen gesehen werden: Das Bundesdatenschutzgesetz verlangt zwar – im Gegensatz zum Kunsturhebergesetz –[191] bereits für die Speicherung von Daten eine Rechtfertigung, § 4 Absatz 1 Bundesdatenschutzgesetz. Dies betrifft aber lediglich Datenspeicherungen durch eine verantwortliche Stelle. Auch für die §§ 22 ff. Kunsturhebergesetz stellt die Betrachtung der Daten durch Dritte keine relevante Eingriffsform dar und führt auch nicht zu einer „Verbreitung" im Sinne dieses Gesetzes.[192] Ein Eingriff in das Persönlichkeitsrecht des Betroffenen liegt in dieser Betrachtung demnach nicht vor.

3. Datenverarbeitungen durch den Dienstanbieter

Stellt ein Betroffener personenbezogene Daten online, so führt dies aber auch dazu, dass diese auf dem Server des Netzwerkbetreibers beziehungsweise des Zugangsvermittlers gespeichert werden.[193] *Diese* Datenspeicherung geht jedenfalls

---

188 Vergleiche *Ohly*, AfP 2011, 428, 431.
189 *Ohly*, GRUR 2012, 983, 992; ders., AfP 2011, 428, 431.
190 *Ohly*, AfP 2011, 428, 431.
191 § 22 Kunsturhebergesetz reglementiert allein die Verbreitung und die öffentliche Zurschaustellung.
192 *Ohly*, AfP 2011, 428, 431.
193 *Ohly*, AfP 2011, 428, 431.

mit einem Eingriff in die Persönlichkeitsrechte einher, der einer Rechtfertigung bedarf:

Eine Speicherung, die nicht mehr dem Betroffenen, sondern der verantwortlichen Stelle, insbesondere einem Netzwerkbetreiber, zuzurechnen ist, stellt eine Speicherung im Sinne des Datenschutzrechts dar.[194] Entscheidend ist demnach, wem die Datenspeicherung auf dem Server des Netzwerkbetreibers zuzurechnen ist. Hierbei ist eine Parallele zu der urheberrechtlichen Diskussion zu Online-Videorecordern zu ziehen und die Speicherung dem Netzwerkbetreiber zuzurechnen.[195] Maßgeblich ist hierbei die Abgrenzung, ob der Nutzer oder der Bertreiber *Hersteller* der mit der Aufnahme durch den Online-Videorekorder erstellten „Vervielfältigung" ist. Hierzu stellte der *Bundesgerichtshof* darauf ab, wer die „körperliche Festlegung technisch bewerkstelligt".[196] Dies ist vorliegend der Dienstanbieter, auf dessen Server die hochgeladenen Daten gespeichert wurden. Vor diesem Hintergrund ist mit dieser Datenspeicherung ein Eingriff in die Persönlichkeitsrechte verbunden.

Einfachgesetzlich übertragen handelt es sich bei dieser Speicherung personenbezogener Daten in jeglicher Form auf dem Server des Dienstanbieters um eine Datenverarbeitung gemäß § 3 Absatz 4 Nummer 1 Bundesdatenschutzgesetz.[197] Ebenso stellt das anschließende Bereithalten der Daten durch den Dienstanbieter zum Abruf eine Datenverarbeitung in Form der Datenübermittlung gemäß § 3 Absatz 4 Nummer 3b Bundesdatenschutzgesetz dar.[198] Insgesamt ruft so das selbstständige Einstellen einer Datei einen Eingriff in das Persönlichkeitsrecht des Betroffenen hervor und bedarf einer Rechtfertigung, konkret also einer datenschutzrechtlichen Einwilligung oder eines gesetzlichen Erlaubnistatbestands, § 4 Absatz 1 Bundesdatenschutzgesetz beziehungsweise Artikel 6 Absatz 1 Datenschutz-Grundverordnung.

II. Einwilligung oder gesetzlicher Erlaubnistatbestand

Im Umgang mit Inhaltsdaten innerhalb Onlineplattformen oder sozialer Netzwerke spielen die gesetzlichen Erlaubnistatbestände nur eine begrenzte Rolle. Insbesondere könnte ein gesetzlicher Erlaubnistatbestand aus § 28 Absatz 1 Satz 1 Nummer 1 Bundesdatenschutzgesetz aufgrund des Nutzungsvertrags,[199]

---

194 *Ohly*, AfP 2011, 428, 431.
195 *Ohly*, AfP 2011, 428, 431.
196 *Bundesgerichtshof*, GRUR 2009, 845, 846 – *Online-Videorecorder*.
197 *Jandt/Roßnagel*, MMR 2011, 637, 639.
198 *Jandt/Roßnagel*, MMR 2011, 637, 639.
199 Zur Rechtsnatur eines solchen Vertrags siehe *Bräutigam*, MMR 2012, 635, 639 f.

der mit Accountanmeldung zwischen dem Betroffenen und der verarbeitenden Stelle geschlossen wird, allein die Verwendung solcher Daten rechtfertigen, die in einem unmittelbaren sachlichen Zusammenhang zu dem vertraglichen Schuldverhältnis stehen.[200] Zur Erfüllung dieses Schuldverhältnisses benötigt der Dienstanbieter allerdings vorwiegend Bestandsdaten, insbesondere Anmeldedaten, und gegebenenfalls Nutzungsdaten. Die vom Betroffenen im Rahmen der späteren Nutzung selbst generierten *Inhalts*daten, beispielsweise auf der eigenen Profilseite oder „Pinnwand", benötigt er aber nicht zur Erfüllung seiner Rechte und Pflichten aus diesem Vertrag, weshalb der Nutzungsvertrag insoweit nicht als Rechtfertigungsgrundlage der Anzeige der Inhaltsdaten dienen kann. Vor diesem Hintergrund kann die Speicherung der selbst online gestellten und für andere Nutzer sichtbar gemachten Inhaltsdaten in Onlinediensten wie sozialen Netzwerken, Meinungsforen und Blogs nahezu ausschließlich durch die Alternative der Einwilligung gerechtfertigt sein,[201] bislang geregelt in § 4a Bundesdatenschutzgesetz. Zukünftig werden die Voraussetzungen der datenschutzrechtlichen Einwilligung in Artikel 4 Absatz 8 und Artikel 7 Datenschutz-Grundverordnung geregelt sein. Die Erteilungsvoraussetzungen der Einwilligung entsprechen dabei im Wesentlichen den Vorgaben der Einwilligung nach dem deutschen Bundesdatenschutzgesetz.[202]

III. Erteilung der Einwilligung bei selbst eingestellten Daten

Durch die explosionsartige Entwicklung des Internets und vor allem durch die Entwicklung des Web 2.0 hat die einseitige Einwilligung im Internet heute eine enorme Bedeutung. Die datenschutzrechtliche Einwilligung ist dabei eine direkte Ausprägung des Grundrechts auf informationelle Selbstbestimmung, eines der wichtigsten und verfassungsrechtlich besonders geschützten Grundrechte unserer Privatautonomie. Sie ist Ausdruck des aus diesem Grundrecht resultierenden autonomen und freien Verfügungsrechts über die eigenen Daten und vermag insoweit auch einen Eingriff in dieses Grundrecht zu rechtfertigen.[203] Sowohl durch ihre Erteilung als auch durch ihren Widerruf übt der Betroffene demnach sein Recht auf informationelle Selbstbestimmung aus.[204] Dabei rechtfertigt eine Einwilligung

---

200 *Kühling/Seidel/Sivridis*, S. 142.
201 *Lindner*, S. 145, 205; *Karg/Fahl*, K&R 2011, 453, 454; *Spindler/Schuster*, § 4a BDSG Rn. 17.
202 *Lang*, K&R 2012, 145, 147.
203 *Bundesverfassungsgericht*, JZ 2007, 576, 577; *Simitis*, in: Simitis, § 4a BDSG Rn. 2.
204 *Taeger* in: Taeger/Gabel, § 4 BDSG Rn. 43.

subjektiv, ohne dass es einer objektiven Interessenabwägung bedarf.[205] Sie gestaltet das Rechtsverhältnis zwischen Betroffenem und Handelnden insoweit um, als dass eine zuvor allgemein verbotene Handlung im individuellen Personenverhältnis erlaubt wird.[206] Als empfangsbedürftige Willenserklärung gelten für sie die §§ 104 ff. Bürgerliches Gesetzbuch.[207] Für eine ordnungsgemäße Erteilung ist grundsätzlich derjenige darlegungs- und beweislastpflichtig, der die Daten erhebt, verarbeitet oder auf sonstige Weise nutzt, regelmäßig also der Onlinedienstanbieter.[208]

Wie bereits dargelegt, kommt ein „Recht auf Vergessen" nach vorliegendem Verständnis erst im Nachhinein einer ursprünglich recht*mäßigen* Datenverarbeitung in Betracht. Eine zunächst wirksam erteilte Einwilligung unter Vorliegen der Erteilungsvoraussetzungen wird daher bei der folgenden Betrachtung grundsätzlich vorausgesetzt.[209] Für das fragliche „Recht auf Vergessen" ist vielmehr maßgeblich, ob und inwieweit der Betroffene seine Daten trotz der *vorher* wirksam erteilten Einwilligung *nachträglich* wieder aus dem Netz nehmen kann. Vor diesem Hintergrund beleuchtet die vorliegende Arbeit insbesondere zwei ausgewählte Erteilungsprobleme der Einwilligung im Internet, die eine besondere Sachnähe zum „Recht auf Vergessen" aufweisen: Zum einen, worin die Einwilligungserteilung bei selbst online gestellten Inhaltsdaten zu sehen ist (1.), zum anderen die datenschutzrechtliche Einwilligungsfähigkeit bei Kindern und Jugendlichen (2.). Bei personenbezogenen Daten in Form von Bildnissen bildet § 22 Kunsturhebergesetz das lex specialis für das Erfordernis einer Einwilligung als solcher. Mangels entsprechender Regelungen im Kunsturhebergesetz sind aber die im Bundesdatenschutzgesetz geregelten Anforderungen an die Einwilligungs*erteilung*, wie Freiwilligkeit, Informiertheit und auch Schriftform, weiterhin zu beachten, sodass die folgenden Ausführungen ebenso für Bildnisse gelten.[210]

1. Einwilligungserklärung für selbst online gestellte Inhaltsdaten

a. Einwilligung in den Datenschutzbestimmungen

Im Rahmen des Registrierungsprozesses und Abschlusses des Nutzungsvertrags gibt der Betroffene durch Einverständnis mit den Datenschutzbestimmungen eine datenschutzrechtliche Einwilligung im Sinne von § 4a Bundesdatenschutzgesetz

---

205 *Ohly*, AfP 2011, 428, 432.
206 *Ohly*, AfP 2011, 428, 432.
207 *Taeger* in: Taeger/Gabel, § 4 BDSG Rn. 28.
208 *Zscherpe*, MMR 2004, 723, 725.
209 Siehe im Einzelnen *Simitis*, in: Simitis, § 4a BDSG Rn. 30–88.
210 *Lorenz*, ZD 2012, 367, 369; *Taeger*, in: Taeger/Gabel, § 4a BDSG Rn. 13.

ab, die in der Praxis regelmäßig allumfassend und über das gesetzlich Zugelassene hinaus eingeholt wird.[211] Eine solche pauschale Vorab-Einwilligung vermag jedoch nicht, die Speicherung und Übermittlung der im Laufe der späteren Nutzung vom Betroffenen selbst online gestellten Inhaltsdaten zu rechtfertigen. Eine provisorische Erteilung steht dem Sinn und Zweck der datenschutzrechtlichen Einwilligung gerade entgegen, da sie dem Grundsatz ihrer Bestimmtheit widerspräche. Danach setzt eine wirksame Einwilligung voraus, dass sowohl die Art der personenbezogenen Daten als auch der Zweck ihrer Erhebung oder Verwendung von vorneherein hinreichend bestimmbar sind.[212] Wenngleich eine Zweckeingrenzung im Onlinebereich sehr schwierig ist,[213] so sind dennoch vorgezogene Pauschalerklärungen, Blankoeinwilligungen oder versteckte Einwilligungserklärungen im Nutzungsvertrag gemäß §§ 307 beziehungsweise 305c Bürgerliches Gesetzbuch in jedem Fall unwirksam, ohne dass es hierfür eines Widerrufs durch den Betroffenen bedürfte.[214] Dies ergibt sich auch aus dem Wortlaut „eingewilligt *hat*" in § 4 Absatz 1 Bundesdatenschutzgesetz, wonach die Einwilligung der Datenverwendung gerade vorauszugehen hat.[215] Eine nachträgliche Genehmigung mit Heilung der Rechtswidrigkeit besteht im Datenschutzrecht nicht, da sich der Betroffene im Nachhinein oft nicht mehr wirksam gegen einen bereits erfolgten Datenverarbeitungsprozess zur Wehr setzen kann und faktisch rechtlos gestellt wäre.[216] Auch kann der Betroffene grundsätzlich nicht auf seine Einwilligung verzichten.[217] Zusammenfassend ist festzuhalten, dass der Betroffene nicht bereits bei Abschluss des Nutzungsvertrags eine Einwilligung in die Verarbeitung seiner persönlichen Informationen abgibt, die er im Laufe der späteren Mitgliedschaft als Inhaltsdaten von sich veröffentlicht.

b. *Konkludente Einwilligung durch das Onlinestellen eigener Daten*

Da der Nutzer in der Realität aber auch nicht bei jedem Eintrag personenbezogener Inhaltsdaten eine ausdrückliche Einwilligung abgibt, kommt für die zulässige Speicherung der Daten regelmäßig nur eine konkludente Einwilligung in Betracht.

---

211 *Heckmann*, in: Leible/Kutschke 2013, 17, 25 f.; *Kipker/Voskamp*, DuD 2012, 737, 737.
212 *Simitis*, in: Simitis, § 4a BDSG Rn. 77 ff.
213 *Weichert*, VuR 2009, 323, 327.
214 *Simitis*, in: Simitis, § 4a BDSG Rn. 77; *Gola/Klug/Körffer*, in: Gola/Schomerus, § 4a BDSG Rn. 26; *Bundesverfassungsgericht*, JZ 2007, 576, 577 f..
215 *Gola/Klug/Körffer*, in: Gola/Schomerus, § 4a BDSG Rn. 5.
216 *Gola/Klug/Körffer*, in: Gola/Schomerus, § 4a BDSG Rn. 32.
217 Einziger Ausnahmefall, in dem ein solcher Verzicht zulässig sein kann, ist die objektive Unmöglichkeit der Einholung einer Einwilligung, *Simtis*, in: Simitis, § 4a BDSG Rn. 52.

Es gibt diverse Erscheinungsbilder konkludent erteilter Einwilligungen. Sowohl datenschutzrechtlich als auch nach dem Kunsturhebergesetz kann zum Beispiel das Verhalten einer fotografierten Person bei der Aufnahme eine konkludente Einwilligung darstellen, etwa wenn diese für das Foto auf einer öffentlichen Veranstaltung posiert.[218] Im Gegensatz zu dieser bereits vielfach diskutierten Form[219] liegt jedoch die vorliegend relevante Frage darin, inwieweit das selbstständige Onlinestellen und Hochladen eigener Daten, beispielsweise in Form von Postings oder Bildern, ohne entsprechende Sicherheitsvorkehrung eine konkludente Einwilligung darstellen kann.

aa. Kein Verstoß gegen das Schriftformerfordernis nach bisheriger Rechtslage

Einer Einwilligung in konkludenter Form könnte zunächst das bislang geltende Schriftformerfordernis in § 4a Absatz 1 Satz 3 Bundesdatenschutzgesetz entgegenstehen, womit der deutsche Gesetzgeber über die Vorgaben der EU-Datenschutz-Richtlinie hinaus gegangen ist. Das datenschutzrechtliche Schriftformerfordernis gilt dabei insbesondere auch bei der Online-Veröffentlichung personenbezogener Bildnisse.[220] Danach bedarf die Einwilligung der Schriftform, soweit nicht wegen besonderer Umstände eine andere Form angemessen ist. Hauptzweck des Schriftformerfordernisses war bislang die Warnfunktion – der Betroffene sollte gerade auch im Web 2.0 für die Risiken einer freizügigen Datenpreisgabe sensibilisiert werde.[221] Die Beweisfunktion war insoweit sekundär.[222] Die mittlerweile herrschende Meinung vertritt, dass dem Schriftformerfordernis heutzutage mit einer elektronischen Form der Einwilligung für Inhaltsdaten im Internet Genüge getan ist.[223] Dogmatisch war bislang allerdings umstritten, ob hierzu die Normen des Telemediengesetzes, insbesondere § 13 Absatz 2 Telemediengesetz, der an sich nur für Bestands- und Nutzungsdaten gilt, entsprechend für Veröffentlichungen von Inhaltsdaten gilt[224] oder sich die Abweichung vom Schriftformerfordernis auf

---

218 Siehe hierzu *Ohly*, GRUR 2012, 983, 986; *Libertus*, ZUM 2007, 621, 621 ff..
219 *Ohly*, GRUR 2012, 983, 986; *Fricke*, in: Wandtke/Bullinger, § 22 KUG Rn. 15 mit weiteren Beispielen konkludenter Einwilligungen etwa im Zusammenhang mit Straßenumfragen, Fernsehinterviews und dem schlichten Untätigbleiben.
220 *Lorenz*, ZD 2012, 367, 368.
221 *Lorenz*, ZD 2012, 367, 370; *Kühling*, in: Wolff/Brink, § 4a BDSG Rn. 49.
222 Dennoch eignet sich der Nachweis einer schriftlichen Einwilligung besser als Beweismittel als ein Zeugenbeweis, *Lorenz*, ZD 2012, 367, 370.
223 *Lorenz*, ZD 2012, 367, 370; *Kühling*, in: Wolff/Brink, § 4a BDSG Rn. 48.
224 *Kipker/Voskamp*, DuD 2012, 737, 738; *Weichert*, VuR 2009, 323, 327.

§ 4 a Absatz 1 Satz 3 Bundesdatenschutzgesetz stützt, wonach davon abgewichen werden darf, „soweit nicht wegen besonderer Umstände eine andere Form angemessen ist".[225]

Nach künftiger Rechtslage wird dieser Streit nicht mehr zu entscheiden sein, da nach der Datenschutz-Grundverordnung kein Schriftformerfordernis für die Einwilligung mehr vorgesehen ist. Ein solches könnte lediglich für den Verantwortlichen aufgrund seiner Darlegungs- und Beweispflicht nach Artikel 7 Absatz 1 Datenschutz-Grundverordnung Sinn machen. Einer konkludenten Einwilligung steht somit weder nach der bisherigen noch nach der künftigen Rechtslage ein Schriftformerfordernis entgegen.

bb. Zulässigkeit der konkludenten Einwilligung im Datenschutzrecht

(1) Bisherige Rechtslage

Einigen Vertretern der rechtswissenschaftlichen Literatur zufolge ist eine konkludente Einwilligung im Datenschutzrecht nicht zulässig.[226] So bezöge sich die gesetzliche Ausnahme in § 4a Absatz 1 Satz 3 Bundesdatenschutzgesetz bei „besonderen Umständen" auch aufgrund der systematischen Stellung auf die Ersetzbarkeit der Erklärungsschrift*form*, nicht hingegen auf das Vorliegen einer ausdrücklichen Erklärung des Betroffenen *als solcher*.[227] Auch die Fiktion einer Einwilligung nach Ablauf einer bestimmten Frist ohne Widerspruch des Betroffenen ist hiernach unwirksam.[228]

Nach diesseitiger Auffassung sprechen jedoch die überzeugenderen Argumente für die Ansicht derjenigen Vertreter der rechtswissenschaftlichen Literatur, die eine konkludente Einwilligung im Datenschutzrecht zulassen.[229] Denn nach Artikel 2 lit. h) EU-Datenschutz-Richtlinie genügt insofern die *„Willensbekundung"* sowie eine zum Ausdruck gebrachte Akzeptanz des Betroffenen für die Datenverarbeitung. Dementsprechend soll auch die Einwilligung nach dem Kunsturhebergesetz konkludent erteilt werden können.[230]

---

225 *Taeger*, in: Taeger/Gabel, § 4a BDSG Rn. 37.
226 *Simitis*, in: Simitis, § 4a BDSG Rn. 44; *Zscherpe*, MMR 2004, 723, 725.
227 *Simitis*, in: Simitis, § 4a BDSG Rn. 43.
228 *Zscherpe*, MMR 2004, 723, 725.
229 *Schaffland/Wiltfang*, § 4a BDSG Rn. 4; *Kühling/Seidel/Sivridis*, S. 125; *Däubler*, in: Däubler/Klebe/Wedde/Weichert, § 4a BDSG Rn. 16; *Taeger*, in: Taeger/Gabel, § 4a BDSG Rn. 40; *Lorenz*, ZD 2012, 367, 368.
230 *Libertus*, ZUM 2007, 621, 621; *Lorenz*, ZD 2012, 367, 368.

(2) Rechtslage nach der Datenschutz-Grundverordnung

Nach Artikel 4 Absatz 8 Datenschutz-Grundverordnung muss die Einwilligung künftig durch eine „unmissverständlich abgegebene Willensbekundung in Form einer Erklärung oder einer sonstigen eindeutigen Handlung erfolgen, mit der die betroffene Person zu verstehen gibt, dass sie mit der Verarbeitung der sie betreffenden personenbezogenen Daten einverstanden ist". Hauptanliegen dieser Regelung ist, dass der Betroffene die Folgen seiner Datenpreisgabe bewusst eingeht. Zusätzlich wird in Erwägungsgrund 33 die Voraussetzung einer „echten Wahlfreiheit" betont. Eine stillschweigende ist damit ausgeschlossen, was sich auch aus Erwägungsgrund 25 ergibt.[231]

Die Versagung einer Möglichkeit zur konkludenten Einwilligung kann hieraus jedoch nicht abgeleitet werden. Ansonsten würde dadurch eine rein formalistische Hürde aufgestellt werden, die weder den technischen Gegebenheiten noch dem Sinn und Zweck einer praxisnahen Auslegung der Verordnung gerecht würde. Zudem wird die Möglichkeit einer konkludenten Einwilligung bereits durch den Wortlaut in Artikel 4 Absatz 8 Datenschutz-Grundverordnung dokumentiert, der gerade auch die Einwilligung in Form einer „Erklärung oder einer sonstigen eindeutigen Handlung" zulässt. Für dieses Verständnis spricht auch die Entwicklung des Verordnungstexts: In den Entwürfen von Kommission und Parlament war in Artikel 4 Absatz 8 von einer „expliziten" Willensbekundung die Rede – ein mehrdeutbarer Begriff, der letztlich auch entgegen der Zulässigkeit einer konkludenten Einwilligung hätte interpretiert werden können. Demgegenüber werden diese Unsicherheiten im finalen Verordnungstext nunmehr ausgeräumt, indem die Einwilligung lediglich eine „eindeutige" Willensbekundung voraussetzt.

Die Formulierung „eindeutig" ist dabei als Abgrenzung zur stillschweigenden und rein passiven Einwilligung sowie zur Einwilligung unter Zwang zu verstehen, insgesamt also gegenüber Einwilligungen, bei denen der Betroffene keine Wahlmöglichkeit hat. Hingegen sollte im Fall, dass sich der Betroffene *für* die Erteilung der Einwilligung entschlossen hat, Artikel 4 Absatz 8 Datenschutz-Grundverordnung gerade nicht im Wege stehen, da sein Schutzzweck – die Verhinderung einer erzwungenen Einwilligung ohne Wahlmöglichkeit – von vorneherein nicht betroffen ist. Auch kann daraus keine in jedem einzelnen Fall zu erteilende ausdrückliche Einwilligung abgeleitet werden, da dies zu einer „Einwilligungsmüdigkeit" führen würde,[232] bei der die Einwilligung als Lästigkeit verstanden wird und das eigentliche von der Europäische Kommission verfolgte

---

231 *Kühling*, in: Wolff/Brink; § 4a BDSG Rn. 27.
232 *Dehmel/Hullen*, ZD 2013, 147, 149.

Ziel der Bewusstseinsförderung zur Nebensache wird. Vor diesem Hintergrund wird die Einwilligung auch nach Rechtslage der Datenschutz-Grundverordnung weiterhin durch schlüssiges Handeln erteilt werden können. Voraussetzung ist jedoch, dass eine Willenserklärung mit entsprechendem Rechtsfolgenwillen vorliegt.[233]

cc. Abgrenzung der Willenserklärung mit Rechtsfolgenwillen von rein passivem Verhalten

Im Zusammenhang mit persönlichkeitsrechtlichen Einwilligungen im Allgemeinen wird für eine wirksame konkludente Einwilligung eine Erklärung im Sinne des „opt in"-Prinzips verlangt.[234] Grund hierfür ist, dass es keine Einwilligung durch bloßes Schweigen ohne Erklärungswert oder rein passives Dulden gibt. Vielmehr bedarf auch die Einwilligung, um unmittelbar auf die Herbeiführung einer Rechtswirkung gerichtet zu sein, eines entsprechenden Rechtsfolgenwillens.[235]

Bislang war in der rechtswissenschaftlichen Literatur umstritten, ob dies bei der Handlung des Onlinestellens eigener Daten erkennbar wird.[236] Mit der Frage, ob und inwieweit das Onlineeinstellen von Daten ohne Zugangsbeschränkung als Einwilligung in Form einer Willenserklärung mit Rechtsfolgenwillen eingeordnet werden kann, hat sich der *Bundesgerichtshof* in den Entscheidungen „Vorschaubilder I"[237] und II"[238] aus den Jahren 2010 und 2011 befasst. Gegenstand des „Vorschaubilder I"-Urteils war die Klage einer Künstlerin gegen die Online-Suchmaschine Google. Die Klägerin hatte ihre Werke fotografiert und die Fotos wiederum auf ihrer Homepage hochgeladen und ohne Vorkehrungen, die den Zugriff durch Suchmaschinen verhinderten, wie etwa die Veränderung einer Einstellung in der „robots-Datei" zugänglich gemacht. Daraufhin indexierte die Bildersuchmaschine von Google die streitgegenständlichen Fotos und zeigte diese in verkleinerter Form als Vorschaubilder, sogenannte „Thumbnails", mit einer Verlinkung zu den Originalabbildungen in ihren Suchergebnissen an. Im Fall „Vorschaubilder II" ging es um das Foto einer leicht bekleideten Fernsehmoderatorin,

---

233 *Dehmel/Hullen*, ZD 2013, 147, 149.
234 Diese Parallele zieht *Ohly*, GRUR 2012, 983, 986.
235 *Ohly*, GRUR 2012, 983, 986; *Ellenberger*, in: Palandt, Einführung von § 116 Rn. 6.
236 Dafür etwa *Ohly*, GRUR 2012, 983, 984; *ders.*, AfP 2011, 428, 432; *Berberich*, MMR 2005, 145, 147 f.; *von Ungern-Sternberg*, GRUR 2009, 369, 371 f.; *Ott*, ZUM 2007, 119, 126 f.; dagegen beispielsweise *Wiebe*, GRUR 2011, 888, 890.
237 *Bundesgerichtshof*, BGHZ 185, 291 = GRUR 2010, 628, 628 ff. – *Vorschaubilder I*.
238 *Bundesgerichtshof*, GRUR 2012, 602, 602 ff. – *Vorschaubilder II*.

welches auf einer Webseite online gestellt war, ohne dass geklärt werden konnte, ob der Fotograf des Bildes seine Einwilligung in die Onlinestellung erteilt hatte. Gegenstand beider Entscheidungen war insofern eine urheberrechtliche Einwilligung. Da allerdings die aus dem Onlinestellen von Daten durch den Betroffenen gezogenen Schlüsse unabhängig davon sind, ob die konkreten Daten als personenbezogene Daten oder als urheberrechtliches Werk einzuordnen sind, gelten diese Urteilsgrundsätze über das Urheberrecht hinaus. Die Einwilligung ist weder eine exklusive Rechtsfigur des Urheberrechts noch des Informationstechnologierechts. Vielmehr sind diese Grundsätze auf andere persönlichkeitsrechtliche Einwilligungen im Internet übertragbar, insbesondere auch auf die datenschutzrechtliche Einwilligung.[239] Gleichzeitig gelten sie nicht allein für Bilder, sondern für alle Datenformen, also auch für das Einstellen eigener personenbezogener Daten in Text- oder Bildformat.[240] Des Weiteren gelten die aufgestellten Grundsätze über Thumbnails-Konstellationen hinaus und ebenso außerhalb von Suchmaschinenkonstellationen.[241]

Für die Frage eines Rechtsfolgenwillens ist zunächst entscheidend, auf welchen der verschiedenen Teilakte des Nutzerverhaltens abzustellen ist.[242] So stellt das Unterlassen von Schutzmaßnahmen lediglich ein rein passives Verhalten dar, und daher keine Willenserklärung mit Rechtsfolgenwillen.[243] Wie der *Bundesgerichtshof* in seiner Entscheidung zu „Vorschaubilder I" erklärte, muss vielmehr auf das Bereitstellen der Datei im Internet ohne Schutzmaßnahmen als aktive Handlung abgestellt und dadurch der Rechtsfolgenwillen für eine wirksame konkludente Einwilligung bejaht werden.[244]

Kritik wird daran im Wesentlichen wegen einer Parallelziehung zu einem Grundstück in der analogen Welt geübt, bei dem die Nichterrichtung eines Zaunes vielmehr als rein passives Verhalten aufgefasst würde.[245] Diese Kritik überzeugt jedoch nicht: Zum einen passt die Parallelziehung zu einem Grundstück, also Sacheigentum der „analogen Welt", nicht, da sich die anderen Nutzer beziehungsweise Bürger an die mit dem Eigentum einhergehenden Prinzipien der Nutzungsfunktion und der

---

239 *Ohly*, GRUR 2012, 983, 991.
240 *Ohly*, GRUR 2012, 983, 991.
241 *Ohly*, GRUR 2012, 983, 991.
242 *Ohly*, GRUR 2012, 983, 987.
243 *Ohly*, GRUR 2012, 983, 987; *Spindler*, GRUR 2010, 785, 791.
244 *Bundesgerichtshof*, GRUR 2012, 628, 631 f.; ähnlich *Dehmel/Hullen*, ZD 2013, 147, 149.
245 *Ohly*, GRUR 2012, 983, 987; *Spindler*, GRUR 2010, 785, 790; *Wiebe*, GRUR 2011, 288, 290.

Ausschlussfunktion halten müssen, das Grundstück nicht zu betreten. Das Internet lebt hingegen davon, dass online gestellte Daten von anderen Nutzern aufgefunden werden. Dies ist dem durchschnittlichen Internetnutzer bewusst, da er das Internet selbst auf diese Weise nutzt und versteht. Er rechnet daher damit, dass Daten, die er ohne Zugangssperre online gestellt hat, von anderen Nutzern frequentiert werden.

2. Einwilligung bei Minderjährigen

Insbesondere durch den Bedeutungszuwachs sozialer Netzwerke für Jugendliche ist die Rechtsfrage aufgekommen,[246] ob und inwieweit junge Menschen etwa durch die Onlinestellung eigener Bildnisse eine persönlichkeitsrechtlich relevante Einwilligung abgeben können. Die Frage steht in engem Zusammenhang mit dem „Recht auf Vergessen", da es vor allem Kinder und Jugendliche sind, die einen besonderen Schutz brauchen, nachdem sie unbedacht persönliche Daten online von sich preisgegeben haben. Daneben schaffen die hier dargestellten Ausführungen eine Basis für das in B. II. 4. c. dd. (2) dieses Kapitels vorgeschlagene „Altersgruppenmodell" im Rahmen der Widerruflichkeit der Einwilligung.

a. Einwilligende Personen

Träger der Persönlichkeitsrechte sind natürliche Personen ab ihrer Geburt. Davon unabhängig ist allerdings die Fähigkeit, sie auch wirksam ausüben zu können, im vorliegenden Kontext konkret persönliche Daten auch selbstbestimmt Dritten gegenüber preiszugeben. Eine wirksame datenschutzrechtliche Einwilligung gemäß § 4a Absatz 1 Satz 1 Bundesdatenschutzgesetz setzt insbesondere voraus, dass der Betroffene sie aufgrund einer freien Entscheidungsgrundlage trifft. Voraussetzung für eine zulässige Einstellung eigener Daten, wie Fotos oder anderer personenbezogener Informationen, ist damit die Einsichtsfähigkeit des Betroffenen in die Tragweite seiner Entscheidung.[247] Nach der bisherigen Rechtslage regelt das Gesetz keine Altersgrenzen für diese Fähigkeit. Entscheidend war bislang vielmehr, inwieweit der Betroffene selbst im Einzelfall über die nötige Einsichtsfähigkeit hinsichtlich der Auswirkungen seiner Grundrechtsausübung verfügt.[248] Wenngleich

---

246 Da es kaum minderjährige Urheber gibt, spielt die Einwilligungsfähigkeit im Urheberrecht nur eine geringe Rolle. Diese Rechtsfrage ist im Rahmen der Persönlichkeitsrechte durch das Web 2.0 relativ neu aufgekommen, vergleiche *Ohly*, GRUR 2012, 983, 991 f..
247 *Jandt/Roßnagel*, MMR 2011, 637, 640; *Gola/Klug/Körffer*, in: Gola/Schomerus, § 4a BDSG Rn. 10; *Kipker/Voskamp*, DuD 2012, 737, 739.
248 *Kipker/Voskamp*, DuD 2012, 737, 739.

einem geschäftsunfähigen Minderjährigen, also einem Kind unter sieben Jahren (§ 104 Nummer 1 Bürgerliches Gesetzbuch), auch die eigene Einsichtsfähigkeit abgesprochen wird, so ist die datenschutzrechtliche Einsichtsfähigkeit dennoch im Allgemeinen unabhängig von der Geschäftsfähigkeit.[249] Bei Minderjährigen unter sieben Jahren kommt es demnach auf die Einwilligung des gesetzlichen Vertreters an.[250] Hingegen setzt die datenschutzrechtliche Einwilligung eines Minderjährigen zwischen dem siebten und achtzehnten Lebensjahr eine positiv festgestellte Einsichtsfähigkeit voraus.

Vor allem im Kontext mit Bildnissen gibt es Befürworter des Prinzips der doppelten Einwilligung für Minderjährige zwischen dem siebten und vollendeten achtzehnten Lebensjahr, wonach sowohl die wirksame Einwilligung des Minderjährigen als auch die des gesetzlichen Vertreters erforderlich sein sollen.[251] Neben dem Argument einer Entscheidung des *Bundesgerichtshofs* zu persönlichkeitsrechtlichen Belangen im Medizinrecht,[252] die regelmäßig als Argument gegen eine solche doppelte Einwilligung angeführt wird, spricht gegen diese Theorie die schwierige Handhabbarkeit in der Praxis: Sind die Kinder und Jugendlichen bei jedem einzelnen Facebook-Eintrag von der Einwilligung ihrer Eltern abhängig, so kann dies in Einzelfällen – je nach familiärem Verhältnis, Verständnis und Vertrauen – zu einer faktischen Eindämmung der eigenen Selbstentfaltungsmöglichkeiten der Jugendlichen führen. Daher sollte dem Schutzbedürfnis von Kindern und Jugendlichen, die eventuell unbedacht zu private Details aus ihrem Leben preisgeben, nicht bereits auf dieser Stufe der Einwilligungs*erteilung*, sondern vielmehr auf der nachgelagerten Stufe der Interessenabwägung zur Widerruflichkeit ihrer Einwilligung Rechnung getragen werden (siehe insoweit das „Altergruppenmodell" als Abwägungsgesichtspunkt in B. II. 4. c. dd. (2) dieses Kapitels). Maßgeblich ist somit die im Einzelfall vorhandene Einsichtsfähigkeit des Betroffenen bei der Ausübung seines Grundrechts durch die Einwilligungserteilung.

---

249 *Jandt/Roßnagel*, MMR 2011, 637, 640.
250 *Jandt/Roßnagel*, MMR 2011, 637, 640.
251 *Fricke*, in: Wandtke/Bullinger, § 22 KUG Rn. 14; *Götting*, in: Schricker/Loewenheim, § 22 KUG Rn. 42.
252 In der Entscheidung des *Bundesgerichtshofs*, BGHZ 26, 33, 36 = NJW 1958, 98 ging es um eine Einwilligung eines fast volljährigen Minderjährigen in eine Operation, die der Bundesgerichtshof seinerzeit als allein ausreichend befand. In einem späteren Urteil in anderer Sache berief sich das *Oberlandesgericht Karlsruhe* auf dieses Urteil des *Bundesgerichtshofs* und befand die alleinige Einwilligung eines 16-jährigen Mädchens in die Veröffentlichung einer Oben-Ohne-Urlaubsaufnahme in einem Reiseprospekt für ausreichend, FamRZ 1983, 742, 742 ff.

b. Einsichtsfähigkeit

aa. Bisherige Rechtslage

Bei Jugendlichen unter zwölf Jahren wird diese Fähigkeit verneint.[253] Ab dem 13. Lebensjahr[254] ist die Einsichtsfähigkeit sodann anhand zahlreicher Einzelfaktoren im konkreten Fall festzustellen, wobei Individualität und Entwicklungsstand des Kindes sowie der Zweck und die Art des konkreten Onlinedienstes und die konkrete Form der Aufforderung zur Datenpreisgabe zu berücksichtigen sind.[255] Insbesondere verleitet die „Plug and Play-"Benutzeroberfläche den Nutzer zur übermäßigen Datenpreisgabe, sodass hier hohe Anforderungen an die Einsichtsfähigkeit der Kinder zu stellen sind.

bb. Rechtslage nach der Datenschutz-Grundverordnung

Die datenschutzrechtliche Einwilligung Jugendlicher war bis zuletzt ein Streitpunkt in den Verhandlungen zur Datenschutz-Grundverordnung. Der Begriff des „Kindes" ist nach künftiger Rechtslage legaldefiniert als „jede Person bis zur Vollendung des 18. Lebensjahres", Artikel 4 Nummer 18 Datenschutz-Grundverordnung. Für die Einwilligung greift die Datenschutz-Grundverordnung das Erfordernis der Einsichtsfähigkeit auf. Im Gegensatz zur bisherigen Rechtslage wird der Einwilligung von Kindern und Jugendlichen dabei eine eigene Vorschrift gewidmet, unter anderem mit einer gesetzlich geregelten Altersgrenze zur Bestimmung der Einsichtsfähigkeit, die auf die durchschnittlichen Fähigkeiten und Gedankengänge von Kindern und Jugendlichen zugeschnitten ist: Gemäß Artikel 8 Absatz 1 Satz 1 Datenschutz-Grundverordnung dürfen Daten von Kindern bis zur Vollendung ihres 16. Lebensjahres durch ihnen direkt angebotene Internetdienste, insbesondere soziale Netzwerke aber auch andere Telemediendienste, nur verarbeitet werden, „wenn und insoweit die Einwilligung hierzu durch die Eltern oder den Vormund des Kindes oder mit deren Zustimmung erteilt wird". Die Norm besagt weiterhin, dass die Altersgrenze durch den jeweils nationalen Gesetzgeber herabgesetzt werden

---

253 In diesen Fällen kommt es auf die Einwilligung der gesetzlichen Vertreter an. Bei Einwilligungen in die Onlinestellung von personenbezogenen Daten des Kindes mit Schadenspotential könnten dabei ausschließlich die Instrumentarien des Familienrechts Abhilfe schaffen, *Ohly*, AfP 2011, 428, 434.
254 Im Zusammenhang mit der Einwilligung nach dem Kunsturhebergesetz wird diese überhaupt erst ab dem 14. Lebensjahr angenommen, *Fricke*, in: Wandtke/Bullinger, § 22 KUG Rn. 14.
255 *Kipker/Voskamp*, DuD 2012, 737, 739; *Simitis*, in: Simitis, § 4a BDSG Rn. 20 f.; *Jandt/Roßnagel*, MMR 2011, 637, 638.

kann, wobei das Alter von 13 nicht unterschritten werden darf. Die vergangenen Debatten über die konkrete Altersgrenze für die eigene Einsichtsfähigkeit der Jugendlichen ist im finalen Verordnungstext noch spürbar: Während Artikel 8 Absatz 1 Satz 1 Datenschutz-Grundverordnung sowohl nach dem Entwurf der Kommission als auch dem des Parlaments eine Altersgrenze von 13 vorgesehen hatten, wurde die grundsätzliche Altersgrenze nun auf 16 hochgesetzt, dabei aber den Mitgliedstaaten gerade die Möglichkeit der Mitbestimmung eingeräumt, diese für ihr Land auf wenigstens 13 Jahre herabzusetzen.[256]

Vor dem Hintergrund des hohen Schutzbedürfnisses dieser jungen Personengruppen sowie dem dringenden Bedürfnis an Rechtssicherheit ist die gesetzliche Festlegung entsprechender Altersgrenzen zu begrüßen.[257]

c. Kontrolle und Altersverifikation

Allerdings wird sich in jedem Fall regelmäßig die Herausforderung der echten Altersverifikation in der Praxis stellen.[258] Ein Gesetzesentwurf des Bundesrats aus dem Jahr 2011 zur Verbesserung des Datenschutzes in sozialen Netzwerken besagte insoweit hierzu, der Dienstanbieter dürfe auf die Angaben des Minderjährigen zu seinem Alter vertrauen.[259]

Künftig wird verantwortlichen Stellen jedenfalls durch eine Abschwächung der Darlegungs- und Beweislast aus Artikel 7 Absatz 1 Datenschutz-Grundverordnung entgegengekommen: So ist es gemäß Artikel 8 Absatz 1a Datenschutz-Grundverordnung im Zusammenhang mit der Einwilligung von Kindern und Jugendlichen ausreichend, dass der Verantwortliche „unter Berücksichtigung der vorhandenen Technologie angemessene Anstrengungen" unternimmt, um eine nachprüfbare Einwilligung zu erhalten. Allerdings wird der Begriff der „angemessenen Anstrengungen" nicht weiter konkretisiert. Da somit nicht klar wird, ob die derzeit unternommenen Anstrengungen diesen Anforderungen genügen, könnte diese Regelung die Verantwortlichen dazu ver-

---

256 Kritisch zur Altersgrenze von 13 *Roßnagel/Richter/Nebel*, ZD 2013, 103, 105.
257 *Kipker/Voskamp*, DuD 2012, 737, 739.
258 *Kipker/Voskamp*, DuD 2012, 737, 742.
259 Gesetzesentwurf zur Änderung des Telemediengesetzes vom 08. Juli 2011, BR-Drs. 156/11, online abrufbar unter http://dipbt.bundestag.de/dip21/brd/2011/0156-11.pdf. Kritik hieran üben *Jandt/Roßnagel*, MMR 2011, 637, 641 mit dem Argument, dass auf diese Weise kein ausreichender Datenschutz Minderjähriger gewährleistet werden könne, da die Jugendlichen aufgrund ihrer Unerfahrenheit hinsichtlich der Folgen und Risiken von sozialen Netzwerken oftmals eher die Altersangabe fälschen, als sich die Netzwerkdienste selbst zu versagen.

leiten, wie bisher fortzufahren.[260] Ferner fehlt eine Regelung der Rechtsfolge, wenn der Verantwortliche die betreffenden Anforderungen nicht einhält. Vor diesem Hintergrund sind bislang keine effektiven Kontrollverpflichtungsmechanismen im Gesetz geregelt.[261] Angeraten wird den Dienstanbietern daher, für Personen ab dem 13. Lebensjahr ein Altersverifikationssystem zu implementieren.[262] Ein Vorschlag hierzu wäre die Nutzung des neu eingeführten elektronischen Personalausweises oder ein Verfahren ähnlich dem „Postident-Verfahren".[263] Diese Kontrolle müsste sodann zumindest einmal zu Beginn der ersten Dienstnutzung durchgeführt werden; bei später erfolgten Einträgen dürfte sich der Dienstanbieter insbesondere bei anmeldepflichtigen Diensten darauf berufen, dass diese von derselben Person eingegeben worden seien.

B. Potentielle Mittel, um selbst online gestellte Daten „zurückzuholen"

Für den Betroffenen bestehen im Wesentlichen zwei rechtliche Möglichkeiten, um vormals selbst online gestellten Daten „zurückzuholen" und so ein „Recht auf Vergessen" zu erwirken: Erstens (I.) der nachträgliche Widerruf seiner Einwilligung und zweitens (II.) die zeitliche Begrenzung der Einwilligung. In beiden Fällen besteht die Rechtsfolge in der Löschung der vormals selbst eingestellten Daten. In der künftigen Datenschutz-Grundverordnung wird zumindest der Löschungsanspruch wegen Widerrufs der Einwilligung im Gesetz geregelt und als potentieller Grund für ein „Recht auf Löschung" gemäß Artikel 17 Absatz 1 lit. b) Datenschutz-Grundverordnung geregelt. Hingegen ist der im Kommissions- und Parlamentsentwurf enthaltene Löschungsgrund der zeitlich begrenzten Einwilligung im finalen Verordnungstext nicht übernommen worden.

C. Löschung wegen Widerrufs der datenschutzrechtlichen Einwilligung

Der Widerruf der datenschutzrechtlichen Einwilligung bildet die erste Option, selbst eingestellte Daten nachträglich wieder aus dem Internet zu entfernen. Dabei verfolgt der Widerruf der Einwilligung, ebenso wie ihre Erteilung, den Schutz des

---

260 Kritisch *Nebel/Richter*, ZD 2012, 407, 410 f. zum Kommissionsentwurf, der jedoch insoweit mit dem finalen Verordnungstext übereinstimmt.
261 *Kipker/Voskamp*, DuD 2012, 737, 740.
262 *Jandt/Roßnagel*, MMR 2011, 637, 639 f.; *Nebel/Richter*, ZD 2012, 407, 411.
263 *Altenhain/Heitkamp*, K&R 2009, 619, 619 ff..

Grundrechts auf informationelle Selbstbestimmung.[264] Dadurch soll die Möglichkeit des Betroffenen gestärkt werden, den Umgang mit seinen persönlichen Daten nach eigenen Vorstellungen zu gestalten.[265] Während die Einwilligungserteilung eine „präventive Kontrolle" darstellt, ist ihr Widerruf als „nachträgliche Korrektur" zu verstehen.[266] Im Folgenden werden daher die Normierung des Widerrufs, seine Voraussetzungen, Grenzen und Folgen nach derzeitiger sowie nach künftiger Rechtslage erörtert.

I. Widerruf der datenschutzrechtlichen Einwilligung nach derzeitiger Rechtslage

1. Gesetzliche Anknüpfungspunkte

a. Keine bundesgesetzliche Normierung des Widerrufsrechts für Inhaltsdaten

Im Gegensatz zu vielen deutschen Landesdatenschutzgesetzen[267] enthalten weder das bislang geltende Bundesdatenschutzgesetz noch das Kunsturhebergesetz explizite Regelungen zur Freiheit oder zu den Grenzen der Widerruflichkeit der Einwilligung bei Inhaltsdaten. Ausdrücklich sind datenschutzrechtliche Widerrufsrechte im Datenschutzrecht auf Bundesebene lediglich für die Spezialbereiche der Datenverarbeitung zu Werbe- und Adresshandelszwecken in § 28 Absatz 3a Bundesdatenschutzgesetz sowie für Bestands- und Nutzungsdaten in § 13 Absatz 2 Nummer 4 Telemediengesetz geregelt. Eine bundesgesetzlich geregelte Widerrufsmöglichkeit hinsichtlich Inhaltsdaten besteht also nicht. Nichtsdestotrotz ist es einhellige Ansicht, dass die datenschutzrechtliche Einwilligung für die Zukunft grundsätzlich widerruflich ist.[268] Ein Verzicht auf die Widerrufsmöglichkeit ist aufgrund seiner grundrechtlichen Bedeutung nicht möglich.[269] Auch muss sich der Betroffene sein Recht auf Widerruf nicht bei der Einwilligungserteilung vorbehalten.

---

264 *Simitis*, in: Simitis, § 4a BDSG Rn. 2; *Bundesverfassungsgericht*, JZ 2007, 576, 577.
265 *Simitis*, in: Simitis, § 4a BDSG Rn. 2, 94.
266 *Simitis*, in: Simitis, § 4a BDSG Rn. 94.
267 Beispiele sind § 7 Absatz 2 Satz 5 Hessisches Landesdatenschutzgesetz sowie § 5 Absatz 2 Satz 2 Hamburgisches Landesdatenschutzgesetz; hingegen sieht Artikel 15 Bayerisches Landesdatenschutzgesetz keinen expliziten Widerruf vor.
268 *Gola/Klug/Körffer*, in: Gola/Schomerus, § 4a BDSG Rn. 38; *Simitis*, in: Simitis, § 4a BDSG Rn. 94, 96; *Schaar*, MMR 2001, 644, 647. Lediglich im Bereich besonderer Daten, wie etwa den Gesundheitsdaten, ist eine gesetzliche Regelung zur Unwiderruflichkeit möglich, siehe § 40 Absatz 2a Nr. 3 Arzneimittelgesetz.
269 *Simitis*, in: Simitis, § 4a BDSG Rn. 95; *Gola/Klug/Körffer*, in: Gola/Schomerus, § 4a BDSG Rn. 38.

b. Anspruchsgrundlage für die Löschung

Umstritten ist, aus welcher Norm sich die Anspruchsgrundlage zur Datenlöschung im Falle eines späteren Einwilligungswiderrufs nach bisheriger Rechtslage ergibt. Konkret herrscht Uneinigkeit darüber, ob sich die Löschung in diesem Fall aus § 35 Absatz 2 Satz 2 Nummer 3 Bundesdatenschutzgesetz oder aus § 35 Absatz 2 Satz 2 Nummer 1 Bundesdatenschutzgesetz ergibt:

aa. Zweckwegfall wegen Widerrufs der Einwilligung

Speziell für die Löschungspflicht aufgrund einer nachträglich entfallenen Einwilligung, wegen ihres Widerrufs, wird vertreten, den Löschungsanspruch aus § 35 Absatz 2 Satz 2 Nummer 3 Bundesdatenschutzgesetz wegen Wegfalls des Speicherungszwecks analog heranzuziehen.[270] Die analoge Anwendung rührt daher, dass sich der Löschungsgrund in Nummer 3 unmittelbar nur auf den gesetzlichen Rechtfertigungsgrund des § 28 Bundesdatenschutzgesetz bezieht und daher direkt eher bei der Kündigung eines Mitgliedschaftsvertrags in Betracht kommt.[271] Bereits die insoweit erforderliche Voraussetzung der Regelungslücke ist aufgrund der Existenz des Löschungsgrunds in Nummer 1 jedoch zweifelhaft.[272] Auch die zweite Voraussetzung einer analogen Normanwendung – die vergleichbare Interessenlage – ist vorliegend nicht gegeben: Grundsätzlich sollte sich das Recht neuen gesellschaftlichen Lebenswirklichkeiten anpassen. Jedoch würde eine konsequente Umsetzung des Grundsatzes der Zweckbindung, auf dem der Löschungsgrund der Nummer 3 beruht, zunächst die genaue Festlegung eines bestimmten Verarbeitungszwecks voraussetzen. Worin aber besteht bei den Möglichkeiten der Selbstpräsentation im Internet der „Zweck" und wann hat er sich „erledigt"? Insoweit wird zu Recht vertreten, dass eine derartige Zweckfestlegung und -bindung im Bereich sozialer Netzwerke nicht möglich ist.[273] Dies gilt im besonderen Maße für die vorliegend behandelten Inhaltsdaten, also die vom Netzwerknutzer selbst eingestellten und für die Internetöffentlichkeit sichtbar gemachten Daten. Denn die Darstellung der eigenen Person erfolgt in der Regel zum Zweck der Teilnahme und Aktivität im Rahmen des jeweiligen Netzwerks als solchen.[274] Demnach kann sich der damit verfolgte Zweck durch Ablauf einer bestimmten Zeitspanne bei fortbestehender Mitgliedschaft von

---

270 *Auernhammer*, § 35 BDSG, Rn. 19.
271 *Dix/Simitis*, in: Simitis, § 35 Rn. 26; § 4a BDSG Rn. 94 ff..
272 *Dix*, in: Simitis, § 35 BDSG Rn. 26.
273 *Jandt/Kieselmann/Wacker*, DuD 2013, 235, 236 f.; siehe zur Untauglichkeit des Zweckbindungsgrundsatzes im Internet allgemein *Härting*, NJW 2015, 3284, 3284 ff..
274 *Jandt/Kieselmann/Wacker*, DuD 2013, 235, 236 f..

vorneherein nicht „erledigen", sondern allenfalls bei aktivem Austritt des Nutzers aus dem Netzwerk.[275] Zusammenfassend ist eine analoge Anwendung von § 35 Absatz 2 Satz 2 Nummer 3 Bundesdatenschutzgesetz im Falle des Widerrufs der Einwilligung somit abzulehnen.

bb. Löschungsanspruch aus § 35 Absatz 2 Satz 2 Nummer 1 Bundesdatenschutzgesetz

Hingegen ist die Norm des § 35 Absatz 2 Satz 2 Nummer 1 Bundesdatenschutzgesetz geeignet als „Recht auf Vergessen" bei ursprünglich durch Einwilligung rechtmäßig gespeicherten Daten. Nach der auf Artikel 7 EU-Datenschutz-Richtlinie basierenden Norm hat der Betroffene einen Löschungsanspruch, wenn die „weitere Speicherung der Daten unzulässig ist" ist. Den maßgeblichen Prüfungszeitpunkt bildet nach diesem Wortlaut somit die gegenwärtige Sach- und Rechtslage.[276] Der Löschungsanspruch knüpft dabei an das Prinzip des Erlaubnisvorbehalts in § 4 Absatz 1 Bundesdatenschutzgesetz an, sodass für die Unzulässigkeit der Speicherung entscheidend ist, ob im maßgeblichen Zeitpunkt die Datenspeicherung entweder durch die Einwilligung des Betroffenen oder eine gesetzliche Erlaubnisnorm gerechtfertigt wird.[277] Widerruft der Betroffene seine vormals erteilte Einwilligung, entfällt dieser Rechtfertigungsgrund und die Voraussetzung der Unzulässigkeit einer weiteren Speicherung der Daten ist erfüllt.[278] Demnach erhält der Betroffene durch den Widerruf seiner Einwilligung einen Löschungsanspruch hinsichtlich seiner online gespeicherten Inhaltsdaten wegen unzulässiger Speicherung aus § 35 Absatz 2 Satz 2 Nummer 1 Bundesdatenschutzgesetz.[279] Dies gilt sowohl für die Situation, dass der Betroffene die Mitgliedschaft bei dem Onlinedienst insgesamt beendet, als auch während der Phase seiner Mitgliedschaft.

2. Konsequenzen des erfolgreichen Widerrufs

Der erfolgreiche Widerruf einer datenschutzrechtlichen Einwilligung kann ausschließlich Wirkung für die Zukunft entfalten (ex nunc).[280] Dies ergibt sich künftig explizit aus Artikel 7 Absatz 3 Satz 2 Datenschutz-Grundverordnung.

---

275 *Jandt/Kieselmann/Wacker*, DuD 2013, 235, 236 f..
276 *Gola/Klug/Körffer*, in: Gola/Schomerus, § 35 BDSG Rn. 11.
277 *Dix*, in: Simitis, § 35 BDSG Rn. 26.
278 *Dix*, in: Simitis, § 35 BDSG Rn. 26.
279 *Dix*, in: Simitis, § 35 BDSG Rn. 26.
280 *Simitis*, in: Simitis, § 4a BDSG Rn. 102; *Gola/Klug/Körffer*, in: Gola/Schomerus, § 4a BDSG Rn. 38.

Die Ex-nunc Wirkung beruht letztlich ihrerseits auf Abwägungsgesichtspunkten, welche das Recht auf informationelle Selbstbestimmung innerhalb das Spannungsgefüges mit den Grundrechten der verantwortlichen Stelle ausgleichen sollen: Die verantwortliche Stelle hat bis dahin im Vertrauen auf die ihr erteilte Einwilligung gehandelt – diese Handlungen in der Vergangenheit sollen daher rechtmäßig bleiben. Die Interessen des Betroffenen treten insoweit zurück, er muss die Folgen des bisherigen Umgangs mit seinen persönlichen Daten akzeptieren.[281] Mit einem wirksamen Widerruf wird die weitere Datenverarbeitung unwirksam. Auch könnte eine gesetzliche Erlaubnisnorm nicht mehr greifen, da gerade diese Situation ein „entgegenstehendes schutzwürdiges Interesse des Betroffenen" erfordern würde, etwa gemäß § 28 Absatz 1 Satz 1 Nummer 2 Bundesdatenschutzgesetz.

Vom Umfang seines Widerrufs her ist der Betroffene flexibel. Aufgrund seiner Bedeutung für das Grundrecht auf informationelle Selbstbestimmung kann er nach derzeitiger Rechtslage spiegelbildlich zur Erteilung seine Einwilligung in dem von ihm gewünschten Umfang widerrufen. Der Widerruf muss also nicht auf die gesamte Datenverwendung erstreckt werden, sondern kann auch gezielt auf einzelne Datenübermittlungen beschränkt werden.[282]

3. Erteilungsform des Widerrufs

Der Widerruf der datenschutzrechtlichen Einwilligung unterliegt den gleichen formalen Voraussetzungen wie die Erteilung der Einwilligung selbst.[283] Insbesondere im Onlinebereich wird auch der Widerruf der Einwilligung oftmals durch konkludente Verhaltensweisen zum Ausdruck gebracht. Tritt der Nutzer aus einem Portal oder Netzwerk aus und schließt seinen Account, so kündigt er damit seinen Nutzungsvertrag mit dem jeweiligen Dienstanbieter.[284] Eine solche Vertragskündigung wird bereits bislang als zumindest konkludenter Widerruf der datenschutzrechtlichen Einwilligung verstanden.[285] Ebenso wird die Eingabe eines Löschungsbefehls eigener vormals eingetragener Postings mit Dateninhalten interpretiert.[286]

---

281 Vergleiche *Simitis*, in: Simitis, § 4a BDSG Rn. 102.
282 *Simitis*, in: Simitis, § 4a BDSG Rn. 97.
283 *Simitis*, in: Simitis, § 4a BDSG Rn. 30–61.
284 *Kipker/Voskamp*, DuD 2012, 737, 741.
285 *Kipker/Voskamp*, DuD 2012, 737, 741.
286 *Ohly*, AfP 2011, 428, 433.

4. Inhaltliche Zulässigkeitsvoraussetzungen des Widerrufs

Die Rechtswissenschaft ist sich uneinig, inwieweit eine einmal erteilte persönlichkeitsrechtliche Einwilligung im Internet (frei) widerruflich sein sollte.[287] Eine generelle und pauschale Widerrufsoption ist schwer begründbar. Vielmehr wird im derzeitigen deutschen Datenschutzrecht der Ansatz einer zeitlichen Begrenzung der Widerruflichkeit verfolgt. Danach wird die Widerruflichkeit für die Phase *vor* dem Beginn der Datenverarbeitung und die Phase *nach* dem Beginn der Datenverarbeitung unterschiedlich bewertet:

a. Erste Phase: Widerruflichkeit vor Beginn der Datenverarbeitung

Bis die verantwortliche Stelle die Daten verarbeitet oder sonst genutzt hat – mithin solange sie lediglich „erhoben" worden sind – kann der Betroffene seine Einwilligung frei und ohne jede Begründung widerrufen.[288] Bis zu diesem Zeitpunkt besteht lediglich die Einwilligung des Betroffenen, weitere Handlungen seitens der verantwortlichen Stelle sind bislang nicht erfolgt. Die verantwortliche Stelle befindet sich durch den Widerruf in der gleichen Situation wie zuvor, ohne die Einwilligung. In der Konsequenz darf sie dann nicht länger auf die Daten zugreifen, diese erheben oder verarbeiten, beispielsweise in Form einer Speicherung.[289]

Der Vollständigkeit halber sei erwähnt, dass das Kunsturhebergesetz, solange es noch nicht zur Datenspeicherung gekommen ist, von vorneherein keine sachliche Anwendung findet. Die zeitliche Grenze des „Beginns der Datenverarbeitung" aus dem Datenschutzrecht als eine Art Zäsur gibt es im Kunsturhebergesetz nicht. Ein Vergleich zwischen den Widerrufsmodalitäten nach den Rechtsgrundsätzen des Bundesdatenschutzgesetzes und des Kunsturhebergesetzes kann folglich erst in der zweiten Phase erfolgen.

b. Zweite Phase: Widerruflichkeit nach Beginn der Datenverarbeitung

Ein wirksamer Widerruf nach Beginn der Datenverarbeitung führt dazu, dass die verantwortliche Stelle die Daten künftig nicht weiter verarbeiten darf. Faktisch wird ihr damit die Rechtsgrundlage für die Datenspeicherung entzogen, sodass die Daten nicht länger rechtmäßig gespeichert werden können. Daher mündet ein Widerruf in dieser Phase in einen Löschungsanspruch gemäß § 35 Absatz 2 Satz 2 Nummer 1 Bundesdatenschutzgesetz.[290]

---

287 Vergleiche *Ohly*, AfP 2011, 428, 432.
288 *Simitis*, in: Simitis, § 4a BDSG Rn. 98; *Beckhusen*, S. 184.
289 *Simitis*, in: Simitis, § 4a BDSG Rn. 103.
290 *Simitis*, in: Simitis, § 4a BDSG Rn. 103.

Heutzutage geht die rechtswissenschaftliche Meinung zur bisherigen deutschen Rechtslage dahin, dass bei nicht-anonymisierten Daten[291] der Widerruf nach dem Beginn etwaiger Verarbeitungs- oder Nutzungsvorgänge nur noch eingeschränkt zulässig ist, wenn dem Betroffenen die Verarbeitung seiner Daten objektiv nicht mehr zumutbar ist, ansonsten sei er ausgeschlossen.[292] Zur Feststellung, wann eine Datenverarbeitung dem Betroffenen objektiv nicht mehr zumutbar ist, sind im vorliegenden Kontext insbesondere drei Fallgruppen auf ihre Widerrufstauglichkeit hin zu prüfen: Die Veränderung des Verwendungszwecks (1), der Wegfall der rechtsgeschäftlichen Beziehung (2) sowie der Persönlichkeitswandel des einst Einstellenden (3):

aa. Widerruf bei Veränderung des Verwendungszwecks

Bereits aus dem datenschutzrechtlichen Grundprinzip der Zweckbindung § 4a Absatz 1 Satz 2 Bundesdatenschutzgesetz ergibt sich, dass der Betroffene seine Einwilligung zu einem exakt bestimmten und von ihm bei der Einwilligungserteilung vorgestellten Verwendungsvorgang abgibt (siehe hierzu E. I. des zweiten Kapitels). Konsequent sollten diese Verarbeitungsbedingungen den Maßstab für eine spätere Widerrufsoption bilden.[293] Danach ist ein Widerruf nach dem Beginn der Datenverarbeitung zulässig, wenn die verantwortliche Stelle den der Einwilligung zugrundeliegenden Verarbeitungsprozess verändert hat, was an sich bereits dann der Fall ist, sobald sie das erste Mal davon abweicht.[294] Ein Zuwarten des Betroffenen ist nicht erforderlich. Eine Widerrufsmöglichkeit besteht zudem bereits bei dem begründeten Verdacht, dass sich die verantwortliche Stelle nicht an den der Einwilligung zugrunde liegenden Verarbeitungsverlauf halten werde.[295]

Obgleich dieser Widerrufsgrund in vielen Bereichen des Internets theoretisch einschlägig und auch wünschenswert wäre, ist er im Onlinebereich realitätsfern. Zum einen sind die Vorstellungen des Betroffenen bei der im Regelfall konkludent erteilten Einwilligung nur schwer zu konturieren. Meist ist nicht abschließend geklärt, welche konkreten Datenverarbeitungsprozesse er sich beim Einstellen der

---

291   Bei Daten, die bereits anonymisiert worden sind, ist das Datenschutzrecht ohnehin nicht anwendbar, sodass es hier nicht auf eine Widerruflichkeit ankommt, *Simitis*, in: Simitis, § 4a BDSG Rn. 98.
292   *Simitis*, in: Simitis, § 4a BDSG Rn. 98 f.; *Schaar*, MMR 2001, 644, 647.
293   *Simitis*, in: Simitis, § 4a BDSG Rn. 99.
294   *Simitis*, in: Simitis, § 4a BDSG Rn. 99; *Gola/Klug/Körffer*, in: Gola/Schomerus, § 4a BDSG Rn. 18; *Beckhusen*, S. 184.
295   *Simitis*, in: Simitis, § 4a BDSG Rn. 99.

Daten im Einzelfall vorgestellt hat. Zum anderen erfolgt die Datenspeicherung im praktischen Onlinebereich oftmals nahezu „zweckfrei" oder unter einem sehr offen formulierten Zweck, sodass er faktisch kaum erreicht werden oder entfallen kann.[296]

bb. Widerruf bei Wegfall der rechtsgeschäftlichen Beziehung

Die weitere wichtige Fallgruppe eines nach Beginn der Datenverarbeitung zulässigen Widerrufs besteht darin, dass die der Einwilligung zugrunde liegende rechtsgeschäftliche Beziehung wegfällt.[297] Zwar besteht grundsätzlich eine rechtliche Unabhängigkeit zwischen der datenschutzrechtlichen Einwilligung und der schuldrechtlichen Vertragsbeziehung. Jedoch bildet die eingegangene schuldrechtliche Vertragsbeziehung, etwa in Form eines Nutzungsvertrags mit dem Betreiber eines sozialen Netzwerks, in aller Regel die Basis dafür, dass die hierbei entstehenden Datenverarbeitungsprozesse durch die konkludent erteilte Einwilligung mittels Onlinestellen des Betroffenen gerechtfertigt sind. Daher sind beide Teile faktisch derart verflochten, dass sich der Wegfall der Rechtsbeziehung zwangsläufig dergestalt auf die datenschutzrechtliche Einwilligung auswirkt, dass er ihren Widerruf ermöglicht.[298] Dabei sind für die Frage der Widerruflichkeit weder die Art und Weise noch der ausschlaggebende Grund für die Beendigung der Rechtsbeziehung von Belang.[299] Somit wird durch den Austritt aus einem Onlinenetzwerk konkludent ein zulässiger Widerruf der datenschutzrechtlichen Einwilligung nach Beginn der Datenverarbeitung erklärt. Hinsichtlich der eingegebenen und gespeicherten Inhaltsdaten ergibt sich damit ein Löschungsanspruch aus § 35 Absatz 2 Satz 2 Nummer 1 Bundesdatenschutzgesetz.

cc. Widerruf bei Persönlichkeitswandel des Betroffenen

Die Widerruflichkeit der Einwilligung wegen eines reinen Sinneswandels des Betroffenen wurde vor allem bei personenbezogenen Daten in Form von Bildnissen im Kontext der Einwilligung nach dem Kunsturhebergesetz diskutiert.[300] Hierbei differieren die Meinungen nach der freien und der strengen Widerruflichkeit.

---

296 *Weichert*, DuD 2009, 7, 9.
297 *Simitis*, in: Simitis, § 4a BDSG Rn. 100; *Beckhusen*, S. 185.
298 *Simitis*, in: Simitis, § 4a BDSG Rn. 100.
299 *Simitis*, in: Simitis, § 4a BDSG Rn. 100; *Beckhusen*, S. 185.
300 *Libertus*, ZUM 2007, 621, 621 ff.; *Götting*, in: Schricker/Loewenheim, § 22 KUG Rn. 40.

(1) Ansicht der freien Widerruflichkeit

Ein Teil der rechtswissenschaftlichen Literatur vertritt die Auffassung, dass der Abgebildete die einseitig erteilte persönlichkeitsrechtliche Einwilligung jederzeit widerrufen könne mit der Folge, dass die Einwilligung für die Zukunft erlösche.[301] Denn in der Situation einer einseitig erteilten Einwilligung sei in der Regel bei der veröffentlichenden Stelle kein schutzwürdiges Vertrauen entstanden. Insbesondere sei der Widerruf der Einwilligung in die Verarbeitung von Bildnissen zulässig, wenn sich die Persönlichkeit des Abgebildeten derart verändert habe, dass er nicht länger hinter der Verbreitung seines Bildnisses stehe (Persönlichkeitswandel). In dieser Situation würde die fortwährende Verbreitung das Persönlichkeitsrecht des Abgebildeten verletzen, sodass ihm ein Widerruf ermöglicht werden müsse.[302] Hierfür genüge bereits die schlichte Mitteilung darüber, dass der Abgebildete die Verwendung seiner Abbildung nicht länger wünsche.[303] Im Alltag des Web 2.0 wäre dies in den streitgegenständlichen Fällen gegeben, sobald der Abgebildete nachträglich seine innere Einstellung zu seinem personenbezogenen Eintrag grundlegend gewandelt hätte und dies aus dem Netz gerne „zurückholen" würde.

(2) Ansicht der beschränkten Widerruflichkeit

Nach einer anderen Auffassung ist die Einwilligung nach § 22 Kunsturhebergesetz grundsätzlich nicht frei widerruflich.[304] Die Einwilligung darf lediglich in einzelnen konkreten Ausnahmefällen widerrufen werden. So wird die Widerruflichkeit von einigen durch den Grundsatz von Treu und Glauben in der Form beschränkt, dass der Widerruf dem Abgebildeten nur möglich ist, wenn er wichtige Gründe vorweisen kann.[305] *Alexander* setzt dabei einen solchen wichtigen Grund voraus, der bei Bildnissen, die der Abgebildete selbst von sich auf Onlineplattformen eingestellt und damit öffentlich zugänglich gemacht hat, nur bei einer Veränderung gewichtiger Umstände analog § 42 Urhebergesetz gegeben sein kann.[306] Die überwiegende Ansicht bejaht die Widerruflichkeit, wenn sich seit

---

301 *Libertus*, ZUM 2007, 621, 626; *Lettl*, WRP 2005, 1045, 1052; *Klass*, AfP 2005, 507, 515, 516.
302 *Libertus*, ZUM 2007, 621, 626.
303 *Libertus*, ZUM 2007, 621, 626.
304 *Fricke*, in: Wandtke/Bullinger, § 22 KUG Rn. 19.
305 *Oberlandesgericht München*, NJW-RR 1990, 999, 1000; *Landgericht Bielefeld*, NJW-RR 2008, 715, 717 – Die Super Nanny; *Fricke*, in: Wandtke/Bullinger, § 22 KUG Rn. 20.
306 *Alexander*, ZUM 2011, 382, 389.

der Erteilung der Einwilligung die Umstände derart verändert haben, dass eine weitere Veröffentlichung den Abgebildeten in seiner Persönlichkeit empfindlich beeinträchtigte, insbesondere weil sich die innere Einstellung des Angebildeten grundlegend verändert habe und ihm die weitere Veröffentlichung daher nicht mehr zumutbar sei,[307] oder im Falle, dass zur Wahrung gewichtiger ideeller Interessen des Abgebildeten ein Widerruf unvermeidlich ist.[308] Allerdings sei eine derartige „Einstellungswandlung" erst nach Ablauf einer gewissen Zeitspanne möglich.[309]

(3) Streitentscheid und Übertragung auf alle Datenformen
Die letztgenannte Ansicht überzeugt insbesondere aufgrund ihrer Einzelfallbetrachtungsweise. Eine pauschale Bejahung der freien und jederzeitigen Widerruflichkeit würde dem Grundgedanken des Grundrechts auf informationelle Selbstbestimmung – das die Basis für den Einwilligungswiderruf bildet – nicht gerecht werden und der jahrzehntelangen Rechtsprechung des *Bundesverfassungsgerichts* entgegenstehen, wonach das Recht auf informationelle Selbstbestimmung nicht pauschal, sondern im Zusammenspiel mit anderen Grundrechten gilt (siehe D. I. 1. des zweiten Kapitels).

Diese Ansicht ist ferner auf andere Formen personenbezogener Daten, die nicht in Bildnisform erscheinen, übertragbar. Teleologisch spricht hierfür das im Datenschutzrecht etablierte einheitliche Schutzniveau für alle Arten personenbezogener Daten, unabhängig davon, ob sie in Form von Bildnissen, Namen oder Adressen existieren. Es soll grundsätzlich keine wertvollen und weniger wertvollen Daten geben, sodass sich auch eine Unterscheidung im Schutzniveau zwischen Daten in Text- und Bildnisformat verbietet. Auch die neuen Regelungen der Datenschutz-Grundverordnung sollen für alle Arten personenbezogener Daten gleichermaßen und ohne Wertungsunterschiede gelten.

Zudem begründet sich die Übertragbarkeit mit einem Erst-Recht-Schluss: Soweit bei Bildnissen, die im Vergleich zu Daten in Textform oftmals eine erhöhte Wirkung und ein gesteigertes Risikopotential für das Persönlichkeitsrecht haben, der Widerruf in bestimmten Einzelfällen möglich sein kann, sollte er dem Betroffenen in diesen Fällen erst recht bei Daten in Textform möglich sein.

---

307 *Fricke*, in: Wandtke/Bullinger, § 22 KUG Rn. 19; *Helle*, S. 118; *Specht*, in: Dreier/Schulze, § 22 KUG Rn. 35; *Frömming/Peters*, NJW 1996, 958, 958 f.; *Oberlandesgericht München*, AfP 1989, 570, 571.
308 *Götting*, in: Schricker/Loewenheim, § 22 KUG Rn. 41.
309 *Fricke*, in: Wandtke/Bullinger, § 22 KUG Rn. 19; *Oberlandesgericht München*, AfP 1989, 570, 571.

(4) Zwischenergebnis

Zusammenfassend kann ein Betroffener nach derzeitiger deutscher Rechtslage ein Widerrufsrecht mit der Folge eines Löschungsanspruchs hinsichtlich seiner vormals selbst online gestellten Inhaltsdaten geltend machen. Dies setzt insbesondere voraus, dass sich nach Ablauf einer gewissen Zeitspanne seine innere Einstellung zu dem eingestellten Datum so grundlegend verändert hat, dass ihm die weitere Veröffentlichung nicht mehr zumutbar ist. Sein Widerrufsrecht wird demnach zum einen zeitlich beschränkt und zum anderen unter die Prämisse einer grundlegenden Einstellungsänderung gestellt.

II. Widerruf der datenschutzrechtlichen Einwilligung nach der Datenschutz-Grundverordnung

Für die Daten, die *mit* Einwilligung des Betroffenen in das Internet gelangt sind, wird der maßgebliche Löschungsanspruch in Artikel 17 Absatz 1 lit. b) Datenschutz-Grundverordnung geregelt. Danach besteht ein Löschungsanspruch, wenn der Betroffene seine zuvor erteilte Einwilligung gemäß Artikel 7 Absatz 3 Datenschutz-Grundverordnung widerruft und somit die ursprünglich nach Artikel 6 Absatz 1 lit. a) Datenschutz-Grundverordnung zulässige Datenverarbeitung unzulässig wird. Insoweit wird beim Einwilligungswiderruf gerade nicht auf Artikel 17 Absatz 1 lit. d) Datenschutz-Grundverordnung zurückzugreifen sein, der die Weiterführung von § 35 Absatz 2 Satz 2 Nummer 1 Bundesdatenschutzgesetz mit der Erweiterung darstellt, dass Artikel 17 Absatz 1 lit. d) Datenschutz-Grundverordnung nicht nur für die Speicherung, sondern für sämtliche Datenverarbeitungsvorgänge anwendbar ist.

Wenngleich der Löschungsgrund in Artikel 17 Absatz 1 lit. b) Datenschutz-Grundverordnung keine inhaltliche Neuerung darstellt, weil die Löschung der Daten wegen Widerrufs der Einwilligung bereits nach bisheriger Rechtslage möglich war, ist dennoch die explizite Regelung dieses Löschungsanspruchs als Konsequenz des Einwilligungswiderrufs im Gesetz neu. Diese ausdrückliche Regelung im Gesetz ist im Hinblick auf die Verständlichkeit und Transparenz für den Betroffenen und die verantwortlichen Stellen jedenfalls zu begrüßen.

1. Normierung der Widerruflichkeit

Im Gegensatz zum Bundesdatenschutzgesetz wird die Widerruflichkeit der Einwilligung in Artikel 7 Absatz 3 Datenschutz-Grundverordnung explizit im Verordnungstext formuliert:[310] Wenngleich das Telemediengesetz dies bereits für

---

310 Begrüßend insoweit *Kodde*, ZD 2013, 115, 117.

Nutzungs- und Bestandsdaten ausdrücklich geregelt hatte, fehlte eine solche Normierung bislang bei Inhaltsdaten im Bundesdatenschutzgesetz. Für personenbezogene Bildnisse gelten diese expliziten Vorgaben im Verordnungstext zu den Widerrufsmodalitäten der Einwilligung gleichermaßen. Wenngleich die Datenschutz-Grundverordnung keine explizite Subsidiaritätsnorm wie die des § 1 Absatz 3 Satz 2 Bundesdatenschutzgesetz vorsieht, dürfte sich dennoch nichts an dem Verhältnis zwischen Kunsturhebergesetz und den Datenschutznormen verändern mit der Folge, dass, soweit eines der Gesetze explizite Regelungen trifft, diese als lex specialis für personenbezogene Bildnisse gelten. Im Gegensatz zu Artikel 7 Absatz 3 Datenschutz-Grundverordnung trifft das Kunsturhebergesetz jedoch gerade keine explizite Regelung zum Widerruf der Einwilligung. Die formalen Widerrufsvoraussetzungen entsprechen den formalen Erteilungsvoraussetzungen, Artikel 7 Absatz 3 Satz 4 Datenschutz-Grundverordnung. Insbesondere ist dabei hervorzuheben, dass nach der neuen Rechtslage die Schriftform sowohl für die Einwilligungserteilung als auch für ihren Widerruf aufgehoben ist und er somit formfrei möglich ist, Artikel 7 Absatz 2 Datenschutz-Grundverordnung.

Während die Löschungsanspruchsgrundlage wegen Einwilligungswiderrufs im finalen Verordnungstext von den entsprechenden Kommissions- und Parlamentsentwürfen übernommen wurde, herrschte hinsichtlich der Ausgestaltung der Freiheit eines Einwilligungswiderrufs, geregelt in Artikel 7 Absatz 3 Datenschutz-Grundverordnung, Uneinigkeit unter den Verfassern der Datenschutz-Grundverordnung. Hierbei gestehen die Fassung der Europäischen Kommission sowie der finale Verordnungstext dem Betroffenen ein freieres Widerrufsrecht zu, als es der Entwurf des Europäischen Parlaments tat:

a. Die Widerruflichkeit nach Artikel 7 Absatz 3 Datenschutz-Grundverordnung

In der ursprünglichen Fassung des Kommissionsentwurfs heißt es in Artikel 7 Absatz 3 Datenschutz-Grundverordnung:

> *„Die betroffene Person hat das Recht, ihre Einwilligung jederzeit zu widerrufen. Durch den Widerruf der Einwilligung wird die Rechtmäßigkeit der aufgrund der Einwilligung bis zum Widerruf erfolgten Verarbeitung nicht berührt."*

Nach der Neufassung durch das Parlament vom 21. Oktober 2013 wurde die Widerruflichkeit im Vergleich zur Vorfassung eingeschränkt:

> *„Unbeschadet anderer Rechtsgrundlagen für die Verarbeitung hat die betroffene Person das Recht, ihre Einwilligung jederzeit zu widerrufen. Durch den Widerruf der Einwilligung wird die Rechtmäßigkeit der aufgrund der Einwilligung bis zum Widerruf erfolgten Verarbeitung nicht berührt. Der Widerruf der Einwilligung muss so einfach wie die Er-*

teilung der Einwilligung sein. Die betroffene Person wird von dem für die Verarbeitung Verantwortlichen informiert, wenn der Widerruf der Einwilligung zu einer Einstellung der erbrachten Dienstleistungen oder der Beendigung der Beziehungen zu dem für die Verarbeitung Verantwortlichen führen kann."

Im finalen Text lautet Artikel 7 Absatz 3 Datenschutz-Grundverordnung in Anlehnung an die Kommissionsfassung nunmehr:

„Die betroffene Person hat das Recht, ihre Einwilligung jederzeit zu widerrufen. Durch den Widerruf der Einwilligung wird die Rechtmäßigkeit der aufgrund der Einwilligung bis zum Widerruf erfolgten Verarbeitung nicht berührt. Die betroffene Person wird vor Abgabe der Einwilligung hiervon in Kenntnis gesetzt. Der Widerruf der Einwilligung muss so einfach wie die Erteilung der Einwilligung sein."

b. Vergleich mit dem Einwilligungswiderruf nach bisheriger Rechtslage

Nach der finalen Fassung ist der Widerruf wie bereits nach der Kommissionsfassung grenzen- und voraussetzungslos, jederzeit und mit sofortiger Wirksamkeit möglich. Dadurch entstehen zwei wesentliche Unterschiede zur bisherigen deutschen Datenschutzrechtslage: Zum einen wird die Berechtigung zum Einwilligungswiderruf aufgrund des eindeutigen Wortlauts „jederzeit" gerade nicht mehr von der jeweiligen Verarbeitungsphase abhängen, in der sich die betroffenen Daten zur Zeit des Widerrufs befinden. Vielmehr soll der Widerruf in Zukunft sowohl vor als auch nach dem Beginn der ersten Datenverarbeitung jederzeit und ohne weitere Voraussetzungen möglich sein.

Zum anderen komm es nach dem Wortlaut dieser Norm für die Widerrufsberechtigung als solche nicht länger darauf an, ob die Verarbeitung seiner Daten dem Betroffenen im Einzelfall später objektiv nicht mehr zumutbar ist. Die Auswirkungen der erweiterten Widerrufsmöglichkeiten betreffen dabei vor allem die Phase der Mitgliedschaft eines Nutzers in einem sozialen Netzwerk oder sonstigen Portal und stärken dessen Löschungsrechte: Während bei einem *Austritt* bereits nach bisheriger Rechtslage ein freier Einwilligungswiderruf mit Folge eines Löschungsanspruchs für Inhaltsdaten nach § 35 Absatz 2 Satz 2 Nummer 1 Bundesdatenschutzgesetz wegen konkludenten Widerrufs der Einwilligung durch Vertragsbeendigung bestand, galt während der Mitgliedschaft bislang die zeitliche Grenze der Widerruflichkeit bis zur ersten datenverarbeitenden Handlung, was den Widerruf unter besondere Voraussetzungen stellte. Durch die Normierung in Artikel 7 Absatz 3 Datenschutz-Grundverordnung werden die Rechte des Betroffenen somit im erheblichen Maße gestärkt. Der Betroffene erhält in Fällen, in denen die Datenverarbeitung auf seiner Einwilligung beruht, das Recht, diese jederzeit zurückzunehmen. Insgesamt ist ein voraussetzungsloses Widerrufsrecht allerdings kritisch zu bewerten, da das im Widerruf verkörperte Grundrecht auf informationelle Selbstbestimmung gerade mit den betroffenen Grundrechten anderer im Konflikt steht und so deren Abwägung faktisch unterlaufen werden könnte.

c. Erforderlichkeit einer Interessenabwägung

Das Recht auf informationelle Selbstbestimmung stellt eine subjektive Rechtsposition dar, die der Betroffene mithilfe des Instruments der Einwilligung ausüben kann. Erteilt er diese, macht er hierdurch eine ansonsten unrechtmäßige Handlung rechtmäßig. Dieser Wandel vom rechtswidrigen zum rechtmäßigen Zustand erfolgt allein aufgrund des subjektiven Interesses des Rechtsinhabers. Insoweit kommt es bei der Einwilligungs*erteilung* nicht darauf an, ob die Handlung objektiv interessengerecht ist.[311] Anders verhält es sich bei der *Widerruflichkeit* der datenschutzrechtlichen Einwilligung. Durch die vormals aus freien Stücken erteilte Einwilligung ist bereits Vertrauen auf Seiten der verantwortlichen Stelle geschaffen worden und diese gegebenenfalls bereits zu weiteren Handlungen veranlasst worden. Aus diesem Grund dürfen insbesondere die Interessen der verantwortlichen Stelle bei der Frage der Freiheit eines nachträglichen Widerrufs nicht außer Betracht gelassen werden.[312]

Auf eine Interessenabwägung käme es für das Widerrufsrecht als solches nach dem Wortlaut des Artikel 7 Absatz 3 Datenschutz-Grundverordnung nicht an.[313] Allein die Fassung des Europäischen Parlaments stellte einen zulässigen Widerruf unter die Voraussetzung, dass er „unbeschadet anderer Rechtsgrundlagen" erfolge. Somit hatte danach der Widerruf selbst unter dem Vorbehalt gestanden, dass es an einer anderweitigen Rechtsgrundlage für die Verarbeitung der Daten fehlt. Wenngleich diese Einschränkung keine ausdrückliche Aufforderung zur Interessenabwägung enthielt, so lag dennoch der Schluss nahe, dass das Parlament mit dieser Passage einen Abwägungsvorbehalt verfolgt hat. Denn „andere Rechtsgrundlagen" liegen insbesondere dann vor, wenn die weitere Datenverarbeitung „zur Wahrung der berechtigten Interessen des für die Verarbeitung Verantwortlichen erforderlich" ist, Artikel 6 Absatz 1 lit. f) Datenschutz-Grundverordnung.

Im Ergebnis steht die Datenlöschung wegen Einwilligungswiderrufs allerdings auch nach dem finalen Verordnungstext unter dem Vorbehalt einer Abwägung. Im Gegensatz zum Parlamentsentwurf ist diese Abwägung jedoch nicht bereits

---

311 *Ohly*, GRUR 2012, 983, 984 f..
312 *Kodde*, ZD 2013, 115, 117; a. A. insoweit *Ohly*, GRUR 2012, 983, 985.
313 Kritisierend insoweit *Kodde*, ZD 2013, 115, 117.

im vorgelagerten Schritt des Widerrufsrechts als solchem, sondern erst in der nachgelagerten Konsequenz, also dem Löschungsanspruch gemäß Artikel 17 Absatz 1 lit. b) Datenschutz-Grundverordnung, zu prüfen, wonach Voraussetzung für diesen Löschungsgrund ist, dass es an einer „anderweitigen Rechtsgrundlage für die Verarbeitung der Daten" fehlt. Es ist zu begrüßen, dass zumindest der Löschungsanspruch einer Grundrechtsabwägung unterliegt. Nichtsdestotrotz hatte das Europäische Parlament die Widerruflichkeit in Artikel 7 Absatz 3 Datenschutz-Grundverordnung überzeugender gefasst, indem es bereits auf der Ebene des Widerrufs als solchem eine Interessenabwägung forderte. Für diese Herangehensweise sprechen folgende Argumente:

aa. Argumente aus der bisherigen Rechtslage im Datenschutzrecht

Für die Knüpfung einer Interessenabwägung an den Widerruf der datenschutzrechtlichen Einwilligung als solchen spricht die seit jeher in der datenschutzrechtlichen Literatur aufgestellte zeitliche Grenze für den Einwilligungswiderruf, der ab Beginn etwaiger Verarbeitungsvorgänge gerade nicht mehr voraussetzungslos, sondern nur noch eingeschränkt möglich sein soll. Diese Einschränkung ist auf eine Interessenabwägung zurückzuführen, um die grundrechtlich geschützten Interessen der Beteiligten in einen sachgerechten Ausgleich zu bringen. Neben dem Recht des Betroffenen auf Schutz seiner Daten werden dabei auch die praktischen und wirtschaftlichen Konsequenzen einer uneingeschränkten Widerrufbarkeit für die Dienstanbieter berücksichtigt. Zudem kann die datenschutzrechtliche Einwilligung sowohl nach aktueller als auch nach künftiger Rechtslage allein mit einer ex-*nunc* Wirkung widerrufen werden und gerade keine Rückwirkung entfalten. Diese Einschränkung bringt die Berücksichtigung des bis zum Widerruf bestehenden Vertrauens seitens der verantwortlichen Stelle auf die Einwilligung zum Ausdruck.

Darüber hinaus sind die nach bisheriger deutscher Rechtslage bestehenden Löschungsmöglichkeiten für personenbezogene Daten im Internet nicht „absolut".[314] Dementsprechend wäre auch der Denksatz „Meine Daten gehören nur mir"[315] im Sinne eines eigentumsähnlichen Verständnisses von Daten verfehlt.[316] Dieses Verständnis zeigt auch der deutsche Gesetzgeber mit der Norm des § 35 Absatz 2 Satz 2 Nummer 4 Bundesdatenschutzgesetz, wonach die verantwortliche Stelle in regelmäßigen Zeitabständen die Erforderlichkeit einer weiteren Speicherung der

---

314 So auch *Kodde*, ZD 2013, 115, 118; *Reding*, ZD 2012, 195, 198.
315 *Künast*, ZRP 2008, 201, 201.
316 Ebenso *Schneider/Härting*, ZD 2012, 199, 200.

betreffenden Daten zu prüfen hat. Gerade im Internet ist zu berücksichtigen, dass die Selbstdarstellung und Kommunikation über soziale Netzwerke, Blogs, Foren etc. zu unserer heutigen, freiheitlich Gesellschaft gehört und es daher unpassend wäre, die Einwilligung in ihrer Konstruktion als absolute Verfügungsbefugnis zu verstehen, die der Einzelne nach seinem Belieben abgeben und mit seinen eigenen Bedingungen versehen kann.[317]

bb. Kein absolutes Grundrecht auf informationelle Selbstbestimmung

Bei einer losgelösten Betrachtung des finalen Artikels 7 Absatz 3 Datenschutz-Grundverordnung zeigte sich die bereits von der Kommission angestrebte Herangehensweise, dem Betroffenen eine Art absolutes „Recht auf Vergessen" zu geben: Hiernach ist der Widerruf jederzeit möglich. Das heißt, der Betroffene kann sein Widerrufsrecht nach freiem Belieben zu jeder Zeit ohne Begründung, andere Voraussetzungen oder (zeitliche) Grenzen hinsichtlich aller Daten ausüben, die er je ins Netz gestellt hat. Dies führt allerdings zu einer stark einseitigen Rechtsverschiebung zu Gunsten des Betroffenenrechts auf informationelle Selbstbestimmung. Dem Betroffenen wird mit dieser Regelung eine umfassende und absolute Verfügungsbefugnis für seine Daten gegeben, die an sich ursprünglich rechtmäßig gespeichert worden sind, blendet dabei aber die davon betroffenen Interessen der datenverarbeitenden Stelle aus.[318] So entsteht der Eindruck, dass die Kommission das „Recht auf Vergessen" und die daran gekoppelte voraussetzungslose und jederzeitige Widerruflichkeit schlicht erzwingen möchte, ohne dabei das Erfordernis einer einzelfallabhängigen Rechts- und Interessenabwägung und dabei insbesondere den Rechtsgrundsatz der Verhältnismäßigkeit zu berücksichtigen.

Ein absolutes „Recht auf Vergessen" durch Einwilligungswiderruf im Wege einer solchen einseitigen Rechteverschiebung zu Gunsten des Rechts auf informationelle Selbstbestimmung steht letztlich im Widerspruch zu der jahrzehntelangen Rechtsprechung deutscher Obergerichte. So hat das *Bundesverfassungsgericht* in seinem „Volkszählungsurteil" entschieden, dass es kein Recht des Einzelnen an seinen Daten im Sinne einer absoluten, uneinschränkbaren Herrschaft gibt.[319] Vielmehr sei der Einzelne eine Persönlichkeit, die sich innerhalb der sozialen

---

317 *Masing*, NJW 2012, 2305, 2307; *Schoch* in: FS Stern, 2012, 1491, 1495 f..
318 So bereits zum gleichlautenden Kommissionstext *Härting*, BB 2012, 459, 464; *Schneider/Härting*, ZD 2012, 199, 202.
319 *Bundesverfassungsgericht*, BVerfGE 65, 1 = NJW 1984, 419 Rn. 174 – *Volkszählung, Mikrozensus*.

Gemeinschaft entfalte und kommuniziere. Auch preisgegebene personenbezogene Informationen seien letztlich ein Abbild der sozialen Realität, die nach ihrer Offenbarung nicht mehr ausschließlich dem Betroffenen zugeordnet werden können. Parallel dazu entschied der *Bundesgerichtshof*, dass niemand ein absolutes Recht oder einen Anspruch darauf hat, in der Öffentlichkeit ausschließlich so dargestellt zu werden, wie es ihm beliebt oder wie er sich selbst gerne sehen und von anderen gesehen werden möchte.[320]

Vor diesem Hintergrund steht das Grundrecht auf informationelle Selbstbestimmung – welches sich insbesondere im Widerruf der Einwilligung manifestiert – stets im Spannungsfeld zu den Grundrechten anderer und muss mit diesen im Wege einer einzelfallabhängigen Rechts- und Interessenabwägung beurteilt werden. Ein absoluter Schutz eigener Daten, wie ihn Artikel 7 Absatz 3 Datenschutz-Grundverordnung in seiner Finalfassung erklärt, steht dem entgegen.

cc. Argumente aus der Entwicklung der Datenschutz-Grundverordnung

Wenngleich die Widerruflichkeit der Einwilligung nicht unmittelbar unter den Vorbehalt einer Interessenabwägung gestellt ist, kann dennoch keine gegen eine Abwägung im Allgemeinen stehende Grundhaltung der Verordnungsgeber ausgemacht werden. Vielmehr lag es explizit in der Intention der Verordnungsgeber, ein ausgewogenes Verhältnis zwischen dem Grundrecht auf Datenschutz und den betroffenen Grundrechten anderer zu schaffen.[321] Dementsprechend enthält auch der aus dem Einwilligungswiderruf *folgende* Löschungsanspruch in Artikel 17 Absatz 1 lit. b) Datenschutz-Grundverordnung die Einschränkung: „...und es fehlt an einer anderweitigen Rechtsgrundlage für die Verarbeitung der Daten" und setzt damit voraus, dass keine anderweitige Rechtsgrundlage für die Datenverarbeitung vorliegt. Bereits hieraus kann abgeleitet werden, dass diesem Löschungsanspruch letztlich auch nach dem Willen der Kommission im Ergebnis eine einzelfallabhängige Interessenabwägung voranzugehen hat.[322] Des Weiteren steht der Löschungsanspruch unter dem expliziten Vorbehalt einer Abwägung mit der Meinungs- und Informationsfreiheit gemäß Artikel 17 Absatz 3 lit. a) Datenschutz-Grundverordnung. Demnach geht der Verordnungsgeber trotz der

---

320 *Bundesgerichtshof*, ZUM-RD 2009, 429, 423 – *Kannibale von Rothenburg*.
321 *Reding*, ZD 2012, 195, 198.
322 So *Kodde*, ZD 2013, 115, 117 ausdrücklich für die zweite (im finalen Verordnungstext nicht übernommene) Variante der Löschung wegen Ablaufs der Speicherfrist in Artikel 17 Absatz 1 lit. b) der Kommissionsfassung. Die Einschränkung „...und es fehlt an einer anderweitigen Rechtsgrundlage für die Verarbeitung der Daten" bezog sich allerdings gleichermaßen auf den Löschungsgrund des Einwilligungswiderrufs.

freien Formulierung des Widerrufsrechts in Artikel 7 Absatz 3 Datenschutz-Grundverordnung im Endergebnis nicht von einer gänzlich freien Löschungsmöglichkeit eigener Daten aus.

Konsequent wäre es jedoch, wie das Europäische Parlament in seiner Fassung vom 12. März 2014 die Verbindung zwischen dem Einwilligungswiderruf und dem daraus folgenden Löschungsrecht des Betroffenen auch insoweit zu ziehen, dass die Einschränkung der „anderweitigen Rechtsgrundlage für die Verarbeitung der Daten" zusätzlich in Artikel 7 Absatz 3 Datenschutz-Grundverordnung als direkte Voraussetzung eines zulässigen Widerrufs mitaufgenommen wird.

III. Interessenabwägung im Einzelnen

Nach den vorangegangenen Ausführungen kommt es bei einem Wunsch nach Widerruf der eigenen Einwilligung aus Gründen des Persönlichkeits- oder Motivationswandels darauf an, ob und inwieweit die weitere Verarbeitung der Daten dem Betroffenen objektiv zumutbar ist (siehe B. I. 1. d. bb. (3)). Nach diesseitiger Ansicht sollte dieses Kriterium auch künftig im Rahmen der Interessenabwägung für einen Löschungsanspruch wegen Einwilligungswiderrufs Artikel 17 Absatz 1 lit. b) beziehungsweise bereits beim Widerrufsrecht als solchem nach Artikel 7 Absatz 3 Datenschutz-Grundverordnung (siehe vorheriger Abschnitt) übernommen werden. So spielt letztlich das Vorverhalten des Betroffenen im Zusammenhang mit dem Einwilligungswiderruf eine wesentliche Rolle für die Abwägung.[323] So hat der Betroffene durch die Erteilung seiner Einwilligung aus eigener Aktion heraus Vertrauen geschaffen. Der entscheidende Maßstab sollte damit auch künftig weiterhin darin bestehen, ob und inwieweit dem Betroffenen eine fortgesetzte Verarbeitung seiner Daten noch objektiv zugemutet werden kann.

Vor diesem Hintergrund wird im Folgenden beleuchtet, wie die Interessen im Hinblick auf die Möglichkeiten und Grenzen eines Einwilligungswiderrufs zu einander stehen. Hierbei ist insbesondere die Verhältnismäßigkeit unter Berücksichtigung der Interessen anderer maßgebend.[324] Verhältnismäßig wäre der Widerruf mit Folge der Datenlöschung, soweit es das geeignete, erforderliche und angemessene Mittel ist, um einen legitimen Zweck zu verfolgen: Der Zweck des Einwilligungswiderrufs besteht in der Umsetzung und Unterstützung des Grundrechts jedes Dateninhabers auf informationelle Selbstbestimmung. Zum Kern dieses Grundrechts gehört, dass der Betroffene bestimmen können soll, wer welche Daten von ihm zu welcher Zeit erhält und – spiegelbildlich hierzu –

---

323 Vergleiche *Spindler*, GRUR-Beil. 2014, 101, 105.
324 *Reding*, ZD 2012, 195, 198.

sie gerade nicht (mehr) erhalten oder abrufen können soll. Da ein berechtigter Widerruf der Einwilligung die Löschung der jeweiligen Daten zur Folge hat, fördert er diesen Zweck in jedem Fall und ist daher ein geeignetes Mittel. Die Frage der Erforderlichkeit und Angemessenheit beurteilt sich im Einzelfall.

Erforderlich wäre der Widerruf, wenn und soweit es kein gleichsam effektives, aber milderes Mittel zur Zweckerreichung gibt. Diese Erforderlichkeit ist beim Widerruf der datenschutzrechtlichen Einwilligung zu bejahen, da er im Hinblick auf den konkreten Zweck das mildeste, gleichwohl aber nötige Mittel ist: Mildere Alternativen wären zwar beispielsweise vorzeitige Transparenz und Aufklärung des Betroffenen. Diese knüpfen jedoch im Gegensatz zum Widerruf an einen Zeitpunkt an, in dem es noch nicht zur Eintragung der konkreten Daten gekommen ist. Sobald die Daten im Netz stehen, kann der mit dem Widerruf verfolgte Zweck, die Daten der öffentlichen Zugänglichkeit wieder zu entziehen, nicht länger durch Transparenzvorschriften und Aufklärung erreicht werden. Vielmehr muss der Betroffene wegen der Bedeutung der Einwilligung im Internet insbesondere bei Inhaltsdaten ein Recht auf Widerruf haben. Auch die Verbindung der Einwilligung mit einer Speicherfrist ist insoweit kein milderes Mittel, da sie vielmehr dazu dient, das Mittel des Widerrufs zu unterstützen, nicht aber eine Alternative dazu darstellt. An dieser Stelle sei bereits erwähnt, dass auch die Anonymisierung bei selbst eingestellten Inhaltsdaten keine Alternativen zum Widerruf, sondern letztlich eine Alternative zur vollständigen Löschung als Rechtsfolge darstellt, die insbesondere im Kontext mit Online-Archiven diskutiert wird (siehe insoweit D. II. 4. des vierten Kapitels).

Im vorliegenden Kontext der selbst eingestellten Inhaltsdaten ist der Widerruf demnach das rechtlich geeignete und erforderliche Mittel, um den Zweck der Verfügungsbefugnis über seine eigene Daten zu erfüllen. Die eigentliche Abwägung im engeren Sinne spielt sich daher auf der Ebene der Angemessenheit ab. Im Folgenden werden nach einer Darstellung der betroffenen Interessen die einzelnen Abwägungsgesichtspunkte diskutiert.

1. Betroffene Interessen

a. Interessen des Betroffenen

Auch während der Nutzung von Internetdiensten, etwa nach Auseinandersetzungen in Blogs, Foren oder sozialen Netzwerken oder auch aus einem Wandel der persönlichen Einstellung heraus, entschließen sich Mitglieder zu einer Löschung ihrer einst persönlich eingegebenen Daten, etwa Daten auf einer Profilseite oder sonstiger online gestellter Postings. Vielfach möchte sich der Betroffene von seinen in der Vergangenheit hochgeladenen Inhalten distanzieren, etwa weil sie ihm peinlich geworden sind, und möchte sie aus dem Netz nehmen, ohne dabei seine

Mitgliedschaft im Netzwerk ganz zu beenden – im letztgenannten Fall läge unstreitig ein Löschungsanspruch wegen konkludenten Widerrufs vor (siehe B. I. d. bb. (2) dieses Kapitels). Der Betroffene wird dabei sein Recht auf informationelle Selbstbestimmung stets als Verfügungsmacht über seine eigenen Daten mit einer Widerrufsmöglichkeit von größtmöglichem Umfang und höchster Flexibilität ausüben wollen – wie ein absolutes Verfügungsrecht. Gleichzeitig hat er aber auch selbst ein Interesse an der weiteren Nutzbarkeit der Onlinedienste, denen gegenüber er sich diese Verfügungsmacht wünscht.

b. Interessen der Online-Dienstanbieter

In Bezug auf die Widerruflichkeit geht das Interesse der Betreiber der Onlinedienste in eine entgegen gesetzte Richtung: Gegen die freie und jederzeitige Möglichkeit des Widerrufs spricht aus ihrer Sicht, dass beim Dienstanbieter mit der vormals erteilten Einwilligung ein Vertrauenstatbestand entstanden ist, der ausschließlich vom Betroffenen initiiert worden ist und Folgeverarbeitungsvorgänge des Dienstanbieters in Gang gesetzt hat. Das hierdurch entstandene Vertrauen des Dienstanbieters auf die Legitimation der Datennutzung ist daher entsprechend des im privatrechtlichen Bereicherungsrecht geltenden Veranlasserprinzips[325] zu berücksichtigen. Demnach wird das Interesse des Dienstanbieters regelmäßig darin liegen, die Widerrufsmöglichkeiten für den Betroffenen so gering wie möglich zu halten. Durch einen jederzeit frei möglichen Widerruf wird sich die datenverarbeitende Stelle letztlich nicht mehr auf die Einwilligung verlassen können und erheblichen Rechtsunsicherheiten gegenüberstehen.[326] Zudem resultieren eine freizügige Widerruflichkeit und daraus folgende Löschungsansprüche für ihn zwangsläufig in einem höheren Zeit- und Arbeitsaufwand. Soweit die personenbezogenen Daten etwa in einem kommunikativen Kontext eingestellt worden sind, wie bei aufeinander Bezug nehmenden Diskussionsbeiträgen in einem Forum, kommt das Interesse des Portalbetreibers an der fortlaufenden Speicherung und Anzeige der Beiträge hinzu. Eine Löschung würde oftmals den Diskussionsverlauf, den sogenannten „Thementhread", nachträglich verzerren.

2. Abwägungsaspekte im Einzelnen

Grundsätzlich soll sich der Gesetzgeber aus den einzelnen Faktoren für die Interessenabwägung zur Widerruflichkeit der datenschutzrechtlichen Einwilligung heraushalten. So besteht insbesondere im nicht-öffentlichen Datenschutzrecht

---

325 Siehe *Hauck*, JuS 2014, 1060, 1069.
326 *Schneider/Härting*, ZD 2012, 199, 202; *Härting*, BB 2012, 459, 463.

die gefestigte Haltung dahingehend, dass die hier aufkommenden Interessenkonflikte nicht per Gesetz einer Lösung zugeführt werden sollen, sondern der Interessenausgleich „so weit wie möglich dem privatautonomen Aushandeln der Beteiligten selbst überlassen" sein sollte.[327] Vor diesem Hintergrund ist es zu begrüßen, dass weder der nationale noch der europäische Gesetzgeber Lösungen der Interessenabwägung für Einzelfälle gesetzlich definieren. Vielmehr hat der Verordnungsgeber der Datenschutz-Grundverordnung nun den Rahmen für die Rechts- und Interessenabwägung geschaffen, der im Einzelnen von der rechtswissenschaftlichen Literatur sowie der Rechtsprechung ausgeformt wird. In diesem Kontext sowie mit Blick auf weitere Entwicklungen im Web 2.0 werden im Folgenden richtungweisende Abwägungsmaßstäbe zur Ausfüllung dieses Rahmens vorgestellt und diskutiert.

a. Sensibilität der Daten

Ein wesentlicher Faktor, der die Interessenabwägung im Einzelfall maßgeblich beeinflussen sollte, ist die Sensibilität der streitgegenständlichen Daten. Im Allgemeinen differenziert das Datenschutzrecht personenbezogene Daten untereinander nicht, sondern stellt alle unter einen einheitlichen Schutz. Allerdings gelten für sogenannte sensible Daten, wie beispielsweise Gesundheitsdaten, zusätzlich spezielle Schutznormen, beispielsweise § 35 Absatz 2 Satz 2 Nummer 2 Bundesdatenschutzgesetz. Dies zeigt, dass auch dem Gesetzgeber bewusst ist, dass die Sensibilität der jeweiligen Daten im Einzelfall für oder gegen eine besondere Schutzwürdigkeit sprechen kann.

Vor diesem Hintergrund sollte die Sensibilität der Daten auch als Faktor in die vorliegende Interessenabwägung mit einbezogen werden. Neben den in § 3 Absatz 9 Bundesdatenschutzgesetz aufgezählten sensiblen Daten könnten bei der Eingruppierung der Daten in den sensiblen Bereich insoweit auch die Maßstäbe zur persönlichkeitsrechtlichen Sphärentheorie herangezogen werden. So hat beispielsweise das *Oberlandesgericht Koblenz*[328] in einer jüngeren Entscheidung zu intimen Bildaufnahmen entschieden, dass die Einwilligung, welche bei der Anfertigung solcher Fotos konkludent erteilt worden war, auf die Dauer der Beziehung beschränkt sei. Allerdings geht aus dem Urteil auch hervor, dass hierzu ein Widerruf erfolgen muss und nicht etwa automatisch mit Beziehungsende ein Löschungsanspruch entsteht.

---

327 *Taeger*, in: Taeger/Gabel, § 4a BDSG Rn. 21; *Buchner*, in: FS Buchner, 153, 160.
328 *Oberlandesgericht Koblenz*, ZD 2014, 568, 568, wobei sich hier aufgrund der rein privaten Zwecke der Löschungsanspruch nicht aus dem Bundesdatenschutzgesetz, sondern aus den §§ 823, 1004 Bürgerliches Gesetzbuch ergab.

b. (Un)entgeltlichkeit

Des Weiteren sollte in die Abwägung einfließen, ob die Einwilligung entgeltlich oder unentgeltlich erteilt worden ist.[329] Dieser Gesichtspunkt wird vor allem im Kontext des Einwilligungswiderrufs nach dem Kunsturhebergesetz diskutiert.[330] Dabei sollen nach einer unentgeltlichen Einwilligungserteilung die Anforderungen an einen „wichtigen Grund" für den nachträglichen Widerruf der Einwilligung entsprechend niedriger liegen als bei einer entgeltlich erteilten Einwilligung. Insbesondere bei sehr persönlichen Daten wird ein wichtiger Grund für den Widerruf anzunehmen sein.[331]

Dies überzeugt, da ohnehin der Dienstanbieter regelmäßig die größeren (kommerziellen) Vorteile aus der Nutzung der persönlichen Daten zieht.[332] Insbesondere soziale Netzwerke verdanken den Erfolg letztlich ihren Nutzern, die ihren Plattformen erst zur heutigen Popularität verholfen haben. Bei der hier üblicherweise *un*entgeltlichen Datenpreisgabe darf insoweit eine „Gerechtigkeitsgleichung" dahin aufgestellt werden, dass den Nutzern in diesem Fall zum Ausgleich eine spontanere und freiere Widerrufsmöglichkeit eingeräumt werden sollte. Der Aspekt der Unentgeltlichkeit wird auch im Auftragsrecht als Abwägungskriterium *für* eine freie Widerruflichkeit verwendet – Wertungen die die vorliegende Argumentation unterstützen:[333] Nach § 671 Absatz 1 Bürgerliches Gesetzbuch kann der Auftraggeber bei einem – unentgeltlichen – Auftragsverhältnis den Auftrag jederzeit und ohne besondere Gründe beenden. Diese leichte Lösbarkeit wird insbesondere mit der Unentgeltlichkeit des Auftrags begründet.

Hat der Betroffene hingegen in die Verwendung seiner Daten gegen ein vertraglich vereinbartes Entgelt eingewilligt, so ist dies im Rahmen der Abwägung anders zu bewerten: Etwa im Fall eines entgeltlichen Vertrags über die Veröffentlichung von Fotos hat der Betroffene sein Persönlichkeitsrecht „kommerzialisiert",[334] was im Rahmen der Abwägung zu seinen Lasten ausfällt.[335] Mit dem Einstellen persönlicher Daten, sei es in Text- oder in Bildform, auf Onlineplattformen verfolgt der Nutzer allerdings regelmäßig keine entgeltlichen Zwecke. So spricht auch nach Ansicht von *Ohly* eine Einwilligung ohne Gegenleistung, die ausschließlich zum Zweck der Selbstdarstellung des Einwilligenden erteilt

---

329 Siehe auch *Kodde*, ZD 2013, 115, 116.
330 *Simitis*, in: Simitis, § 4a BDSG Rn. 98 f..
331 *Kodde*, ZD 2013, 115, 116.
332 *Kodde*, ZD 2013, 115, 116.
333 So *Alexander*, ZUM 2011, 382, 384, 387.
334 *Kodde*, ZD 2013. 115, 116.
335 *Alexander*, ZUM 2011, 382, 389.

wird, gegen eine (vertragliche) Bindung der Einwilligung und stellt vielmehr eine schlichte einseitige konkludent erteilte Einwilligung dar.[336]

c. Konsequenzen für den Dienstanbieter

Des Weiteren sind die möglichen Konsequenzen für die Anbieter der Onlinedienste im Rahmen der Abwägung zu berücksichtigen. Soweit es sich um personenbezogene Daten handelt, die etwa im Kontext eines Chats stehen, könnte dem freien Widerruf entgegenstehen, dass der Kommunikationsverlauf oftmals nicht mehr nachvollzogen werden könnte, wenn Beiträge einzelner Autoren vollständig gelöscht werden. Im Einzelfall dürften Pseudonymisierungen sachgerechter sein als eine vollständige Löschung, sodass die Chat-Diskussionen noch aus sich heraus verständlich blieben.[337] Je freier das Widerrufsrecht für den Betroffenen ausgestaltet ist, desto flexibler muss der Dienstanbieter darauf reagieren. Dies wird er letztlich nur durch einen höheren Zeit- und Personalaufwand erreichen können. Daher muss im Rahmen der Abwägung auch der potentielle wirtschaftliche Mehraufwand berücksichtigt werden, der dem Dienstanbieter dadurch entstünde. Eine weitreichende Widerruflichkeit könnte beispielsweise dazu führen, dass die Dienstanbieter die dadurch entstandenen Mehrkosten an die Nutzer weitergeben und ihre Dienste nicht länger kostenfrei anbieten. Mit Blick auf die Rolle vieler Dienste im Web 2.0 als Medium der Persönlichkeitsentfaltung der Nutzer wäre diese Folge zwar ein Sieg für das Recht auf informationelle Selbstbestimmung, jedoch eine Niederlage für die Persönlichkeitsrechte im Allgemeinen. So wird befürchtet, dass die freie Widerruflichkeit der datenschutzrechtlichen Einwilligung mit einer Einschränkung der Dienste oder Kostenumlegung und damit im Endeffekt mit einem Verlust an kommunikativer Teilhabe- und Selbstentfaltungsmöglichkeiten einher gehen könnte.[338]

Dass die Umlegung der Kosten auf die Nutzer im konkreten Bereich der Dienste des Web 2.0 jedoch zumindest bis zu einem gewissen Grad unwahrscheinlich ist, zeigt sich bei einem Blick aus der volkswirtschaftlichen Perspektive: Je nach konkreter Wettbewerbslage kann ein gesetzlich geregeltes, jederzeitiges Widerrufsrecht unterschiedliche Folgen haben. Besitzt ein Onlinedienstanbieter ein Monopol, wird er die durch die Einhaltung der strengeren gesetzlichen Anfor-

---

336 *Ohly*, GRUR 2012, 983, 990, wonach eine solche Einwilligung frei widerruflich ist, da nach *Ohly* der Widerruf nicht unter dem Vorbehalt einer objektiven Interessenabwägung steht, sondern vielmehr ein rein subjektiv ausübares Recht darstellt.
337 So auch *Spindler*, GRUR-Beil. 2014, 101, 105.
338 *Knabe*, in: Schünemann/Weiler (Hrsg.), 277, 277 ff..

derungen entstandenen Mehrkosten möglicherweise auf die Nutzer umlegen, da die Wahrscheinlichkeit einer Abwanderung seiner Nutzer zu Konkurrenten aufgrund seiner Monopolstellung eher gering ist. Handelt es sich hingegen – wie bei den meisten Internetdiensten – um Polypolstrukturen, bei denen verschiedene Anbieter miteinander im Wettbewerb stehen, so dürfte sich die Einhaltung datenschutzrechtlicher Bestimmungen – hier also der Umsetzung der gesetzlich bestimmten Widerruflichkeit – eher zu einen Wettbewerbsfaktor entwickeln, der für die Nutzerentscheidung Bedeutung erlangt.[339] In der aktuellen Webdienstlandschaft dürfte es bei einem ersten Anstieg der Aufwandskosten für die Betreiber zunächst eher unwahrscheinlich sein, dass sie die Kosten auf ihre Nutzer umlegen, da aus ihrer Sicht eine Gefahr darin bestünde, dass die Nutzer infolgedessen zu einer anderen – kostenlosen – Plattform wechseln. Ein solcher Anbieterwechsel wird nicht zuletzt durch das neu eingeführte Recht auf Datenmobilität in Artikel 18 Datenschutz-Grundverordnung verstärkt, wonach dem Nutzer der Wechsel zu einem neuen Dienstanbieter durch Instrumente wie Datenübertragung erleichtert wird.

d. Eigenverantwortlichkeit des Betroffenen

Des Weiteren stellt ein besonders wichtiges Abwägungskriterium der Grad an Eigenverantwortlichkeit des Betroffenen dar, der eng mit dem Alter des Betroffenen verbunden ist. Aus dem Recht auf informationelle Selbstbestimmung leitet sich ein entsprechender staatlicher Schutzauftrag ab.[340] Grundsätzlich ist es so, dass dieses staatliche Schutzprinzip endet, sobald der Betroffene seine Daten durch seine Einwilligung *freiwillig* preisgibt – es wird dann durch das Freiheitsprinzip der Eigenverantwortlichkeit des einzelnen Bürgers ersetzt mit der Folge, dass dieser die Konsequenzen seiner Einwilligung selbst tragen muss. Personen, die private Informationen von sich aus online preisgeben, disponieren demnach grundsätzlich selbstbestimmt über ihre Freiheit und müssen mit den entsprechenden Konsequenzen leben.[341] Vor diesem Hintergrund stellt der Aspekt der Eigenverantwortlichkeit beim „Eintritt in die Öffentlichkeit" einen wesentlichen Faktor im Rahmen der Abwägung für eine nachträgliche Rückzugsmöglichkeit dar.[342] Den Ausgangspunkt zur Diskussion über die Bedeutung der Eigenverantwortlichkeit bildet dabei das Verbaucherleitbild im Internet:

---

339 Vergleiche hierzu *Schröder*, ZD 2012, 193, 193 ff..
340 *Masing*, NJW 2012, 2305, 2307.
341 *Jandt/Roßnagel*, MMR 2011, 637, 638; *Ohly*, AfP 2011, 428, 431.
342 *Alexander*, ZUM 2011, 382, 383.

aa. Verbraucherleitbild im Internet als Grundlage

Die Ansichten zur Widerruflichkeit der datenschutzrechtlichen Einwilligung im Internet gehen vor allem aufgrund der unterschiedlichen Leitbilder des Verbrauchers und Nutzers im Internet auseinander. Auf der einen Seite steht das Bild eines durch Transparenz vollständig informierten und selbstbestimmten Internetnutzers. Den Gegenpol dazu vermittelt das Bild eines Internetnutzers, der durch die Informationsökologie und Infrastrukturen des Internets fremdbestimmt wird.[343]

Das allgemeine Verbraucherschutzrecht im Internet ist bislang eher vom Leitbild eines eher unbesonnenen Kunden geprägt, der eines hohen Schutzes bedarf.[344] Auch das *Bundesverfassungsgericht* sprach sich für eine hohe Schutzbedürftigkeit beim Umgang mit Informationstechnologie aus.[345] Die Regelungen der Datenschutz-Grundverordnung lassen demgegenüber eine Tendenz zum informierten und selbstbestimmten Internetnutzer erkennen, da Informations- und Transparenzpflichten durch die Artikel 11 bis 14 Datenschutz-Grundverordnung erheblich ausgeweitet werden, auch speziell für den Bereich der Einwilligung.

bb. Das „Altersgruppenmodell"

Die Uneinheitlichkeit bei dem Verbraucherleitbild im Internet überrascht nicht: Zahlreiche Faktoren, wie Alter, Bildungsstand oder Art des in Anspruch genommenen Dienstes, führen zu erheblichen Unterschieden zwischen den Internetnutzern. Die Festlegung eines „Durchschnittsnutzers" fällt umso schwerer bei der vorliegenden Rechtsfrage, inwieweit die erforderliche Eigenverantwortlichkeit vorhanden ist, um Folgen und Risiken einer freiwilligen Preisgabe von Inhaltsdaten, etwa auf Profilseiten oder in Chats, überblicken zu können.

Das maßgebliche und gleichzeitig praxisnahe Kriterium zur Bestimmung der Eigenverantwortlichkeit ist dabei das Alter des Betroffenen. Im Laufe eines Lebens und mit der Entwicklung der eigenen Persönlichkeit steigt das Maß an Eigenverantwortlichkeit in der Regel an, was sich sowohl auf das reale Leben als auch auf das Verhalten in der Onlinewelt auswirkt. Viele Menschen tendieren dabei von einem eher fremdbestimmten Verhalten und Geltungsbedürfnis in Jugendjahren mit zunehmendem Alter hin zu einem selbstbestimmten Handeln im Netz. Auch wenn Kinder und Jugendliche im technischen Umgang mit neuen

---

343 Hierzu *Knabe*, in: Schünemann/Weiler (Hrsg.), 277, 277 ff..
344 *Lederer*, NJW 2011, 3274, 3274 ff..
345 *Bundesverfassungsgericht*, MMR 2009, 316, 318.

Medien oft besonders versiert sind, ist ihnen im Web 2.0 noch keine vollumfängliche Eigenverantwortlichkeit für ihr Handeln abzuverlangen, da sie die Risiken für ihren Persönlichkeitsschutz in der Regel noch nicht überblicken und einschätzen können. Deshalb gewinnen speziell in diesem Bereich die staatlichen Schutzpflichten wieder an Bedeutung. Vor diesem Hintergrund ist in Bezug auf die Widerruflichkeit der Einwilligung eine Differenzierung nach Altersgruppen geboten. Diese stellt einen neu entwickelten Lösungsansatz dar, der im Rahmen der Rechts- und Interessenabwägung zu berücksichtigen ist:

(1) Besonderes Schutzbedürfnis

Die erforderliche Weitsicht für einen eigenverantwortlichen Umgang mit den Datenpreisgabe-Plattformen des Internets kann nach diesseitiger Ansicht von Minderjährigen und Jugendlichen noch nicht erwartet werden.[346] Das besondere Schutzbedürfnis von Jugendlichen kommt in Erwägungsgrund 29 der Datenschutz-Grundverordnung zum Ausdruck:

> *„Die personenbezogenen Daten von Kindern müssen besonderen Schutz genießen, da Kinder sich der Risiken, Folgen, Vorsichtsmaßnahmen und ihrer Rechte bei der Verarbeitung personenbezogener Daten weniger bewusst sein dürften. (...)"*

Weiterhin bringt Artikel 6 Absatz 1 lit. f) den besonderen Schutz von Kindern und Jugendlichen zum Ausdruck, der ebenso im Rahmen der Interessenabwägung zur Rechtmäßigkeit einer Datenverarbeitung mit einzubeziehen ist. Auch die Löschungsnorm des Artikels 17 Absatz 1 Datenschutz-Grundverordnung nimmt ausdrücklich auf den besonderen Schutz der Daten von Minderjährigen Bezug, indem sie einen eigenen Löschungsgrund in Absatz 1 lit. f) speziell in der Konstellation vorsieht, dass Kindern direkt Dienste der Informationsgesellschaft angeboten werden, Artikel 8 Absatz 1 Datenschutz-Grundverordnung.

Zusammenfassend bedürfen Minderjährige vor allem im Hinblick auf die beschriebenen Unterschiede zwischen der analogen und der digitalen Welt – Zeitfaktor und Prangerwirkung – eines besonderen Schutzes. Denn letztlich sind es diese beiden Faktoren, die die öffentliche Datenpreisgabe im Internet folgen- und risikoreicher machen, als es bei einer Bekundung eigener Daten im analogen Leben der Fall ist. Dabei kann von jungen Menschen die Einordnung und Einschätzung dieser Faktoren und vor allem der langfristigen Konsequenzen für das spätere Privat- und Berufsleben nicht in dem Maße erwartet werden, wie es von Erwachsenen zu erwarten wäre. Das im Folgenden dargestellte „Altersgruppen-

---

346 So auch *Jandt/Roßnagel*, MMR 2011, 637, 642.

modell" zielt somit vor allem darauf, Zeitfaktor und Prangerwirkung zu Gunsten von Minderjährigen zu begrenzen.

(2) Altersgrenze 18

Nicht zuletzt aus Gründen der Rechtssicherheit und Rechtsklarheit für Kinder, Eltern und Dienstanbieter sollte eine Altergrenze gezogen werden, ab der davon ausgegangen werden kann, dass der Jugendliche die Schwelle vom fremdbestimmten zum selbstbestimmten und eigenverantwortlich handelnden Internetnutzer überschritten hat. Auf der einen Seite sollte dem Jugendlichen durch den Widerruf die Möglichkeit gegeben werden, seine Persönlichkeit frei zu entfalten. Hierzu gehört es gerade auch, Fehler zu machen, gegebenenfalls durch das Onlinestellen unpassender Fotos. Auch solche Erfahrungen tragen letztlich zur Entwicklung der eigenen Persönlichkeit bei. Eine Einschränkung der Widerruflichkeit bereits in diesem Jugendalter könnte dazu führen, dass die vormalige Unbefangenheit und Spontaneität einer Angst weicht, dass punktuelles Fehlverhalten in der Vergangenheit später insbesondere von einem künftigen Arbeitgeber vorgehalten werden könnte.[347] So würde letztlich die Persönlichkeitsentwicklung als solche über das Maß hinaus beschränkt werden. Auf der anderen Seite muss sich ebenso die mit dem Alter zunehmende Eigenverantwortlichkeit in der Abwägung widerspiegeln. Dies setzt allerdings eine Aufklärung und Information des Betroffenen voraus, der wissen muss, weswegen er die Konsequenzen für seine Fehltritte im Onlineauftritt ab einem gewissen Alter selbst tragen muss.

Vor diesem Hintergrund sollte nach diesseitiger Ansicht dem Recht auf informationelle Selbstbestimmung von Jugendlichen daher bis zum vollendeten 18. Lebensjahr[348] in der Interessenabwägung zum Widerruf ihrer Einwilligung ein besonders bedeutendes Gewicht zukommen. Für unter 18-Jährige sollten der Vertrauenstatbestand und die wirtschaftlichen Folgen für die Dienstanbieter im Rahmen der Abwägung leichter in den Hintergrund treten. Letztlich leben diese von der Zufriedenheit aller Nutzer, aber auch von der Zufriedenheit der Eltern ihrer jüngeren Nutzer. Die Onlinedienstanbieter sollten sich in Bezug auf den Jugendschutz auf einen Wandel der Zeit und des Rechts einstellen. So sollten die Internetdienste den Aspekt der Einhaltung von Datenschutzregelungen als Wettbewerbsvorteil in Abgrenzung zu Konkurrenten für sich nutzen. Nicht zuletzt

---

347 *Masing*, NJW 2012, 2305, 2308.
348 Da Minderjährige bis zur Vollendung ihres siebten Lebensjahres von vorneherein keine wirksam eigene datenschutzrechtliche Einwilligung abgeben können, betrifft dies Personen ab der Vollendung des 8. Lebensjahres.

die Eltern der Jugendlichen werden eine solche Rechtskonformität zu schätzen wissen und entsprechend die Entscheidung ihrer Kinder bei der Auswahl von Onlinediensten mit beeinflussen.

Vor Vollendung des 18. Lebensjahres bildet sich die eigene Persönlichkeit regelmäßig erst aus, sodass es leichter zu Manipulationen und Situationen des Gruppenzwangs kommen kann, denen sich mancher Jugendlicher heutzutage nur schwer entgegen stellen kann. Schließlich wurden sie in die „Generation Internet"[349] hineingeboren und wachsen mit den Selbstdarstellungsformen des Web 2.0 auf. Insoweit darf man sie als „digital natives" bezeichnen – im Gegensatz zu den sogenannten „digital immigrants", die die neuartigen Webdienste erst im Erwachsenenalter kennengelernt haben.[350] Sie werden dabei auch mit den verschobenen Grenzen zwischen „privat" und „öffentlich" groß und haben einen wesentlich naiveren Zugang zu diesen Medien. Ihre unreflektierte und sorglose Datenpreisgabe bei gleichzeitiger Unterschätzung der potentiellen Risiken wird durch die Oberflächen solcher ubiquitären Kommunikationsdienste zusätzlich verstärkt, die zur freien Datenpreisgabe einladen und ein spielerisches, gar vertrauensvolles, Umfeld suggerieren. *Heckmann* beschreibt diese „Plug and Play-Falle" damit, dass die Beliebtheit datenintensiver informationstechnologischer Applikationen, insbesondere im Onlinebereich ständig steigt, weil diese nützlich sind beziehungsweise erscheinen, unterhaltsam und kostenfrei sind.[351]

Bis das Bewusstsein der jungen Menschen über die Datenpreisgabe und ihre Konsequenzen geschärft ist, bedürfen sie eines besonderen Schutzes, um sich auf diese Weise zu selbstbestimmten Internetnutzern entwickeln zu können. Nach diesseitiger Ansicht darf ein solcher Reifegrad bei Menschen über 18 Jahren erwartet werden. Vorausgesetzt werden darf insoweit, dass sich Menschen in diesem Alter beim Onlinestellen eigener Daten darüber bewusst sind, dass das Internet eine global vernetzte Maschine mit dezentraler Struktur ist. Auch darf hier das Wissen um die potentiellen Konsequenzen der Datenpreisgabe und Selbstdarstellung im Internet voraus gesetzt werden. Diese Kenntnisse sind im Regelfall im Laufe Lebens erworben worden, etwa aufgrund von eigenen Erfahrungen, Erzählungen aus dem Umfeld oder durch mediale Berichterstattung über Datenschutzskandale. Auch trägt die Lebenserfahrung oftmals zu einem gewissen Misstrauen gegenüber Dienstanbietern aller Art bei, sodass Geschäftsmodelle rascher hinterfragt und die eigentlichen Ziele der Anbieter erkannt werden.

---

349 *Ohly*, AfP 2011, 428, 428.
350 *Ohly*, AfP 2011, 428, 428 f..
351 *Heckmann*, K&R 2010, 1, 1 f..

Somit ist mit der Vollendung des 18. Lebensjahres ein Reifegrad erreicht, der es rechtfertigt, zu unterstellen, dass der durchschnittliche Internetnutzer in diesem Alter die Auswirkungen einer Datenpreisgabe im Internet für den eigenen Lebensweg einschätzen kann. Hierzu bedarf es keines detaillierten technischen Verständnisses. Entscheidend ist vielmehr, dass vorausgesetzt werden darf, dass der Betroffene auf der Ebene einer technischen Laiensphäre die Besonderheiten von „Zeitfaktor" und „Prangerwirkung" verstanden hat. Er müsste sich dann darüber im Klaren sein, dass öffentlich online gestellte Daten binnen kürzester Zeit von der gesamten Internetöffentlichkeit gefunden und unkontrollierbar oft gespeichert werden können. Durch diese Lebenserfahrung ist beim durchschnittlichen Internetnutzer dieses Alters ein Reifegrad in der Internetnutzung zu erwarten, der ihn als *selbstbestimmten* Internetnutzer einstufen lässt. Dann darf vorausgesetzt werden, dass der Nutzer die Vorteile einer Datenpreisgabe im Internet für sich einzusetzen weiß, sich aber gleichzeitig der Konsequenzen, etwa für Berufseinstieg, Ausbildungs- oder Studienbeginn bewusst ist und selbstbestimmt entscheidet, inwieweit er diese Aspekte für seine eigene Entscheidung abwägen möchte und in welchem Umfang er sich online präsentieren möchte.

cc. Zwischenergebnis

Eigenverantwortlichkeit und Selbstbestimmtheit stellen einen entscheidenden Aspekt im Rahmen der Interessenabwägung dar. In der Praxis sollten sie dabei anhand des Alters des Betroffenen zum Zeitpunkt der Dateneinstellung bestimmt werden. So spricht im Rahmen der Abwägung für eine besondere Gewichtung des Rechts auf informationelle Selbstbestimmung vor allem die eingeschränkte Eigenverantwortlichkeit von unter 18-Jährigen. Hatte der Betroffene zum Zeitpunkt der Dateneinstellung das 18. Lebensjahr noch nicht vollendet, ist dies als Abwägungsgewicht zu seinen Gunsten besonders in die Waagschale zu legen. War der Betroffene zum Zeitpunkt der Dateneinstellung hingegen bereits volljährig, überwiegen hier das Prinzip der Eigenverantwortlichkeit und der Freiwilligkeit, sodass sein Alter nicht als begünstigender, sondern als neutraler Faktor in die Abwägung einzustellen ist.

e. Persönlichkeits- und Gesinnungswandel des Betroffenen

Fraglich ist, inwieweit es sich im Rahmen der Interessenabwägung auswirken kann, dass ein Betroffener selbst eingestellte Daten löschen lassen möchte, weil er zu deren Aussagegehalt nicht länger steht, etwa aufgrund eines Gesinnungs- und Persönlichkeitswandels. Nach diesseitiger Ansicht bietet es sich an, insoweit die Maßstäbe des § 42 Absatz 1 Satz 1 Urhebergesetz heranzuziehen, wonach der Urheber ein einmal erteiltes Nutzungsrecht an seinem Werk zurückrufen kann, wenn das Werk seiner Überzeugung nicht länger entspricht und ihm deshalb die Verwertung des Werkes nicht mehr zugemutet werden kann. So gibt diese Norm im Rahmen ihrer Voraussetzungen dem Urheber einen Löschungsanspruch für eigens online gestellte Überzeugungen.[352] Im Onlinebereich kann diese Norm in direkter, urheberrechtlicher Anwendung vor allem im Zusammenhang mit Blog- und Forenkommentaren relevant werden, die der Urheber wegen einer geänderten Überzeugung nachträglich zurücknehmen möchte.[353] Vereinzelt wird sogar vertreten, den Löschungsanspruch aus § 42 Absatz 1 Satz 1 Urhebergesetz analog auf Postings mit personenbezogenen Daten anzuwenden, wenn der Betroffene im Nachhinein seine Meinung hierzu geändert hat und die Daten löschen möchte.[354] Diese Auffassung ist allerdings mit dem Argument abzulehnen, dass keine planwidrige Regelungslücke – als eine der wesentlichen Voraussetzungen einer analogen Anwendung – gegeben ist. Wie dargelegt, enthält auch das bisherige Datenschutzrecht nachträgliche Löschungsmöglichkeiten für personenbezogene Daten im Internet, die für den Fall greifen, dass dem Betroffenen die weitere Verarbeitung seiner Daten unzumutbar wird (siehe B. I. 1. d. bb. (3) dieses Kapitels).

Jedoch liegt durchaus eine vergleichbare Interessenlage zu der vorliegenden Situation vor, weswegen sich eine Parallelziehung der zu § 42 Urhebergesetz etablierten Maßstäbe auf die Interessenabwägung zum Widerruf der datenschutzrechtlichen Einwilligung anbietet:[355] Sowohl der datenschutzrechtliche Einwilligungswiderruf als auch § 42 Absatz 1 Satz 1 Urhebergesetz schützen das Persönlichkeitsrecht des Betroffen respektive des Urhebers.[356] So steht § 42 Absatz 1 Satz 1 Urhebergesetz im Kontext zu dem Veröffentlichungsrecht des Urhebers nach § 12 Urhebergesetz als Teil des Urheberpersönlichkeitsrechts, da die Norm das Interesse des Urhebers schützt, sein Werk der Öffentlichkeit wieder zu entziehen und damit das „innere Band" zwischen Urheber und Werk zu stärken.[357] Zudem haben sowohl der datenschutzrechtliche Einwilligungswiderruf als auch § 42 Absatz 1 Satz 1 Urhebergesetz eine Ex-nunc-Wirkung, zielen also darauf ab,

---

352 *Weichert*, VuR 2011, 323, 329.
353 *Ott*, MMR 2009, 158, 163.
354 *Weichert*, VuR 2009, 323, 329.
355 Vergleiche *Alexander*, ZUM 2011, 382, 386.
356 *Wandtke*, in: Wandtke/Bullinger, § 42 UrhG Rn. 1.
357 *Alexander*, ZUM 2011, 382, 385 f.; *Wandtke*, in: Wandtke/Bullinger, § 42 UrhG Rn. 1; *Rauda*, GRUR 2010, 22, 23.

dem Betroffenen beziehungsweise Urheber einen nachträglichen Rückzug für die Zukunft aus der Öffentlichkeit zu ermöglichen.[358]

aa. Maßstäbe des § 42 Absatz 1 Satz 1 Urhebergesetz

Nach den vorliegend parallel heranzuziehenden Maßstäben zu § 42 Absatz 1 Satz 1 Urhebergesetz ist für die vorliegende Abwägung zur Widerruflichkeit der datenschutzrechtlichen Einwilligung entscheidend, ab welchem Grad ein derartiger Überzeugungswandel hinsichtlich der selbst onlinegestellten personenbezogenen Daten und Beiträge gegeben ist, der die weitere Werkverwertung unzumutbar macht. Prüfungsebenen sind dabei zum einen der Überzeugungswandel und zum anderen die Zumutbarkeit: Der Begriff der Überzeugung ist weit auszulegen und erfasst sämtliche Wertvorstellungen des Urhebers.[359] Konkret umfasst sie die künstlerischen, wissenschaftlichen, politischen, religiösen, weltanschaulichen aber auch die rein persönlichen und ästhetischen Vorstellungen des Urhebers.[360]

Das Kriterium der Zumutbarkeit einer weiteren Verwertung des Werks für den Urheber zielt darauf ab, unüberlegte und übereilte Rückrufe zu verhindern. Insoweit wird durch dieses Kriterium die weite Auslegung des Merkmals „Überzeugungswandel" mittels eines objektiven Maßstabs begrenzt. Ob dem Urheber ein Festhalten an seinem selbst veröffentlichten Werk zuzumuten ist, ist letztlich Frage der Interessenabwägung.[361] Hierbei ist das Interesse des Betreibers der Onlineplattform an einem ununterbrochenen Diskussionsverlauf zu berücksichtigen. Für das Urheberrecht gilt folgender Grundsatz, der auf die vorliegende Situation mit personenbezogenen Daten zu übertragen ist: Je geringer der Überzeugungswandel des Betroffenen ist, desto eher ist ihm eine Weiterverwertung respektive -verarbeitung zumutbar. Da ein Widerruf zum Teil mit gravierenden Konsequenzen für den Portalbetreiber verbunden ist, ist im Zusammenhang mit der Zumutbarkeit wiederum ein enger Maßstab anzulegen. Die Zumutbarkeit ist mithin nur dann erfüllt, wenn ein gravierender und nachweisbarer Überzeugungswandel in künstlerischer, politischer, wissenschaftlicher, ideologischer oder religiöser Hinsicht vorliegt.[362] Insbesondere sind dabei die Motive, die zu dem Überzeugungswandel geführt haben, maßgeblich.

---

358   *Alexander*, ZUM 2011, 382, 385; *Wandtke*, in: Wandtke/Bullinger, § 42 UrhG Rn. 15.
359   *Wandtke*, in: Wandtke/Bullinger, § 42 UrhG Rn. 5; *Rauda*, GRUR 2010, 22, 24; *Alexander*, ZUM 2011, 382, 385.
360   Siehe hierzu *Wandtke*, in: Wandtke/Bullinger, § 42 UrhG Rn. 5.
361   *Alexander*, ZUM 2011, 382, 385; *Wandtke*, in: Wandtke/Bullinger, § 42 UrhG Rn. 7.
362   *Wandtke*, in: Wandtke/Bullinger, § 42 UrhG Rn. 7; *Rauda*, GRUR 2010, 22, 25.

bb. Übertragung auf den Onlinebereich

Im vorliegenden Kontext des Onlinebereichs werden viele der klassischen Fälle von § 42 Absatz 1 Satz 1 Urhebergesetz, wie die Überholung der einem Werk zugrunde gelegten wissenschaftlichen Erkenntnisse,[363] die Veränderung der künstlerischen Auffassung[364] oder eines Überzeugungswandels aufgrund veränderter politischer Verhältnisse,[365] nicht einschlägig sein. Vielmehr sind dem Nutzer in den vorliegend behandelten Konstellationen seine vorherigen Äußerungen oder sonstigen Datenpreisgaben auf Onlineplattformen schlichtweg peinlich geworden. Eine solche Motivation kann nach diesseitiger Ansicht jedoch für sich genommen nicht ausreichen, um die Interessenabwägung zugunsten einer freien Widerruflichkeit der Einwilligung zu beeinflussen. Denn die reine Geschmacksveränderung hinsichtlich der äußeren Form, des Stils oder der Erstellungsmethode vermag insbesondere auch nicht den Tatbestand des Rückrufrechts nach § 42 Absatz 1 Satz 1 Urhebergesetz zu erfüllen.[366] Formale, ästhetische oder stilistische Aspekte können ohnehin erst durch eine Interpretation des Betrachters erschlossen werden. In diesen Fällen kann die Unzumutbarkeit regelmäßig nur dann bejaht werden, wenn der Ruf des Urhebers auf dem Spiel steht.[367]

Hinzu kommt, dass es vorliegend um ein Ausgleichen der Effekte von Zeitfaktor und Prangerwirkung geht, nicht aber darum, dass der Betroffene das Bild, das er von sich selbst im Internet zeichnet, nach freiem Belieben durch Löschung älterer Einträge jederzeit verändern kann. Dies ist gleichermaßen auch im analogen Leben nicht möglich, soweit der Betroffene einmal öffentlich Stellung bezogen hat. Vielmehr sollte sich der Betroffene *vor* der Eingabe der Daten die Tragweite und Konsequenzen seiner Eingabe bewusst machen und diese mit seinem eigenen Bedürfnis zur Selbstdarstellung abwägen. Bei einer später peinlich gewordenen Dateneingabe durch Kinder und Jugendliche wird ihrem besonderen Schutzbedürfnis durch den Abwägungsaspekt der Eigenverantwortlichkeit entsprechend Rechnung getragen (siehe oben). Soweit der Betroffene zum Eingabezeitpunkt jedoch das 18. Lebensjahr vollendet hat, sollte ihm durch das reine „Peinlichwer-

---

363 *Wandtke*, in: Wandtke/Bullinger, § 42 UrhG Rn. 5.
364 *Wandtke*, in: Wandtke/Bullinger, § 42 UrhG Rn. 5; *Spautz*, in: Möhring/Nicolini, § 42 UrhG Rn. 7.
365 *Wandtke*, in: Wandtke/Bullinger, § 42 UrhG Rn. 6.
366 *Wandtke*, in: Wandtke/Bullinger, § 42 UrhG Rn. 8; *Rohlfing/Kobusch*, ZUM 2000, 305, 307.
367 *Wandtke*, in: Wandtke/Bullinger, § 42 UrhG Rn. 8; *Spautz*, in: Möhring/Nicolini, § 42 UrhG Rn. 8.

den" eingegebener Daten kein zusätzliches Gewicht im Rahmen der Abwägung beigemessen werden.

Auch im Bundesdatenschutzgesetz kommt die Skepsis des Gesetzgebers gegenüber einem unüberlegten Datenexhibitionismus zum Ausdruck: In § 28 Absatz 6 Nummer 2 Bundesdatenschutzgesetz ist geregelt, dass besonders sensible Daten über das Krankheitsbild des Betroffenen ausnahmsweise doch verarbeitet werden dürfen, wenn dieser sie zuvor „offenkundig öffentlich" gemacht hat. Mit dieser Aussage zeigt der Gesetzgeber seine Grundeinstellung zum Prinzip der Eigenverantwortlichkeit im Datenschutzrecht: Selbst besonders sensible Daten können, wenn sie zuvor von dem Betroffenen selbst offenkundig gemacht worden sind, verarbeitet werden, obwohl ihre Verarbeitung ansonsten nicht zulässig wäre.

cc. Zwischenergebnis

Bei selbst onlinegestellten Daten, die dem Betroffenen schlicht peinlich geworden sind, sollte seinem Recht auf informationelle Selbstbestimmung kein zusätzliches Gewicht aufgrund dieses Gesinnungswandels beigemessen werden. Dies bedeutet allerdings nicht, dass die Abwägung im Ganzen nicht dennoch aufgrund anderer Aspekte, wie etwa seiner eingeschränkten Eigenverantwortlichkeit etc., zu seinen Gunsten ausgehen kann. Das Kriterium des Gesinnungs- oder Persönlichkeitswandels sollte jedoch nur in den Fällen zu einer besonderen Gewichtung der Betroffeneninteressen im Rahmen der Abwägung führen, wenn es sich dabei um einen substanziiert gemachten Extremfall eines Gesinnungs- oder Persönlichkeitswandels handelt. Mit dieser Lebensweise muss sich jeder Betroffene auch im analogen Leben abfinden und sein Verhalten entsprechend anpassen, indem er im Vorneherein überlegt, wie viel er von sich preisgibt.

D. Ergebnis zum Widerruf

Der Widerruf der datenschutzrechtlichen Einwilligung ist das wichtigste Mittel, um einmal eingestellte personenbezogene Daten nachträglich wieder aus dem Internet „zurückzuholen". Ein erfolgreicher Widerruf führt zu einem Löschungsanspruch des Betroffenen hinsichtlich der streitgegenständlichen Daten gegenüber dem Dienstanbieter. Während das Widerrufsrecht für Inhaltsdaten bislang auf bundesgesetzlicher Ebene lediglich allgemein anerkannt, jedoch nicht normiert war, trifft nun die Datenschutz-Grundverordnung explizite Regelungen zum Widerrufsrecht als solchem und zu dem daraus folgenden Löschungsanspruch. Sowohl nach der bisherigen als auch nach der künftigen Rechtslage läuft die Prüfung eines zulässigen Widerrufs auf eine einzelfallbezogene Interessenabwägung hinaus, im Rahmen derer das Betroffenenrecht auf informationelle Selbstbestimmung mit den Interessen der Dienstbetreiber und denen der Allgemeinheit in Einklang zu bringen sind. Dabei spielen insbesondere Aspekte wie die Sensibilität der Daten, die Eigenverantwortlichkeit des Betroffenen bei Datenpreisgabe sowie der Überzeugungs- und Gesinnungswandel des Betroffenen eine Rolle.

E. Zeitliche Befristung der Einwilligung („Verfallsdatum")

Neben dem Widerruf ist die zeitliche Befristung der Einwilligung ein probates Mittel, um selbst online gestellte Daten nach einer gewissen Zeit dem öffentlichen Zugriff der Internetnutzer wieder zu entziehen. Das Versehen der Einwilligung mit einem solchen „Verfallsdatum" kommt einer zeitlich begrenzten Speicherfrist gleich. Durch die zeitliche Begrenzung der Einwilligungswirkung könnte der Betroffene im Idealfall selbst das „Vergessen" seiner Daten programmieren.

Die bisherigen Regelungen der Datenschutzgesetze enthalten keine Regelung zur zeitlichen Beschränkung der Einwilligung durch den Betroffenen. Regelungen, die an zeitliche Abläufe anknüpfen, sind im deutschen Recht im Allgemeinen jedoch nicht unüblich und verfolgen unterschiedliche Zwecke, insbesondere Rechtssicherheit oder die Möglichkeit der Resozialisierung. Beispiele aus dem deutschen Privatrecht sind insofern die Vorschriften zur Verjährung, Ersitzung sowie Ausschlussfristen. Speziell im strafrechtlichen Bereich knüpft das Resozialisierungsinteresse in § 51 Absatz 1 Bundeszentralregistergesetz an zeitliche Abläufe an, sodass strafrechtliche Verurteilungen nach Ablauf einer bestimmten Frist aus dem Bundeszentralregister gelöscht werden müssen. Weitere Beispiele sind die gesetzlichen Befristungen in den BKA-Dateienrichtlinien.[368]

I. Auslegung der Einwilligung hinsichtlich einer zeitlichen Befristung

Vorliegend ist die zeitliche Reichweite einer datenschutzrechtlichen Einwilligung zu prüfen. Grundsätzlich ist es dem Rechtsinhaber möglich, seine Einwilligung thematisch, räumlich und auch zeitlich beschränkt zu erteilen.[369] Bei Bildnissen gilt dies auch nach dem Kunsturhebergesetz.[370] Bereits nach derzeitiger Rechtslage besteht also zumindest die theoretische Möglichkeit, die Einwilligung in der Form zeitlich zu beschränken, dass sie nach Ablauf einer bestimmten Zeitspanne

---

368 *Mallmann*, in: Simitis, § 20 BDSG Rn. 43 mit Verweis auf die Dateienrichtlinien des Bundeskriminalamts vom 26. Februar 1981, GMBl. 1981, 114 = Dok. A 8.
369 *Ohly*, AfP 2011, 428, 432; *Bundesgerichtshof*, GRUR 1956, 427, 428 – *Paul Dahlke*.
370 *Fricke*, in: Wandtke/Bullinger, § 22 KUG Rn. 13; *Götting*, in: Schricker, § 22 KUG Rn. 43.

entfällt. Dies käme im Ergebnis einer Speicherfrist gleich. Maßgeblich für die Feststellung einer zeitlichen Befristung ist dabei die Auslegung der Einwilligungserklärung. Da diese beim Onlinestellen von Daten zumeist in konkludenter Form erfolgt, kommt es bei dieser Auslegung maßgeblich auf die Perspektive eines objektiven Empfängers an:

1. Schlichtes Onlinestellen ohne weitere Anhaltspunkte

Fraglich ist, ob durch die Onlinestellung von Daten auf eine zeitliche Begrenzung der damit erteilten Einwilligung geschlossen werden kann und wie lange eine solche Einwilligung jeweils gelten würde. Hinsichtlich online gestellter Bildnisse wird angenommen, dass eine Einwilligung, die durch reines Onlinestellen ohne weitere Anhaltspunkte erging, zunächst *un*befristet erteilt worden ist, grundsätzlich nicht durch einen reinen Zeitablauf erlöschen kann, ihr aber auch keine unbegrenzte zeitliche Reichweite beigemessen werden kann.[371] Letztlich gilt bei der Einwilligung aufgrund des hier relevanten Grundrechtseinflusses ein enger Auslegungsmaßstab anhand der jeweils konkreten Zweckbestimmung.[372] Daher bedarf es insbesondere bei einer konkludenten Einwilligung für die Annahme einer zeitlichen Beschränkung tatsächlicher konkreter Umstände.[373] Aus der schlichten Onlinestellung personenbezogener Daten kann ohne weitere Anhaltspunkte nicht durch Auslegung eine zeitliche Begrenzung ermittelt werden. Ansonsten käme man nicht umhin, Art und Inhalt der jeweiligen Daten für jeden Einzelfall in der Form zu berücksichtigen, dass sich die Frage stellt, wann der Dateninhaber die betreffenden Daten wohl nicht mehr online verfügbar haben möchte oder wann sie sich für ihn persönlich „erledigt" haben. Dies wird mitunter von der jeweiligen Datensensibilität abhängen sowie davon, wie der Betroffene die jeweiligen Daten im Hinblick auf sein eigenes Image einordnet. Nur weil bestimmte Daten von einem objektiven Betrachter als für den Betroffenen negativ empfunden werden, bedeutet dies nicht, dass der Betroffene ebenso empfindet. Würde seine Einwilligung in diesem Fall ohne weitere Anhaltspunkte zeitlich beschränkt ausgelegt werden, wäre dies gegebenenfalls entgegen seinem Wunsch nach einer bestimmten Selbstdarstellung. Somit ist die Auslegung einer zeitlichen Begrenzung der Einwilligung bei selbst online gestellten Daten ohne weitere Anhaltspunkte nicht begründbar. In diesem Fall ist dem Betroffenen vielmehr das

---

371 *Fricke*, in: Wandtke/Bullinger, § 22 KUG Rn. 17.
372 *Libertus*, ZUM 2007, 621, 624.
373 *Ohly*, AfP 2011, 428, 432 f..

Recht auf Widerruf nahezulegen, mit dem er bei Vorliegen der entsprechenden Voraussetzungen zu einem Löschungsanspruch gelangt.

2. Anhaltspunkte für die Auslegung einer zeitlich begrenzten Einwilligung

Allerdings kann aus Sicht eines objektiven Empfängers auch nicht per se davon ausgegangen werden, dass eine beispielsweise durch Onlinestellen aktueller Fotos konkludent erklärte Einwilligung sich auf eine zeitlich unbegrenzte Speicherung, Bereitstellung oder Verlinkung erstreckt.[374] So wird vertreten, dass die Einwilligung im Einzelfall zeitlich beschränkt sei, wenn etwa das Bildnis einer Unternehmerin in einem Werbekatalog abgedruckt ist und diese ihre berufliche Tätigkeit beendet[375] oder bei intimen Fotos nach Beziehungsende.[376] Daraus lässt sich der Schluss ziehen, dass auch die Aussagekraft und Sensibilität der jeweiligen Daten im Einzelfall einen Anhaltspunkt bei der Auslegung zu einer zeitlichen Beschränkung geben können. Demgegenüber würde die Einwilligung bei Lichtbildern, die den Betroffenen im bekleideten Zustand in einer Alltags- oder Urlaubssituation zeigen, dahingehend ausgelegt werden können, dass diese Bilder auch längerfristig online stehen.

Ein ausschlaggebender Anhaltspunkt liegt aber vielmehr dann vor, wenn der Dateninhaber die eingestellten Daten von vorneherein mit einer Speicherfrist beziehungsweise einem „Verfallsdatum" versieht, nach Ablauf dessen die verantwortliche Stelle zur Löschung verpflichtet ist. Dogmatisch könnte eine solche Speicherfrist auf zwei verschiedene Weisen umgesetzt werden: Entweder könnte sie so konzipiert werden, dass der Betroffene bei ihrem Ablauf lediglich einen Anspruch auf Löschung erhält, den er sodann separat geltend machen muss, oder der Ablauf der Speicherfrist zur auflösenden Bedingung gemäß § 158 Absatz 2 Bürgerliches Gesetzbuch mit der Folge wird, dass die Einwilligung automatisch entfällt, die Datenspeicherung dadurch automatisch unzulässig wird und eine automatische Löschungspflicht der verantwortlichen Stelle ohne eine gesonderte Geltendmachung nach sich zieht. Die Vorstellung, die Speicherung personenbezogener Daten einem „programmierten Vergessen" zu unterziehen, besteht schon seit längerer Zeit. Rechtswissenschaftler wünschen sich eine gesetzliche Regelung zu einem „Verfallsdatum"[377] oder einer anderen Form von Speicherfrist.[378]

---

374 *Ohly*, AfP 2011, 428, 433; *Libertus*, ZUM 2007, 621, 625.
375 *Fricke*, in: Wandtke/Bullinger, § 22 KUG Rn. 17; *Oberlandesgericht Köln*, ZUM-RD 1999, 444, 445.
376 *Oberlandesgericht Koblenz*, ZD 2014, 568, 568.
377 Vergleiche *Bull*, NVwZ 2011, 257, 260.
378 *Ohly*, AfP 2011, 428, 433.

a. Speicherfristen in § 35 Absatz 2 Satz 2 Nummer 4 Bundesdatenschutzgesetz

Den einzigen gesetzlichen Anknüpfungspunkt für das Prinzip einer befristeten Speicherung im privaten Datenschutzrecht stellen bislang die in § 35 Absatz 2 Satz 2 Nummer 4 Bundesdatenschutzgesetz geregelten Speicherfristen dar. Danach hat die verantwortliche Stelle personenbezogene Daten zu löschen, soweit eine Prüfung jeweils am Ende des vierten beziehungsweise soweit es sich um Daten über erledigte Sachverhalte handelt und der Betroffene der Löschung nicht widerspricht, am Ende des dritten Kalenderjahres ergibt, dass die weitere Speicherung nicht erforderlich ist.[379]

Der Dienstanbieter muss also nach dieser Norm in regelmäßigen Abständen prüfen, ob eine fortdauernde Speicherung noch erforderlich ist. Bei einem entsprechenden Prüfungsergebnis gibt die Norm dem Betroffenen automatisch einen Löschungsanspruch, der nicht gesondert geltend gemacht werden muss.[380] Sinn und Zweck dieser Norm ist die „Entrümpelung" von Datenbeständen und das Erreichen klarer Rechtsverhältnisse zum Schutz des Betroffenen zu einem bestimmten Zeitpunkt.[381] Die Norm basiert dabei auf dem datenschutzrechtlichen Grundprinzip der Erforderlichkeit (siehe hierzu E. III. des zweiten Kapitels). Allerdings ging der deutsche Gesetzgeber mit dieser Norm über die Anforderungen der europäischen Grundlage des Artikels 12 lit. b) EU-Datenschutzrichtlinie hinaus. Insbesondere gilt die turnusmäßige Prüfungspflicht in § 35 Absatz 2 Satz 2 Nummer 4 Bundesdatenschutzgesetz gerade auch für Daten, die ursprünglich recht*mäßig* gespeichert worden sind.

In der Praxis wurde diese Prüfpflicht bislang wenig konsequent durchgeführt oder umgangen, indem die verantwortliche Stelle plötzlich neue Geschäftszwecke vorbrachte, zu deren Erfüllung die Daten angeblich erforderlich seien.[382] Seitdem aber die Vorstellung eines „Rechts auf Vergessen" aufgekommen ist, wird diese Norm vermehrt mit einem solchen in Verbindung gebracht.[383] Denn der deutsche Gesetzgeber bringt mit § 35 Absatz 2 Satz 2 Nummer 4 Bundesdatenschutzgesetz zum Ausdruck, dass er eine zeitlich unbegrenzte und ungeprüfte Speicherung personenbezogener Daten für unzulässig erachtet.[384]

---

379 Zur Berechnung der Fristen siehe *Dix*, in: Simitis, § 35 BDSG Rn. 42.
380 *Dix*, in: Simitis, § 35 BDSG Rn. 44.
381 *Dix*, in: Simitis, § 35 BDSG Rn. 42.
382 *Kodde*, ZD 2013, 115, 115.
383 *Spindler*, GRUR-Beil. 2014, 101, 105.
384 *Dix*, in: Simitis, § 35 BDSG Rn. 40.

Die Ansicht, dass die Norm auf Onlinesachverhalte generell abzulehnen sei, da eine derartige Prüfpflicht in diesen Fällen unzumutbar sei,[385] überzeugt nicht. Allerdings ist die Norm als „Recht auf Vergessen" in Bezug auf selbst eingestellte personenbezogene Inhaltsdaten gleichsam nicht geeignet: Der direkte Anwendungsbereich von § 35 Absatz 2 Satz 2 Nummer 4 Bundesdatenschutzgesetz sind Daten, die geschäftsmäßig zum Abruf bereitgestellt und dadurch zur Übermittlung verarbeitet werden. Dies mag grundsätzlich auf einige Daten in sozialen Netzwerken und in Suchmaschinen zutreffen.[386] Jedoch beruht die Verarbeitung der vorliegend betrachteten selbst online gestellten Inhaltsdaten regelmäßig auf einer Einwilligung des Betroffenen und gerade nicht auf der gesetzlichen Erlaubnisnorm des § 29 Bundesdatenschutzgesetz zur geschäftsmäßigen Verarbeitung zu Übermittlungszwecken. Insofern kommt für die bisherige Rechtslage allenfalls eine analoge Anwendung der Norm auf Inhaltsdaten, die auf einer Einwilligung beruhen, in Betracht. Die hierfür erforderliche planwidrige Regelungslücke und eine vergleichbare Interessenlage sind gegeben: Eine Norm, die eine turnusmäßige Prüfungspflicht zur Bekräftigung der Einwilligung vorsieht, die für die preisgegebenen Daten abgegeben wurde, besteht bislang nicht. Zugleich sind aber Sinn und Zweck der Norm zur Schaffung von Rechtsklarheit und transparenter Datenbestände zum Schutz des Betroffenen gleichermaßen bei Inhaltsdaten interessengerecht, die aufgrund einer Einwilligung verarbeitet werden. Vor diesem Hintergrund ist insbesondere das Merkmal der Erforderlichkeit einer weiteren Speicherung zu betrachten:

Grundsätzlich obliegt es der Auslegung im Einzelfall, wann die Speicherung bei einer datenverarbeitenden Stelle nicht länger erforderlich ist. Wünschenswert wäre insoweit eine Konkretisierung des Begriffs der „Erforderlichkeit", um die Umgehung der Norm in der Praxis zumindest zu erschweren.[387] Ein probates Mittel bestünde darin, den Betreiber dazu zu verpflichten, den konkreten Zweck der Datenverarbeitung festzulegen und dem Betroffenen transparent zu machen. Zudem sollten die Dienstanbieter entsprechend der zeitlichen Fristen die Betroffenen turnusmäßig um eine Weisung bitten und die Prüfung entsprechend dokumentieren.[388] Eine weitere Speicherung sollte jedenfalls nicht mehr erforderlich sein, sobald der Betroffene dem Datenverarbeiter ausdrücklich mitteilt, dass er keine weitere Speicherung der jeweiligen persönlichen Daten wünsche.[389] In

---

385 *Weichert*, VuR 2011, 323, 329.
386 *Nolte*, NJW 2014, 2238, 2241.
387 *Kodde*, ZD 2013, 115, 115.
388 So auch *Nolte*, ZRP 2011, 236, 238.
389 So auch *Nolte*, NJW 2014, 2238, 2241; *ders.*, ZRP 2011, 236, 238.

diesem Fall läge es beim Dienstanbieter, überwiegende eigene Interessen beziehungsweise Interessen der Allgemeinheit darzulegen, die für eine fortwährende Speicherung der Daten sprechen.

b. Zeitliche Befristung der Einwilligung nach der Datenschutz-Grundverordnung

aa. Wunsch nach Wiederaufnahme des Löschungsanspruchs wegen Ablaufs der Einwilligungsspeicherfrist in die Datenschutz-Grundverordnung

Zunächst wurde das Bedürfnis nach einer expliziten Regelung der zeitlichen Befristung der datenschutzrechtlichen Einwilligung in der Datenschutz-Grundverordnung aufgegriffen: In den Verordnungsentwürfen der Europäischen Kommission und des Europäischen Parlaments war ein expliziter Löschungsanspruch bei Ablauf der Speicherfrist der Einwilligung in Artikel 17 Absatz 1 lit. b) Variante 2 Datenschutz-Grundverordnung vorgesehen, wenn

> „...die Speicherfrist, für die die Einwilligung gegeben wurde, (...) abgelaufen [ist] und es (...) an einer anderweitigen Rechtsgrundlage für die Verarbeitung der Daten [fehlt]."

Der Löschungsanspruch galt demnach nicht absolut: Vielmehr zeigte die Einschränkung des „Fehlens einer anderweitigen Rechtsgrundlage" gemäß Artikel 17 Absatz 1 lit. b) Datenschutzgrundverordnung, dass auch der Löschung wegen einer abgelaufenen Speicherfrist zunächst eine Interessenabwägung vorauszugehen hat, da zu prüfen ist, ob die weitere Datenverarbeitung „zur Wahrung der berechtigten Interessen des für die Verarbeitung Verantwortlichen erforderlich" ist, Artikel 6 Absatz 1 lit. f) Datenschutz-Grundverordnung. Vor diesem Hintergrund überrascht es, dass die finale Version der Datenschutz-Grundverordnung vom Dezember 2015 den Löschungsgrund nach Artikel 17 Absatz 1 lit. b) Datenschutzgrundverordnung ersatzlos gestrichen hat.

Eine Widerafnahme dieser Regelung ist höchst wünschenswert, da diese Regelung eine besonders überzeugende Neuerung im Vergleich zur derzeitigen Rechtslage darstellen würde: Erstens würde dadurch erstmals im Gesetz geregelt, dass der Betroffene seine Einwilligung selbst unter eine von ihm bestimmbare zeitliche Befristung stellen kann.[390] Zweitens würde mit dieser Norm auch die Verknüpfung zwischen der vom Betroffenen initiierten Speicherfrist und der Datenlöschung bei Ablauf der Frist erstmals gesetzlich geregelt. Drittens würde die Regelung in Artikel 17 Absatz 1 lit. b) Alt. 2 Datenschutz-Grundverordnung

---

390 So auch *Gstrein*, ZD 2012, 424, 427.

in den genannten Vorgängerfassungen eine Speicherfrist regeln, die – im Gegensatz zum geltenden § 35 Absatz 2 Satz 2 Nummer 4 Bundesdatenschutzgesetz – explizit für den Bereich der Dateneinstellung *mit* Einwilligung des Betroffenen gilt. Viertens würde die Norm einen erheblich weiteren und flexibleren Umgang mit der Einwilligungsbefristung ermöglichen, als der bisherige § 35 Absatz 2 Nummer 4 Bundesdatenschutzgesetz. Insbesondere gäbe sie keinen pauschalen und starren Zeitraum für die Speicherfristen vor und könnte damit dem Wesen jedes einzelnen Datums gerecht werden. Im Interesse einer Verfügungsmacht über die eigenen Daten sollte der Betroffene schließlich hinsichtlich jedes konkreten von ihm mit Einwilligung eingestellten Datums selbst entscheiden können, wie lange die jeweilige Speicherungsfrist im einzelnen Fall betragen sollte. Fünftens würde die Regelung in Artikel 17 Absatz 1 lit. b) Variante 2 Datenschutz-Grundverordnung in den genannten Vorgängerfassungen einen Wandel bei der Steuerung der Speicherungsfrist bewirken: Nicht mehr die verantwortliche Stelle müsste die Erforderlichkeit der weiteren Speicherung in regelmäßigen Abständen überprüfen (wie bislang nach § 35 Absatz 2 Nummer 4 Bundesdatenschutzgesetz), vielmehr läge es in der Hand des Betroffenen selbst, seinen jeweiligen Daten mit nach eigenem Empfinden passenden Speicherfristen zu versehen.

Vor diesem Hintergrund wird deutlich, dass der europäische Gesetzgeber durch diese Regelung die Selbstautonomie im Datenschutzrecht überzeugend stärken würde. Dadurch würden die Betroffenenrechte an einer sinnvollen Stelle unterstützt, ohne die Interessenabwägung mit Rechten anderer außer Acht zu lassen. Mit dieser Methodik könnte der Betroffene selbst den unterschiedlichen hohen Sensibilitäten der betroffenen Daten durch eine entsprechende Anpassung der Speicherfristen nach eigener Einschätzung Rechnung tragen und die jeweils passende Speicherungsdauer für die konkreten Daten wählen. Insgesamt würde die Wiederaufnahme des Löschungsanspruchs wegen Ablaufs der Einwilligungsspeicherfrist in Artikel 17 Absatz 1 lit. b) Alt. 2 Datenschutz-Grundverordnung zu einzelfallabhängigeren und daher interessengerechteren Lösungen beitragen[391] und ist daher besonders wünschenswert.

bb. Wie geht es weiter ohne einen expliziten Löschungsanspruch?

Die Norm des § 35 Absatz 2 Satz 2 Nummer 4 Bundesdatenschutzgesetz wird in ihrer derzeitigen Fassung nicht in die Datenschutz-Grundverordnung aufgenommen. Jedoch werden der von der turnusmäßigen Prüfpflicht verfolgte datenschutzrechtliche Zweckbindungsgrundsatz ebenso wie der Grundsatz der

---

[391] Vergleiche *Gstrein*, ZD 2012, 424, 428.

Datensparsamkeit[392] in der finalen Fassung der Datenschutz-Grundverordnung geregelt: Artikel 17 Absatz 1 lit. a) Datenschutz-Grundverordnung enthält einen Löschungsanspruch wegen Zweckfortfalls oder -erfüllung, also für den Fall, dass die Daten für ihre ursprünglichen Verarbeitungszwecke nicht mehr notwendig sind. Ohne eine Wiederaufnahme des expliziten Löschungsanspruchs wegen Ablaufs der Einwilligungsspeicherfrist in die Datenschutz-Grundverordnung dürften diese Konstellationen daher in Zukunft über Artikel 17 Absatz 1 lit. a) Datenschutz-Grundverordnung in Verbindung mit den bislang geltenden Auslegungsgrundsätzen zur Befristung einer Einwilligung (siehe oben B. III. 2. dieses Kapitels) gelöst werden.

Der Anwendungsbereich von Artikel 17 Absatz 1 lit. a) Datenschutz-Grundverordnung geht dabei weiter als der des § 35 Absatz 2 Satz 2 Nummer 4 Bundesdatenschutzgesetz: Während die letztgenannte Norm lediglich im Fall der nach § 29 Bundesdatenschutzgesetz zulässigen Datenverarbeitung gilt, gilt die Verordnungsnorm generell bei jeder Datenverarbeitung unabhängig von ihrer jeweiligen Rechtfertigungsvariante – insbesondere also auch beim Zulässigkeitstatbestand der Einwilligung. Damit wird der Kerngedanke aus § 35 Absatz 2 Satz 2 Nummer 4 Bundesdatenschutzgesetz in die Datenschutz-Grundverordnung übertragen. Die Norm wird zudem erweitert und von konkreten Prüfungsfristen entkoppelt. Der Unklarheit, wann eine weitere Datenspeicherung im Einzelfall noch „erforderlich" ist, wird durch die Transparenz gegenüber dem Betroffenen im Hinblick auf die im Einzelnen verfolgten Datenverarbeitungszwecke entsprechend der Informationspflicht in Artikel 14 Absatz 1 lit. b) Datenschutz-Grundverordnung entgegen gewirkt.

II. Ergebnis zur zeitlichen Befristung der Einwilligung

Die bislang geltende Norm des § 35 Absatz 2 Satz 2 Nummer 4 Bundesdatenschutzgesetz kann nur bedingt bei der vorliegenden Rechtsfrage nach einem „Recht auf Vergessen" hinsichtlich selbst online gestellter Inhaltsdaten weiter helfen. Auch bei einem Umweg über die analoge Anwendung der Norm auf Daten, die auf dem Erlaubnistatbestand der Einwilligung beruhen, bleibt unklar, wann eine weitere Speicherung nicht mehr erforderlich ist. Insoweit war der sich in den Entwürfen zur Datenschutz-Grundverordnung seitens der Europäischen Kommission und des Europäischen Parlaments abzeichnende Wandel mit einem expliziten Löschungsanspruch wegen Ablaufs der Einwilligungsspeicherfrist im Verordnungstext sehr zu begrüßen. Dass dieser in der Endversion

---

392 *Gstrein*, ZD 2012, 424, 427.

zur Datenschutz-Grundverordnung ersatzlos gestrichen wurde, überzeugt nicht. Da die Fälle eines Löschungsbegehrens wegen Ablaufs der zeitlich befristeten Einwilligung ohne eine solche explizite Norm auch nicht über die Hilfskonstruktion der Löschung wegen Zweckerledigung abschließend gesetzlich geregelt werden können, wäre die Wiederaufnahme des Löschungsanspruchs wegen Ablaufs der Einwilligungsspeicherfrist nach dem Vorbild des Parlamentsentwurfs als zweite Variante von Artikel 17 Absatz 1 lit. b) Datenschutz-Grundverordnung besonders wünschenswert.

F. Technischer Selbstdatenschutz im Internet

Auf die Verknüpfung von Datenschutzrecht und Technik im Allgemeinen wird im Kapitel zur technischen Umsetzung der datenschutzrechtlichen Löschungsansprüche vertieft eingegangen (siehe B. des sechsten Kapitels). Die technische Komponente des Selbstdatenschutzes im Internet wird jedoch aufgrund des Sachzusammenhangs im vorliegenden Kontext behandelt. Die kontinuierliche Weiterentwicklung im Bereich des Internets führt zu immer neuen Technologien sowie zu einer Zunahme digital vernetzter Datenprozesse. Die Kontrolle des Einzelnen über die eigenen persönlichen Daten, die er online von sich preisgegeben hat, und die technische Umsetzung der rechtlichen Instrumentarien werden dadurch zu Herausforderungen. Daher widmet sich der folgende Abschnitt den technischen Möglichkeiten einer Umsetzung und Implementierung des Selbstdatenschutzes im Internet. Im Zusammenhang mit dem „Recht auf Vergessen" hinsichtlich selbst online gestellter Daten finden in Deutschland und auf europäischer Ebene aktuell Diskussionen um einen sogenannten „digitalen Radiergummi", ein „programmiertes Vergessen" sowie ein „Verfallsdatum" für persönliche Daten statt.[393] Hinter diesen Begriffen steht die Idee, dass der Betroffene mit Hilfe einer technischen Implementierung die Dauer der jeweiligen Speicherungsfristen selbstständig und frei bestimmen kann.

---

393 Ein wichtiger Anstoß für den „Digitalen Radiergummi" erfolgte durch die Datenschutzbeauftragten des Bundes und der Länder, siehe insoweit Tätigkeitsbericht 2009 und 2010 des Bundesbeauftragten für den Datenschutz und die Informationsfreiheit, S. 24 ff., online abrufbar unter http://www.bfdi.bund.de/SharedDocs/Publikationen/ Taetigkeitsberichte/TB_BfDI/23TB_09_10.pdf?__blob=publicationFile&v=6. Vergleiche ferner *Kalabis/Selzer*, DuD, 2012, 670, 671 ff.; *Spindler*, NJW-Beil. 2012, 98, 101. Auch die ehemalige Bundesministerin für Ernährung, Landwirtschaft und Verbraucherschutz *Aigner* stellte im Januar 2011 den „Digitalen Radiergummi" vor, http://www.sueddeutsche.de/digital/ilse-aigner-stellt-neue-software-vor-radiergummi-fuer-fotos-im-netz-1.1045072.

I. Gesetzliche Anknüpfungspunkte zum technischen Selbstdatenschutz

Die im Folgenden vorgestellten Ansätze verfolgen allesamt das Ziel, die alleinige Kontrolle des Internetnutzers über seine Daten zu unterstützen.[394] Ein gesetzlicher Anknüpfungspunkt für die technische Umsetzung des Selbstdatenschutzes war in den Vorgängerfassungen in Artikel 17 Absatz 7 Datenschutz-Grundverordnung (Kommissionsfassung) beziehungsweise dem insoweit wortgleichen Artikel 17 Absatz 8a Datenschutz-Grundverordnung (Parlamentsfassung) enthalten. Danach war der Verantwortliche verpflichtet, Vorkehrungen zu treffen, um sicherzustellen, dass die Fristen für die Löschung personenbezogener Daten sowie die regelmäßige Überprüfung der Notwendigkeit ihrer Speicherung eingehalten werden. Die Überprüfungen müssten dabei durch geeignete Vorkehrungen und in regelmäßigen Zeitabständen erfolgen. Wenngleich diese Norm in der finalen Fassung ersatzlos gestrichen worden ist, so sollte ihr Gedanke mit Blick auf den Löschungsgrund in Artikel 17 Absatz 1 lit. a) Datenschutz-Grundverordnung (Erledigung des ursprünglichen Zwecks der Datenverarbeitung) weiterhin gelten, als dieser Löschungsgrund nach der finalen Verordnungsfassung den Fall einer befristeten Einwilligung erfasst (siehe B. III. bb. (2) dieses Kapitels). Die technische Implementierung des Selbstdatenschutzes ist nicht zuletzt essentiell, um die Verknüpfung zwischen dem rechtlich Wünschenswerten und dem technisch Machbaren zu fördern. Im Folgenden werden demnach Programmierungs- und Implementierungsansätze für die technische Umsetzung selbst generierter Speicherfristen für selbst online gestellte Daten vorgestellt.

II. Technisch eingeschränkte Zugriffsmöglichkeit des Betroffenen

Um einen optimalen Schutz des Grundrechts auf informationelle Selbstbestimmung zu gewährleisten, bedürfte es eines Programms, mit Hilfe dessen der Betroffene selbst zu jeder Zeit die alleinige Kontrolle über und den Zugriff auf seine personenbezogenen Daten hätte.[395] Derartige Kontrollmöglichkeiten stehen dem Betroffenen in der Realität des Internets aufgrund seiner ausgeprägten globalen Vernetzung aber nicht zur Verfügung.[396] Einmal online gestellte Daten werden regelmäßig unüberschaubar häufig kopiert und verlinkt. Technisch gesprochen ist die Datenlöschung aus dem Internet daher die Bearbeitung eines Datums,

---

394 Vergleiche *Jandt/Kieselmann/Wacker*, DuD 2013, 235, 240.
395 Vergleiche *Jandt/Kieselmann/Wacker*, DuD 2013, 235, 239.
396 *Jandt/Roßnagel*, MMR 2011, 637, 637.

das unter fremder Kontrolle steht.[397] Für den Betroffenenschutz optimal wäre daher ein Programm, das es dem Betroffenen ermöglicht, den Zeitpunkt der Löschung selbst zu bestimmen und dabei eine internetweite Löschung erreichen zu können.[398] Nach dem derzeitigen Stand der Technik kann ein Betroffener allerdings weder auf den Server des Dienstanbieters selbst noch auf den Server eines Dritten, der Kopien der Daten enthält, zugreifen und eine Löschung technisch erzwingen.[399] So ist er selbst gegenüber dem Dienstanbieter, der die betreffenden Daten erstmals veröffentlicht hat, auf seine rechtlichen Instrumentarien beschränkt, namentlich auf seine datenschutzrechtlichen Löschungsansprüche. Er muss darauf vertrauen, dass der jeweilige Anspruchsgegner diese Ansprüche auch tatsächlich in ihrer Rechtsfolge umsetzt.[400] Die im Folgenden beleuchteten Implementierungsansätze zum Selbstdatenschutz betreffen dabei persönliche Daten, die sich auf dem Server des primär Verantwortlichen, also des Betreibers befinden, auf dessen Webseite der Betroffene seine Daten ursprünglich eingestellt hat.[401]

III. Konsequenzen für die Praxis

Aufgrund des allgemeinen Wandels zu einem verbraucherfreundlicheren Rechtsrahmen im Datenschutz sollten sich die Onlinedienste um Wahrung von Rechtskonformität bemühen und neue Implementierungen nutzen, die dem Betroffenen die Bestimmung von Löschungsfristen hinsichtlich seiner personenbezogenen Daten ermöglichen und sicherstellen, dass gesetzte Löschungsfristen sowie Prüfungen der Erforderlichkeit einer weiteren Speicherung eingehalten werden. Ein effektiver Selbstdatenschutz durch selbst generierte Einwilligungsfristen kann allein im Wege eines automatisierten Verfahren erfolgen. Ein manuelles Verfahren, etwa in Gestalt einer E-Mail an den Betreiber, in dem der Betroffene ihm die gewünschte Frist für jedes einzelne online gestellte Datum mitteilt, ist realiter nicht praktikabel. So sollte die Erklärung der Einwilligung auch in technischer Hinsicht an den modernen Datenverkehr im Internet angepasst werden und sich die Nutzer automatisierter Programme zur Umsetzung ihrer informationellen

---

397 *Jandt/Kieselmann/Wacker*, DuD 2013, 235, 240.
398 Vergleiche *Jandt/Kieselmann/Wacker*, DuD 2013, 235, 239.
399 *Jandt/Kieselmann/Wacker*, DuD 2013, 235, 239.
400 *Jandt/Kieselmann/Wacker*, DuD 2013, 235, 239.
401 Hinsichtlich der Datenkopien auf den Servern Dritter wird im Rahmen der Umsetzungspflichten des primären Dienstanbieters diskutiert, ob und inwieweit dieser dafür Sorge zu tragen hat, dass auch Dritte ihre Kopien von den betreffenden Daten löschen, siehe hierzu ausführlich Abschnitt G. des sechsten Kapitels.

Selbstbestimmung bedienen können.[402] Vor diesem Hintergrund werden im Folgenden die hervorzuhebenden technischen Implementierungsansätze zur Umsetzung einer befristeten datenschutzrechtlichen Einwilligung als Mittel zum Selbstdatenschutz erörtert:

IV. Technische Implementierungsansätze

1. „Digital Rights Management"-Techniken

Das Prinzip eines „Digitalen Radiergummis" basiert auf den Techniken des „Digital Rights Management". Dabei handelt es sich um Kopierschutz-Techniken, die zunächst zum Schutz urheberrechtlicher Werke entwickelt wurden, jedoch auch auf Onlineinhalte ohne urheberrechtlichen „Werk"-Charakter übertragbar sind.[403] Grundvoraussetzungen für den Erfolg solcher Systeme sind neben ihrer Effektivität ihre Plattform- und Formatunabhängigkeit.[404] Plattformunabhängigkeit ist gegeben, wenn eine Technik auf jeder relevanten Internetplattform sowie unabhängig von dem jeweiligen Betriebssystem oder Browser ihres Nutzers zur Verfügung gestellt wird.[405] Formatunabhängigkeit bezeichnet die Möglichkeit, den Schutzmechanismus technisch auf sämtliche Inhalte anzuwenden, unabhängig von deren Format, etwa in Bild-, Text- oder Videoform.[406] Die Integrität einer solchen Technik hängt naturgemäß auch von einem durchgreifenden Schutzmechanismus ab.[407]

2. Softwareumsetzungsmechanismen

Um den dargestellten Anforderungen an eine funktionierende „Digital Rights Management"-Technik zu genügen, sind im Allgemeinen drei unterschiedliche Techniken denkbar: Software, Hardware und ein vollständig abgeschottetes System.[408] Lediglich das abgeschottete System kommt dabei einem vollständigen Schutz nahe.[409] Da das Internet jedoch kein in sich geschlossenes System ist, kommen als

---

402 *Roßnagel/Richter/Nebel*, ZD 2013, 103, 108.
403 *Federrath/Fuchs/Hermann/Maier/Scheuer/Wagner*, DuD 2011, 403, 407.
404 Zu diesen Anforderungen ausführlich *Federrath/Fuchs/Hermann/Maier/Scheuer/Wagner*, DuD 2011, 403, 403 f..
405 *Federrath/Fuchs/Hermann/Maier/Scheuer/Wagner*, DuD 2011, 403, 403.
406 *Federrath/Fuchs/Hermann/Maier/Scheuer/Wagner*, DuD 2011, 403, 403.
407 *Federrath/Fuchs/Hermann/Maier/Scheuer/Wagner*, DuD 2011, 403, 404.
408 Zu diesen Umsetzungsmethoden ausführlich *Federrath/Fuchs/Hermann/Maier/Scheuer/Wagner*, DuD 2011, 403, 404.
409 *Federrath/Fuchs/Hermann/Maier/Scheuer/Wagner*, DuD 2011, 403, 404.

Umsetzungsmethoden eines „Rechts auf Vergessen" im Internet lediglich software- und hardwarebasierte Lösungen in Betracht, die jeweils mit Vor- und Nachteilen behaftet sind. Die in der Vergangenheit entwickelten technischen Lösungskonzepte wurden dabei vorwiegend auf Softwareebene konzipiert. Wenngleich hardwarebasierte Lösungen systemsicherer sind, also geschützter gegen Umgehungen und Manipulationen, sind ihnen die softwarebasierten Lösungen wiederum in Sachen Bedien- und Beherrschbarkeit für die Nutzer überlegen.[410] Auch ist der Einsatz von Software technisch leichter zu integrieren, da das entsprechende Programm, hier im Vertrauensbereich des Nutzers installiert wird.[411] Vor diesem Hintergrund werden insbesondere zwei Ansätze analysiert, die den „Digitalen Radiergummi" auf Softwareebene umzusetzen versuchen – „X-Pire!" und „Vanish":

a. Das Programm „X-Pire!"

Vorreiter einer technischen Implementierung des sogenannten „Digitalen Verfallsdatums" ist das Plug-in „X-Pire!".[412] Dieses Programm wurde an der Universität des Saarlandes entwickelt und orientiert sich an der Zielsetzung, dem Betroffenen eine alleinige und umfassende Verfügungskontrolle über seine personenbezogenen Daten zu geben. Die Softwarelösung wurde seinerzeit speziell für Fotos in sozialen Netzwerken entwickelt,[413] wird heute allerdings nur noch für geschlossene Systeme angeboten.[414] Nichtsdestotrotz ist diese Technologie weiterhin von besonderer Bedeutung für den Selbstdatenschutz im Internet. Die Darstellung der ursprünglichen Funktionsweise von „X-Pire!" im öffentlichen Internet sowie eine Analyse ihrer Vor- und Nachteile ist insoweit wegweisend für die Weiterentwicklung vergleichbarer technischer Implementierungen in der Zukunft:

aa. Funktionsweise von „X-Pire!"

Die Funktion des Programms „X-Pire!" setzte voraus, dass es sowohl auf dem Computer des Einstellenden als auch auf dem des Datenbetrachters installiert war. Der Betroffene konnte sodann seine Bilder vor dem Hochladevorgang mit einem von ihm selbst eingestellten „Verfallsdatum" versehen. Dadurch wurden die Inhalte so verschlüsselt, dass sie nur innerhalb des vom Einstellenden gene-

---

410 *Gerling/Gerling*, DuD 2013, 445, 446.
411 *Federrath/Fuchs/Hermann/Maier/Scheuer/Wagner*, DuD 2011, 403, 404.
412 *Backes/Backes/Dürmuth/Gerling/Lorenz*: „X-Pire! – A digital expiration date for images in social networks", online abrufbar auf http://arxiv.org/pdf/1112.2649.pdf.
413 *Gerling/Gerling*, DuD 2013, 445, 446.
414 Siehe http://www.backes-srt.com/solutions/x-pire/.

rierten Zeitraums online zugänglich sein konnten. Der Schlüssel wurde dabei so programmiert, dass er nach der voreingestellten Zeit ablief. Ohne den Schlüssel waren die Daten nicht länger zugänglich.[415] Die Entwickler von „X-Pire!" sprachen bewusst anstelle von einem „digitalen Radiergummi" von einem „digitalen Verfallsdatum".[416] Denn das Programm diente nicht etwa dazu, die *nachträgliche* Löschung von Onlineinhalten zu erleichtern. Vielmehr sollte es dem Nutzer ermöglichen, seine Inhalte bereits *vor* dem Onlinestellen durch einen bestimmten Schlüssel mit einem Ablaufdatum zu versehen.

bb. Analyse der Technologie „X-Pire!"

Seinerzeit wurde „X-Pire!" kostenfrei zum Download bereit gestellt, was die Praxistauglichkeit eines solchen Programms im Allgemeinen erheblich steigert, da gerade die junge Generation oftmals unüberlegt komprommitierende Inhalte online stellt, es jedoch gleichzeitig gewohnt ist, Internetdienste kostenfrei zu konsumieren.[417] Wenngleich „X-Pire!" speziell für Bildformate entwickelt worden war, so gaben die Programmentwickler rasch bekannt, dass das zugrunde liegende Arbeitsprinzip auch auf personenbezogene Daten anderer Formate, etwa in Textform, angewendet werden könne, eine Formatunabhängigkeit also erreichbar war.[418]

Die wesentliche Schwachstelle des Programms lag in der zentralen Struktur des Schlüsselservers:[419] Entgegen des im Onlinebereich üblichen Prinzips dezentraler Verteiltheit band sich die „X-Pire!"-Technologie an einen einzigen Serverbetreiber zur Speicherung und Verwaltung der Schlüssel. Sämtliche Schlüssel lagen also auf einem zentralen Gesamtserver. Die Sicherheit und Vertraulichkeit der personenbezogenen Daten sind hierbei einem hohen Risiko ausgesetzt, da ein Zentralserver als zentrales und lohnendes Angriffsziel lockt und zudem im Falle seines Serverausfalls keiner der Schlüssel und damit keines der Bilder mehr abrufbar wäre.[420]

Ein weiterer Kritikpunkt an der „X-Pire!"-Systematik waren ihre Manipulations- und Umgehungsmöglichkeiten: So schützte das Programm die verschlüssel-

---

415 Siehe für eine detaillierte Beschreibung der technischen Funktionsweise von „X-Pire!" *Jandt/Kieselmann/Wacker*, DuD 2013, 235, 239 f.; *Kalabis/Selzer*, DuD 2012, 670, 672; *Federrath/Fuchs/Hermann/Maier/Scheuer/Wagner*, DuD 2011, 403, 403 ff..
416 www.x-pire.de.
417 *Federrath/Fuchs/Hermann/Maier/Scheuer/Wagner*, DuD 2011, 403, 403.
418 *Gerling/Gerling*, DuD 2013, 445, 445 f.; *Jandt/Kieselmann/Wacker*, DuD 2013, 235, 240.
419 *Federrath/Fuchs/Hermann/Maier/Scheuer/Wagner*, DuD 2011, 403, 405.
420 *Federrath/Fuchs/Hermann/Maier/Scheuer/Wagner*, DuD 2011, 403, 405; *Kalabis/Selzer*, DuD 2012, 670, 672.

ten Bilder zwar vor einem Abruf *nach* Ablauf des Verfallsdatums, nicht aber vor einer missbräuchlichen Umgehung des Systems *vor* dessen Ablauf. So könnten Betrachter das Verfallsdatum dadurch umgehen, dass sie den Schlüssel noch vor Ablauf des Verfallsdatums durch die Bildanzeige abrufen und „mit geringem Aufwand" bei sich dauerhaft aufbewahren.[421] Sie könnten auf diese Weise das Bild nach dem Ablauf des Verfallsdatums weiterhin betrachten. Während sich bei einer solchen Schlüsselzwischenspeicherung durch einzelne Betrachter das Risiko für den Datenschutz noch in Grenzen hält,[422] liegt dies doch anders, sobald Betreiber ganzer Onlinenetzwerke das Programm auf diese Weise aushebeln und eine Schlüsselsammlung im großen Stil betreiben.[423]

cc. Resümee zu „X-Pire!": Stärkung des Selbstdatenschutzes

Die aufgezeigten Manipulationsmöglichkeiten der „X-Pire!"-Technologie begründen sich hauptsächlich darin, dass es sich um eine Lösung auf Softwareebene handelt. Derartige Eingriffe sind auf Softwareebene technisch nicht ausschließbar.[424] Es wäre jedoch unsachgerecht, Forschung und Entwicklung auf Softwareebene mit dem Argument potentieller Umgehungsmöglichkeiten im Keim zu ersticken. Zum einen wird zur Förderung von Innovationen in der informationstechnologischen Sicherheitspraxis regelmäßig ein kooperatives Nutzerverhalten im Einklang mit den jeweiligen Nutzungsregeln unterstellt.[425] Zum anderen haben die Entwickler von „X-Pire!" mit ihrem Programm jedenfalls eine erste Möglichkeit geschaffen, rechtliche Vorgaben zum Datenschutz technisch zu implementieren, was in besonderem Maße zu begrüßen ist.[426] Durch dieses Programm wurde die Basis für die Weiterentwicklung einer Technologie zum Selbstdatenschutz geschaffen.[427] Einen solchen Optimierungsansatz greift beispielsweise das System „Vanish" auf:

b. Das Programm „Vanish"

Wie dargestellt, ließe sich die Implementierungsmethode „X-Pire!" durch eine dezentrale Struktur der Schlüsselserver optimieren. Das bekannteste Plug-in, das eine dezentrale Schlüsselserverstruktur verwendet, heißt „Vanish" und wurde

---

421 So *Federrath/Fuchs/Hermann/Maier/Scheuer/Wagner*, DuD 2011, 403, 406.
422 Vergleiche *Jandt/Kieselmann/Wacker*, DuD 2013, 235, 240.
423 Im Einzelnen hierzu *Federrath/Fuchs/Hermann/Maier/Scheuer/Wagner*, DuD 2011, 403, 406 f..
424 *Gerling/Gerling*, DuD 2013, 445, 446.
425 *Gerling/Gerling*, DuD 2013, 445, 446.
426 Ebenso *Kalabis/Selzer*, DuD 2012, 670, 673.
427 Ebenso *Federrath/Fuchs/Hermann/Maier/Scheuer/Wagner*, DuD 2011, 403, 407.

an der Universität von Washington entwickelt.[428] Ähnlich wie „X-Pire!" basiert auch „Vanish" auf dem Prinzip eines Datenverfallsdatums und funktioniert durch Installation auf dem Rechner des Einstellers und dem des Betrachters.[429] Der wesentliche Unterschied zu „X-Pire!" liegt darin, dass „Vanish" die Schlüssel in einer dezentralen Serverstruktur verteilt. Der mit dem Verfallsdatum versehene Schlüssel wird in mehrere Teile aufgespalten, die auf verschiedenen Servern abgelegt werden. Möchte ein Betrachter das Datum entschlüsseln, benötigt er hierfür eine Mindestanzahl der zuvor gesplitteten Schlüsselteile.[430] Auch diese Technologie ist plattform- und formatunabhängig. Durch die dezentrale Schlüsselorganisation wird die Sicherheit des Systems gesteigert und ein systematisches Sammeln von Schlüsseln erheblich erschwert. Daher gilt „Vanish" als die optimierte und alltagstaugliche Weiterführung des Programms „X-Pire!".[431]

3. Vorzug der Softwarelösung

Wegen der aufgezeigten Schwächen bei Softwarelösungen, insbesondere deren Umgehungsmöglichkeiten, verfolgen einzelne Vertreter der Informationstechnologie Lösungsansätze durch Hardwaresysteme.[432] Die entsprechende Hardware muss dabei im Computer des Betrachters verbaut sein. Hierbei werden die personenbezogenen Daten, die der Betrachter auf seinem eigenen Rechner gespeichert hat, identifiziert und, sobald der Löschstatus der betreffenden Bilder erkannt wird, deren Weiterleitung verwehrt.[433] Sobald das Programm also erkannt hat, dass die gegenständliche Ursprungsdatei gelöscht worden ist, würde die eigene Weiterverbreitungsmöglichkeit für den Betrachter bereits auf seiner Hardwareebene unterbunden werden.[434] Trotz der Vorzüge solcher Hardwarelösungen in puncto Manipulierbarkeit sind auf dem Gebiet des Selbstdatenschutzes im Internet dennoch die Lösungen auf Softwareebene vorzuziehen, da diese im Gegensatz zu Hardwarelösungen von den Internetnutzern unkomplizierter zu bedienen und

---

428 Das Programm steht zum Download bereit unter https://vanish.cs.washington.edu/download.html.
429 Siehe zu Einzelheiten *Kalabis/Selzer*, DuD 2012, 670, 673.
430 *Kalabis/Selzer*, DuD 2012, 670, 673.
431 *Federrath/Fuchs/Hermann/Maier/Scheuer/Wagner*, DuD 2011, 403, 405; *Kalabis/Selzer*, DuD 2012, 670, 673.
432 *Jandt/Kieselmann/Wacker*, DuD 2013, 235, 241.
433 *Jandt/Kieselmann/Wacker*, DuD 2013, 235, 241.
434 *Jandt/Kieselmann/Wacker*, DuD 2013, 235, 241.

zu beherrschen sind und dadurch eine realistischere Chance bieten, den Selbstdatenschutz in das Internet tatsächlich zu implementieren.[435]

G. Gesamtergebnis zum dritten Kapitel

Es bestehen bereits nach derzeitiger Rechtslage Ansprüche des Betroffenen auf Löschung seiner zuvor selbst online veröffentlichten Daten. Dabei bildet der Widerruf der Einwilligung das wichtigste Instrument in der Rechtspraxis. Hier wird die Datenschutz-Grundverordnung die Rechtslage insoweit verändern, als dass sie zum einen das Widerrufsrecht der datenschutzrechtlichen Einwilligung explizit normiert und dabei auch die Einwilligung durch Kinder und Jugendliche besonders regelt. Zum anderen wird die Konsequenz des Löschungsanspruchs nach einem erfolgreichen Widerruf ausdrücklich normiert sein. Damit stärkt die künftige Rechtslage die Selbstbestimmtheit des Betroffenen im Umgang mit eigens eingestellten Daten in besonderem Maße. Zugleich wird aber auch deutlich, dass eine „Rückholung" eigens eingestellter Daten in keinem Fall pauschal erlaubt sein kann, sondern es vielmehr auf eine Rechts- und Interessenabwägung im Einzelfall ankommt. Die auch einer Löschung selbst eingestellter Daten dienende zeitliche Befristung der datenschutzrechtlichen Einwilligung ist nach bisheriger Rechtslage anerkannt und wird künftig weiterhin möglich sein. Die explizite Normierung dieses Instruments im Verordnungstext bleibt allerdings zumindest momentan eine Wunschvorstellung. Neben den rechtlichen Entwicklungen sind auch die technischen Entwicklungen auf dem Gebiet des Selbstdatenschutzes vorangeschritten und bieten wegweisende Orientierungspunkte. Diese sind insbesondere vor dem Hintergrund wichtig, dass im Datenschutz eine Verknüpfung zwischen Recht und Technik essentiell für das Gelingen beider Positionen ist.

---

435 Vergleiche auch *Gerling/Gerling*, DuD 2013, 445, 446.

Viertes Kapitel
Ein „Recht auf Vergessen" im Hinblick auf Online-Archive der Presse

Trotz seiner Fähigkeit zur Erinnerung hat der Mensch bereits früh damit begonnen, sich ausgelagerte Gedächtnis- und Erinnerungsstätten zu schaffen, etwa in Form von Bibliotheken, Datenbanken und Archiven,[436] um sich so ein „kollektives Gedächtnis" aufzubauen. Einen wesentlichen Teil hiervon bildet das sogenannte „kulturelle Gedächtnis",[437] denn die Identität des Individuums sowie der gesamten Menschheit wird besonders durch ihre Vergangenheit geprägt. Daher haben Presseverlage und andere journalistische Medienunternehmen ihre herausgegebenen Zeitungen und Zeitschriften bereits weit vor Beginn des Internetzeitalters in Printarchiven gespeichert.[438] Das Internet hat insoweit zur „Vergesellschaftung der Medienarchive"[439] geführt: Früher hatte die Erstveröffentlichung eher einen „flüchtigen" Charakter, da beispielsweise die Zeitung mit dem Ursprungsbericht regelmäßig nach einiger Zeit weggeworfen wurde und der Bericht dann nicht länger über dieses Medium verfügbar war. Die damaligen Pressearchive waren regelmäßig als nicht frei zugängliche Präsenzarchive ausgestaltet und wurden fast ausschließlich von Fachleuten zur Recherche genutzt.[440] Die übrigen Interessierten mussten zur Recherche öffentlich zugängliche Bibliotheken aufsuchen, wo sie den gewünschten Beitrag zunächst suchen und anschließend kopieren konnten.[441] Demgegenüber unterhält heutzutage nahezu jede Tages- und Wochenzeitung ein Online-Archiv zur Speicherung und Bereithaltung sämtlicher Beiträge aus ihren Print- oder Onlineausgaben.[442]

---

436 Siehe insoweit *Libertus*, ZUM 2007, 143, 143; *Dreier/Euler/Fischer/van Raay*, ZUM 2012, 273, 274.
437 Siehe für Einzelheiten *Dreier/Euler/Fischer/van Raay*, ZUM 2012, 273, 273.
438 *Mann*, in: Leible/Kutschke, 133, 133; *Libertus*, ZUM 2007, 143, 143.
439 *Mann*, in: Leible/Kutschke, 133, 133.
440 *Libertus*, ZUM 2007, 143, 143.
441 *Mann*, in: Leible/Kutschke, 133, 133.
442 Berühmte Vorreiter sind insofern die Archive des Magazins „Spiegel" sowie die Archive von „Gruner + Jahr", die unter anderem für das Magazin „Stern" archivieren, siehe *Mann*, in: Leible/Kutschke, 133, 133; *Libertus*, MMR 2007, 143, 149. *Petersdorff-Campen*, ZUM 2008, 102, 102 bezeichnet digitale Online-Archive daher als „kollektives audiovisuelles Gedächtnis der Informationsgesellschaft".

Indem die Recherche in Online-Archiven im Vergleich zu den ursprünglichen Printarchiven wesentlich leichter geworden ist,[443] steigt oftmals auch der Wunsch der Personen, deren Persönlichkeitsrechte von etwaigen Zeitungsberichten betroffen sind, diese Berichte später einmal wieder in Vergessenheit geraten zu lassen. Diesem Wunsch stehen jedoch die Charakteristika eines Online-Archivs entgegen: So kann letztlich jede Person mit Internetanschluss binnen kürzester Zeit einen umfassenden Zugang auf archivierte Berichte erhalten (Zeitfaktor). Während Druckerzeugnisse in begrenzter Auflage erscheinen, entfalten die online gestellten Berichte außerdem ein weltweites Publikum (Prangerwirkung, siehe bereits B. III. des zweiten Kapitels).[444] Suchfunktionen innerhalb der einzelnen Archive sowie Suchfunktionen übergeordneter Online-Suchmaschinen, wie Google, verstärken beide Faktoren zusätzlich. Journalistische Online-Archive genießen dabei auch auf kommunikationspolitischer Ebene einen besonderen Stellenwert.[445] Vor diesem Hintergrund wird deutlich, dass für eine Person, die in einem Zeitungsartikel namentlich bezeichnet oder abgebildet wird, der Rückzug aus der so geschaffenen Öffentlichkeit im Zeitalter von Online-Archiven erheblich erschwert worden ist. Das folgende Kapitel beleuchtet daher die Möglichkeiten eines „Rechts auf Vergessen" im Hinblick auf solche Online-Archive der Presse.

A. Anwendung des Allgemeinen Persönlichkeitsrechts

In den Fallgestaltungen zum „Recht auf Vergessen" im Hinblick auf journalistische Online-Archive ist der Betroffene in verschiedenen Ausprägungen seines Allgemeinen Persönlichkeitsrechts betroffen, insbesondere seinem Grundrecht auf Datenschutz, also dem Recht auf informationelle Selbstbestimmung sowie seinem Recht auf Privatsphäre. Sein Rechtsschutzziel besteht regelmäßig darin, die entsprechend archivierten Berichte löschen zu lassen, die personenbezogene Daten von ihm, wie Namen und Bilder, enthalten. Da die Bereithaltung namensnennender Berichte in Online-Archiven ein „Verarbeiten" personenbezogener Daten gemäß § 3 Absatz 4 Satz 1 Bundesdatenschutzgesetz darstellt, ist in diesen

---

443 *Alexander*, ZUM 2011, 382, 383; *Petersdorff-Campen*, ZUM 2008, 102, 102.
444 *Mann*, in: Leible/Kutschke, 133, 133; *Gounalakis/Klein*, NJW 2010, 566, 567.
445 *Petersdorff-Campen*, ZUM 2008, 102, 102; *Libertus*, ZUM 2007, 143, 143 mit Hinweis auf die Mitteilung der *Europäischen Kommission* an das Europäische Parlament, den Rat, den Europäischen Wirtschafts- und Sozialausschuss und den Ausschuss der Regionen – i2020: Digitale Bibliotheken, KOM(2005) 465 endg. – Amtsblatt C 49 vom 28. Februar 2008.

Fällen grundsätzlich der Anwendungsbereich der Datenschutzgesetze eröffnet.[446] Jedoch gilt bei den vorliegend behandelten *journalistischen* Online-Archiven das sogenannte „Medienprivileg", das die Normen des Bundesdatenschutzgesetzes weitgehend unanwendbar macht, § 41 Bundesdatenschutzgesetz[447] beziehungsweise bei Bildnissen § 57 Absatz 1 Satz 1 des Staatsvertrags für Rundfunk und Telemedien.[448] Insbesondere gelten weder das Grundprinzip des Verbots mit Erlaubnisvorbehalt in § 4 Absatz 1 Bundesdatenschutzgesetz[449] noch Betroffenenrechte wie der Löschungsanspruch nach § 35 Absatz 2 Satz 2 Bundesdatenschutzgesetz.[450] Vielmehr gelten für sie die allgemeinen Rechtsgrundsätze und Löschungsansprüche außerhalb des Bundesdatenschutzgesetzes.

Im vorliegenden Kontext hat dies allerdings nur zur Konsequenz, dass sich die Anspruchsgrundlage des etwaigen Löschungsanspruchs nicht aus dem Bundesdatenschutzgesetz ergibt,[451] sondern aus dem allgemeinen zivilrechtlichen Unterlassungsanspruch in §§ 823 Absatz 1, 1004 Bürgerliches Gesetzbuch analog in Verbindung mit Artikel 1 Absatz 1 sowie Artikel 2 Absatz 1 Grundgesetz. Hingegen hat das Medienprivileg keine Auswirkung auf die Rechts- und Interessenabwägung in materiell-rechtlicher Hinsicht: Da der datenschutzrechtliche Persönlichkeitsschutz und das Allgemeine Persönlichkeitsrecht aufgrund ihrer gleichen Schutzrichtung nebeneinander in einem Verhältnis der Idealkonkurrenz stehen,[452] sind hier insbesondere im Rahmen der Interessenabwägung gleiche Maßstäbe anzulegen.[453]

---

446 *Bundesgerichtshof*, BGHZ 183, 353 Rn. 22 – *Deutschlandradio*; *Kaufmann*, MMR 2010, 520, 521.
447 Siehe *Weichert*, VuR 2011, 323, 324.
448 *Bundesgerichtshof*, GRUR 2010, 549, 552 – *„Spiegel-Dossier"*. Die Norm des § 57 Rundfunkstaatsvertrag ist eine Konkretisierung des Medienprivilegs in § 41 Bundesdatenschutzgesetz für bestimmte journalistisch-redaktionelle Sonderfälle, *Weichert*, VuR 2011, 323, 324.
449 *Eberle*, MMR 2008, 508, 510.
450 *Dix*, in: Simitis, § 35 BDSG Rn. 72. Zu den Rechtsfolgen des datenschutzrechtlichen Medienprivilegs im Einzelnen *Weichert*, VuR 2011, 323, 324.
451 Der *Bundesgerichtshof* hat in NJW 1986, 2505, 2505 entschieden, dass speziell der Anspruch auf Löschung personenbezogener Daten durch das Bundesdatenschutzgesetz als Spezialnorm abschließend geregelt ist, siehe auch *Dix*, in: Simitis, § 35 BDSG Rn. 71. Gilt das „Medienprivileg", kommt es allerdings von vorneherein nicht auf die Abgrenzung zwischen dem Bundesdatenschutzgesetz und den Rechtsgrundsätzen des Allgemeinen Persönlichkeitsrechts an.
452 *Bull*, NVwZ 2011, 257, 260.
453 *Bull*, NVwZ 2011, 257, 260; *Kodde*, ZD 2013, 115, 118; *Bundesgerichtshof*, BGHZ 183, 353 Rn. 22 – *Deutschlandradio*. Siehe insbesondere zu Bereichen, in denen das

I. Das datenschutzrechtliche Medienprivileg

Die Abwägung zwischen dem Datenschutz auf der einen und der Meinungs-/Pressefreiheit auf der anderen Seite stellt eine der Schlüsselherausforderungen im Bereich des Medienrechts dar.[454] Zwar wird diesen Interessen auch ein symbiotisches Verhältnis nachgesagt, da manche Meinungen überhaupt nur dann geäußert werden, wenn sie anonym ohne eine Preisgabe von Daten abgegeben werden dürfen.[455] In der Regel stehen sich die beiden jedoch als widerstreitende Interessen gegenüber, bedingt durch den Widerspruch zwischen der Aufgabe der Medien einerseits und der Interessenlage des Datenschutzes andererseits. So zielt die journalistische Arbeit auf Befriedigung des öffentlichen Informationsinteresses und umfassende Berichterstattung ab, wozu auch die Veröffentlichung und Archivierung personenbezogener Daten gehört.[456] Demgegenüber ist der Datenschutz vielmehr auf informationelle Abschottung sowie darauf gerichtet, dass der Betroffene das Bild steuern können soll, das sich Dritte von seiner Person machen.[457]

Aufgrund ihrer verfassungsrechtlich in Artikel 5 Absatz 1 Grundgesetz verankerten Aufgabe zur öffentlichen Meinungsbildung wird die Presse auch als „Wesensmerkmal der Demokratie" bezeichnet.[458] Vor dem Hintergrund dieser besonderen Stellung der Medien löst der Gesetzgeber das aufgezeigte Spannungsfeld mit dem Medienprivileg in § 41 Bundesdatenschutzgesetz zunächst im Gesetz:[459] Nur durch eine freie Berichterstattung kann der Gesellschaft ein Bild der Wirklichkeit vermittelt, Öffentlichkeit geschaffen und damit zur Meinungsbildung beigetragen werden.[460] Die Archivierung der Berichte untermauert diese Zielset-

---

Medienprivileg nicht anwendbar ist, wie etwa beim sogenannten „Graswurzeljournalismus" in Blogs, Foren oder Bewertungsportalen näher *Koreng/Feldmann*, ZD 2012, 311, 314.

454 *Koreng/Feldmann*, ZD 2012, 311, 313.
455 *Ballhausen/Roggenkamp*, K&R 2008, 403, 406; *Koreng/Feldmann*, ZD 2012, 311, 313.
456 Der Schutz der Medienfreiheiten umfasst insbesondere auch die Ausprägung der Presse hinsichtlich des Sammelns und Verwertens von Informationen, um so die breite Öffentlichkeit zu publizistisch relevanten Ereignissen zu informieren, *Bundesverfassungsgericht*, BVerfGE 103, 44, 59.
457 *Eberle*, MMR 2008, 508, 511 f.
458 *Bundesverfassungsgericht*, BVerfGE 90, 60, 90; 103, 44, 59; 52, 283, 296.
459 Speziell für das Deutschlandradio ist das Medienprivileg in § 17 Absatz 1 Deutschlandradio-Staatsvertrag geregelt, der aber den gleichen Inhalt wie § 41 Bundesdatenschutzgesetz hat, siehe hierzu ausführlich *Bundesgerichtshof*, BGHZ 183, 353 Rn. 23 – *Deutschlandradio*.
460 *Bundesverfassungsgericht*, MMR 2007, 770, 771.

zung der freiheitlich demokratischen Grundordnung. Das Medienprivileg gilt sowohl für die analoge als die digitale Datenverarbeitung im Internet und basiert auf Artikel 9 EU-Datenschutzrichtlinie.[461] Sinn und Zweck des Medienprivilegs besteht in der Sicherstellung der Möglichkeit für die Medien, ihrer grundgesetzlich verankerten Aufgabe nachzukommen.[462] Denn die Geltung aller datenschutzrechtlichen Beschränkungen würde eine freie journalistische Arbeit sowie deren in Artikel 5 Absatz 1 Satz 2 Grundgesetz garantierte Aufgabe weitgehend unmöglich machen.[463] Wenngleich keine der beiden Grundrechtspositionen – das Recht auf Datenschutz einerseits und die Medienfreiheiten andererseits – die andere per se überwiegt,[464] bezweckt das Medienprivileg dennoch die Herstellung einer praktischen Konkordanz zwischen beiden.[465]

II. Anwendung des Medienprivilegs auf journalistische Online-Archive

Geltungsbereich des Medienprivilegs sind die Erhebung, Verarbeitung oder Nutzung von Daten durch Presse(hilfs)unternehmen „ausschließlich zu eigenen journalistisch-redaktionellen oder literarischen Zwecken", § 41 Bundesdatenschutzgesetz. Es gilt gerade auch für Onlineangebote der Presse.[466] Nach überwiegender Ansicht erfüllen die typischen Online-Archive der Presseunternehmen mit redaktionellen Strukturen die Voraussetzungen des Medienprivilegs.[467] Zum einen werden die konkreten Meldungen hier „zu journalistisch-redaktionellen Zwecken" online zum Abruf bereitgestellt.[468] Zum anderen erfolgt dies „ausschließlich zu eigenen Zwecken", da die Berichterstattungen in den betreffenden Online-Archiven von Zeitungsverlagen in der Regel ausschließlich zu dem Zweck online gestellt werden, den verfassungsrechtlichen Auftrag zur Information der Öffentlichkeit in Ausübung der Meinungsfreiheit

---

461 *Bull*, NVwZ 2011, 257, 260.
462 *Kaufmann*, MMR 2010, 520, 521; *Bundesgerichtshof*, BGHZ 183, 353 Rn. 23 – *Deutschlandradio*.
463 *Bundesgerichtshof*, BGHZ, 183, 353 Rn. 23 – *Deutschlandradio*.
464 *Dix*, in: Simitis, § 41 BDSG Rn. 1.
465 *Caspar*, NVwZ 2010, 1451, 1456; *Dix*, in: Simitis, § 41 BDSG Rn. 1.
466 *Kaufmann*, MMR 2010, 520, 521.
467 *Bundesgerichtshof*, BGHZ, 183, 353 Rn. 27 – *Deutschlandradio*; *Weichert*, VuR 2011, 323, 325.
468 *Bundesgerichtshof*, BGHZ, 183, 353 Rn. 24 – *Deutschlandradio*; *Weichert*, VuR 2011, 323, 324. Abzugrenzen sind hier insbesondere nicht-journalistische Äußerungen, wie beispielsweise in Meinungsforen oder Bewertungsportalen.

zu erfüllen sowie an der demokratischen Willensbildung mitzuwirken.[469] Das demnach im vorliegenden Kontext geltende Medienprivileg umfasst dabei den gesamten Tätigkeitsumfang von Recherche, Redaktion, Veröffentlichung, Dokumentation bis hin zur Archivierung der personenbezogenen Daten zu publizistischen Zwecken.[470]

Das datenschutzrechtliche Medienprivileg wird auch nach künftiger Rechtslage unter der Datenschutz-Grundverordnung weiter gelten: Die Norm des Artikel 80 Datenschutz-Grundverordnung gilt als Fortführung des Medienprivilegs, wonach die Abwägung zwischen dem Datenschutz und dem Recht auf Meinungs-, Presse- und Informationsfreiheit – soweit es sich um eine Verarbeitung zu rein journalistischen Zwecken handelt – den Mitgliedstaaten überlassen wird.[471] Hierzu wird der Begriff des Journalismus in Erwägungsgrund 121 der Verordnung weit auslegt. Darunter werden alle Tätigkeiten gefasst, die dem Ziel dienen, Informationen, Meinungen und Vorstellungen an die Öffentlichkeit weiterzugeben, unabhängig von ihrem Verbreitungsweg.

B. Räumliche Anwendbarkeit des deutschen Persönlichkeitsrechts

Insbesondere kann für Löschungsansprüche im Fall der Online-Archive nicht auf die Regelungen zum räumlichen Anwendungsbereich aus den Datenschutzgesetzen, insbesondere auf § 1 Absatz 5 Bundesdatenschutzgesetz, zurückgegriffen werden. Dieser regelt das räumlich anwendbare Gesetz speziell für Löschungsansprüche aus dem Bundesdatenschutzgesetz oder den bereichsspezifischen datenschutzrechtlichen Normen wie etwa den §§ 11 ff. Telemediengesetz. Grundsätzlich bestimmt sich das anwendbare Recht für zivilrechtliche Ansprüche aus Persönlichkeitsrechtsverletzungen im Internet mit presserechtlichem Kontext nach dem allgemeinen Deliktstatut in Artikel 40 Absatz 1 Satz 2 Einführungsgesetz zum Bürgerlichen Gesetzbuch.[472] Nach dieser Norm kann

---

469 *Bundesgerichtshof*, BGHZ, 183, 353 Rn. 27 – *Deutschlandradio*; *Weichert*, VuR 2011, 323, 325.
470 *Weichert*, VuR 2011, 323, 324; *Bundesgerichtshof*, BGHZ, 183, 353 Rn. 25 – *Deutschlandradio*.
471 *Heckmann*, in: Leible/Kutschke, 17, 23; so auch *von Lewinski*, DuD 2012, 564, 565.
472 *Jotzo*, MMR 2009, 232, 237; *Dammann* in: Simitis, § 1 BDSG Rn. 197. Obwohl sich nahezu das gesamte Deliktsrecht bei grenzüberschreitenden Sachverhalten prozessual nach der Verordnung (EG) Nr. 864/2007 des Europäischen Parlaments und des Rates vom 11. Juli 2007 über das auf außervertragliche Schuldverhältnisse an-

der Betroffene bei Ansprüchen aus unerlaubter Handlung die Anwendung des Rechts des „Erfolgsorts" verlangen. Der *Europäische Gerichtshof* hat in seiner „eDate"-Entscheidung[473] vom 25. Oktober 2011 zu einer Persönlichkeitsrechtsverletzung durch Webinhalte innerhalb der Europäischen Union entschieden und dabei eine neue und maßgebliche Auslegung des Begriffs „Erfolgsort" etabliert. Das damalige Verfahren betraf einen der „Sedlmayr-Fälle", also ein Verfahren aus der wegweisenden Urteilsreihe hinsichtlich eines „Rechts auf Vergessen" im Hinblick auf journalistische Online-Archive (siehe hierzu sogleich in D. I. 2 dieses Kapitels). Die persönlichkeitsrechtliche Unterlassungsklage eines in Deutschland wohnhaften Klägers, der wegen Mordes an dem Schauspieler *Sedlmayr* verurteilt worden war, gegen ein österreichisches Unternehmen wegen der Bereithaltung eines archivierten Berichts in dessen Internetportal „www.rainbow.at" lag zunächst dem *Bundesgerichtshof* vor. Dieser ersuchte den *Europäischen Gerichtshof* im Wege einer Vorabentscheidung gemäß Artikel 267 des Vertrags über die Arbeitsweise der Europäischen Union zur Auslegung des „Orts, an dem das schädigende Ereignis einzutreten droht" im Sinne von Artikel 5 Nummer 3 der Verordnung (EG) Nr. 44/2001 des Rates vom 22. Dezember 2000 über die gerichtliche Zuständigkeit und die Anerkennung und Vollstreckung von Entscheidungen in Zivil- und Handelssachen (EuGVVO).

In seiner Entscheidung etablierte der *Europäische Gerichtshof* sodann einen neuen Gerichtsstand für Persönlichkeitsrechtsverletzungen im Internet in dem Staat, in dem der Betroffene seinen gewöhnlichen Aufenthalt habe.[474] Da der entsprechende Internetdienst weltweit abrufbar war, habe der Betroffene den Schwerpunkt seiner Sozialsphäre sowie die Störung seines Achtungsanspruchs an seinem üblichen Aufenthaltsort.[475] Gerade dort erfolge die Kollision zwischen seinem Persönlichkeitsrecht und dem Interesse an der Berichterstattung, deren Veröffentlichung und Archivierung. Auch entschied der *Europäische Gerichtshof* in diesem Verfahren, dass sich die Beurteilung des anwendbaren Rechts auch

---

zuwendende Recht (Rom II-Verordnung) richtet, sind diese Vorschriften im vorliegenden Bereich nicht anzuwenden. Denn gemäß Artikel 1 Absatz 2 lit. g) der Rom II-Verordnung gilt diese nicht für außervertragliche Schuldverhältnisse aus Verletzungen des Persönlichkeitsrechts, *Bundesgerichtshof*, MMR 2012, 703, 704.

473 *Europäischer Gerichtshof*, Urteil vom 25. Oktober 2011, Verb. Rs. C-509/09 und C-161/10 – *eDate Advertising* mit dem nachfolgenden Urteil des *Bundesgerichtshofs* in MMR 2012, 703, 703 ff..
474 *Europäischer Gerichtshof*, Urteil vom 25. Oktober 2011, Verb. Rs. C-509/09 und C-161/10, Rn. 37–53 – *eDate Advertising*.
475 *Bundesgerichtshof*, MMR 2012, 703, 704.

nicht durch das Herkunftslandprinzip verändere, da dieses als Korrektiv allein auf der materiell-rechtlichen Ebene eine Rolle spielen könne.[476] Demnach kann der Betroffene einer Persönlichkeitsrechtsverletzung aus dem Onlinebereich nun nicht mehr nur wie bislang am Sitz des Beklagten, sondern auch an seinem persönlichen gewöhnlichen Aufenthaltsort die Klage erheben.

C. Einordnung der persönlichkeitsrechtlichen Herausforderung

Bis zum Eintritt in das Internetzeitalter hat die in langer Tradition etablierte Archivierung von Berichten über tatsächliche Ereignisse kaum Anlass für Rechtsstreitigkeiten gegeben. Hingegen bringt die Archivierung von Medienberichten in Online-Archiven aufgrund ihrer besonders leichten, dauerhaften und weltweit abrufbaren Recherchemöglichkeit (zu „Zeitfaktor" und „Prangerwirkung" im Onlinebereich siehe B. III. des zweiten Kapitels) eine stärkere persönlichkeitsrechtliche Betroffenheit für die in den Einzelberichten namentlich genannten Personen mit sich. Zwar sieht der *Bundesgerichtshof* die Unterhaltung eines Online-Archivs als solches als Teil des „verfassungsrechtlichen Auftrags (der Medien), in Wahrnehmung der Meinungsfreiheit die Öffentlichkeit zu informieren".[477] Jedoch stellt sich die im Folgenden beleuchtete Frage, ob und inwieweit eine zeitlich unbeschränkte Speicherung und Abrufbarkeit eines Presseberichts mit personenbezogenen Informationen in einem digitalen Online-Archiv das Persönlichkeitsrecht des Betroffenen verletzt und dieser später ein „Recht auf Vergessen" hinsichtlich solcher Artikel geltend machen kann.

I. Legitimes Interesse an einem Rückzug aus der Öffentlichkeit

Die grundsätzliche Legitimität des Interesses an einem Rückzug aus der Öffentlichkeit ist unbestritten.[478] Selbst nach Jahrzehnten erregen bestimmte Personen und Ereignisse nachhaltig die Aufmerksamkeit der Öffentlichkeit. Gerade im Bereich der Straftaten von Prominenten und Straftaten gegen prominente Menschen besteht ein breites mediales Interesse zumeist von Beginn des Strafverfahrens an. In einigen Fällen nimmt dieses Interesse auch dann nicht ab, wenn

---

476 *Europäischer Gerichtshof*, Urteil vom 25. Oktober 2011, Verb. Rs. C-509/09 und C-161/10, Rn. 60 ff. – *eDate Advertising*; vergleiche auch *Korte*, in: Leible/Kutschke, 103, 118.
477 *Bundesgerichtshof*, BGHZ, 183, 353 Rn. 21 – *Deutschlandradio*.
478 *Alexander*, ZUM 2011, 382, 383.

die Täter ihre Freiheitsstrafe verbüßt haben und auf freien Fuß gesetzt wurden. Spektakuläre Beispiele hierfür sind die multimedial begleitete Haftentlassung des früheren Terroristen *Christian Klar*, die Ermordung des berühmten bayerischen Volksschauspielers *Walter Sedlmayr*, die Verurteilung der Schauspielerin *Ingrid van Bergen* sowie das Gerichtsverfahren um den Fernsehmoderator *Jörg Kachelmann*. Dabei stellt bereits die Information über die Begehung einer Straftat als solche ein personenbezogenes Datum dar.[479] Die entsprechenden Straftäter werden in vielen Fällen spätestens nach ihrer Entlassung ein großes Interesse daran haben, durch Entfernung oder Anonymisierung des sie identifizierenden Artikels in einem Online-Archiv, „vergessen zu werden" und sich aus der medialen Öffentlichkeit zurück ziehen können, um sich gesellschaftlich zu resozialisieren.[480]

II. Zwei-Stufen-Konzept

Die dogmatische Einordnung der vorliegenden Rechtsfrage erfolgt anhand eines Zwei-Stufen-Systems. Die erste Stufe ist die Frage nach der Rechtmäßigkeit der ursprünglichen, den Betroffenen identifizierenden Berichterstattung (im Folgenden „Ursprungsbericht"). Hierzu zählt auch die erstmalige Aufnahme eines Artikels in das entsprechende Online-Archiv, da die Rechtmäßigkeit der Erstarchivierung allein von der Rechtmäßigkeit des Ursprungsberichts abhängt.[481] Die Rechtmäßigkeitsprüfung der Ursprungsberichterstattung setzt dabei eine Abwägung zwischen den Persönlichkeitsrechten des Betroffenen einerseits und der Meinungs-, Presse- und Informationsfreiheit der Medienunternehmen andererseits voraus.[482] Zu diesem Bereich des medialen Äußerungsrechts hat sich im Laufe der Jahrzehnte ein umfangreiches Richterrecht herausgebildet, welches je nach Berichtsinhalt variiert.[483] In der vorliegenden Arbeit wird diese erste Stufe nicht vertieft. Vielmehr wird die Rechtmäßigkeit des Ursprungsberichts hier vorausgesetzt, um die für ein „Recht auf Vergessen" relevante *nachgelagerte* Rechtsfrage hervorzuheben: Die zweite Stufe des dogmatischen Erklärungsmodells betrifft die Rechtmäßigkeit der dauerhaften Online-Archivierung für die Zeit ab der Erstveröffentlichung und Erstarchivierung. Geprüft wird also, inwieweit ein einmal rechtmäßig online gestellter Zeitungsartikel, der perso-

---

479 *Rando Casermeiro/Hoeren*, GRUR Prax. 2014, 537, 539.
480 Vergleiche *Alexander*, ZUM 2011, 382, 382.
481 *Mann*, in: Leible/Kutschke, 133, 137.
482 *Frenz*, NJW 2012, 1039, 1040.
483 Siehe nur *Bundesverfassungsgericht*, BVerfGE 101, 361 – Caroline von Monaco II.

nenbezogene Daten enthält, auch weiterhin in einem journalistischen Online-Archiv zum Abruf bereit gehalten werden darf und wann dieser Archivierung möglicherweise Grenzen gesetzt sind.

Abzugrenzen sind insoweit Berichte, deren Erstveröffentlichung und -archivierung bereits rechtswidrig waren, etwa weil sie unwahre Tatsachenbehauptungen oder ehrverletzende Äußerungen enthielten. Ein Bericht, der als ursprüngliche Printpublikation rechtswidrig war und bereits von vorneherein nicht hätte veröffentlicht werden dürfen, erfährt auch im Onlineformat bei der Publikation in einem Online-Archiv keine andere Behandlung.[484] Vorliegend wird vielmehr die Frage diskutiert, ob sich bei einem recht*mäßigen* Ursprungsbericht das Ergebnis der ursprünglichen Interessenabwägung auf der ersten Stufe – die augenscheinlich zugunsten des Archivbetreibers ausgegangenen sein muss – durch bloßen Zeitablauf oder aufgrund eines sonstigen Aspekts nachträglich derart umschlagen kann, dass die Abwägung auf der zweiten Stufe nun nicht mehr den Archivbetreiber, sondern den Betroffenen stärker begünstigt und dadurch die *weitere* Bereithaltung des Berichts im Online-Archiv gerade nicht länger gerechtfertigt ist. Insoweit bedarf es auf der zweiten Stufe einer *gesonderten* Rechts- und Interessenabwägung, die grundsätzlich unabhängig von der Abwägung zur Rechtmäßig des Ursprungsberichts auf der ersten Stufe ist. Bei der Abwägung auf der zweiten Stufe sind sodann sämtliche Abwägungsgesichtspunkte mit einzubeziehen, insbesondere auch Aspekte, die nach der Erstveröffentlichung hinzugetreten sind, wie ein etwaig erstarktes Resozialisierungsinteresse. Zu beachten ist jedoch, dass auch eine nachträgliche Umschlagung der Interessenabwägung niemals Rückwirkungen auf die Rechtmäßigkeit der Erstveröffentlichung und die erstmalige Archivierung der Ursprungsberichterstattung haben kann.[485]

III. Schwerpunkt: Online archivierte Berichte über Straftaten und Strafverdachte

Die Bandbreite der denkbaren Ursprungsberichte, bei denen sich ein Betroffener ein „Recht auf Vergessenwerden" im Hinblick auf die Onlinearchivierung der Berichte wünscht, ist vielfältig und kann sich theoretisch bei unzähligen Berichtsinhalten ergeben.[486] Diese Fälle sind demnach naturgemäß nicht auf Be-

---

484 *Petersdorff-Campen*, ZUM 2008, 102, 103; *Libertus*, MMR 2007, 143, 145 f..
485 *Molle*, ZUM 2010, 331, 334.
486 *Petersdorff-Campen*, ZUM 2008, 102, 103; *Mann*, in: Leible/Kutschke, 133, 137; *Alexander*, ZUM 2011, 382, 388 f..

richterstattungen über Strafverfahren beschränkt. Ein solches Bedürfnis kann vielmehr auch bei Personen entstehen, die durch bestimmte Ereignisse und eine in diesem Zusammenhang erfolgte Berichterstattung zu Personen der relativen Zeitgeschichte geworden sind, beispielsweise im Zusammenhang mit Unfällen, Straftaten oder sonstigen Katastrophen, sobald diese Ereignisse publizistisch bewältigt worden sind.[487] Ebenso werden Privatpersonen, über deren Insolvenz berichtet wird, oftmals ein Interesse daran haben, derartige Artikel nachträglich dem öffentlichen Zugang wieder zu entziehen.

Die von der Rechtsprechung entschiedenen und von der Fachliteratur behandelten Konstellationen betreffen allerdings überwiegend online archivierte Berichterstattung über Straftaten beziehungsweise -verdachte mit namentlicher Nennung der Täter respektive der Verdächtigen.[488] Die insoweit berühmteste Urteilsreihe bilden die Urteile des *Bundesgerichtshofs* zu Klagen der Mörder des bayerischen Volksschauspielers *Walter Sedlmayr*. Sind derartige Berichte in Online-Archiven abrufbar, ist das Persönlichkeitsrecht in besonderer Weise beeinträchtigt, da es sich um einen hochsensiblen Persönlichkeitsbereich handelt.[489] Gerade in diesen Bereichen können die potentiellen Veränderungen mit Zeitablauf gravierend sein. So kann eine Berichterstattung über die Verurteilung eines Straftäters weiterhin im Online-Archiv aufgefunden werden, wenn der Täter seine Strafe verbüßt hat. Auch kann der Bericht über ein strafrechtliches Ermittlungsverfahren weiterhin abrufbar sein, obwohl dieses nachträglich eingestellt worden ist. In diesen Fällen ist oftmals das Resozialisierungsinteresse der ehemaligen Täter respektive Verdächtigen erstarkt, was die Abwägung zu Gunsten des Betroffenen beeinflusst. Vor diesem Hintergrund zeigt sich die besondere Bedeutung von Online-Archiv-Konstellationen bei Berichterstattungen über Strafverurteilungen und Strafverdachte, weswegen die Rechts- und Interessenabwägung im Folgenden vorwiegend anhand der in diesen beiden Bereichen aufgestellten Grundsätze beleuchtet wird. Nicht zuletzt werden sodann auf Basis dieser Grundsätze in Abschnitt G dieses Kapitels auch Rückschlüsse für Online-Archiv-Fälle mit anderen Inhalten gezogen.

---

487 Vergleiche *Libertus*, ZUM 2007, 143, 144.
488 Siehe entsprechende Urteile des *Bundesgerichtshofs*, grundlegend etwa BGHZ, 183, 353 – *Deutschlandradio* sowie NJW 2013, 229, 229 ff. – *Gazprom*; *Mann*, in: Leible/Kutschke, 133, 133 ff.; *Libertus*, MMR 2007, 143, 143 ff.; *Petersdorff-Campen*, ZUM 2008, 102, 102 ff.; *Alexander*, ZUM 2011, 382, 382 ff..
489 So auch *Libertus*, ZUM 2007, 143, 144.

D. Ein „Recht auf Vergessen" in Bezug auf journalistische Berichterstattungen in Online-Archiven über Strafverurteilungen

Straftaten sind Teil des „Zeitgeschehens", die Berichterstattung über sie ist „Aufgabe der Medien".[490] Für den Betroffenen gehört die Berichterstattung über Gerichtsverfahren grundsätzlich zu seinem Recht auf ein faires Verfahren gemäß Artikel 6 Absatz 1 Europäische Menschenrechtskonvention.[491] Gleichzeitig besteht ein Interesse der Öffentlichkeit daran, nähere Informationen zu Tat und Täter zu erhalten aufgrund der erfolgten Verletzung der Rechtsordnung, der Beeinträchtigung individueller Rechtsgüter, der Sympathie mit den Opfern, der Angst vor Wiederholungen sowie im Sinne einer Vorbeugungsstrategie.[492] Hierbei gilt der Grundsatz, dass das Informationsinteresse der Öffentlichkeit bei Straftaten mit dem Grad ansteigt, um den sich die konkrete Begehungsweise und Schwere der Tat von der gewöhnlichen Kriminalität abheben.[493] Insbesondere bei schweren Gewaltverbrechen besteht regelmäßig ein anerkennenswertes Interesse der Öffentlichkeit über bloße Neugier und Sensationslust hinaus auf Erhalt von Information zu Tat, Tathergang, Person des Täters, Motiven und Strafverfolgung.[494] Neben der Schwere des Verbrechens hängt die Zulässigkeit der Erstberichterstattung unter anderem auch von der Bekanntheit des Opfers oder des Täters[495] sowie von dem durch die Tat erregten öffentlichen Aufsehen ab,[496] etwa auch durch einen besonderen Festnahmeort.[497] Ebenfalls spielt eine Rolle, ob sich der Betroffene selbst an die Presse wendet oder die Namensnennung von offizieller Stelle, insbesondere von Seiten der Staatsanwaltschaft, erfolgt ist.[498] Taten, die ein

---

490 *Bundesgerichtshof*, BGHZ, 183, 353 Rn. 14 – *Deutschlandradio*; *Alexander*, ZUM 2011, 382, 388.
491 *Europäischer Gerichtshof für Menschenrechte*, NJW-RR 2010, 1487, 1488 – *Egeland und Hanseid/Norwegen*.
492 *Bundesgerichtshof*, BGHZ, 183, 353 Rn. 14 – *Deutschlandradio*; *Bundesverfassungsgericht*, BVerfGE 35, 202 – *Lebach I*; *Alexander*, ZUM 2011, 382, 388.
493 *Bundesgerichtshof*, BGHZ, 183, 353 Rn. 14 – *Deutschlandradio*; *Alexander*, ZUM 2011, 382, 388.
494 *Bundesgerichtshof*, BGHZ, 183, 353 Rn. 14 – *Deutschlandradio*.
495 *Sajuntz*, NJW 2012, 3761, 3761.
496 *Bundesgerichtshof*, GRUR 2010, 549, 551 – „*Spiegel-Dossier*".
497 *Europäischer Gerichtshof für Menschenrechte*, NJW 2012, 1058, 1060 f. – *Axel Springer-AG/Deutschland*.
498 *Europäischer Gerichtshof für Menschenrechte*, NJW 2012, 1058, 1061 f. – *Axel Springer-AG/Deutschland*; *Frenz*, NJW 2012, 1039, 1041.

vermehrtes Aufsehen erregt haben, werden meist zum „Zeitgeschehen" gezählt.[499] Bei ihnen bleibt auch das verstärkte Informationsinteresse zunächst weiter bestehen, wenn die Straftat längere Zeit zurückliegt.[500] In Fällen von „Kleinkriminalität" wird das öffentliche Informationsinteresse hingegen mit einer aktuellen Berichterstattung befriedigt.[501]

I. Ergangene Rechtsprechung

Die ergangene Rechtsprechung zu Online-Archiv-Konstellationen bei namensidentifizierender Berichterstattung über Strafverurteilungen untergliedert sich in (1.) die Rechtsprechung, die zeitlich *vor* der Urteilsreihe des *Bundesgerichtshofs* zu den „Sedlmayr-Fällen" erging, (2.) eben diese Urteilsreihe und (3.) die jüngste Rechtsprechung, die zeitlich nach dieser Urteilsreihe erging. Diese werden im Folgenden überblicksartig und mit ihren jeweiligen Besonderheiten und Argumentationsschwerpunkten dargestellt.

1. Rechtsprechung vor 2009

a. „Lebach I" und „Lebach II"-Entscheidungen des Bundesverfassungsgerichts

Das *Bundesverfassungsgericht* hat in den Jahren 1973 und 2000 zwei „Grundlagenentscheidungen"[502] zur Rechtmäßigkeit der dauerhaften Archivierung von personenbezogenen Informationen getroffen: die Entscheidungen „Lebach I"[503] und „Lebach II".[504] Wenngleich es in diesen Fällen nicht um digitale Online-Archive, sondern um Printarchive ging, sind diese Entscheidungen für die vorliegende Thematik von erheblicher Bedeutung und gewissermaßen die älteste Rechtsprechung im Kontext eines „Rechts auf Vergessens" in diesem Bereich.

Beide „Lebach"-Fälle hatten die Rechtmäßigkeit einer geplanten Fernsehausstrahlung eines Dokumentarfilms im Jahr 1973 über den „Soldatenmord von Lebach" zum Gegenstand. Der Täter hatte im Jahr 1969 vier Bundeswehrsoldaten bei einem Überfall auf ein Munitionsdepot der Bundeswehr im Ort Lebach ermodert, was starkes Aufsehen in der Öffentlichkeit und in den Medien erregt

---

499 *Mann*, in: Leible/Kutschke, 133, 134.
500 Vergleiche *Alexander*, ZUM 2011, 382, 388.
501 *Alexander*, ZUM 2011, 382, 388.
502 *Petersdorff-Campen*, ZUM 2008, 102, 103.
503 *Bundesverfassungsgericht*, BVerfGE 35, 202 – Lebach I.
504 *Bundesverfassungsgericht*, ZUM-RD 2000, 55, 55 ff. – Lebach II. In dieser Entscheidung hat das *Bundesverfassungsgericht* an seinen insoweit entwickelten Grundsätzen aus *Lebach I* festgehalten und einzelne Aspekte konkretisiert.

hatte. Die Ausstrahlung der Dokumentation sollte vier Jahre nach dem eigentlichen Ereignis stattfinden und an einem Freitagabend im Zweiten Deutschen Fernsehen mit einer erwarteten Einschaltquote von 30 bis 80 % ausgestrahlt werden. Vor der geplanten Ausstrahlung wurde der ehemalige Straftäter aus der Haft entlassen und klagte gegen den Fernsehsender auf Unterlassung der Ausstrahlung. Im Ergebnis gestand ihm das *Bundesverfassungsgericht* den Unterlassungsanspruch zu. In der Entscheidung „Lebach I" legte es fest, dass bei der vorliegenden Grundrechtskollision in einem Kommunikationsvorgang keines automatischen Vorrang genieße, sondern die betroffenen Interessen vielmehr unter Berücksichtigung aller Umstände des Einzelfalls miteinander abzuwägen seien. Viele der in den „Lebach"-Entscheidungen aufgestellten Grundsätze wurden von Gerichten in jüngeren Online-Archiv-Fällen als Ausgangspunkte herangezogen. Auslegung und Folgerungen dieser Grundsätze variierten im Einzelnen allerdings stark.

b. Rechtsprechung deutscher Instanzgerichte

Neben dem *Landgericht Hamburg* und dem *Oberlandesgericht Hamburg* als Vorinstanzen des *Bundesgerichtshofs* in der Urteilsreihe „Online-Archive" (siehe hierzu im nachfolgenden Abschnitt) waren bereits zuvor Instanzgerichte vereinzelt mit Fällen zu ursprünglich rechtmäßigen Ursprungsberichten zu Strafverfahren in Online-Archiven betraut. Keines dieser Verfahren gelangte je zum *Bundesgerichtshof* und eine einheitliche Rechtsprechungslinie blieb aus. Vielmehr haben die Gerichte jeweils unterschiedliche Schwerpunkte gesetzt.[505] So lehnten beispielsweise das *Landgericht Berlin*[506] und das *Kammergericht*[507] im Jahr 2001 einen Unterlassungsanspruch unter anderem mit den Argumenten ab, dass der Aufwand für den Betreiber des Online-Archivs zu groß sei, der Täter durch die bloße Archivierung nicht erneut in das Licht der Öffentlichkeit gezerrt werde und zudem keine aktuelle Berichterstattung in der bloßen Bereithaltung des Artikels im Online-Archiv gegeben sei. Das *Landgericht Köln*[508] sowie das *Oberlandesgericht Köln*[509] entschieden sich 2005 gegen einen Unterlassungsanspruch, da in der bloßen Online-Archivierung wegen der geringen Breitenwirkung keine wiederholende Berichterstattung zu sehen sei. Dem schlossen sich 2006 das *Landgericht Frankfurt am Main*[510] sowie das

---

505 So auch *Petersdorff-Campen*, ZUM 2008, 102, 103; *Libertus*, ZUM 2007, 143, 145.
506 *Landgericht Berlin*, AfP 2001, 337, 337 ff..
507 *Kammergericht Berlin*, AfP 2006, 561, 561 ff..
508 *Landgericht Köln*, Beschluss vom 5. Februar 2005–28 O 330/05, BeckRS 2009, 05256.
509 *Oberlandesgericht Köln*, AfP 2007, 126, 126 ff..
510 *Landgericht Frankfurt am Main*, MMR 2007, 59, 59 ff..

Oberlandesgericht Frankfurt am Main[511] an. Hingegen bejahte das Oberlandesgericht München[512] 2003 einen Unterlassungsanspruch vorwiegend mit dem Argument, dass trotz der Kennzeichnung als „Archiv" eine „neue Verbreitung" vorläge.

2. Die „Online-Archive"-Urteilsreihe des Bundesgerichthofs

Mit der Urteilsreihe der „Online-Archive" ging die Thematik eines „Rechts auf Vergessen" im Hinblick auf Online-Archive der Presse erstmals vor den *Bundesgerichtshof*, konkret vor dessen für den Schutz des Allgemeinen Persönlichkeitsrechts zuständigen sechsten Zivilsenat. Hintergrund dieser Fälle war die Ermordung des bayerischen Volksschauspielers *Walter Sedlmayr* im Juli 1990 durch zwei Brüder. Diese wurden im Jahr 1993 zu einer lebenslangen Freiheitsstrafe verurteilt, sodann aber in den Jahren 2007 und 2008 jeweils auf Bewährung aus der Haft entlassen. Beide Brüder initiierten nach ihrer Haftentlassung mehrere parallel laufende Verfahren gegen unterschiedliche Presseorgane und -unternehmen, mit denen sie sich gegen die ihre Namen nennenden Zeitungsberichte über den damaligen Mord richteten, weil diese weiterhin in den Online-Archiven der Presseunternehmen abrufbar waren.

Jedes dieser Verfahren nahm seinen Weg vom *Landgericht Hamburg* über das *Oberlandesgericht Hamburg* zum *Bundesgerichtshof*. Beide Vorinstanzen bejahten den Unterlassungsanspruch der Kläger in allen Fällen hauptsächlich mit dem Argument, es sei eine der „Lebach I"-Entscheidung vergleichbare Konstellation, und ließen die Abwägung aufgrund der hohen Breitenwirkung der Artikel sowie dem Resozialisierungsinteresse der Betroffenen zu deren Gunsten ausgehen. Die bereits erwähnte unterschiedliche Auslegung der „Lebach"-Grundsätze zeigte sich darin, dass auch der *Bundesgerichtshof* diese Grundsätze seinen Urteilen zugrunde gelegt hat, jedoch die Unterlassungsansprüche der beiden Brüder in allen Verfahren abgelehnt und die anders lautenden vorinstanzlichen Urteile aufgehoben hat.

Erste und grundlegende Leitentscheidung[513] in der „Online-Archiv"-Urteilreihe des *Bundesgerichtshofs* ist die Entscheidung „Deutschlandradio" vom 15. Dezember 2009, in dem der öffentliche Rundfunksender „Deutschlandradio Kultur" Beklagter war.[514] Dabei ging es um einen die Straftäter identifizierenden vergangenen

---

511 *Oberlandesgericht Frankfurt am Main*, AfP 2006, 568, 568 ff..
512 *Oberlandesgericht München*, MMR 2003, 179, 179 ff..
513 *Mann*, in: Leible/Kutschke, 133, 135 f..
514 *Bundesgerichtshof*, BGHZ, 183, 353 Rn. 14 – *Deutschlandradio*. Vorinstanzen waren das *Landgericht Hamburg*, Urteil vom 29. Februar 2008, Az. 324 O 459/07 und 469/07 sowie das *Oberlandesgericht Hamburg*, Urteil vom 29. Juli 2008, Az. 7 U 30/08 und

Rundfunkbeitrag mit Datum vom 14. Juli 2000 über die damalige Tat. Dessen Mitschrift hatte der Rundfunksender unter dem Titel „Vor zehn Jahren Walter Sedlmayr ermordet" mindestens bis ins Jahr 2007 auf seinem Internetportal, konkret auf den für Altmeldungen vorgesehenen Webseiten unter der Rubrik „Kalenderblatt", zum Abruf bereit gehalten. Der Bericht beinhaltete eine wahrheitsgemäße Darstellung darüber, dass die Brüder 1993 nach einem halbjährigen Indizienprozess zu lebenslanger Freiheitsstrafe verurteilt worden waren, bis heute ihre Unschuld beteuerten, aber mit der Forderung vor dem *Bundesverfassungsgericht* mit der Forderung gescheitert waren, den Prozess wiederaufzurollen.

Auf die Leitentscheidung „Deutschlandradio" folgten weitere Verfahren mit vergleichbaren Streitgegenständen gegen unterschiedliche Beklagte. Bei diesen wiederholte der *Bundesgerichtshof* seine Ausführungen aus seinem „Deutschlandradio"-Urteil zu großen Teilen,[515] abgesehen von den jeweiligen Besonderheiten der einzelnen Fälle: Konkret folgte 2010 das Urteil auf die Klage der Brüder gegen das Nachrichtenmagazin „Der Spiegel" („Spiegel-Dossier").[516] Im Unterschied zum Fall „Deutschlandradio" hatte der „Spiegel" hier neben einer namentlich bezeichnenden Wortberichterstattung über die Täter zusätzlich kontextbezogene Fotos der Täter auf seinem Onlineportal „www.spiegel.de" in der Rubrik „Dossier" archiviert und zum Abruf bereitgestellt. Danach folgten Verfahren gegen „morgenweb.de",[517] sowie gegen die „Süddeutsche Zeitung",[518] deren Besonderheit im Vergleich zum Fall „Deutschlandradio" jeweils darin bestanden, dass Streitgegenstand sogenannte „Teaser" waren, das heißt Vorschaumeldungen mit Verweisen auf die archivierten Volltexte, die bereits selbst die Namen der ehemaligen Straftäter nannten. Diese Teaser hielten die jeweiligen Beklagten in ihren Onlinerubriken „Archiv" zum freien Abruf bereit. Sie sollten den Nutzer auf die im „Archiv" enthaltenen – jedoch nur mit besonderer Zugangsberechtigung nutzbaren – Beiträge aufmerksam machen. Ähnliche Sachverhalte wie im Fall Deutschlandradio lagen den folgenden Urteilen in Verfahren gegen das „Kölner Stadtarchiv"[519] sowie die „Frankfurter Allgemeine Zeitung"[520] zugrunde. Eine Besonderheit bildete das

---

31/08. Der *Bundesgerichtshof* selbst bezeichnet diese Entscheidung als „Online-Archive I"-Entscheidung in AfP 2011 Rn. 16 – *FAZ*.
515 Vergleiche etwa *Bundesgerichtshof*, GRUR 2010, 549, 550 f. – *Spiegel-Dossier*.
516 *Bundesgerichtshof*, GRUR 2010, 549, 549 ff. – *Spiegel-Dossier*.
517 *Bundesgerichtshof*, NJW 2010, 2728, 2728 ff. – *morgenweb.de*.
518 *Bundesgerichtshof*, NJW 2011, 2285, 2285 ff. – *Süddeutsche Zeitung*.
519 *Bundesgerichtshof*, NJW 2011, 2285, 2285 ff. – *Kölner Stadtarchiv* (vom gleichen Tag wie die „Süddeutsche Zeitung"-Entscheidung.
520 *Bundesgerichtshof*, AfP 2011, 180, 180 ff. – *FAZ*.

2012 entschiedene Verfahren gegen die Betreiber von „Rainbow.at".[521] Zwar war der Fall materiell-rechtlich dem „Deutschlandradio"-Fall vergleichbar, jedoch hatte die Beklagte ihren Sitz in Österreich. Dieses Verfahren wurde unter der Bezeichnung „eDate Advertising" zu einer bedeutenden Grundsatzentscheidung des *Europäischen Gerichtshofs* zur gerichtlichen Zuständigkeit (siehe H. II. des sechsten Kapitels) und dem anwendbaren Recht bei Persönlichkeitsrechtsverletzungen im Internet (siehe oben in Abschnitt B. dieses Kapitels).

Die Hauptargumente[522] der Kläger gegen die weitere Bereithaltung der sie identifizierenden Berichte waren im Allgemeinen die lange Zeitspanne, die seit der Tat und der Verurteilung vergangen war sowie ihr Resozialisierungsinteresse nach der Haftentlassung. Demgegenüber führten die jeweiligen Archivbetreiber das Argument des weiterhin aktuellen Informationsinteresses der Öffentlichkeit an der historischen Wahrheit an. Zudem seien die Kläger durch die bloße Bereithaltung eines ursprünglich rechtmäßigen Beitrags nicht erneut in das Licht der Öffentlichkeit gestellt und die Artikel seien deutlich als Altberichte erkennbar.

3. Jüngste Entscheidungen „Gazprom" und „Apollonia"

Die jüngsten Entscheidungen zu den Online-Archiven sind die Urteile des *Bundesgerichtshofs* in Sachen „Gazprom" sowie „Apollonia". Vorinstanzen waren wie in den „Sedlmayr"-Fällen das *Landgericht Hamburg* und das *Oberlandesgericht Hamburg*. Für diese Gerichte handelte es sich um die ersten Entscheidungen in Online-Archiv-Fällen nach der Leitentscheidung des *Bundesgerichtshofs*. Während das *Landgericht Hamburg* zumindest im Fall „Gazprom" entgegen seiner früheren Rechtsprechung sich gegen den Unterlassungsanspruch aussprach, veränderte das *Oberlandesgericht Hamburg* seine frühere Herangehensweise nicht und bejahte in beiden Fällen den Betroffenenanspruch. Der *Bundesgerichtshof* lehnte einen solchen wiederum in beiden Verfahren ab.

Konkret hatte der „Gazprom"-Rechtsstreit einen archivierten Artikel über einen Strafverdacht zum Gegenstand, bei dem das Ermittlungsverfahren nachträglich eingestellt worden war.[523] Dieser Rechtsstreit wird insoweit im Abschnitt „Recht auf Vergessen im Hinblick auf Online-Archiv-Konstellationen zur namensidentifizierenden Verdachtsberichterstattung in Online-Archiven" diskutiert

---

521 *Bundesgerichtshof*, NJW 2012, 2197, 2197 ff. – *rainbow.at*.
522 Die Argumente blieben auf beiden Seiten in nahezu allen „Online-Archiv"-Fällen ähnlich, vergleiche insoweit die Ausführungen zu den vorinstanzlichen Entscheidungen in *Bundesgerichtshof*, GRUR 2010, 549, 549 f. – „*Spiegel-Dossier*".
523 *Bundesgerichtshof*, NJW 2013, 229, 229 – *Gazprom*.

(siehe Abschnitt F. dieses Kapitels). Hingegen war der „Apollonia"-Prozess[524] ein Rechtsstreit zu einem online archivierten Artikel über eine Strafverurteilung und damit den „Sedlmayr-Fällen" vergleichbar. Im Apollonia-Fall ging es um einen im kostenlosen Online-Archiv der Zeitschrift „Der Spiegel" bereitgehaltenen Prozessbericht zu einem Kapitalverbrechen, worin der Täter namentlich genannt wurde. Der Betroffene war wegen einer Straftat im Jahr 1981 im darauffolgenden Jahr im sogenannten „Apollonia-Prozess" wegen Mordes zu einer lebenslangen Freiheitsstrafe verurteilt worden. Elf Jahre danach wurde der Kläger aus der Haft entlassen und klagte gegen den Archivbetreiber, der die zur Zeit des Strafverfahrens verfassten Berichte über das Strafverfahren in seinem Online-Archiv weiterhin zum Abruf bereit hielt. Die Besonderheit des Falls bestand darin, dass der Zeitschriftenverlag das Online-Archiv erst zeitlich nach der Verfassung der streitgegenständlichen Berichte eröffnet und die Altberichte in sein „Archiv" eingeordnet hatte, sodass auch über eine Prüfpflicht des Archivbetreibers in Bezug auf Altberichte bei der Archivöffnung gestritten wurde (siehe hierzu D. II. 5. dieses Kapitels).

Sowohl das *Landgericht Hamburg*[525] als auch das *Oberlandesgericht Hamburg*[526] entschieden die Interessenabwägung zu Gunsten des Klägers und bejahten einen rechtswidrigen Eingriff in dessen Allgemeines Persönlichkeitsrecht.[527] Der *Bundesgerichtshof* wies hingegen die Klage ab und hob die vorinstanzlichen Urteile auf. Die zentralen Argumente für das überwiegende Informationsinteresse der Öffentlichkeit waren dabei die ursprüngliche Rechtmäßigkeit der Erstveröffentlichung,[528] die Erkennbarkeit als Altbericht sowie dass dessen Auffinden eine gezielte Suche durch einen informierten Rezipienten voraussetzt.[529] Rechtlich zeichnet sich das „Apollonia"-Urteil zudem dadurch aus, dass der *Bundesgerichtshof* darin erstmals vertieft Stellung dazu bezogen hat, ob und inwieweit die bloße Anonymisierung eines archivierten Textes eine verhältnismäßigere Lösung darstellen könnte als die Löschung des gesamten Berichts aus dem Archiv (siehe hierzu D. II. 4. dieses Kapitels).

---

524 *Bundesgerichtshof*, GRUR 2013, 200, 200 ff. – *Apollonia*. Diese Bezeichnung des medienträchtigen Prozesses stammt von der Yacht, auf der sich die Tat abgespielt hatte.
525 *Landgericht Hamburg*, Urteil vom 15. April 2011–324 O 113/10.
526 *Oberlandesgericht Hamburg*, Urteil vom 1. November 2011–7 U 49/11.
527 Vergleiche die Zusammenfassung beider Urteile im Urteil des *Bundesgerichtshofs*, GRUR 2013, 200, 200 f. – *Apollonia*.
528 *Bundesgerichtshof*, GRUR 2013, 200, 202 – *Apollonia*.
529 *Bundesgerichtshof*, GRUR 2013, 200, 202 – *Apollonia*.

II. Rechtliche Beurteilung im Einzelnen

1. Rechtsschutzziel und Anspruchsgrundlage

Das rechtliche Mittel, das dem Betroffenen zur Verfügung steht, soweit er eine nicht mehr als rechtmäßig empfundene Berichterstattung für die Zukunft verhindern möchte, ist der Anspruch auf Unterlassung der weiteren Bereitstellung des identifizierenden Berichts zum Abruf und damit Entfernung des Berichts aus dem Archiv.[530] Die Anspruchsgrundlage hierfür findet sich in den §§ 823 Absatz 1, 1004 Bürgerliches Gesetzbuch analog in Verbindung mit Artikel 1 Absatz 1 sowie Artikel 2 Absatz 1 Grundgesetz.[531] Bei Bildnissen ergibt sie sich aus den §§ 823 Absatz 1 und 2, 1004 Absatz 1 Satz 2 Bürgerliches Gesetzbuch analog in Verbindung mit den Artikeln 1 Absatz 1, 2 Absatz 1 Grundgesetz, §§ 22, 23 Kunsturhebergesetz.[532]

In seiner Leitentscheidung „Deutschlandradio" legte der *Bundesgerichtshof* den klägerischen Antrag dahingehend aus,

> *„dass der Beklagten untersagt werden soll, auf ihrer Internetseite Mitschriften nicht mehr aktueller Rundfunkbeiträge zum Abruf bereit zu halten, in denen im Zusammenhang mit dem Mord an Walter Sedlmayr der Name des Klägers genannt wird."*[533]

Dass der *Bundesgerichtshof* die Formulierung „Mitschriften, (...) die den Namen enthalten" wählt und nicht etwa die „Bereithaltung identifizierender Merkmale in den Mitschriften", zeigt bereits seine Haltung dazu, dass er – wie er im späteren „Apollonia"-Urteil erstmals vertieft ausführt – die Anonymisierung des Textes nicht als verhältnismäßigeres Mittel im Vergleich zur Entfernung des gesamten Artikels ansieht (siehe insoweit D. II. 4. dieses Kapitels).

2. Eingriff in das Allgemeine Persönlichkeitsrecht

Zum Persönlichkeitsrecht eines jeden zählt auch der soziale Geltungsanspruch, der den Respekt der Person als eigenständige und gleichberechtigte Persönlichkeit in der Gesellschaft umfasst. Jede Person erhält damit allein aufgrund ihres

---

530 *Mann*, in: Leible/Kutschke, 133, 139; *Libertus*, ZUM 2007, 143, 144; *Molle*, ZUM 2010, 331, 332.
531 *Petersdorff-Campen*, ZUM 2008, 102, 103; *Libertus*, ZUM 2007, 143, 144; *Molle*, ZUM 2010, 331, 332. Etwaige Gegendarstellungsansprüche aus den Landespressegesetzen werden in der vorliegenden Arbeit nicht behandelt.
532 *Bundesgerichtshof*, GRUR 2010, 549, 553 – *Spiegel-Dossier*.
533 *Bundesgerichtshof*, BGHZ 183, 353 Rn. 8 – *Deutschlandradio*, siehe auch *Bundesgerichtshof*, GRUR 2010, 549, 550 – *„Spiegel-Dossier"*.

Menschseins einen unverlierbareren Eigenwert[534] und jede öffentliche Berichterstattung über etwaige Verfehlungen der Person beeinträchtigt diesen sozialen Geltungsanspruch.[535] Insofern ist es einheitliche Rechtsprechung, dass die dauerhafte Bereithaltung eines den Kläger identifizierenden Berichts über dessen Strafverurteilung in einem Online-Archiv einen Eingriff in sein Allgemeines Persönlichkeitsrecht darstellt.[536] Eine namensnennende Berichterstattung über eine Straftat beeinträchtigt letztlich das Recht des Verurteilten auf Schutz seiner Persönlichkeit sowie auf Achtung seines Privatlebens, indem dadurch dessen Fehlverhalten öffentlich gemacht und die Person des Verurteilten von vorneherein aus Sicht der Adressaten negativ qualifiziert wird.[537] Dies gilt ebenso bei einer den Betroffenen identifizierenden Bildberichterstattung.[538] Dieser Eingriff kann dabei nicht nur in Form aktiver Informationsübermittlung erfolgen, sondern insbesondere auch durch passive Bereithaltung identifizierender Inhalte zum Abruf auf einer Online-Darstellungsplattform.[539]

3. Rechtfertigung des Eingriffs

Ein Eingriff in das Allgemeine Persönlichkeitsrecht kann jedoch für sich genommen noch keinen Unterlassungsanspruch begründen. Dieser erfordert vielmehr auch eine Verletzung des Allgemeinen Persönlichkeitsrechts, die gegeben ist, soweit der Eingriff rechtswidrig erfolgte.[540] Die Reichweite des Allgemeinen Persönlichkeitsrechts als zivilrechtliches Rahmenrecht steht dabei nicht absolut fest, sondern definiert sich im Wege einer einzelfallabhängigen Abwägung der widerstreitenden Grundrechte.[541] Die Prüfung, ob das Bereithalten eines konkreten journalistischen Artikels mit personenbezogenen Daten in einem Online-Archiv das Persönlichkeitsrecht des Betroffenen verletzt, kann daher nur anhand einer umfassenden, einzelfallbezogen Rechts- und Interessenabwägung festgestellt werden.[542] Pauschallösungen und generalisierende Betrachtungsweisen wären

---

534 *Alexander*, ZUM 2011, 382, 388.
535 *Alexander*, ZUM 2011, 382, 388.
536 *Bundesgerichtshof*, GRUR 2010, 549, 550 – *Spiegel-Dossier*.
537 *Bundesgerichtshof*, BGHZ, 183, 353 Rn. 10 – *Deutschlandradio*.
538 *Bundesgerichtshof*, GRUR 2010, 549, 554 – *Spiegel-Dossier*.
539 *Bundesgerichtshof*, BGHZ, 183, 353 Rn. 10 – *Deutschlandradio*.
540 *Bundesgerichtshof*, BGHZ, 183, 353 Rn. 11 – *Deutschlandradio*.
541 *Mann*, in: Spindler/Schuster, § 823 BGB Rn. 5.
542 *Bundesgerichtshof*, GRUR 2010, 549, 550 – *Spiegel-Dossier*, ebenso *Mann*, in: Leible/Kutschke, 133, 136 f., 142; *Ohly*, AfP 2011, 428, 435; *Alexander*, ZUM 2011, 382, 387 f.; *Feldmann*, in: Heidrich/Forgó/Feldmann, B. II. 126.

angesichts der vielschichtigen und komplexen Konfliktlage, in der sich die widerstreitenden Interessen gegenüberstehen, weder möglich noch zulässig.[543]

a. Betroffene Interessen

Wie bereits in Abschnitt A. II. dieses Kapitels zum datenschutzrechtlichen Medienprivileg ausgeführt, bleibt die Abwägungsentscheidung zwischen Datenschutzrecht und der Meinungs- und Medienfreiheit auch nach Inkrafttreten der Datenschutz-Grundverordnung in den Händen der jeweiligen Mitgliedstaaten. Dies bedeutet, dass auch in Zukunft bei Online-Archiv-Konstellationen hierzulande allein deutsche Grundrechte bei der Interessenabwägung maßgebend sind.

aa. Interessen des Betroffenen

In einer Online-Archiv-Konstellation schützt den Betroffenen sein Allgemeines Persönlichkeitsrecht in Gestalt seines Rechts auf Persönlichkeitsschutz, seines Rechts auf informationelle Selbstbestimmung[544] sowie auf Achtung seines Privatlebens gemäß der Artikel 1 Absatz 1 in Verbindung mit Artikel 2 Absatz 1 Grundgesetz.[545] Soweit Bildnisse betroffen sind, kommt das besondere Persönlichkeitsrecht des Rechts am eigenen Bild hinzu. Zusammenfassend darf keine Person uneingeschränkt und lebenslang zum Objekt des öffentlichen Interesses gemacht und damit stigmatisiert werden.[546] Selbst einem ehemaligen Straftäter steht grundsätzlich das Recht zu, sich einer „lebenslangen Öffentlichkeit" zu entziehen und die Möglichkeit einer Reintegration in die Gesellschaft zu erhalten.[547]

bb. Interessen des Online-Archiv-Betreibers und der Allgemeinheit

Die Betreiber der jeweiligen Online-Archive können dem Recht des Betroffenen zum einen ihre eigenen Grundrechte, namentlich die Meinungs-, Presse- und Rundfunkfreiheit gemäß Artikel 5 Absatz 1 Grundgesetz entgegenhalten.[548] Zum anderen kommt im vorliegenden Zusammenhang auch das institutionelle

---

543 *Mann*, in: Leible/Kutschke, 133, 136 f., 142; *Alexander*, ZUM 2011, 382, 388.
544 *Kaufmann*, MMR 2010, 520, 520.
545 *Bundesgerichtshof*, BGHZ, 183, 353 Rn. 11 – *Deutschlandradio; Petersdorff-Campen*, ZUM 2008, 102, 103; *Greve/Schärdel*, MMR 2008, 644, 646; *Alexander*, ZUM 2011, 382, 387.
546 *Alexander*, ZUM 2011, 382, 387.
547 *Alexander*, ZUM 2011, 382, 387.
548 *Bundesgerichtshof*, BGHZ, 183, 353 Rn. 11 – *Deutschlandradio; Alexander*, ZUM 2011, 382, 388; *Petersdorff-Campen*, ZUM 2008, 102, 103.

Mediengrundrecht der Informationsfreiheit der Öffentlichkeit hinzu, sich über tatsächlich geschehene Ereignisse aus allgemein zugänglichen Quellen zu informieren.[549] Diese individuellen und institutionellen Komponenten sind bei der journalistischen Informationsverbreitung über Massenmedien untrennbar miteinander verbunden. Eine rein bipolare Interessenabwägung zwischen dem Betroffeneninteresse und den Individualgrundrechten der Presseunternehmen reicht insoweit nicht aus. Angesichts der Aufgabe der Medien zur öffentlichen Meinungsbildung ist neben den ureigenen Betreiberinteressen zusätzlich die Informationsfreiheit der Allgemeinheit im Sinne eines multipolaren Interessenkonflikts in die Abwägung mit einzubeziehen.[550]

b. Rechts- und Interessenabwägung im Einzelnen

Es überwiegt weder das eine noch das andere Interesse per se. Weder hat der Betroffene jegliche Eingriffe der Medien wegen eines allgemeinen Informationsinteresses im Sinne einer „informationellen Sozialbildung" hinzunehmen, noch hat er in diesem Bereich eine eigentumsähnliche Rechtsposition im Sinne eines uneingeschränkten Herrschaftsrechts über seine personenbezogenen Daten.[551] Eine absolute oder pauschale Herangehensweise verbietet sich demnach.

Nichtsdestotrotz lassen sich diverse Abwägungsmaßstäbe als Rahmen aufstellen, die bei der Interessenabwägung in Online-Archiv-Fällen wegweisend sein können. Die Abwägung zur Beurteilung des nachträglichen Rückzugsrechts bei einem ursprünglich rechtmäßigen Bericht unterliegt zu einem Großteil anderer – zusätzlicher – Kriterien im Vergleich zur Abwägung zur Rechtmäßigkeit seiner Erstveröffentlichung. Insbesondere können im Einzelfall konkrete Abwägungsaspekte stärker oder schwächer wirken, zusätzliche Aspekte hinzutreten, wiederum andere entfallen.[552] Im Laufe der Rechtsprechung und Erörterungen durch die rechtswissenschaftliche Fachliteratur kann hierbei bereits auf einen Strauß von Beurteilungskriterien zurückgegriffen werden.[553] Dabei verfolgt vor allem der *Bundesgerichtshof* eine stringente Linie, anhand derer sich auch die folgende Darstellung orientiert. Im Folgenden werden dabei die Abwägungskriterien und Determinanten für die einzelfallabhängige Interessenabwägung in Bezug auf

---

549 *Bundesgerichtshof*, BGHZ, 183, 353 Rn. 11 – *Deutschlandradio*; *Alexander*, ZUM 2011, 382, 388; *Petersdorff-Campen*, ZUM 2008, 102, 103; *Feldmann*, in: Heidrich/Forgó/Feldmann, B. II. 126.
550 *Eberle*, MMR 2008, 508, 511.
551 *Dix*, in: Simitis, § 41 BDSG Rn. 1.
552 *Alexander*, ZUM 2011, 382, 388.
553 So *Petersdorff-Campen*, ZUM 2008, 102, 106.

Online-Archiv-Fallkonstellationen analysiert, diskutiert und weiterentwickelt, um letztlich Umfang und Grenzen einer Haftbarkeit des Betreibers eines Online-Archivs umfassend zu betrachten.

aa. Ausgangspunkt: Das Grundsatz-Ausnahme-Modell des Bundesgerichtshofs

Entgegen seiner Vorinstanzen sah der *Bundesgerichtshof* in allen „Sedlmayr-Fällen" die Interessen des Archivbetreibers als überwiegend und den Eingriff in die Persönlichkeitsrechte der Betroffenen damit als rechtmäßig an.[554] Wie die Vorinstanzen nahm auch der *Bundesgerichtshof* das „Lebach I"-Urteil des *Bundesverfassungsgerichts* zum Ausgangspunkt seiner Interessenabwägung und bezeichnete die dort entwickelten Kriterien als „Leitlinien" für die vorliegende Abwägung.[555]

Wenn sich die Grundrechtspositionen der Medienfreiheiten einerseits und der informationellen Selbstbestimmung andererseits gegenüber stehen, kann keine der Positionen per se die andere überwiegen.[556] Generelle Ver- oder Gebote sind somit ausgeschlossen. Speziell für *ursprünglich rechtmäßige* Berichterstattungen, die online archiviert worden sind, legte der *Bundesgerichtshof* in seinen Urteilen allerdings die folgende Grundsatz-Ausnahme-Systematik fest: Soweit der streitgegenständliche Bericht ursprünglich rechtmäßig veröffentlicht und archiviert worden ist, gilt trotz nachträglich veränderter Umstände der Grundsatz des überwiegenden Interesses der Öffentlichkeit an der ungefilterten Recherchemöglichkeit vergangener zeitgeschichtlicher Ereignisse gegenüber dem Persönlichkeitsrecht des Betroffenen.[557] Argumente, die im Einzelfall eine Ausnahme zu diesem Grundsatz begründen könnten und die Interessenabwägung trotz der ursprünglich rechtmäßigen Erstveröffentlichung nachträglich zu Gunsten des Betroffenen umschwenken lassen könnten, sind vom Betroffenen substanziiert geltend zu machen. Die Karlsruher Richter begründen ihre Auffassung unter anderem damit, dass ein Betroffener, der den Rechtsfrieden gebrochen und dadurch Mitmenschen angegriffen oder verletzt habe, neben den strafrechtlichen Sanktionen auch dulden müsse, dass das durch sein Verhalten selbst erregte Informationsinteresse der Öffentlichkeit auch auf den dafür üblichen Wegen befriedigt werde.[558] Das grundsätzliche Überwiegen des In-

---

554 *Bundesgerichtshof*, BGHZ, 183, 353 Rn. 12 – *Deutschlandradio*.
555 *Bundesgerichtshof*, BGHZ, 183, 353 Rn. 13 – *Deutschlandradio*.
556 *Dix*, in: Simitis, § 41 BDSG Rn. 1.
557 Dies betonte der *Bundesgerichtshof* in jedem der Sedlmayr-Fälle, siehe etwa *Bundesgerichtshof*, GRUR 2010, 549, 551 – *Spiegel-Dossier*.
558 *Bundesgerichtshof*, BGHZ, 183, 353 Rn. 15 – *Deutschlandradio* mit Verweis auf *Bundesverfassungsgericht*, BVerfGE 35, 202, 231 f..

formationsinteresses bei ursprünglich rechtmäßiger Berichterstattung überzeugt aufgrund unterschiedlicher Gesichtspunkte:

(1) Presserechtliche Äußerungsrechtsgrundsätze

Für das grundsätzliche Überwiegen des Informationsinteresses bei Online-Archiv-Konstellationen mit rechtmäßigen Ursprungsberichterstattungen sprechen die etablierten Grundsätze des presserechtlichen Äußerungsrechts. Parallel dazu wurde bereits im Zusammenhang mit der Abwägung zu Erstveröffentlichungen in der Vergangenheit der Grundsatz verfolgt, dass wahre Tatsachenbehauptungen vom Betroffenen regelmäßig hingenommen werden müssen und zwar grundsätzlich auch dann, wenn diese für ihn nachteilig sind.[559] Geht es um wahre Tatsachenbehauptungen außerhalb der Intim- und Privatsphäre, genießt die Meinungsfreiheit grundsätzlich Vorrang.[560] Der Betroffene hat keinen Anspruch darauf, in der Öffentlichkeit nur so dargestellt zu werden, wie es ihm beliebt.[561] Mit Blick auf die herausragende Bedeutung der Kommunikationsfreiheiten für eine freiheitlich-demokratische Grundordnung sollten so die wahren Tatsachenbehauptungen von einer Beeinflussung unangetastet bleiben können.[562] Im Jahr 2012 hat die Entscheidung des *Europäischen Gerichtshofs für Menschenrechte* im Fall „Axel Springer" nach der Verhaftung eines Prominenten auf dem Oktoberfest diesen Grundsätzen zu neuer Geltung verholfen: Auch hier wurde deutlich, dass die Berichterstattung für eine bekannte Person bei Begehung einer Straftat eine vorhersehbare Folge darstelle, über die sich der Betroffene nicht anschließend wegen Rufverletzung beschweren könne. So gilt bei einer Meinungsäußerung, die der sachlichen Auseinandersetzung dient, die Vermutung für die Rechtmäßigkeit der freien Rede.[563] Eine Ausnahme zugunsten des Betroffenen ist lediglich möglich bei einem drohenden Persönlichkeitsschaden, der außer Verhältnis zu dem Verbreitungsinteresse hinsichtlich der wahren Behauptung steht. Dies kann beispielsweise gegeben sein im Falle einer Stigmatisierung, die mit dem Risiko sozialer Ausgrenzung einhergeht.[564]

Die soeben aufgezeigte Grundsatz-Ausnahme-Systematik zu Online-Archiv-Konstellationen steht demnach mit diesen presserechtlichen Grundsätzen im

---

559 *Bundesgerichtshof*, BGHZ, 183, 353 Rn. 13 – *Deutschlandradio*; *Sajuntz*, NJW 2012, 3761, 3761.
560 *Koreng/Feldmann*, ZD 2012, 311, 315.
561 *Bundesverfassungsgericht*, BVerfGE 82, 236, 269; 97, 125, 149.
562 *Koreng/Feldmann*, ZD 2012, 311, 314.
563 *Sajuntz*, NJW 2012, 3761, 3762.
564 Ständige Rechtsprechung, siehe etwa *Bundesgerichtshof*, NJW 2012, 771, 773.

Einklang: Die Vermutung der Rechtmäßigkeit der freien Rede wurde zwar unmittelbar für die Abwägung im Zusammenhang mit der Erstberichterstattung selbst aufgestellt (Erste Stufe nach der in C. II. dieses Kapitels vorgestellten Dogmatik), jedoch sind ihre Wertungen insoweit auch auf die nachgelagerte Abwägung zur *weiteren* Abrufbarkeit der personenbezogenen Berichte in Online-Archiven zu übertragen. Die Hauptvoraussetzung für das grundsätzliche Überwiegen der Informationsfreiheit in den hier behandelten Online-Archiv-Fällen ist die ursprüngliche Rechtmäßigkeit des archivierten Artikels. Ist bereits der Ursprungsbericht rechtswidrig gewesen, so bestand von vorneherein kein Informationsinteresse; dieses wird erst Recht nicht später entstehen. Allerdings wird auch die Ausnahme bei einem drohenden Persönlichkeitsschaden im Rahmen der Abwägung zur weiteren Online-Archivierung insoweit berücksichtigt, als dass auch hier im Falle einer erheblichen Beeinträchtigung des Persönlichkeitsrechts vom Grundsatz der überwiegenden Informationsfreiheit je nach Einzelfall abgewichen werden soll (siehe sogleich in D. II. 3. b. bb. dieses Kapitels).

(2) Öffentliches Informationsinteresse an zeitgeschichtlicher Recherche
Ein weiteres Argument für das grundsätzliche Überwiegen des Informationsinteresses als Ausgangspunkt bildet die Rolle der Presse als „public watchdog", weswegen laut *Europäischem Gerichtshof für Menschenrechte* die Pressefreiheit die Regel sei und Ausnahmen hiervon eng gehalten und überzeugend begründet werden müssten.[565] So gehört die Befriedigung des öffentlichen Informationsinteresses zur „vornehmlichsten" Aufgabe der Presse und zwar auch im Internet.[566] So betont der *Bundesgerichtshof*,[567] dass sich dieses Interesse nicht auf die Information der Öffentlichkeit über das (tages-)aktuelle Zeitgeschehen beschränke. Vielmehr erstrecke es sich darüber hinaus, Vergangenes wahrheitsgetreu dokumentiert zu erhalten und so nach Aktualitätsablauf die Möglichkeit zu haben, „vergangene zeitgeschichtliche Ereignisse recherchieren" zu können.[568] Der Zweck eines Archivs liegt gerade darin, jeder interessierten Person einen historischen sowie kulturellen Überblick zu geben.[569] Zudem bringt § 11 d Absatz 2 Nummer 4 Rundfunkstaatsvertrag zum

---

565 *Europäischer Gerichtshof für Menschenrechte*, NJW 2012, 1053, 1054 ff. – *von Hannover/Deutschland Nr. 2*.
566 *Kaufmann*, MMR 2010, 520, 520.
567 *Bundesgerichtshof*, BGHZ, 183, 353 Rn. 20 – *Deutschlandradio*.
568 *Bundesgerichtshof*, BGHZ, 183, 353 Rn. 20 – *Deutschlandradio*; *Bundesgerichtshof*, GRUR 2010, 549, 552 – *Spiegel-Dossier*; ebenso *Kaufmann*, MMR 2010, 520, 520; *Libertus*, MMR 2007, 143, 148;
569 *Bundesverfassungsgericht*, NJW 1982, 633, 634.

Ausdruck, dass der Auftrag der öffentlich-rechtlichen Rundunkanstalten ebenso das „Angebot zeitlich unbefristeter Archive mit zeit- und kulturgeschichtlichen Inhalten" umfasst.[570] Diese Verfügbarmachung vergangener Veröffentlichungen ist Teil der öffentlichen Aufgabe der Medien, die Ausübung der Meinungsfreiheit und Mitwirkung an der demokratischen Willensbildung zu unterstützen.[571] Um die Verfälschung historischer Zusammenhänge zu vermeiden, ist es demnach erforderlich, die Informationsquellen frei zugänglich und möglichst unverfälscht zu erhalten. Das Grundrecht der Informationsfreiheit umfasst insoweit auch die Integrität allgemein zugänglicher Quellen in Online-Archiven.[572]

(3) Kommunikationspolitische Bedeutung von Online-Archiven
Neben einer historischen Bedeutung hat die Archivierung journalistischer Texte zudem eine hohe kommunikationspolitische Bedeutung.[573] Insofern hat bereits im Jahr 1982 das *Bundesverfassungsgericht* zum Pflichtexemplarrecht bei Druckwerken in Staatsbibliotheken wegweisende Grundsätze und Wertungen aufgestellt.[574] Danach entwickle jedes Druckwerk ab dem Zeitpunkt seiner Erstpublikation ein Eigenleben, das anschließend in das Gesellschaftsleben hineinwirke. Dadurch werde es zu einem eigenständigen Faktor, der das kulturelle und geistige Geschehen der entsprechenden Epoche mitbestimme und eine eigenständige soziale Bedeutung erlange. Vor diesem Hintergrund sei es ein legitimes Anliegen der wissenschaftlich und kulturell interessierten Allgemeinheit, Druckwerke möglichst umfassend zugänglich zu machen.[575] Auf diese Weise könne künftigen Generationen ein vollständiger Eindruck über das geistige Schaffen in früheren Zeiten vermittelt werden. Diese soziale Bedeutung von Druckwerken sowie die kulturpolitischen Ziele des Pflichtexemplarrechts werden durch die Errichtung und Unterhaltung von Staatsbibliotheken generell gefördert.[576]

Diese Wertungen sind im vorliegenden Zusammenhang mit Online-Archiven entsprechend heranzuziehen. Auch den Inhalten in journalistischen Online-Archiven kommt eine solche kommunikationspolitische Bedeutung zu – auch mit ihnen werden vergleichbare „kulturpolitischen Ziele" verfolgt.[577] Diese Zielsetzung

---

570 *Molle*, ZUM 2010, 331, 335.
571 *Bundesgerichtshof*, BGHZ, 183, 353 Rn. 20 – *Deutschlandradio*.
572 *Söder*, in: Gersdorf/Paal, § 823 Rn. 133.
573 *Libertus*, ZUM 2007, 143, 148.
574 *Bundesverfassungsgericht*, NJW 1982, 633, 633 ff..
575 *Bundesverfassungsgericht*, NJW 1982, 633, 634.
576 *Libertus*, ZUM 2007, 143, 148.
577 Vergleiche *Libertus*, ZUM 2007, 143, 148.

wird zusätzlich durch politische Bestrebungen auf europäischer Ebene unterstützt. So bilden digitale Bibliotheken für die Europäische Kommission eines ihrer „Flaggschiffe" im Rahmen der „i2010-Strategie zur Förderung von Europas digitaler Ökonomie". Ziel ist es danach, innerhalb von fünf Jahren mindestens sechs Millionen Zeitungen, Fotographien, Bücher, Manuskripte, archivierte Aufnahmen, Filme, Landkarten sowie Musikfragmente online frei verfügbar zu machen.[578] Vor diesem Hintergrund wird deutlich, dass Online-Archive an Größe, gesellschaftlicher Funktion sowie wirtschaftlicher Bedeutung noch zunehmen werden: Sie sollen in ihrer Funktion als „kollektives Gedächtnis der Informationsgesellschaft" gefestigt und erweitert werden.[579] Im Rahmen der Interessenabwägung unterstützt dies den Grundsatz eines überwiegenden öffentlichen Informationsinteresses an der Abruf- und Einsichtmöglichkeit in Berichte, die ursprünglich rechtmäßig in Online-Archiven veröffentlicht worden sind und zwar unabhängig von ihrem ursprünglichen (gedruckten oder elektronischen) Format.[580]

(4) Wertungen des datenschutzrechtlichen Medienprivilegs

Für das Überwiegen des Medieninteresses im Fall einer rechtmäßigen Ausgangsberichterstattung spricht nicht zuletzt die durch den Gesetzgeber im Medienprivileg nach § 41 Bundesdatenschutzgesetz selbst zum Ausdruck gebrachte Wertung. Dessen Sinn und Zweck wirkt sich auch auf das vorliegende Grundsatz-Ausnahme-Verständnis aus. Wäre nämlich das Datenschutzrecht anwendbar, würde dessen Verbot mit Erlaubnisvorbehalt in § 4 Absatz 1 Bundesdatenschutzgesetz gelten, was tendenziell für ein überwiegendes Betroffeneninteresse spräche. Gerade im Bereich der Medien hat sich der Gesetzgeber jedoch explizit dazu entschieden, wesentliche datenschutzrechtliche Normen, wie das Verbot mit Erlaubnisvorbehalt, nicht anzuwenden, da diese die journalistische Arbeit unzumutbar behindern würden.[581] Zur Sicherstellung der journalistischen Arbeit mit der öffentlichen Aufgabe der Information der Allgemeinheit sah es der Gesetzgeber demnach als erforderlich an, im journalistischen Bereich den Datenschutz hinter das Informationsinteresse zu stellen. Somit steht daher das Grundsatz-Ausnahme-Modell, das der *Bundesgerichtshof* im Fall „Deutschlandradio" für Online-Archive

---

578 *Europäische Kommission*, Mitteilung an das Europäische Parlament, den Rat, den Europäischen Wirtschafts- und Sozialausschuss und den Ausschuss der Regionen – i2020: Digitale Bibliotheken, KOM(2005) 465 endg. – Amtsblatt C 49 vom 28. Februar 2008.
579 *Libertus*, ZUM 2007, 143, 148.
580 Vergleiche *Libertus*, ZUM 2007, 143, 148.
581 *Eberle*, MMR 2008, 508, 512.

etabliert hat, auch im Einklang mit der im datenschutzrechtlichen Medienprivileg zum Ausdruck gebrachten Wertung des Gesetzgebers.

bb. Kein absolutes „Recht auf Vergessen"

Ein potentielles Umschlagen der Interessenabwägung bedarf stets einer präzisen Prüfung des Einzelfalls. Eine pauschalisierende oder generalisierende Interessenauflösung verbietet sich – auch bei archivierten Berichterstattungen über Strafverurteilungen. Dementsprechend hat der *Bundesgerichtshof* klargestellt, dass es im Zusammenhang mit namensnennenden Artikeln über Strafverurteilungen weder ein generelles Verbot noch ein generelles Gebot der (späteren) Löschung solcher Berichte geben dürfe.[582]

Gleichwohl hat das *Bundesverfassungsgericht* in seiner „Lebach"-Rechtsprechung festgehalten, dass kein Straftäter einen grundsätzlichen Anspruch darauf habe, dass seine „Geschichte getilgt" und er vor jeglicher ungewollten Darstellung persönlichkeitsrelevanter Geschehnisse „vollständig immunisiert" werde.[583] Auch nach seiner Strafverbüßung könne der Straftäter aus seinem Persönlichkeitsrecht keinen grundsätzlichen Anspruch herleiten, überhaupt nicht mehr in der Öffentlichkeit mit seiner früheren Tat konfrontiert zu werden.[584] Ein solcher Anspruch ergebe sich weder aus seinem Grundrecht auf Menschenwürde aus Artikel 1 Grundgesetz noch aus seinem Allgemeinen Persönlichkeitsrecht nach Artikel 2 Absatz 1 in Verbindung mit Artikel 1 Absatz 1 Grundgesetz. Demnach gebe es kein absolutes Recht des Einzelnen, sein Selbstbild in der Öffentlichkeit stets nach eigenem Belieben neu definieren zu können.[585]

Dementsprechend kann es in den vorliegenden Online-Archiv-Konstellationen kein pauschales Recht auf Löschung geben. Vielmehr ist eine Prüfung im Einzelfall erforderlich.[586] So ist einerseits das Interesse des Archivbetreibers nicht absolut, sämtliche ursprünglich rechtmäßig archivierten Artikel für immer in seinem Archiv zu belassen. Andererseits hat der Betroffene bei Altberichten, die in Online-Archiven weiter zum Abruf bereitgehalten werden, kein absolutes Recht darauf, „vergessen zu werden", nur weil die Straftat an Aktualität verloren hat.[587]

---

582 *Bundesgerichtshof*, BGHZ, 183, 353 Rn. 20 – *Deutschlandradio*.
583 *Bundesverfassungsgericht*, NJW 1973, 1226, 1231 – *Lebach I*; *Bundesverfassungsgericht*, NJW 2000, 1859, 1860 – *Lebach II*; ebenso *Bundesgerichtshof*, BGHZ, 183, 353 Rn. 20 – *Deutschlandradio*.
584 Ebenso *Alexander*, ZUM 2011, 382, 388.
585 *Koreng/Feldmann*, ZD 2012, 311, 314.
586 *Koreng/Feldmann*, ZD 2012, 311, 313; *Alexander*, ZUM 2011, 382, 389.
587 *Alexander*, ZUM 2011, 382, 389.

Maßgeblich ist vielmehr eine Beurteilung im Einzelfall, in welchem Ausmaß das Persönlichkeitsrecht durch die konkrete archivierte Berichterstattung tatsächlich beeinträchtigt wird. Zusammenfassend ist festzuhalten, dass eine nachträgliche Umkehr der Interessenabwägung, konkret das Überwiegen des Persönlichkeitsrechts gegenüber dem Interesse des Archivbetreibers, auch bei einem ursprünglich rechtmäßigen Erstbericht grundsätzlich möglich ist.[588]

cc. Substanzieller Nachteil für das Persönlichkeitsrecht

Dem bei rechtmäßigen Berichterstattungen grundsätzlich überwiegenden Informationsinteresse steht in Online-Archiv-Fällen regelmäßig die Frage der erheblichen Beeinträchtigung des Persönlichkeitsrechts durch die weitere Archivierung gegenüber. Entscheidend ist, ob diese außer Verhältnis zu dem öffentlichen Informationsinteresse steht.[589] Wenngleich der Betroffene grundsätzlich wahre, aber für ihn nachteilige Tatsachenbehauptungen hinzunehmen hat[590] und er kein absolutes Recht darauf hat, „vergessen zu werden", kann durch eine solche wahre Behauptung ausnahmsweise dennoch sein Persönlichkeitsrecht verletzt sein. Dies ist der Fall, wenn durch die Äußerung substanzielle Nachteile für sein Persönlichkeitsrecht drohen, die außer Verhältnis zu dem Interesse an der Verbreitung der konkreten wahren Behauptung stehen.[591] Ein entscheidendes Kriterium in der Abwägung zu Online-Archiv-Konstellationen ist auf Seiten des Betroffenen daher, in welchem Ausmaß seine Persönlichkeitsentfaltung und besonders sein Resozialisierungsinteresse durch die konkrete Berichterstattung im Einzelfall beeinträchtigt wird.[592] Festzustellen ist hierzu, ob die konkrete Abrufbarkeit im Online-Archiv die Gefahr einer ernsthaften Störung der Resozialisierung oder gar die Stigmatisierung beziehungsweise soziale Isolierung begründet.[593] Um die Intensität dieser Beeinträchtigung im Einzelfall auszumachen, müssen insbesondere Art und Weise der Berichterstattung sowie der Verbreitungsgrad des jeweiligen Übermittlungsmediums berücksichtigt werden.[594]

---

588 *Feldmann*, in: Heidrich/Forgó/Feldmann, B. II. 125.
589 *Bundesgerichtshof*, GRUR 2013, 200, 201 – *Apollonia*.
590 *Bundesgerichtshof*, BGHZ, 183, 353 Rn. 13 – *Deutschlandradio*.
591 *Bundesgerichtshof*, BGHZ, 183, 353 Rn. 13 – *Deutschlandradio*; *Bundesgerichtshof*, NJW 2013, 229, 229 f. – *Gazprom*.
592 *Bundesgerichtshof*, BGHZ, 183, 353 Rn. 16 – *Deutschlandradio*; *Bundesverfassungsgericht*, NJW 2000, 1859, 1860 – *Lebach II*.
593 *Bundesgerichtshof*, BGHZ, 183, 353 Rn. 13 – *Deutschlandradio*; *Bundesgerichtshof*, NJW 2013, 229, 229 f. – *Gazprom*.
594 *Bundesgerichtshof*, BGHZ, 183, 353 Rn. 16 – *Deutschlandradio*.

Speziell in den „Sedlmayr-Fällen" verneinte der *Bundesgerichtshof* einen nicht mehr hinnehmbaren substanziellen Nachteil für das Persönlichkeitsrecht der Betroffenen. Hauptargumente, die zu Gunsten des Betroffenen ins Gewicht fallen können, sind insbesondere sein (erstarktes) Resozialisierungsinteresse (1), die Art und Weise der konkreten Berichterstattung (2), die Frage einer „erneuten" Berichterstattung (3), die Breitenwirkung des jeweiligen Artikels (4), sowie die Erkennbarkeit als „Altbericht" (5). Im Folgenden werden diese Abwägungsgesichtspunkte diskutiert und zum Teil weiterentwickelt. Sie werden dabei als „potentielle Gewichte" bezeichnet, da sie im Einzelfall und je nach ihrem Ausmaß das Persönlichkeitsrecht des Betroffenen derart beschweren können, dass es das Informationsinteresse überwiegt. Grundlegende Voraussetzung hierfür ist, dass der Betroffene die Tatsachen, Argumente und Abwägungsgesichtspunkte, die sein Persönlichkeitsrecht unterstützen, konkretisiert und substanziiert geltend macht.[595] Reine Behauptungen oder Befürchtungen genügen insoweit nicht.[596] Ohne solche Nachweise des Betroffenen zu entstandenen oder drohenden konkreten Nachteilen überwiegt das gesellschaftliche Interesse an der Abrufbarkeit der Artikel in Online-Archiven sowie deren Informations- und Dokumentationsfunktion.[597]

dd. Keine fixierten Fristen

Fraglich ist, ob dem Resozialisierungsinteresse eines Verurteilten nach einem Ablauf zeitlich zuvor fixierter Fristen ein überwiegendes Gewicht zukommen sollte. Das *Landgericht Köln* hatte sich dafür ausgesprochen, im Rahmen der Interessenabwägung in einem entsprechenden Fall archivierter Strafverurteilungsberichte die Dauer von Bewährungsfristen sowie die Straftilgungs- und Löschfristen nach dem Bundeszentralregistergesetz heranzuziehen.[598] Hingegen lehnen Vertreter der rechtswissenschaftlichen Literatur allgemein fixierte oder verbindliche Fristen zur Bestimmung fester Zeitspannen ab, nach deren Ablauf beispielsweise ein Bericht über eine relative Person der Zeitgeschichte nicht mehr im Archiv bereitgestellt werden darf.[599] Letztlich hatte bereits das *Bundesverfassungsgericht* im Fall „Lebach I" folgendes entschieden:

---

595 Vergleiche *Eberle*, MMR 2008, 508, 509; *Libertus*, ZUM 2007, 143, 148 f..
596 *Libertus*, ZUM 2007, 143, 149.
597 *Libertus*, ZUM 2007, 143, 149.
598 *Landgericht Köln*, Beschluss vom 5. Februar 2005–28 O 330/05, BeckRS 2009, 05256. In diese Richtung auch *Kühn/Karg*, ZD 2015, 61, 65, die etwa bei Erstveröffentlichungen von Berichten über Privatinsolvenzen die Fristen für die Restschuldbefreiungen als Orientierung vorschlagen.
599 *Libertus*, ZUM 2007, 143, 148.

„Die zeitliche Grenze zwischen der grundsätzlich zulässigen aktuellen Berichterstattung und einer zulässigen späteren Darstellung oder Erörterung lässt sich nicht allgemein, jedenfalls nicht mit einer nach Monaten und Jahren für alle Fälle fest umrissenen Frist fixieren. Das entscheidende Kriterium liegt darin, ob die betreffende Berichterstattung gegenüber der aktuellen Information eine erhebliche neue oder zusätzliche Beeinträchtigung des Täters zu bewirken geeignet ist".[600]

ee. Potentielle Gewichte zu Gunsten des Betroffenen

(1) Bedeutungszuwachs des Resozialisierungsinteresses

Der Gesichtspunkt des Resozialisierungsinteresses bildet den ersten wesentlichen Faktor im Rahmen der Interessenabwägung.[601] Bereits im Kontext der analogen Berichterstattung im Fall „Lebach" stellte das *Bundesverfassungsgericht* klar, dass nach der Befriedigung des aktuellen Informationsinteresses das Betroffeneninteresse an einer Resozialisierungsmöglichkeit erstarke.[602] Sein Wunsch, mit seinen früheren Taten allein gelassen und nicht mehr an das Licht der Öffentlichkeit gezerrt zu werden, werde mit der Zeit grundsätzlich stärker.[603] Entsprechend des sozialen Geltungsanspruchs, den jede Person aus ihrem Persönlichkeitsrecht allein aufgrund ihres Menschseins ableiten kann, schützt das allgemeine Persönlichkeitsrecht den Betroffenen vor einer zeitlich *un*beschränkten Befassung der Medien mit seiner Person und seiner Privatsphäre.[604] Dabei wird das Resozialisierungsinteresse als Teil seines Allgemeinen Persönlichkeitsrechts umso gewichtiger, je größer der zeitliche Abstand zur Straftat wird.[605]

Mit diesen Grundsätzen werden dem Streben der Massenmedien, den individuellen Lebensbereich eines Betroffenen zum Gegenstand der Erörterung oder Unterhaltung zu machen, Grenzen gesetzt. So sind erneute Eingriffe in das Persönlichkeitsrecht des Täters nach einer hinreichenden Information der Öffentlichkeit über dessen strafrechtliche Verurteilung nicht ohne weiteres gerechtfertigt.[606] Damit das Resozialisierungsinteresse jedoch ein Umschlagen der Interessenabwägung zu Gunsten des Betroffenen zu erreichen vermag, müsste es

---

600 *Bundesverfassungsgericht*, NJW 1973, 1226, 1231 – *Lebach I.*
601 *Mann*, in: Leible/Kutschke, 133, 134.
602 *Bundesverfassungsgericht*, NJW 2000, 1859, 1860 – *Lebach II.*
603 *Bundesgerichtshof*, BGHZ, 183, 353 Rn. 16 f. – *Deutschlandradio*; *Alexander*, ZUM 2011, 382, 388.
604 *Alexander*, ZUM 2011, 382, 388; *Libertus*, ZUM 2007, 143, 146.
605 *Bundesverfassungsgericht*, NJW 1973, 1226, 1231 f. – *Lebach I*; *Bundesverfassungsgericht*, NJW 2000, 1859, 1860 – *Lebach II*; *Alexander*, ZUM 2011, 382, 388.
606 *Bundesgerichtshof*, BGHZ, 183, 353 Rn. 16 – *Deutschlandradio.*

„in erheblicher Weise beeinträchtigt" sein. Trotz der anerkannten grundsätzlichen Gewichtszunahme des Resozialisierungsinteresses nach der Haftentlassung hatte der *Bundesgerichtshof* einen solchen Betroffenheitsgrad in den entschiedenen Fällen verneint.[607]

Die Instanzrechtsprechung, die zeitlich vor den „Sedlmayr-Fällen" erging, steht insoweit im Einklang mit dieser Haltung des *Bundesgerichtshofs*. So haben insbesondere das *Landgericht Berlin*[608] und das *Kammergericht Berlin*[609] diesen Gesichtspunkt – dogmatisch bei der Frage einer „erneuten Berichterstattung" – behandelt und in der Sache dem *Bundesgerichtshof* entsprechend entschieden. Hingegen vertrat das *Oberlandesgericht Hamburg* sowohl in den „Sedlmayr-Fällen" als auch im Fall „Apollonia" eine andere Rechtsauffassung. Es sah in diesen Fällen das erstarkte Resozialisierungsinteresse des Täters als zu stark verletzt an.[610] Danach würden die archivierten Berichte aufgrund der außergewöhnlichen Tatschwere und Tatfolgen eine besondere Gefahr in sich bergen, für den Leser den Anknüpfungspunkt einer sozialen Abgrenzung und Isolierung des Klägers zu bilden. Insbesondere im Fall „Apollonia" hielt es das *Oberlandesgericht Hamburg* für maßgeblich, dass die Bereithaltung des Artikels die Straftat mit einem zeitlichen Abstand von achtzehn Jahren zur Tat beziehungsweise sechzehn Jahren zum Verfahrensabschluss ohne neuen Anlass und Anknüpfungspunkt eines öffentlichen Informationsinteresses reaktualisiere.[611]

(2) Art und Weise der Berichterstattung

Ein weiteres wichtiges Abwägungskriterium war für den *Bundesgerichtshof* in allen entschiedenen Fällen, ob und inwiefern die konkrete Bereithaltung der Berichte die Kläger „ewig an den Pranger stellen" oder sie so „an das Licht der Öffentlichkeit zerren" könne, dass sie erneut als Straftäter stigmatisiert werden könnten.[612] Hierbei sei gerade auch die Form der Darstellung, etwa in eher dokumentarischer oder künstlerisch verfremdeter Form, mit einzubeziehen.[613]

---

607 *Bundesgerichtshof*, BGHZ, 183, 353 Rn. 17 – *Deutschlandradio*.
608 *Landgericht Berlin*, AfP 2001, 337, 337 f..
609 *Kammergericht*, AfP 2006, 561, 563.
610 *Oberlandesgericht Hamburg*, Urteil vom 1. November 2011–7 U 49/11, BeckRS 2012, 23601 – *Apollonia*.
611 *Oberlandesgericht Hamburg*, Urteil vom 1. November 2011–7 U 49/11, BeckRS 2012, 23601 – *Apollonia*.
612 *Bundesgerichtshof*, GRUR 2010, 549, 551 – *Spiegel-Dossier*.
613 *Bundesverfassungsgericht*, NJW 1973, 1226, 1229 f. – *Lebach I*; *Alexander*, ZUM 2011, 382, 389.

In den „Sedlmayr-Fällen" verneinten die Karlsruher Richter dies regelmäßig aufgrund der jeweils sachlichen und wahrheitsgemäßen Berichterstattungen über das damalige Kapitalverbrechen, das nicht zuletzt aufgrund der Bekanntheit des Opfers erhebliches öffentliches Aufsehen erregt hatte. So sei der Bericht, um den es beispielsweise im Fall „Deutschlandradio" ging, „sachlich, zurückhaltend und ohne zusätzliche stigmatisierende Umstände" verfasst.[614] Die Kläger wurden insbesondere nicht als „Täter des Gewaltverbrechens" oder als „Mörder" bezeichnet. Vielmehr sei sachlich festgehalten worden, dass sie nach einem halbjährigen Indizienprozess wegen Mordes verurteilt worden seien. Zudem berücksichtigte der *Bundesgerichtshof* die Erwähnung der inneren Einstellung der Täter zum Tatvorwurf im streitgegenständlichen Bericht – die Meldung habe darüber berichtet, dass der Verurteilte bis heute seine Unschuld beteuere.[615] Auch im Fall „Spiegel-Dossier" wurde die sachliche Abfassung des Ursprungsberichts hervorgehoben, der die Verurteilten „nicht in reißerischer Weise als Mörder qualifiziere", sondern sich auf die Mitteilung beschränke, dass sie wegen Mordes angeklagt beziehungsweise verurteilt worden seien.[616] Im späteren „Apollonia-Fall" begründete der *Bundesgerichtshof* sein Abwägungsergebnis zu Gunsten des Archivbetreibers unter anderem mit der konkreten Abfassung des archivierten Berichts, die den Betroffenen trotz der Schwere der Tat gerade nicht als Person stigmatisiere.[617] Dies machte der *Bundesgerichtshof* unter anderem daran fest, dass dieser in dem Bericht ausdrücklich als „nicht bösartig" bezeichnet worden sei und als Person beschrieben wurde, die „aufgrund ihres biografischen Hintergrundes unfähig war, die bis zum Wahnsinn und zur Verblendung aller Beteiligten überspannte Situation an Bord der ‚Apollonia' zu bewältigen" und dabei dessen menschliche Züge betonte.[618] Bei der Beurteilung einer Stigmatisierung des Betroffenen werde gerade auch die konkrete Darstellungsform der Berichterstattung relevant. So geht mit einer reinen Wortberichterstattung eine geringere Eingriffsintensität einher als bei einer Kombination mit Bildnissen oder gar einer Tondarstellung mit bewegten Bildern.[619]

---

614 *Bundesgerichtshof*, BGHZ, 183, 353 Rn. 18 – *Deutschlandradio*.
615 *Bundesgerichtshof*, BGHZ, 183, 353 Rn. 18 – *Deutschlandradio*.
616 *Bundesgerichtshof*, GRUR 2010, 549, 551 – *Spiegel-Dossier*.
617 *Bundesgerichtshof*, GRUR 2013, 200, 202 – *Apollonia*.
618 *Bundesgerichtshof*, GRUR 2013, 200, 202 – *Apollonia*.
619 *Bundesverfassungsgericht*, NJW 1973, 1226, 1229 – *Lebach I*; Alexander, ZUM 2011, 382, 389.

(3) Erneute Veröffentlichung – Ursprung dieses Abwägungsmerkmals

Einer der maßgeblichen Streitpunkte im Rahmen der Interessenabwägung liegt ferner darin, ob in der Speicherung und Bereithaltung eines Artikels zum Abruf im Online-Archiv eine erneute oder zusätzliche Berichterstattung oder Veröffentlichung des Artikels zu sehen ist. Dieses Abwägungskriterium entstammt der „Lebach I"-Entscheidung des *Bundesverfassungsgerichts*.[620] Hintergrund hierfür ist, dass es im Äußerungsrecht für den Ausgang der Interessenabwägung stets auf den Zeitpunkt der Veröffentlichung ankommt. Je nach dem, ob die Bereithaltung beziehungsweise der aktuelle Abruf eines Artikels aus dem Online-Archiv eine *erneute* Berichterstattung darstellt, käme es zur Beurteilung von deren Rechtmäßigkeit auch gerade auf diesen *aktuellen* Zeitpunkt an. Würde die Bereithaltung eines alten Berichts in einem Online-Archiv also eine permanente Neuveröffentlichung dieses Berichts darstellen, würde dieser rechtwidrig werden, sobald der Inhalt des Berichts nicht mehr mit der gegenwärtigen Realität übereinstimme. So würde die konkrete Berichterstattung in ihrer damaligen Form zum aktuellen Zeitpunkt aber gerade nicht mehr rechtmäßig sein, weil sie regelmäßig den journalistischen Sorgfaltpflichten, wie beispielsweise der Erwähnung aller entlastenden Umstände bei Verdachtsberichterstattung, nicht mehr gerecht würde. Ebenso wäre beispielsweise zum Zeitpunkt der Haftentlassung eine weitere – erneute – Berichterstattung über die Straftäter nicht mehr zulässig, soweit hierfür kein aktueller Anlass bestünde.[621]

(a) Dogmatische Einordnung als Abwägungsaspekt

Umstritten ist die dogmatische Einordnung des Gesichtspunkts der „erneuten Veröffentlichung" des Berichts. *Petersdorff-Campen*[622] hält die Frage, ob die Archivierung eines Artikels eine erneute Veröffentlichung desselben darstellt, für eine der eigentlichen Interessenabwägung vorgelagerte Frage. Nach seiner Ansicht solle eine Abwägung von vornherein nur erfolgen, wenn eine *erneute* Berichterstattung bejaht würde.[623] Dogmatisch überzeugender behandelt hingegen die herrschende Meinung[624] die Frage einer „erneuten Veröffentlichung" als Abwägungsaspekt im Rahmen der Interessenabwägung. Der Einordnung dieses Prüfpunktes als Vorfrage ist entgegenzuhalten, dass sich die beiden einschlägi-

---

620 *Bundesverfassungsgericht*, NJW 1973, 1226, 1226 ff. – *Lebach I*.
621 *Bundesverfassungsgericht*, NJW 1973, 1226, 1231 – *Lebach I*.
622 *Petersdorff-Campen*, ZUM 2008, 102, 107 f..
623 *Petersdorff-Campen*, ZUM 2008, 102, 107.
624 Etwa *Bundesgerichtshof*, BGHZ, 183, 353 Rn. 19 – *Deutschlandradio*.

gen Grundrechtspositionen stets in einem Spannungsverhältnis gegenüber stehen und eine neue Interessenabwägung in den Online-Archiv-Konstellationen keinesfalls durch die Beantwortung der „erneuten Berichterstattung" als Vorfrage obsolet werden darf: Liegt eine erneute Veröffentlichung vor, so erklärt sich die Notwendigkeit der Abwägung von selbst, da festgestellt werden müsste, ob diese – aktuelle – Berichterstattung gleichsam von der Pressefreiheit gedeckt ist oder mittlerweile das Persönlichkeitsrecht des Betroffenen überwiegt. Jedoch bedürfte es auch in dem Falle, dass keine erneute Veröffentlichung gegeben ist, einer einzelfallabhängigen Rechts- und Interessenabwägung, um festzustellen, ob durch die *weitere* Bereithaltung substanzielle Nachteile für das Persönlichkeitsrecht des Betroffenen drohen, welche die Abwägung zu seinen Gunsten umschlagen lassen könnten. Vor diesem Hintergrund sollte der Aspekt einer „erneuten" Berichterstattung als eigenständiger Abwägungsaspekt beurteilt werden. Demnach ist im Folgenden zu klären, ob und inwieweit die Archivierung vergangener Presseberichte in einem Online-Archiv eine „erneute" Berichterstattung darstellen könnte.

(b) Mindermeinung: Erneute Berichterstattung

Vor allem das *Oberlandesgericht Hamburg* bezog in diesem Punkt eine Extremposition und ordnete bereits das bloße Bereithalten eines ursprünglich veröffentlichten Inhalts in einem Online-Archiv als ständig neue Verbreitungshandlung ein.[625] Ähnlich entschied auch das *Landgericht Hamburg*.[626] Das Hauptargument lag dabei regelmäßig in der einfachen und schnellen Auffindbarkeit der Artikel aufgrund der besonderen Infrastruktur des Internets. Denn durch den Einsatz von Online-Suchmaschinen werde die leichte und schnelle Auffindbarkeit älterer archivierter Artikel dermaßen gefördert, dass sie damit „gleichberechtigt auf eine Ebene der Wahrnehmung und Reichweite [gestellt werden], die nur knapp unterhalb der einer Veröffentlichung im „aktuellen" Teil der Internetplattform liegt."[627] Zudem führe die dauerhafte Bereithaltung der Erstmitteilung auch lange Zeit nach der Tat und Verurteilung dazu, dass einige Leser den Bericht erstmals zur Kenntnis nehmen können, weswegen die genannten Gerichte eine „perpetuierte Beeinträchtigung des Persönlichkeitsrechts" des Betroffenen annahmen.[628]

---

625 *Oberlandesgericht Hamburg*, ZUM-RD 2008, 69, 70.
626 *Landgericht Hamburg*, ZUM-RD 2007, 537, 540.
627 *Landgericht Hamburg*, ZUM-RD 2007, 537, 540.
628 *Bundesgerichtshof*, NJW 2013, 229, 231 – *Gazprom*.

(c) Herrschende Ansicht: Keine erneute Berichterstattung

Nach diesseitiger Ansicht sprechen die überzeugenderen Argumente dafür, weder die bloße Bereithaltung eines Texts in einem journalistischen Online-Archiv noch den konkreten Onlineabruf dieses Texts als „erneute Berichterstattung" einzuordnen. Eine Neuverbreitung der online archivierten Berichterstattungen wird insoweit von der herrschenden Ansicht in Rechtsprechung[629] und Literatur[630] abgelehnt. So stelle das bloße Bereithalten keine aktive Handlung einer neuen aktuellen Berichterstattung dar. Anknüpfungspunkt für eine Haftung des Archivbetreibers könne allein die tatsächliche Herausgabe der Inhalte sein.[631] Ohne weitere besondere Umstände könne aber auch diese Gewährung von Einsicht in rechtmäßig gesammeltes Archivmaterial keine neue Veröffentlichung darstellen. So verneinte der *Bundesgerichtshof* eine „aktuelle Berichterstattung" regelmäßig mit dem Argument, dass der Bericht erkennbar als Altbericht gekennzeichnet und eingeordnet sei (siehe zum Abwägungsaspekt der Kennzeichnung als Altbericht sogleich in D. II. 3. b. ee. (5)).[632] Ebenso formulierte das *Kammergericht Berlin*:

> „In der Herausgabe archivierter Informationen liegt nur dann ein erneutes Behaupten, wenn sich aus den Umständen der Herausgabe ergibt, dass derartiges auch aktuell noch behauptet werden soll. Dies ist bei dem bloßen Bereithalten früherer Zeitungsausgaben zur Einsichtnahme durch Dritte, sei es in körperlicher oder elektronischer Form, nicht der Fall. Der Äußerungsgehalt einer solchen Herausgabe erschöpft sich in dem Hinweis auf eine in der Vergangenheit abgeschlossene Berichterstattung."[633]

Zu dem gleichen Ergebnis gelangt *Petersdorff-Campen*[634] mit der Herangehensweise, zur Definition der „Neuveröffentlichung" an Grundsätze aus dem Urheberrecht anzuknüpfen: Diese wird verstanden als eine möglichst wirklichkeitsgetreue Wiedergabe oder eine sachliche Schilderung tatsächlicher Geschehnisse.[635] Die Wiedergabe von Geschehnissen[636] wird wiederum definiert als deren Mitteilung beziehungsweise Wahrnehmbarmachung gegenüber der Öffentlichkeit im Sinne

---

629 Grundlegend für alle weiteren „Online-Archiv"-Fälle *Bundesgerichtshof*, BGHZ, 183, 353 Rn. 19 – *Deutschlandradio*.
630 *Molle*, ZUM 2010, 331, 336; *Libertus*, ZUM 2007, 143, 148; *Alexander*, ZUM 2011, 382, 389; *Petersdorff-Campen*, ZUM 2008, 102, 107 f..
631 *Libertus*, ZUM 2007, 143, 148.
632 *Bundesgerichtshof*, BGHZ, 183, 353 Rn. 19 – *Deutschlandradio*; *Bundesgerichtshof*, GRUR 2010, 549, 551 f. – *Spiegel-Dossier*.
633 *Kammergericht Berlin*, AfP 2006, 561, 563.
634 *Petersdorff-Campen*, ZUM 2008, 102, 106 ff..
635 *Petersdorff-Campen*, ZUM 2008, 102, 107.
636 Im Zusammenhang mit § 15 Absatz 2 sowie den §§ 21 und 22 Urhebergesetz.

einer beabsichtigten und unmittelbaren Aufnahme durch die menschlichen Sinne.[637] In Abgrenzung zu diesen Rechtsbegriffen sieht *Petersdorff-Campen* einen Bericht insofern gerade nicht mehr „wiedergegeben", wenn er lediglich in einem Online-Archiv gespeichert und zum Abruf bereit gehalten wird.[638]

(4) Breitenwirkung des berichtenden Mediums

Der Verbreitungsgrad des archivierten Artikels bildet ein weiteres wesentliches Abwägungskriterium.[639] Maßgeblich zur Beurteilung der Breitenwirkung des konkreten Archivmediums ist der Zeitpunkt, zu dem über den etwaigen Betroffenenanspruch entschieden wird.[640] Auch dieses Merkmal wurde vom *Bundesverfassungsgericht* in „Lebach I" etabliert, wo die – im damaligen Fall als hoch eingestufte – Breitenwirkung der Fernsehsendung entscheidend dazu beitrug, dem Betroffeneninteresse den Vorrang einzuräumen. Im damaligen Jahr 1973 gab es ausschließlich öffentlich-rechtliche Rundfunkanstalten und für die streitgegenständliche Fernsehdokumentation war eine Einschaltquote von 30 bis 80 % prognostiziert worden.[641] Die hohe Breitenwirkung ergab sich für das *Bundesverfassungsgericht* zudem daraus, dass die Reichweite des Fernsehens im Vergleich zu anderen damaligen Medien ungleich höher war, die optischen Eindrücke sowie die Kombination von Ton und Bild eine sehr starke Intensität hatten sowie aufgrund der Tatsache, dass Nutzer in dieser Zeit dem Fernsehen von allen Medien die größte Glaubwürdigkeit beimaßen.[642]

Dementsprechend nahm der Aspekt der Breitenwirkung auch in den jüngeren „Online-Archiv-Fällen" einen wesentlichen Prüfpunkt im Rahmen der Interessenabwägung ein. Allerdings ist der tatsächliche Grad der Breitenwirkung einer Berichterstattung in einem journalistischen Online-Archiv umstritten. Kernstreitpunkt bilden die unterschiedlichen Haltungen zu der Frage, ob und inwieweit hier die Besonderheiten der Infrastruktur des Internets im Vergleich zu analogen Vermittlungs- und Archivierungsmedien in die Bewertung einzubeziehen seien. Der *Bundesgerichtshof* betonte insoweit, dass die Breitenwirkung von analogen Medien, wie dem Fernsehen und Papierzeitungen, von der im digitalen Medium des Internets zu differenzieren sei. So bestätigte er die hohe Breitenwirkung im Fall „Lebach I" mit dem Argument, dass es sich um eine Fernsehdokumentation

---

637 *Petersdorff-Campen*, ZUM 2008, 102, 107.
638 Siehe *Petersdorff-Campen*, ZUM 2008, 102, 106 ff..
639 Vergleiche *Alexander*, ZUM 2011, 382, 389.
640 *Feldmann*, in: Heidrich/Forgó/Feldmann, B. II. 126.
641 *Bundesverfassungsgericht*, NJW 1973, 1226, 1229 – Lebach I.
642 *Bundesverfassungsgericht*, NJW 1973, 1226, 1229 – Lebach I.

zur besten Sendezeit gehandelt habe, bei der mit besonders hohen Einschaltquoten gerechnet worden war und aufgrund der emotionalen Schlagseite der Dokumentation diese Straftat vom Zuschauer intensiv nacherlebt hätte werden können.[643] Im Vergleich dazu empfand der *Bundesgerichtshof* im Fall „Deutschlandradio" die Breitenwirkung der reinen Wortberichterstattungen in den Internetarchiven als zu gering, um die Interessenabwägung zu Gunsten des Betroffenen umschlagen zu lassen.[644] Diese Ansicht blieb nicht ohne Kritik – insbesondere stufte das *Oberlandesgericht Hamburg* die Breitenwirkung der archivierten Artikel wesentlich höher ein als die von Artikeln in Printarchiven.[645] Vor diesem Hintergrund werden im Folgenden die vertretenen Auslegungsweisen für die Breitenwirkung bei Artikeln in journalistischen Online-Archiven näher beleuchtet:

(a) Vertreter einer hohen Breitenwirkung bei Online-Archiven

Neben dem *Oberlandesgericht Hamburg*[646] spricht auch *Mann*[647] den streitgegenständlichen Artikeln in Online-Archiven eine sehr hohe Breitenwirkung zu und begründet seine Auffassung vor allem mit der besonderen Auffindbarkeit eines solchen Artikels aufgrund der Infrastruktur des Internets, konkret den dortigen technischen Nutzungs- und Suchmöglichkeiten. So seien die Suchmechanismen und Sucherfolge durch kostenlose Online-Suchmaschinen und eigene Suchmedien innerhalb der Webarchive selbst im Vergleich zu auf Printerzeugnissen aufgebauten Präsenzarchiven und Bibliotheken deutlich gesteigert.[648] Dadurch sei bei online archivierten Berichterstattungen über frühere Strafverurteilungen zu befürchten, dass die Tatbegehung der Öffentlichkeit wieder wie eine neue Berichterstattung zugänglich gemacht werde und gerade solche Personen von dem früheren Fehlverhalten Kenntnis erlangten, von denen der Erfolg der Resozialisierung mitunter abhänge, wie beispielsweise Arbeitgeber, Vermieter und Nachbarn.

Vor diesem Hintergrund wurde vereinzelt bereits die Andersbehandlung zwischen der Internetfunktion „Online-Archiv" und anderen Internetbereichen als solche angezweifelt, da diese gleichsam leicht aufzufinden seien.[649] So weise die

---

643 *Bundesgerichtshof*, BGHZ, 183, 353 Rn. 19 – *Deutschlandradio*.
644 *Bundesgerichtshof*, BGHZ, 183, 353 Rn. 16, 19 – *Deutschlandradio*; *Bundesgerichtshof*, GRUR 2010, 549, 551 f. – *Spiegel-Dossier*.
645 *Oberlandesgericht Hamburg*, Urteil vom 1. November 2011 – 7 U 49/11, BeckRS 2012, 23601 – *Apollonia*.
646 *Oberlandesgericht Hamburg*, ZUM-RD 2007, 474, 475.
647 *Mann*, in: Leible/Kutschke, 133, 136.
648 *Oberlandesgericht Hamburg*, ZUM-RD 2007, 474, 475.
649 *Verweyen/Schulz*, AfP 2008, 133, 139.

Rubrik trotz der Bezeichnung als „Archiv" die gleichen technischen Nutzungsmöglichkeiten auf, wie der übrige Internetauftritt mit aktuellen Meldungen. Insbesondere seien beide über das Internet allgemein zugänglich. Zudem gebe es im Vergleich zu Printarchiven kaum Zugangskontrollen in Online-Archiven. Vielmehr zeichne sich ein Artikel in Online-Archiven gerade im Vergleich zu Printarchiven besonders durch deren „universelle Reichweite" sowie deren „zeitlich unbegrenzten Verbleib" aus.[650] Die damit verbundene drohende Verletzung des Persönlichkeitsrechts sowie der fortdauernden Stigmatisierung des ehemaligen Straftäters wirke potenziell einschneidender als dies bei Artikeln in einem herkömmlichen Printmedium der Fall sei.[651]

(b) Bundesgerichtshof: Geringe Breitenwirkung in Online-Archiven

Hingegen vertritt die herrschende Rechtsprechung[652] und Fachliteratur[653] bei der Verbreitung über Online-Archive die Auffassung einer eher geringen Breitenwirkung. Zur Begründung wird ein Vergleich mit den zum Verbreitungsmedium Fernseher im Fall „Lebach I" etablierten Maßstäben gezogen: Im Gegensatz zur Verbreitung über das Fernsehen setze die Kenntnisnahme des Berichts in einem Online-Archiv eine aktive und gezielte Suche des interessierten Nutzers voraus. Dies sei typischerweise nur von Nutzern zu erwarten, die sich zuvor selbst aktiv informiert hätten und erfordere entsprechende Kenntnisse, etwa zum Namen des Betroffenen oder dem konkreten Ereignis, über das berichtet wurde.[654] So werde ihm der Bericht nicht beim bloßen „Einschalten" einer bestimmten Webseite ungefragt zum passiven Konsum gestellt. Entsprechend stellte auch der *Bundesgerichtshof* in seiner Leitentscheidung „Deutschlandradio" darauf ab, dass die Lektüre des gegenständlichen Berichts eine vorherige aktive Recherche auf den Webseiten von „Deutschlandradio Kultur" voraussetze und dem Nutzer gerade nicht von alleine ins Auge springe. Von vornherein hätten nur bestimmte Nutzer den Hintergrund, um einen bestimmten Artikel in einem Online-Archiv zu suchen und aufzuspüren. Im Gegensatz zu einer massenmedialen Veröffentlichung mit aktuellem Bezug, wie in „Lebach I", bei der die vergangene Straftat

---

650 *Oberlandesgericht Hamburg*, Urteil vom 1. November 2011–7 U 49/11, BeckRS 2012, 23601 – *Apollonia*.
651 *Oberlandesgericht Hamburg*, Urteil vom 1. November 2011–7 U 49/11, BeckRS 2012, 23601 – *Apollonia*.
652 *Bundesgerichtshof*, BGHZ, 183, 353 Rn. 19 – *Deutschlandradio*; *Bundesgerichtshof*, GRUR 2010, 549, 551 f. – *Spiegel-Dossier*.
653 *Libertus*, ZUM 2007, 143, 148, *Alexander*, ZUM 2011, 382, 389.
654 *Libertus*, ZUM 2007, 143, 148 f..

in der Fernsehdokumentation neu und aktuell thematisiert werden sollte, sei die Wahrnehmung von Inhalten in einem Online-Archiv individuell beschränkt und gerade kein Massenphänomen.[655] An dieser Einschätzung verändert sich auch trotz der technischen Nutzungs- und Suchmöglichkeiten im Internet nichts. Die leichtere Auffindbarkeit der Berichte in Online-Archiven im Vergleich zu Artikeln in Printarchiven sei eine Folge der technischen Weiterentwicklung sowie der „allgemeinen Veränderung der Kommunikationswege" und dürfe nicht als Argument für die Untersagung der Abrufbarkeit ursprünglich rechtmäßig veröffentlichter Berichte dienen.[656]

In einer jüngeren Entscheidung hat das *Landgericht Hamburg* eine neue Argumentationsrichtung eingeschlagen und bei dem Aspekt der Breitenwirkung auf die tatsächliche Identifizierbarkeit des Betroffenen im Einzelfall abgestellt.[657] Es ging dabei um eine Online-Archiv-Konstellation betreffend eines Berichts über einen Insolvenzfall aus der Vergangenheit. Bei der Beurteilung der Breitenwirkung des Artikels stellte das Gericht darauf ab, inwieweit ein Leser des Altberichts diesen tatsächlich dem konkreten Betroffenen zuordnen werde. Dabei führte das Gericht als Argument gegen einen Unterlassungsanspruch an, dass die Altberichte im konkreten Fall bei Eingabe des Klägernamens in Online-Suchmaschinen erst an nachgeordneter Stelle erschienen, weil der Name des Klägers in diesem Fall weit verbreitet war.[658] Etwaige Leser würden die Informationen daher nicht zwingend auf ihn beziehen. Das Kriterium der konkreten Identifizierbarkeit bildet nach diesseitiger Ansicht ein gelungenes Zusatzkriterium, um die Breitenwirkung der jeweiligen Berichte im Einzelfall besser zu beurteilen.

Der *Bundesgerichtshof* misst die Breitenwirkung zudem daran, inwieweit die konkrete Berichterstattung erkennen lässt, dass sie nicht mehr aktuell, sondern eine frühere und auch als solche archivierte Berichterstattung sei.[659] Danach spräche für eine geringe Breitenwirkung, wenn ein Bericht nicht auf den aktuellen Webseiten des Archivbetreibers erscheine, die der Nutzer direkt nach Aufruf der Webseite wahrnehme, sondern ausschließlich auf den für Altmeldungen vorgesehenen Webseiten erreichbar sei.[660]

---

655 *Libertus*, ZUM 2007, 143, 148 f..
656 *Seitz*, in: Hoeren/Sieber, Teil 8 Rn. 62.
657 *Landgericht Hamburg*, Urteil vom 21. Oktober 2011, Az.: 324 O 283/11.
658 *Landgericht Hamburg*, Urteil vom 21. Oktober 2011, Az.: 324 O 283/11.
659 *Bundesgerichtshof*, BGHZ, 183, 353 Rn. 19 – *Deutschlandradio*; *Bundesgerichtshof*, GRUR 2010, 549, 551 f. – *Spiegel-Dossier*.
660 *Bundesgerichtshof*, BGHZ, 183, 353 Rn. 19 – *Deutschlandradio*; *Petersdorff-Campen*, ZUM 2008, 102, 107.

(5) Erkennbarkeit als Altbericht

Weiterhin bildet die konkrete Erkennbarkeit als Altbericht einen maßgeblichen Faktor innerhalb der Rechts- und Interessenabwägung zu Online-Archiven, der sich zu Gunsten des Betroffenen auswirken kann.[661] Entscheidend ist demnach, ob die konkrete Berichterstattung als solche erkennen lässt, dass sie nicht mehr aktuell ist. Hierbei kommt es (a) zum einen auf den Kontext an, in den der Bericht eingebettet war und (b) zum anderen auf Merkmale, die den Bericht als Altbericht kennzeichnen.[662] Maßstab ist dabei stets die Perspektive eines durchschnittlichen Webseitenbesuchers.

(a) Einbettung in ein „Archiv"

Die Einbettung der gegenständlichen Texte in ein „Archiv" ist essentiell. Ansonsten wären sie von vorneherein wie aktuelle Meldungen zu behandeln und etwa im Fall einer Berichterstattung über eine frühere Strafverurteilung ab dem Zeitpunkt der Haftentlassung ohne weiteren aktuellen Anlass als solche rechtswidrig (siehe oben D. II. 3. b. ee. (3) dieses Kapitels). Eine Grundvoraussetzung für die Charakterisierung einer konkreten Internetfunktion als Online-Archiv besteht darin, dass die Meldungen in Bezug auf ihre äußere Gestaltung sowie ihre Online-Auffindbarkeit einen Unterschied zu aktuellen Meldungen aufweisen.[663] Hierzu ist ein deutlich abgegrenztes und als Archiv erkennbares Umfeld im Rahmen des Webseitenangebots erforderlich.[664] Dabei kommt es nicht darauf an, ob diese Funktion auf der Benutzeroberfläche mit anderen Funktionen auf der jeweiligen Webseite grafisch gleichgeordnet ist.[665] Maßgeblich ist vielmehr, ob es sich nach der konkreten Webseitengestaltung um eine „nach sachlichen Gesichtspunkten geordnete Sammel- und Aufbewahrungsstelle für Geistesgut jeglicher Art" handelt, etwa für Zeitungen, Zeitschriften oder audiovisuelle Beiträge.[666] So werden Online-Archive beschrieben als „Sammlungen publizistischer Inhalte, die zunächst in einem (Ursprungs-)Medium, etwa in Print-, Rundfunk- oder Onlineformat, veröffentlicht wurden und nachträglich durch – regelmäßig inhaltlich identische – Aufnahme in die Sammlung dauerhaft online abrufbar sind".[667]

---

661 *Molle*, ZUM 2010, 331, 335; *Alexander*, ZUM 2011, 382, 389; *Petersdorff-Campen*, ZUM 2008, 102, 107 f..
662 *Molle*, ZUM 2010, 331, 335.
663 *Feldmann*, in: Heidrich/Forgó/Feldmann, B. II. 126.
664 *Feldmann*, in: Heidrich/Forgó/Feldmann, B. II. 126
665 *Petersdorff-Campen*, ZUM 2008, 102, 106 f..
666 *Petersdorff-Campen*, ZUM 2008, 102, 107.
667 *Libertus*, ZUM 2007, 143, 144.

Optisch gestaltet sind Online-Archive üblicherweise mit der Oberfläche einer Datenbanksuchmaschine, in die der Nutzer die gewünschten Suchbegriffe eingeben kann.[668] Diese Voraussetzungen sind bei den üblichen Online-Archiven gegeben.[669] So lag es auch in sämtlichen Verfahren der „Sedlmayr-Fälle" sowie des „Gazprom"- und des „Apollonia"-Falls, wenngleich der *Bundesgerichtshof* diesen Punkt nicht gesondert angesprochen hatte. Weiterhin ist festzuhalten, dass in Fällen, in denen der Abruf des streitgegenständlichen Artikels von einer Zugangsbeschränkung abhängt, beispielsweise einer Kostenpflicht des Online-Archivs, seine Breitenwirkung von vorneherein geringer ist und dadurch weniger ins Gewicht fallen kann.[670]

(b) Kennzeichnung als Altbericht

(aa) Erforderlichkeit einer zusätzlichen Kennzeichnung

Nach Ansicht des *Oberlandesgerichts Frankfurt am Main* genügt die bloße Einbettung des Artikels in eine „Archiv"-Oberfläche, um eine „erneute" Verbreitung abzulehnen. Danach sei es in diesem Fall auch unerheblich, unter welchem Datum der Bericht selbst angezeigt werde – dem Datum der Erstveröffentlichung oder sogar dem Datum des aktuellen Abrufs.[671] Dies gelte selbst, wenn auch der Ausdruck des Archivartikels neben dem aktuellen Abrufdatum keine Klarstellung darüber aufweise, dass es sich nicht um einen aktuellen Beitrag handele. Hiernach reiche es insoweit aus, dass der Nutzer den konkreten Artikel aus dem Kontext einer Archivfunktion abrufe und diesem damit klar sei, dass es sich um einen archivierten Inhalt und nicht um eine aktuelle Berichterstattung handelt. Dann ergebe es sich aus der Natur der Sache, dass archivierte Äußerungen veraltet seien und keinen aktuellen Bezug mehr hätten.[672]

Überzeugender ist es hingegen die geringe Breitenwirkung erst anzunehmen, wenn der streitgegenständliche Artikel nicht nur in eine Archiv-Umgebung eingebettet ist, sondern er zusätzlich als Altbericht gekennzeichnet wird. Damit ist ausreichend klargestellt, dass es sich um einen Archivbeitrag und nicht um eine aktuelle Berichterstattung handelt.[673] Die vorzunehmende Abwägung sensibler

---

668 *Libertus*, ZUM 2007, 143, 144.
669 *Petersdorff-Campen*, ZUM 2008, 102, 107.
670 *Libertus*, ZUM 2007, 143, 148.; *Oberlandesgericht Hamburg*, Urteil vom 1. November 2011-7 U 49/11, BeckRS 2012, 23601 – *Apollonia*,
671 *Oberlandesgericht Frankfurt am Main*, NJW 2007, 1366, 1367.
672 *Oberlandesgericht Frankfurt am Main*, NJW 2007, 1366, 1367.
673 *Molle*, ZUM 2010, 331, 335; *Libertus*, ZUM 2007, 143, 144; *Seitz*, in: Hoeren/Sieber, Teil 8 Rn. 62.

Grundrechtspositionen verlangt eine genaue Beurteilung der Breitenwirkung jedes archivierten Artikels im Einzelfall. Das bloße Abstellen auf die Einbettung in eine „Archiv"-Oberfläche wäre insofern zu pauschal. Hinzu kommt, dass die Nutzer in der Realität oftmals durch Verlinkungen unabhängiger Online-Suchmaschinen auf den archivierten Artikel gestoßen werden und dabei gegebenenfalls nicht registrieren, dass sie einen Artikel aus einem Archiv abrufen. Demnach folgt eine Aufstellung der Merkmale, die einen Artikel als Altbericht kennzeichnen:

(bb) Konkrete Kennzeichnungsmerkmale

Für die Kennzeichnung einer konkreten Berichterstattung als Altbericht ist das Versehen des Textes mit einem (Alt-)Datum besonders wichtig, etwa der Erstveröffentlichung sowie der Aufnahme in das Archiv.[674] Teilweise wird die explizite Kennzeichnung als „Altmeldung" vorgeschlagen.[675] Jedenfalls bedarf auch der Papierausdruck des Berichts einer Klarstellung seiner Eigenschaft als Archivbeitrag durch Nennung des Datums der Erstveröffentlichung.[676] Ein aktuelles Datum vom Abruf des Artikels begründet hingegen die Gefahr, dass der Nutzer den unzutreffenden Eindruck bekommt, es handele sich um einen aktuellen Bericht. Durch die Nennung des Altdatums kann der Nutzer jedoch erkennen, dass die in dem entsprechenden Artikel behandelten Vorgänge abgeschlossen sind und in der Vergangenheit liegen.[677] Soweit durch solche Maßnahmen die Tatsache, dass es sich gerade nicht um eine aktuelle, sondern eine archivierte Altberichterstattung handelt, für den Nutzer zweifelsfrei erkennbar wird, genießt bei einem ursprünglich rechtmäßig archivierten Artikels weiterhin die Informationsfreiheit Vorrang, soweit das Betroffeneninteresse nicht aus anderen Gesichtspunkten überwiegt.[678]

4. *Anonymisierung als milderes Mittel*

Vor dem Hintergrund der in vorherigen Abschnitten dargestellten Abwägungsaspekte im Einzelnen ist weiterhin zu prüfen, inwieweit ein sachgerechter Interessenausgleich auch durch eine Anonymisierung der archivierten Texte erfolgen könnte, insbesondere ob es sich dabei um ein verhältnismäßigeres Mittel handeln würde verglichen mit der vollständigen Entfernung des gesamten Artikels aus

---

674 *Libertus*, ZUM 2007, 143, 144; *Seitz*, in: Hoeren/Sieber, Teil 8 Rn. 62.
675 *Alexander*, ZUM 2011, 382, 389.
676 *Molle*, ZUM 2010, 331, 335.
677 *Libertus*, ZUM 2007, 143, 149; *Molle*, ZUM 2010, 331, 335.
678 Vergleiche *Molle*, ZUM 2010, 331, 335.

dem Archiv. Hierzu würde der Bericht so anonymisiert werden, dass eine namentliche Identifizierung unmöglich werde, etwa durch Schwärzen des Namens oder Änderung der Namenskürzel. Wenngleich der Wunsch nach Anonymisierung bereits im Fall „Deutschlandradio" ebenso wie in den weiteren „Sedlmayr"-Fällen seitens der Betroffenen geäußert worden war, hat sich der *Bundesgerichtshof* erstmalig in dem späteren Fall „Apollonia" mit dieser Frage eingehend auseinandergesetzt und insoweit Stellung bezogen, als dass die Anonymisierung der Texte kein sachgerechter Interessenausgleich sei – ganz im Gegensatz zu seiner Vorinstanz:

a. Standpunkt des Oberlandesgerichts Hamburg: Anonymisierung genügt

Das *Oberlandesgericht Hamburg* begründete sein Abwägungsergebnis zu Gunsten der Betroffenen bereits im Fall „Deutschlandradio" mitunter damit, dass die Einschränkungen für den Archivbetreiber gering seien. Dieser habe lediglich die Namensnennung zu unterlassen, nicht hingegen die Bereithaltung der gesamten Berichterstattung. Das *Oberlandesgericht Hamburg* differenzierte bei seiner Begründung deutlich zwischen Online-Archiven und Printarchiven – so müssten die Artikel nach dieser Ansicht in jedem Fall in den Printarchiven unverändert bestehen bleiben. Denn soweit die Artikel wie in der Zeit vor dem Internetzeitalter weiterhin in herkömmlichen Printarchiven konserviert seien, sei dem Informationsinteresse der Bürger Genüge getan.[679] Trotz einer Anonymisierung der Texte in Online-Archiven werde die Geschichte dann nicht getilgt oder die historische Wahrheit verfälscht.[680] Vielmehr werde aber erreicht, dass die identifizierenden Artikel nicht mehr der breiten Öffentlichkeit des Internets schrankenlos zum Abruf bereit stünden.[681]

b. Standpunkt des Bundesgerichtshofs: Anonymisierung nicht ausreichend

Der *Bundesgerichtshof* setzte sich erstmalig in seinem Urteil zum Fall „Apollonia" vertieft mit der Frage der Anonymisierung als Alternative zur Löschung des Gesamttextes auseinander und bezog insoweit überzeugend Stellung: Die Anonymisierung sei danach keine interessengerechte Alternative.[682] Das Interesse der Öffentlichkeit beschränke sich letztlich nicht auf allgemeine Informationen zum aktuellen Zeitgeschehen, sondern erstrecke sich vielmehr auch auf die Recherche-

---

679 *Oberlandesgericht Hamburg*, Urteil vom 1. November 2011-7 U 49/11, BeckRS 2012, 23601 – *Apollonia*.
680 *Oberlandesgericht Hamburg*, Urteil vom 1. November 2011-7 U 49/11, BeckRS 2012, 23601 – *Apollonia*.
681 *Oberlandesgericht Hamburg*, Urteil vom 1. November 2011-7 U 49/11, BeckRS 2012, 23601 – *Apollonia*.
682 *Bundesgerichtshof*, GRUR 2013, 200, 202 – *Apollonia*.

möglichkeit vergangener Ereignisse des Zeitgeschehens in den Medien und zwar „anhand der unveränderten Originalberichte".[683] Auf diese Weise würden die Medien letztlich ihre Aufgabe der Öffentlichkeitsinformation zum Zwecke der Meinungsfreiheit wahrnehmen und so an der demokratischen Willensbildung mitwirken. Dabei dürfte die Presse bei ihrer Aufgabenerfüllung nicht auf die anonymisierte Berichterstattung beschränkt werden.[684] Denn das Aufzeigen von Verfehlungen durch *konkrete* Personen gehöre ebenso zu den legitimen Aufgaben der Medien.[685] Nach Einschätzung des Bundesgerichtshofs gehörte insofern auch der Gegenstand des damaligen Berichts, der sogenannte „Apollonia-Prozess", als aufsehenerregender Kriminalfall in den Bereich der Zeitgeschichte und war mit Person und Namen des Klägers untrennbar verbunden.[686] In diesem Fall kam hinzu, dass der konkrete Prozess auch andere Medien bis in die jüngste Zeit beschäftigte.[687] So hatte es beispielsweise kurz zuvor eine Fernsehverfilmung der Tat gegeben.[688] Sowohl das generelle Verbot von Einsehbarkeit und Recherchierbarkeit der Originalberichte als auch das Gebot einer Löschung sämtlicher den Betroffenen identifizierenden Darstellungen in den online archivierten Berichten würden letztlich Geschichte tilgen und den Straftäter vollständig immunisieren,[689] worauf dieser jedoch gerade keinen Anspruch habe.[690]

5. Keine proaktive Prüfungspflicht der Archivbetreiber

Des Weiteren wird der Frage nachgegangen, inwieweit die Betreiber journalistischer Online-Archive dazu verpflichtet werden können, die vormals rechtmäßig archivierten Berichte fortlaufend zu durchforsten und ihre weitere Archivierung fortwährend auf Rechtskonformität hin zu überprüfen.[691] Entscheidend ist hierbei der Aspekt der Zumutbarkeit für die Archivbetreiber.[692] Diese wird insbesondere

---

683 *Bundesgerichtshof*, GRUR 2013, 200, 202 – *Apollonia*.
684 *Bundesgerichtshof*, NJW 2013, 229, 229 f. – *Gazprom*.
685 *Bundesgerichtshof*, NJW 2013, 229, 229 f. – *Gazprom*.
686 *Bundesgerichtshof*, GRUR 2013, 200, 202 – *Apollonia*.
687 *Bundesgerichtshof*, GRUR 2013, 200, 202 – *Apollonia*.
688 *Bundesgerichtshof*, GRUR 2013, 200, 200 – *Apollonia*.
689 *Bundesgerichtshof*, GRUR 2013, 200, 202 – *Apollonia*.
690 *Bundesgerichtshof*, GRUR 2013, 200, 202 – *Apollonia*.
691 Die Frage der proaktiven Kontrollpflichten im Onlinebereich wurde in der Vergangenheit eher im Zusammenhang mit Onlineinhalten diskutiert, deren Erstveröffentlichung bereits rechts*widrig* waren, etwa *Bundesgerichtshof*, BGHZ 158, 236 = NJW 2004, 3102, 3102 ff. – *Internetversteigerung I*.
692 *Libertus*, ZUM 2007, 143, 147, 149.

bei einer Prüfung einer proaktiven Kontrollpflicht des Archivbetreibers relevant, also bei der Frage, ob der Betreiber eines Online-Archivs von sich aus zu einer dauerhaften präventiven Kontrolle verpflichtet werden kann oder lediglich auf entsprechende Geltendmachungen von Betroffenen reagieren muss. Je nach Ausgestaltung des konkreten Online-Archivs haftet der Betreiber entweder (a) als bloßer technischer Verbreiter oder, (b) soweit eine gedankliche Beziehung zu den verbreiteten Berichten besteht, als intellektueller Verbreiter:[693]

a. Kontrollpflicht bei von Dritten bestückten Online-Archiven
Soweit ein Betreiber sein Online-Archiv Dritten lediglich zur Verfügung stellt, sind die etablierten Grundsätze zur Störerhaftung im Internet nach der Entscheidung „Internet-Versteigerung I"[694] im Erst-Recht-Schluss heranzuziehen: Wenn danach der Betreiber im Zusammenhang mit ursprünglich rechts*widrigen* Inhalten erst ab dem Zeitpunkt der Kenntniserlangung von der jeweiligen Rechtsverletzung einer Prüfungspflicht unterliegt und eine proaktive Kontrollpflicht abgelehnt wird, muss dies erst Recht gelten, wenn die Ursprungsberichte zunächst recht*mäßig* im Archiv gespeichert und archiviert worden sind und dem Archivbetreiber insoweit ein höheres Schutzbedürfnis zusteht.[695] Denn die Verpflichtung des Archivbetreibers zu einer proaktiven turnusmäßigen Kontrolle solcher Artikel würde den von der Rechtsprechung und der Literatur aufgestellten Wertungen widersprechen.

b. Kontrollpflicht bei selbst bestückten Online-Archiven
Die im vorliegenden Kapitel behandelten Online-Archive von Presseverlagen werden allerdings regelmäßig unter die Archivkategorie fallen, die vom Betreiber – mithin dem Presseverlag – selbst mit eigenen Inhalten bestückt wird. Auch in diesem Falle sprechen die Wertungen der Zumutbarkeit sowie des Rechtsschutzbedürfnisses gegen eine proaktive Kontrollpflicht.[696] So wird eine Verpflichtung des Archivbetreibers, sein Archiv permanent oder turnusmäßig präventiv daraufhin zu durchforsten und zu kontrollieren, ob etwaige ursprünglich rechtmäßig archivierte Beitrage nachträglich durch Zeitablauf nicht mehr

---

693 *Libertus*, ZUM 2007, 143, 144.
694 *Bundesgerichtshof*, BGHZ 158, 236 = NJW 2004, 3102, 3102 ff. – *Internetversteigerung I*.
695 So auch *Libertus*, ZUM 2007, 143, 147 f..
696 *Libertus*, ZUM 2007, 143, 147 f., der den genannten Erst-Recht-Schluss auch für Online-Archive anwendet, die der Betreiber selbst bestückt hat.

mit dem Anonymisierungsinteresse des ehemaligen Straftäters korrespondieren und zu entfernen beziehungsweise zu anonymisieren sind, überwiegend als unzumutbar abgelehnt: So dürfe ein Online-Archiv nicht anders als ein Archiv zur Aufbewahrung von Printmedien behandelt werden, bei denen ebenfalls keine proaktive Kontrollpflicht herrsche.[697] Eine derartige Pflicht würde die öffentliche Aufgabe der Presse, die Öffentlichkeit über aktuelle Ereignisse zu informieren zu stark beeinträchtigen und damit dem Informationsbedürfnis der Allgemeinheit entgegen wirken. Dieses umfasse schließlich die Recherchemöglichkeit nach vergangenen Berichten.[698] Weitere Argumente gegen eine permanente präventive Kontrollpflicht sind die wirtschaftliche Tragweite sowie der damit einhergehende personelle und zeitliche Aufwand für den Archivbetreiber. Eine Überprüfung sämtlicher archivierter Artikel und entsprechende Anpassung ihres jeweiligen Standes wäre praktisch kaum leistbar und würde vielmehr den Betrieb eines Online-Archivs in der Praxis unmöglich machen.[699] Dieser Effekt wäre vor dem Hintergrund der wachsenden kommunikationspolitischen Bedeutung medialer Online-Archive nicht mehr vernünftig, sondern würde das Maß der Zumutbarkeit übersteigen.[700] Darüber hinaus fügte der *Bundesgerichtshof* hinzu, dass eine laufende Überwachungspflicht sämtlicher Altbeiträge einen abschreckenden Effekt auf die Nutzung der Meinungs- und Medienfreiheit gerade im Hinblick auf zulässige personalisierte Berichterstattungen hätte.[701] Mit den Grundrechten der Meinungs- und Pressefreiheit gehe der verfassungsrechtliche Auftrag des Archivbetreibers einher, die Öffentlichkeit zu informieren. Dieser sei jedoch gefährdet, wenn den Presseunternehmen die Bereithaltung ursprünglich zulässiger Berichterstattungen grundsätzlich versagt würde.[702] Ebenso ist eine proaktive Kontrollpflicht für die Betreiber abzulehnen, die ihre Online-Archive erst zeitlich *nach* der Erstveröffentlichung des Ursprungsberichts erst eröffnen und dann die entsprechenden Artikel aus der Vergangenheit darin aufnehmen.[703]

---

697 *Bundesgerichtshof*, BGHZ, 183, 353 Rn. 21 – *Deutschlandradio; Molle*, ZUM 2010, 331, 335; *Libertus*, ZUM 2007, 143, 147 f.; *Landgericht Frankfurt am Main*, MMR 2007, 59, 59 f..
698 *Landgericht Frankfurt am Main*, MMR 2007, 59, 59 f..
699 *Molle*, ZUM 2010, 331, 334.
700 *Libertus*, ZUM 2007, 143, 148 f..
701 *Bundesgerichtshof*, BGHZ, 183, 353 Rn. 21 – *Deutschlandradio; Bundesgerichtshof*, GRUR 2010, 549, 552 – *Spiegel-Dossier*.
702 *Bundesgerichtshof*, BGHZ, 183, 353 Rn. 21 – *Deutschlandradio*.
703 *Bundesgerichtshof*, GRUR 2013, 200, 202 – *Apollonia*.

Dem stimmen die Vertreter der rechtswissenschaftlichen Literatur überwiegend zu.[704] Aufgrund des damit einhergehenden wirtschaftlichen Aufwands sei zu befürchten, dass der Archivbetreiber bei einer proaktiven Prüfungspflicht entweder die Bereitstellung eines öffentlich zugänglichen Archivs gänzlich unterließe oder, dass er bereits im Rahmen der Ursprungseinstellung der Meldung in sein Archiv die zur potentiellen Rechtswidrigkeit führenden Aspekte, insbesondere den Namen, ausblenden würde, obwohl zu diesem Zeitpunkt ein schützenswertes Informationsinteresse der Öffentlichkeit an der Namensnennung bestünde. Insgesamt würde eine solche Kontrollpflicht demnach den freien Informations- und Kommunikationsprozess einschnüren und die Gewährleistung der eigentlichen Presseaufgabe – die umfassende Information der Öffentlichkeit – ernsthaft gefährden.[705]

Selbst das *Oberlandesgericht Hamburg* hat seine einstige Extremposition zu dieser Rechtsfrage mittlerweile relativiert: In einer Entscheidung aus dem Jahr 2007 hatte es sich noch bei online archivierten Berichterstattungen über frühere Straftaten auf den Standpunkt gestellt, dass eine proaktive Prüfungspflicht für die Archivbetreiber zumutbar sei.[706] Dies wurde vor allem damit begründet, dass es keine Privilegierung für Internetarchive gebe und eine online allgemein zugängliche Meldung trotz Einbettung in die Rubrik „Archiv" eine eigenständige Verbreitung des Berichts darstelle, die wie jede online gestellte Äußerung zu behandeln sei. Wie bei Meldungen, die im übrigen Internetauftritt zum allgemeinen Abruf bereitgehalten werden, sei der Betreiber verantwortlich für die darin liegende Rechtsverletzung, da deren allgemeine Zugänglichkeit auf seinem eigenen Verhalten beruhe. Ob der Bericht ursprünglich rechtmäßig oder rechtswidrig veröffentlicht worden sei, stufte das Oberlandesgericht im damaligen Fall als unerheblich ein.

Nachdem der *Bundesgerichtshof* durch seine Urteilsreihe zu den „Sedlmayr-Fällen" obergerichtliche Maßstäbe auch zu einer proaktiven Kontrollpflicht der Betreiber von Online-Archiven aufgestellt hatte, hat das *Oberlandesgericht Hamburg* in den zeitlich nachfolgenden Fällen „Gazprom" und „Apollonia" seine bisherige Rechtsprechung zu diesem Punkt relativiert: Es weist darauf hin, dass der Archivbetreiber „spätestens" nach der entsprechenden Aufforderung durch den Betroffenen und entsprechender Kenntnisnahme zu einer Löschung der Veröffentlichung im Ganzen oder zumindest zur Anonymisierung verpflichtet sei.[707]

---

704 *Mann*, in: Leible/Kutschke, 133, 136; *Alexander*, ZUM 2011, 382, 388; *Libertus*, ZUM 2007, 143, 149; *Molle*, ZUM 2010, 331, 335.
705 *Bundesgerichtshof*, BGHZ, 183, 353 Rn. 21 – *Deutschlandradio*.
706 *Oberlandesgericht Hamburg*, ZUM-RD 2007, 474, 474 f..
707 Siehe insoweit die Zusammenfassung der Urteilsgründe des Berufungsgerichts in *Bundesgerichtshof*, GRUR 2013, 94, 94 f. – *Gazprom*.

c. Zwischenergebnis: Keine proaktive Prüfungspflicht

Im Ergebnis bleibt festzuhalten, dass bei ursprünglich rechtmäßigen Ursprungsberichterstattungen den Betreiber eines Online-Archivs keine proaktive Kontrollpflicht trifft. Er muss die in seinem Archiv eingestellten Berichte nicht permanent oder turnusmäßig präventiv auf Veränderungen aufgrund Zeitablaufs seit der Ursprungsveröffentlichung überprüfen, um festzustellen, ob die Rechtsgüter- und Interessenabwägung aktuell anders ausfallen würde. Vielmehr haftet er in Fällen, in denen er zuvor auf die möglicherweise eingetretene Rechtswidrigkeit einzelner Berichte hingewiesen worden ist und seiner damit entstandenen Prüfpflicht nicht nachgeht.

6. Besonderheiten bei Bildern und „Teasern"

Die rechtliche Problematik der Online-Archive stellt sich nicht allein in Fällen identifizierender Texte, sondern ebenfalls, wenn der online archivierte Bericht über ein Strafurteil zusätzlich ein Bildnis des Betroffenen zeigt. Die besondere Sensibilität in diesem Bereich betont das *Bundesverfassungsgericht*, nach dessen Rechtsprechung der Betroffene eine wahrheitsgetreue Wortberichterstattung grundsätzlich in einem weiteren Umfang hinzunehmen hat als eine entsprechende Bildberichterstattung.[708]

Wie bei Textberichterstattungen kommt es für die weitere Veröffentlichung von Bildnissen in Online-Archiven auf eine umfassende und einzelfallabhängige Abwägung zwischen den Rechten des Abgebildeten gemäß der Artikel 1 Absatz 1 in Verbindung mit 2 Absatz 1 Grundgesetz und den Rechten der Presse gemäß Artikel 5 Absatz 1 Grundgesetz an.[709] Auch gelten im Wesentlichen die gleichen Abwägungsgrundsätze und -kriterien wie bei der kontextgebenden Wortberichterstattung.[710] So sprach sich der *Bundesgerichtshof* im Fall „Spiegel-Dossier" dafür aus, dass das Persönlichkeitsrecht der Kläger hinter dem Informationsinteresse der Öffentlichkeit zurücktreten müsse. Die streitgegenständlichen Fotos zeigten die Kläger zum einen gemeinsam mit dem späteren Mordopfer auf einer öffentlichen Straße vor der von diesem betriebenen Gaststätte und zum anderen als Angeklagte im Gerichtssaal. Nach Auffassung des *Bundesgerichtshofs* dienten sie dabei der Illustration der Wortberichterstattungen, die wahrheitsgemäß, sachbezogen und objektiv über die Straftat und das Strafverfahren berichteten und inso-

---

708 Etwa *Bundesverfassungsgericht*, NJW 2011, 740 , 742.
709 *Bundesgerichtshof*, GRUR 2010, 549, 553 – *Spiegel-Dossier*.
710 *Bundesgerichtshof*, GRUR 2010, 549, 554 – *Spiegel-Dossier*.

weit an dieses zeitgeschichtliche Ereignis anknüpften.[711] Es handele sich also um die Veröffentlichung kontextbezogener Fotos, welche die Ereignisse visualisieren und die Authentizität der Berichterstattung betonen würden.[712] Weiterhin war abwägungserheblich, dass die konkrete Bildnisverbreitung – wie bereits die entsprechende Wortberichterstattung – die Betroffenen nicht „ewig an den Pranger" stellte oder sie erneut als Straftäter stigmatisierte, indem sie diese „an das Licht der Öffentlichkeit zerre". Denn auch die Bildnisse gehörten im konkreten Fall zu der explizit als „Altmeldung" gekennzeichneten Berichterstattung.[713]

Eine andere Variante der rechtlichen Bewertung ist bei den sogenannten „Teasern" in journalistischen Online-Archiven zu beachten. Teaser sind kurze Zusammenfassungen der gegenständlichen Berichte, die eine Vorschau auf den eigentlichen Bericht durch Wiedergabe der ersten Sätze des archivierten Berichts oder sonstige Ausschnitte geben.[714] Soweit der Betroffene bereits durch sie allein identifiziert werden kann gelten die aufgezeigten Rechtsgrundsätze zur persönlichkeitsrechtlichen Prüfung in Online-Archiv-Fällen über die Bereithaltung ganzer Berichte gleichermaßen auch für die entsprechend angezeigten Teaser. Insbesondere gilt auch für sie das Medienprivileg, sodass die Abwägung auf Grundlage der Persönlichkeitsrechte erfolgt.[715]

E. Ein „Recht auf Vergessen" bei identifizierenden Strafverdachts-berichterstattungen in journalistischen Online-Archiven

Den Wunsch, „vergessen zu werden" haben neben Strafverurteilten insbesondere auch solche Betroffene, über die im Zusammenhang mit einem Strafverdacht berichtet worden ist, wenn sich die Umstände hierzu nachträglich ändern und das Strafverfahren eingestellt wird. Dies kann insbesondere der Fall sein, wenn sich der Verdacht nicht bewahrheitet und sich nachträglich die Unschuld des Betroffenen herausstellt.[716] Ein Strafverfahren kann auch aus anderen Gründen eingestellt werden, etwa aus Opportunitätsgründen gemäß § 153a Strafprozess-

---

711 Bundesgerichtshof, GRUR 2010, 549, 554 – *Spiegel-Dossier*.
712 Bundesgerichtshof, GRUR 2010, 549, 554 – *Spiegel-Dossier*.
713 Bundesgerichtshof, GRUR 2010, 549, 554 – *Spiegel-Dossier*.
714 Bundesgerichtshof, NJW 2010, 2728, 2729 f. – *morgenweb.de*, in dem der Bundesgerichtshof die Urteilsbegründung aus seinem Urteil zu „Deutschlandradio", bei dem es um archivierte Texte im Ganzen ging, nahezu identisch übernahm.
715 Bundesgerichtshof, NJW 2010, 2728, 2730 – *morgenweb.de*.
716 Kaufmann, MMR 2010, 520, 523.

ordnung, wie es im Fall „Gazprom" der Fall war. Ihrer verfassungsrechtlichen Aufgabe der öffentlichen Meinungsbildung könnte die Presse allerdings nicht nachkommen, soweit sie allein über Informationen berichten dürfte, deren Wahrheit bei der Veröffentlichung sicher feststeht. Vielmehr bedarf es zur Erfüllung dieser Aufgabe auch einer Berechtigung zum sogenannten „investigativen Journalismus", das heißt einer Berichterstattung über Themen, deren materielle Wahrheit noch nicht bewiesen ist.[717] Eine Verdachtsberichterstattung ist dabei jede mediale Berichterstattung in der Öffentlichkeit über den Verdacht gegen eine oder mehrere Personen unter voller Namensnennung.[718] Je nachdem, ob es sich um einen Verdacht mit strafrechtlicher Relevanz handelt, bestehen hohe äußerungsrechtliche Anforderungen an die Zulässigkeit einer solchen Erstberichtstattung mit weitreichenden journalistischen Sorgfaltspflichten.

I. Überblick zu den Rechtmäßigkeitsvoraussetzungen einer journalistischen Strafverdachtsberichterstattung

Der *Bundesgerichtshof* hat jüngst in seiner Entscheidung „Sticheleien von Horaz"[719] die Rechtmäßigkeitsvoraussetzungen einer namensidentifizierenden Berichterstattung über einen strafrechtlichen Verdacht erneut klargestellt:[720] Erstens bedarf es greifbarer Tatsachen für eine potentielle Straftat, zweitens darf die Berichterstattung den Betroffenen nicht vorverurteilen, drittens muss die Berichterstattung Informationszwecken und nicht reiner Sensationslust dienen, viertens müssen auch die günstigen Fakten für den Beschuldigten genannt werden und fünftens muss der Beschuldigte die Gelegenheit zur Stellungnahme und Schilderung des eigenen Standpunkts erhalten haben. Bei der Bestimmung des öffentlichen Interesses sind im Einzelfall unterschiedliche Kriterien zu berücksichtigen, von denen das bedeutendste der potentielle Strafausspruch ist, der wiederum von Schwere und Kriminalitätsgrad der vorgeworfenen Tat abhängt.[721] Insbesondere in Fällen schwerer Kriminalität darf im Rahmen der medialen Berichterstattung der volle Name genannt werden.[722] Für die Rechtmä-

---

717 *Mann*, in: Leible/Kutschke, 133, 137.
718 *Molle*, ZUM 2010, 331, 332.
719 *Bundesgerichtshof*, NJW 2000, 1036, 1036 ff. – *Sticheleien von Horaz*.
720 *Bundesgerichtshof*, NJW 2000, 1036, 1038 – *Sticheleien von Horaz*. Siehe zur Zulässigkeit der Verdachtsberichterstattung im Allgemeinen auch *Mann*, in: Leible/Kutschke, 133, 137 f.; *Molle*, ZUM 2010, 331, 332 ff..
721 Siehe hierzu ausführlich *Kaufmann*, MMR 2010, 520, 522 ff..
722 *Bundesgerichtshof*, NJW 1994, 1950, 1952; *Bundesgerichtshof*, NJW 2000, 1036, 1038 – *Sticheleien von Horaz*.

ßigkeitsbeurteilung einer Verdachtsberichterstattung ist im Rahmen der mittleren Kriminalität danach zu differenzieren, ob der Beschuldigte ein Amtsträger ist oder nicht. Während eine namensidentifizierende Berichterstattung über eine Straftat mittlerer Kriminalität durch einen Nichtamtsträger grundsätzlich rechtswidrig ist, ist speziell die Berichterstattung über den Strafverdacht gegen einen Amtsträger, etwa wegen Vorteilsnahme oder Vorteilsgewährung, rechtmäßig. Im Bereich der Kleinkriminalität, also bei Delikten, deren gesetzliches Strafhöchstmaß im Grundtatbestand unter zwei Jahren Freiheitsstrafe liegt, sowie in Fällen, in denen ein Jugendlicher oder Heranwachsender beschuldigt ist, ist eine namensnennende Verdachtsberichterstattung von vorneherein rechtswidrig.[723]

Neben der Schwere des Tatvorwurfs sind aber auch andere Besonderheiten des konkreten Einzelfalls in die Beurteilung mit einzubeziehen, zu denen insbesondere die Vorgeschichte des Ermittlungsverfahrens, die aktuelle Funktion des Klägers, Anlass und Zweck seiner Tat sowie der Umstand zählen, inwieweit die Berichterstattung durch kritische Auseinandersetzung einen Beitrag für die Meinungsbildung in der demokratischen Gesellschaft leistet.[724] Die insoweit fest etablierten Grundsätze zur Interessenabwägung zwischen dem Persönlichkeitsrecht des Betroffenen und dem Recht auf Meinungs- und Pressefreiheit für die Zulässigkeit der Ursprungsberichterstattung werden an dieser Stelle nicht weiter vertieft, sondern diese Rechtmäßigkeit vielmehr vorausgesetzt (siehe C. II. dieses Kapitels). Im Folgenden wird geprüft, ob und inwieweit sich der nachträgliche Verdachtswegfall auf die Abwägung hinsichtlich einer *weiteren* Bereithaltung der Verdachtsberichterstattungen in journalistischen Online-Archiven auswirkt.

II. Auswirkungen des nachträglichen Verdachtswegfalls

Ebenso wie das erstmalige Einstellen einer Verdachtsberichterstattung in ein Online-Archiv ist dessen dauerhaftes Bereithalten in diesem Archiv Teil des Publikationsvorgangs, der von Artikel 5 Absatz 1 Grundgesetz geschützt wird.[725] Fraglich aber ist die Beurteilung dieser Bereithaltung, wenn die Staatsanwaltschaft zu einem späteren Zeitpunkt das Ermittlungsverfahren wegen mangelnden hinreichenden Tatverdachts oder aus Opportunitätsgründen einstellt oder es im späteren Prozess zu einem Freispruch kommt.

---

723 *Bundesgerichtshof*, NJW 2013, 229, 230 – *Gazprom*.
724 *Bundesgerichtshof*, NJW 2013, 229, 230 f. – *Gazprom*
725 *Molle*, ZUM 2010, 331, 335.

Ergibt sich trotz der Einhaltung aller journalistischen Sorgfaltspflichten im Zusammenhang mit Verdachtsberichterstattungen nachträglich, dass der Verdacht nicht gegeben ist, bleibt die ursprüngliche Verdachtsberichterstattung im Äußerungszeitpunkt weiterhin rechtmäßig. Sie wird durch die nachträgliche Umstandsveränderung nicht rückwirkend rechtswidrig.[726] Demgegenüber wären die Auswirkungen einer nachträglichen Verfahrenseinstellung oder eines Freispruch auf eine erneute *aktuelle* Äußerung des Verdachts erheblich: Da eine aktuelle Berichterstattung über einen Strafverdacht stets die Benennung aller im Zeitpunkt der Veröffentlichung bekannten Tatsachen erfordert, die der Verteidigung des Betroffenen dienen, müsste in eine aktuelle Berichterstattung zwingend die Tatsache aufgenommen werden, dass das entsprechende Ermittlungsverfahren gegen den Beschuldigten nachträglich eingestellt worden ist.[727] Daher wäre die Ursprungsberichterstattung, erfolgte sie erneut und aktuell in ihrer ursprünglichen Form, rechtswidrig.[728] Zu prüfen ist nunmehr, inwieweit die weitere (bloße) *Bereithaltung* einer ursprünglich rechtmäßigen Strafverdachtsberichterstattung in einem journalistischen Online-Archiv auch im Falle eines Verdachtswegfalls weiterhin rechtmäßig ist. Denn wie bereits in Abschnitt D. II. 3. b. ee. (3) dieses Kapitels dargestellt, handelt es sich bei archivierten Texten gerade nicht um erneute aktuelle Berichterstattungen.

III. Das „Gazprom"-Urteil

Wenngleich sich die Verdachtsberichterstattung nicht auf *strafrechtliche* Verdachte beschränken muss, existiert dennoch lediglich in diesem Bereich obergerichtliche Rechtsprechung zu der persönlichkeitsrechtlichen Problematik im Zusammenhang mit Online-Archiven. Dies ist nicht zuletzt der Tatsache geschuldet, dass ein strafrechtlicher Verdacht, über den medial berichtet wird, das Persönlichkeitsecht einer Person auf besonders sensible Weise belastet (siehe C. III. dieses Kapitels). Das einzige Urteil des *Bundesgerichtshofs* zur Verdachtsberichterstattung in Online-Archiven bei späterer Einstellung des Strafverfahrens bildet das sogenannte „Gazprom"-Urteil. Dem Sachverhalt lag hier ein online archivierter Bericht über ein strafrechtliches Ermittlungsverfahren gegen einen namentlich genannten Manager des Energiekonzerns „Gazprom" zugrunde, der wegen eines Verdachts der falschen eidesstattlichen Versicherung aus dem Jahr 2007 hinsichtlich seiner früheren Mitarbeit im Mi-

---

726   *Molle*, ZUM 2010, 331, 334.
727   *Molle*, ZUM 2010, 331, 333.
728   Etwa *Molle*, ZUM 2010, 331, 334.

nisterium für Staatssicherheit in der Deutschen Demokratischen Republik vor Gericht stand.[729] Dieses Ermittlungsverfahren rief ein breites Medieninteresse hervor, in dem unter anderem der streitgegenständliche Pressebericht entstand, der anschließend in das Internetportal „www.welt.de" auf den entsprechend für Altmeldungen vorgesehenen Seiten archiviert worden war. Später wurde das Ermittlungsverfahren gemäß § 153a Absatz 2 Strafprozessordnung unter der Auflage einer Geldzahlung eingestellt. Der Archivbetreiber nahm insoweit einen „Nachtrag" direkt bei dem streitgegenständlichen Bericht auf, in dem er ausdrücklich darauf hinwies, dass das Verfahren gegen Geldauflage gemäß § 153a Strafprozessordnung eingestellt worden sei. Erklärend war hinzugefügt worden, dass die Staatsanwaltschaft bei einer Einstellung nach § 153a Strafprozessordnung „trotz vermuteter Schuld" von der Erhebung einer öffentlichen Klage absehe.

Vorinstanzen waren auch in diesem Streit das *Landgericht Hamburg*[730] sowie das *Oberlandesgericht Hamburg*.[731] Das *Oberlandesgericht Hamburg* blieb im Wesentlichen bei der Argumentationslinie, die es bereits in der Zeit vor den „Sedlmayer-Urteilen" des *Bundesgerichtshofs* verfolgt hatte und stellte sich sogar noch *nach* der Grundsatzentscheidung des *Bundesgerichtshofs* in „Deutschlandradio" gegen viele der darin aufgestellten Grundsätze zu Online-Archiv-Konstellationen.[732] Hingegen ergab die Rechts- und Interessenabwägung für den *Bundesgerichtshof* im Fall „Gazprom", dass das Informationsinteresse der Öffentlichkeit und das Recht des Archivbetreibers auf freie Meinungsäußerung das Persönlichkeitsrecht des Klägers überwogen hätten und die weitere Archivierung des streitgegenständlichen Artikels daher rechtmäßig sei.[733] Dementsprechend hob er das Urteil des *Oberlandesgerichts Hamburg* auf und wies die Klage ab.

IV. Maßstäbe der Interessenabwägung im Einzelnen

Auch die Bereithaltung der Meldung über einen Strafverdacht sowie über ein eingeleitetes Strafverfahren in einem Online-Archiv stellt einen Eingriff in das allgemeine Persönlichkeitsrecht des Betroffenen dar. Eine solche Bericht-

---

729 Siehe im Einzelnen *Bundesgerichtshof*, NJW 2013, 229, 229 – *Gazprom*.
730 *Landgericht Hamburg*, Urteil vom 12. August 2011, Az. 324 O 203/11.
731 *Oberlandesgericht Hamburg*, Urteil vom 29. November 2011, Az. 7 U 80/11.
732 Siehe Zusammenfassung der Urteilsgründe des Berufungsgerichts in *Bundesgerichtshof*, NJW 2013, 229, 229 – *Gazprom*.
733 *Bundesgerichtshof*, NJW 2013, 229, 229 f. – *Gazprom*.

erstattung macht sein mögliches Fehlverhalten öffentlich bekannt und qualifiziert seine Person in den Augen der Leser negativ.[734] Somit hängt die Frage der Rechtmäßigkeit solcher online archivierter Berichte im Falle einer Veränderung von Umständen, wie dem Verdachtswegfall oder der Verfahrenseinstellung aus sonstigen Gründen, von einer umfassenden Rechts- und Interessenabwägung ab.[735] Dabei können die Abwägungsgrundsätze und -maßstäbe, die zuvor zu Online-Archiv-Konstellationen bei Berichterstattungen über Straf*verurteilte* dargelegt worden sind, weitgehend übernommen werden.[736] Viele der genannten Abwägungsaspekte sind unabhängig vom Inhalt des jeweils archivierten Berichts. Dies gilt vor allem für Rechtsfragen der erneuten oder wiederholten Berichterstattung, der Breitenwirkung sowie der sachlichen und wahrheitsgemäßen Abfassung.[737] Auch der Grundsatz vom Überwiegen des Informationsinteresses der Öffentlichkeit gilt auch bei einer ursprünglich rechtmäßigen Berichterstattung über einen Strafverdacht oder eingeleitete Strafverfahren.[738] Speziell für archivierte Berichterstattungen über Strafverdachte und eingeleitete Strafverfahren sind im Rahmen der Interessenabwägung jedoch insbesondere (1.) die Vereinbarkeit mit der Unschuldsvermutung sowie (2.) der konkrete Grund für die Verfahrenseinstellung als zusätzliche potentielle Gewichte zu berücksichtigen, die die Abwägung nach einer Verfahrenseinstellung zu Gunsten des Betroffenen verschieben könnten:

1. Vereinbarkeit mit der Unschuldsvermutung

Fraglich ist, ob die weitere Bereithaltung eines Artikels über ein wegen Tatverdachts eingeleitetes Strafverfahren in einem Online-Archiv auch nach Einstellung des Verfahrens mit der Unschuldsvermutung vereinbar ist. Diese in Artikel 6 Absatz 2 Europäische Menschenrechtskonvention niedergelegte Vermutung entstammt dem Rechtsstaatsprinzip und soll den Beschuldigten vor Nachteilen schützen, die Schuldspruch oder Strafe gleichkommen, ohne dass ein rechtsstaatliches und prozessordnungsgemäßes Verfahren zum Schuldnachweis und

---

734 *Bundesgerichtshof*, NJW 2013, 229, 229 – *Gazprom*.
735 *Bundesgerichtshof*, NJW 2013, 229, 229 – *Gazprom*; *Mann*, in: Leible/Kutschke, 133, 139.
736 *Molle*, ZUM 2010, 331, 335; siehe auch *Bundesgerichtshof*, NJW 2013, 229, 230 – *Gazprom*.
737 *Bundesgerichtshof*, NJW 2013, 229, 230 – *Gazprom*.
738 *Bundesgerichtshof*, NJW 2013, 229, 230 – *Gazprom*.

einer Strafbemessung vorangegangen ist.⁷³⁹ Zu Gunsten des Betroffenen könnte demnach zu berücksichtigen sein, dass bereits die Einleitung eines Ermittlungsverfahrens aus Perspektive der Öffentlichkeit mit einem Schuldnachweis gleichgesetzt zu werden droht und trotz einer späteren Verfahrenseinstellung oder eines Freispruchs „etwas hängen bliebe".⁷⁴⁰ Nach Ansicht des *Bundesgerichtshofs* ist eine solche weitere Abrufbarkeit der Artikel im Archiv jedoch bei einer Verfahrenseinstellung aus Opportunitätsgründen nach § 153 Strafprozessordnung mit der Unschuldvermutung vereinbar. Denn die Unschuldvermutung könne nicht die Mitteilung, Beschreibung oder Bewertung einer Verdachtslage sowie eines Ermittlungsverfahrens verhindern, da diese Vorgänge nicht dazu geeignet seien, dem Betroffenen Nachteile zuzufügen, die einem Schuldspruch oder einer Strafe gleichkämen.⁷⁴¹

2. Differenzierung nach Einstellungsgründen

Die Staatsanwaltschaft kann ein Strafverfahren aus unterschiedlichen Gründen nachträglich einstellen. Zu differenzieren sind dabei insbesondere die Einstellung wegen fehlenden hinreichenden Tatverdachts gemäß § 170 Absatz 2 Strafprozessordnung und die Verfahrenseinstellung aus Opportunitätsgründen gemäß § 153a Strafprozessordnung. Bei einer Einstellung wegen fehlenden hinreichenden Tatverdachts gemäß § 170 Absatz 2 Strafprozessordnung soll der Betroffene vollständig rehabilitiert werden, vergleichbar mit einem Freispruch. Hingegen wird bei einer Einstellung nach § 153a Strafprozessordnung der Tatverdacht weder bestätigt noch entkräftet, sondern bleibt dauerhaft bestehen. So dürfe der Betroffene zwar nicht für schuldig befunden werden, jedoch ist diese Art der Verfahrenseinstellung nicht vergleichbar mit einer Rehabilitation wie bei einem Freispruch.⁷⁴² Denn bei dieser Art der Verfahrenseinstellung liegt ein hinreichender Tatverdacht gerade vor.⁷⁴³ Vor diesem Hintergrund überzeugt die Auffassung des *Oberlandesgerichts Hamburg*, die Interessenabwägung sei vom jeweiligen Grund der Verfahrenseinstellung *unabhängig*, nicht.⁷⁴⁴ Vielmehr

---

739 *Bundesgerichtshof*, NJW 2013, 229, 230 – *Gazprom* mit Verweis auf *Bundesverfassungsgericht*, BVerfGE 74, 358, 371.
740 *Bundesgerichtshof*, NJW 2013, 229, 230 – *Gazprom*.
741 *Bundesgerichtshof*, NJW 2013, 229, 231 – *Gazprom*.
742 *Meyer-Goßner*, § 153 a StPO Rn. 2, 7; *Bundesgerichtshof*, NJW 2013, 229, 231 – *Gazprom*.
743 *Meyer-Goßner*, § 153 a StPO Rn. 7; *Bundesgerichtshof*, NJW 2013, 229, 231 – *Gazprom*.
744 *Oberlandesgericht Hamburg*, Urteil vom 29. November 2011, Az. 7 U 80/11 Rn. 17.

müssen sich diese grundlegenden Unterschiede bei den jeweiligen Einstellungsgründen auch in der Interessenabwägung zur Online-Archiv-Konstellation niederschlagen.[745]

a. Verfahrenseinstellung gemäß § 153a Strafprozessordnung

Um eine Verfahrenseinstellung nach § 153a Strafprozessordnung ging es im Fall „Gazprom". Im Mittelpunkt der Diskussion um die Abwägungsbesonderheiten stand in diesem Fall die Frage, inwieweit der vom Archivbetreiber an den Artikel angebrachte Nachtrag über die Verfahrenseinstellung die Interessen sachgerecht auflösen könne. Das *Oberlandesgericht Hamburg* hielt einen Nachtrag über die Verfahrenseinstellung für keinen gerechten Interessenausgleich und sprach sich für einen gänzlichen Unterlassungsanspruch aus. Danach führe die fortlaufende Abrufbarkeit des Beitrags im Online-Archiv trotz des ergänzenden Hinweises auf die Verfahrenseinstellung zu einer „Perpetuierung der Persönlichkeitsverletzung".[746]

Demgegenüber empfand der *Bundesgerichtshof* die Rechts- und Interessenabwägung vor allem durch den entsprechenden Nachtrag als interessengerecht aufgelöst an.[747] Da bei einer Einstellung nach § 153a Strafprozessordnung ein hinreichender Tatverdacht gerade weiterhin vorliege, sei auch der Zusatz im entsprechenden Nachtrag zulässig, die Staatsanwaltschaft erhebe „trotz vermuteter Schuld" keine öffentlichen Klage.[748] In einem vergleichbaren Fall zur Berichterstattung über einen Strafverdacht hatte zuvor das *Oberlandesgericht Düsseldorf* entschieden, dass der Archivbetreiber nach einer entsprechenden Aufforderung seitens des Betroffenen zur Ergänzung der ursprünglich rechtmäßigen Berichterstattung verpflichtet sei, welche der Ursprungsmeldung unmittelbar beizufügen sei.[749] Vertreter der rechtswissenschaftlichen Literatur stimmen dieser Richtung im Grundsatz zu,[750] wobei nach *Sajuntz* der Archivbetreiber lediglich zur Anbringung eines Hinweises an den Artikel selbst

---

745 Vergleiche *Mann*, in: Leible/Kutschke, 133, 137.
746 *Oberlandesgericht Hamburg*, Urteil vom 29. November 2011, Az. 7 U 80/11 Rn. 20.
747 *Bundesgerichtshof*, NJW 2013, 229, 231 – *Gazprom*.
748 *Bundesgerichtshof*, NJW 2013, 229, 231 – *Gazprom*.
749 *Oberlandesgericht Düsseldorf*, NJW 2011, 788, 788 zur Einstellung mangels hinreichenden Tatverdachts nach § 170 Absatz 2 Strafprozessordnung.
750 *Molle*, ZUM 2010, 331, 334; *Mann*, in Leible/Kutschke, 133, 139, nach dem gerade durch eine solche ergänzende Berichterstattung das Rechtsschutzziel vieler Betroffenen bereits erreichbar wäre.

verpflichtet werden könne, nicht hingegen bereits im Rahmen einer Themenübersicht des Archivs.[751]

b. Verfahrenseinstellung gemäß § 170 Absatz 2 Strafprozessordnung
Gelangt die Staatsanwaltschaft zu dem Ergebnis, von einer Anklage abzusehen und das Verfahren einzustellen, weil *kein* hinreichender Tatverdacht vorliegt, erfolgt die Einstellung nach § 170 Absatz 2 Strafprozessordnung. In seinen Urteilen zu den Online-Archiven hat der *Bundesgerichtshof* regelmäßig ausgeführt, dass es zur Aufgabe der Medien gehöre, die Öffentlichkeit ebenso durch Verfügbarhaltung nicht mehr aktueller Meldungen zu informieren. Auch ein in der Vergangenheit laufendes Ermittlungsverfahren ist zunächst ein historisches Geschehen, welches auf diese Weise in einem Online-Archiv dokumentiert werden muss.[752]

Im besonderen Fall einer Einstellung wegen fehlenden Tatverdachts gemäß § 170 Absatz 2 Strafprozessordnung sollte daher das Betroffeneninteresse ein besonderes Gewicht im Rahmen der Interessenabwägung erhalten. Insbesondere ist dem Persönlichkeitsrecht des Betroffenen in diesem Fall ein größeres Gewicht beizumessen als bei der Einstellung des Strafverfahrens aus Opportunitätsgründen, da hier der Verdacht der Straftat gegen den Betroffenen gerade vollständig ausgeräumt wird. So wird beispielsweise bei einem Freispruch die Berichterstattung darüber, dass die Person der Straftat verdächtig sei, unzulässig, § 190 Satz 2 Strafgesetzbuch. Dementsprechend hat der Betroffene nach einem Freispruch einen Anspruch darauf, dass der Verbreiter des – insoweit zulässigen – Berichts über den Strafverdacht eine Folgeberichterstattung über den erfolgten Freispruch verbreitet.[753] Wenngleich sich diese Unzulässigkeit unmittelbar auf eine weitere, erneute Berichterstattung bezieht – wie sie in Online-Archiv-Konstellationen nicht gegeben ist – sind diese Wertungen im vorliegenden Kontext dennoch entsprechend heranzuziehen. Denn letztlich muss ein ursprünglich Verdächtiger, dessen Verfahren nachträglich wegen fehlenden Verdachts nach § 170 Absatz 2 Strafprozessordnung eingestellt worden ist, wie ein Freigesprochener behandelt werden. Der Ausgleich für den Freigesprochenen als eine Form der Entschädigung sollte wertungsmäßig im Wege eines Erst-Recht-Schlusses insbesondere auf einen bereits in einem früheren Stadium des Strafverfahrens „freigesprochenen" Beschuldigten übertragen werden, dem kein hinreichender Tatverdacht nachgewiesen wurde. Letztlich lag bei einem *„echten"* Freispruch im Vorfeld zumindest

---

751 *Sajuntz*, NJW 2012, 3761, 3764.
752 Vergleiche *Mann*, in: Leible/Kutschke, 133, 138.
753 Vergleiche *Bundesverfassungsgericht*, NJW 1997, 2589, 2589.

ein hinreichender Tatverdacht vor, der die Anklage rechtfertigte. Daher ist ein Verdächtiger, gegen den wegen fehlenden hinreichenden Tatverdachts bereits von vorneherein keine Anklage erhoben wird, erst Recht zu entschädigen.

Wesentliches Argument für die nachträgliche Privilegierung des Persönlichkeitsrechts bei Verfahrenseinstellung nach § 170 Absatz 2 Strafprozessordnung ist der Aspekt der menschlichen Wahrnehmung und ihrer Folgen. Diese beruht im Zusammenhang mit Verdachtsberichterstattungen darauf, dass – wie vom *Bundesgerichtshof* in „Sticheleien von Horaz" formuliert – trotz etwaiger Berichterstattung über Unschuld oder Verfahrenseinstellung im Nachhinein „immer etwas hängen bleiben kann".[754] Zur anschaulichen Demonstration der Destruktionskraft von Artikeln über ein eingeleitetes Strafverfahren für das Image einer Person eignen sich die prominenten Strafverfahren gegen die Fernsehmoderatoren *Andreas Türck* sowie *Jörg Kachelmann*. Nachdem der Großteil der deutschen Bevölkerung von der Eröffnung dieser Strafverfahren Kenntnis erlangt hat, wissen weit weniger, dass beide nachträglich eingestellt wurden und nur die wenigsten, dass die Einstellung wegen fehlenden Tatverdachts erfolgt ist. Die besondere Belastung von Betroffenen wird durch die Infrastruktur des Internets, konkret seiner Recherchemöglichkeiten, zusätzlich verstärkt. Vor diesem Hintergrund müssen insbesondere im Bereich von online gestellten Berichten über Strafverdachte hohe Maßstäbe angesetzt werden. Dies sollte dabei nicht nur für die Erstpublikation gelten,[755] sondern gerade auch die nachgelagerte Interessenabwägung zur Online-Archivierung solcher Berichte prägen. Denn die Eigenschaft, als „für immer und ewig beschuldigt" zu gelten, darf in einer freiheitlich-demokratischen Grundordnung nicht ermöglicht werden.[756]

Nach diesseitiger Ansicht sollte allerdings das gewichtige Persönlichkeitsrecht in diesem Fall nicht zu einem vollständigen Unterlassungsanspruch hinsichtlich des gesamten Textes führen. Vielmehr wird zur Vermittlung im Interessenausgleich eine Anonymisierung des Textes vorgeschlagen.[757] Auf diese Weise können die Auswirkungen, die ein identifizierender Text im Online-Archiv in beruflicher und gesellschaftlicher Hinsicht nach sich ziehen könnte, jedenfalls begrenzt werden.

---

754 *Bundesgerichtshof*, NJW 2000, 1036, 1036 – *Sticheleien von Horaz*.
755 Hierzu *Kaufmann*, MMR 2010, 520, 523.
756 *Kaufmann*, MMR 2010, 520, 523.
757 Hingegen schlägt *Mann*, in: Leible/Kutschke, 133, 139 zur Vermittlung in dieser Situation eine ergänzende Berichterstattung in der Form vor, den ursprünglichen Bericht mit einem Hinweis zur Einstellung des Ermittlungsverfahrens gemäß § 170 Absatz 2 Strafprozessordnung zu versehen.

Zugleich würde aber der Öffentlichkeit nicht die Möglichkeit genommen, sich zumindest über die Einleitung des Strafverfahrens als solchem zu informieren.

F. Ein „Recht auf Vergessen" bei online archivierten Berichterstattungen außerhalb von Strafurteilen und Strafverfahren

Das Bedürfnis, einen online archivierten Pressebericht später „vergessen zu machen", geht selbstverständlich über die Artikel zur eigenen Strafverurteilung oder einem wegen Tatverdachts eingeleiteten Strafverfahren gegen die eigene Person hinaus. Die ursprünglich rechtmäßig veröffentlichten Berichte in journalistischen Online-Archiven, an deren Inhalten sich der jeweils Betroffene später stößt, sie ihm peinlich sind oder er sich aus sonstigen Gründen von ihnen distanzieren möchte, sind vielfältig. So wird beispielsweise auch ein Insolvenzschuldner nach seiner finanziellen Erholung den Wunsch haben, eine archivierte Veröffentlichung über das Insolvenzverfahren löschen zu lassen.[758] Ein weiteres Beispiel ist eine nicht prominente Person, die sich wünscht, dass ein Bericht über ihre mittlerweile getrennte Beziehung zu einer prominenten Person nicht mehr in Online-Archiven der Boulevardpresse verfügbar gemacht wird.

Wie bereits erwähnt, besteht jedoch nicht ohne Grund allein im Bereich der Strafberichterstattung obergerichtliche Rechtsprechung zu Löschungsansprüchen bestimmter Artikel aus journalistischen Online-Archiven: In diesem Bereich ist die persönlichkeitsrechtliche Betroffenheit sowie die Grundrechtssensibilität vergleichsweise höher als in dem Fall, dass der Artikel dem Betroffenen unangenehm oder peinlich geworden ist. Nichtsdestotrotz lässt sich aus der bestehenden obergerichtlichen Rechtsprechung sowie den anderen dargelegten Grundsätzen aus Rechtsprechung und Literatur vieles auch für diese „sonstigen" Berichtsinhalte ableiten: Zum einen sind die meisten der dargestellten Argumente im Rahmen der Abwägung hinsichtlich der *weiteren* Abrufbarkeit in Online-Archiven nach veränderten Umständen *un*abhängig vom Inhalt des Ursprungsberichts und somit fallübergreifend einsetzbar (siehe bereits F. IV. dieses Kapitels). Zum anderen lassen die im Rahmen der behandelten Fallkonstellationen aufgestellten Wertungen zu Abwägungsmaßstäben und insbesondere zu den „substanziellen Nachteilen" für den Betroffenen Schlüsse auf Online-Archiv-Konstellationen mit anderen Berichtsinhalten zu: So haben die vorherigen Ausführungen gezeigt, dass selbst in äußerst sensiblen persönlich-

---

758 Siehe hierzu *Landgericht Hamburg*, ZUM-RD 2012, 98, 98 ff..

keitsrechtlichen Bereichen, wie der Berichterstattung zu Strafverurteilungen, -verfahren und -verdachten, der Betroffene ganz erhebliche Argumente und nicht hinnehmbare Nachteile im Einzelfall vorbringen muss, um nachträglich seinem Persönlichkeitsrecht zu stärkerer Kraft zu verhelfen, als dies zum Zeitpunkt der Erstveröffentlichung der Fall war. Dabei war das Persönlichkeitsrecht in diesen Fällen besonders betroffen und nach Haftentlassung beziehungsweise Einstellung des Strafverfahrens in Gestalt des Resozialisierungsinteresses erstarkt. Hingegen kann das bei einem Distanzierungswunsch rein aus der inneren Einstellung heraus entstandene „Resozialisierungsinteresse" damit nicht verglichen werden. Vielmehr hegt der Betroffene ein solches Interesse lediglich, um seine „Weste wieder weiß zu waschen". Dieses dürfte jedoch sein Persönlichkeitsrecht nachträglich nicht in der Deutlichkeit erstarken lassen, wie es nach einer Haftentlassung oder der Einstellung eines Strafverfahrens der Fall ist. Somit dürfte das Persönlichkeitsrecht im Rahmen der nachträglichen Abwägung bei sonstigen Berichterstattungen regelmäßig nur wenig oder gar nicht schwerer geworden sein, als dies zum Zeitpunkt der Erstveröffentlichung der Fall war. Insofern dürfte es bei Berichten außerhalb der Strafberichterstattung umso schwieriger sein, entsprechend substanzielle Nachteile des Betroffenen vorzubringen und damit nachträglich ein Gegengewicht zur ursprünglich überwiegenden Kommunikationsfreiheit zu schaffen, das die Abwägung zu Gunsten des Betroffenen umschlagen lassen könnte.

G. Neue Rechtsentwicklungen

I. Auswirkungen der Datenschutz-Grundverordnung

Da das Medienprivileg unter der Datenschutz-Grundverordnung weiterhin gilt (siehe A. II. dieses Kapitels), bilden die §§ 823 Absatz 1, 1004 Bürgerliches Gesetzbuch analog in Verbindung mit Artikel 1 Absatz 1 sowie Artikel 2 Absatz 1 Grundgesetz weiterhin die Anspruchsgrundlage für einen Löschungsanspruch gegenüber dem Betreiber eines journalistischen Online-Archivs. Durch die Regelung in Artikel 80 Datenschutz-Grundverordnung delegiert der europäische Verordnungsgeber die Entscheidung über den Grundrechtskonflikt an die Mitgliedstaaten.[759] So bleiben deutsche Gerichte und insbesondere das *Bundesverfassungsgericht* für die rechtliche Bewertung eines „Rechts auf Vergessens" im Hinblick auf journalistische Online-Archive zuständig und zwar anhand der

---

[759] *Heckmann*, in: Leible/Kutschke, 17, 23; so auch *von Lewinski*, DuD 2012, 564, 565; Kritik übt insoweit *Härting*, DSRITB 2012, 687, 690.

deutschen Grundrechte, Erwägungsgrund 121 Datenschutz-Grundverordnung.[760] Insoweit werden die bereits etablierten Grundsätze und Maßstäbe hierzulande weiterhin wegweisend für die Abwägungsentscheidungen bei Online-Archiven sein.[761]

II. Auswirkungen des „Google"-Urteils des Europäischen Gerichtshofs

Das Urteil des *Europäischen Gerichtshofs* vom 13. Mai 2014 in Sachen „Google", auf das im fünften Kapitel dieser Arbeit vertieft eingegangen wird, wirkt sich auf die im vorliegenden Kapitel behandelte Rechtsfrage nicht aus.[762] Es betrifft nicht die Rechtsprechung und Falllösung zu Online-Archiven, da es sich nicht an die Betreiber der Ursprungswebseiten, insbesondere Archivbetreiber richtet, sondern direkt an die Betreiber von Online-Suchmaschinen. Nach Auffassung des *Europäischen Gerichtshofs* sind etwaige Löschungsansprüche des Betroffenen gegenüber einem Zeitungsarchivbetreiber und gegenüber seinem Suchmaschinenbetreiber unabhängig von einander. Letztlich lag der Fall gerade so, dass das streitgegenständliche „Google"-Suchergebnis auf eine Berichterstattung in einem journalistischen Online-Archiv verwies. Von dem Urteil unberührt blieb explizit der ursprüngliche Inhalt auf der Seite des Archivbetreibers.[763]

H. Ergebnis zum vierten Kapitel

Durch seine Rechtsprechungsreihe zu den „Sedlmayr-Fällen" bis hin zu „Gazprom" und „Apollonia" hat der *Bundesgerichtshof* bei der persönlichkeitsrechtlichen Beurteilung zu Online-Archiven einen klaren Weg eingeschlagen, der auch nach Inkrafttreten der Datenschutz-Grundverordnung weiterhin gelten wird. Dabei wird dem Informationsauftrag der Medien sowie deren Archivierungsmöglichkeiten ein erhebliches Gewicht verliehen. Das oberste deutsche Zivilgericht

---

760 *Von Lewinski*, DuD 2012, 564, 568 f..
761 *Schneider/Härting*, ZD 2012, 199, 200.
762 Lediglich sah sich das *Oberlandesgericht Hamburg* in einem weiteren Online-Archiv-Fall durch das „Google"-Urteil des *Europäischen Gerichtshofs* dazu veranlasst, einen neuen Ansatz zum Interessenausgleich dadurch zu entwickeln, dass es anstelle eines Unterlassungsanspruchs lediglich einem Anspruch auf Verhinderung des unmittelbaren Zugriffs von Suchmaschinen auf den archivierten Bericht stattgab, MMR 2015, 770, 770 ff..
763 Zur Rechtfertigung dieser Andersbehandlung siehe unter anderem Abschnitt D. im Kapitel „Ein Recht auf Vergessen gegenüber Suchmaschinen".

nimmt ausdrücklich Abstand davon, physische Archive gegenüber Online-Archiven anders zu behandeln. Weder hat der Betreiber eines Nachrichtenarchivs das Recht, einmal rechtmäßig veröffentlichte Artikel mit personenbezogenen Daten für unbegrenzte Zeit online abrufbar zu halten, noch hat der Betroffene ein absolutes Recht auf Löschung derartiger Artikel nach einer gewissen Zeitspanne. Solch pauschale Lösungen verbieten sich angesichts der Bedeutung der auf beiden Seiten betroffenen Grundrechte für die freiheitlich demokratische Grundordnung. Vielmehr kommt es auf eine Rechts- und Interessenabwägung in jedem Einzelfall an. Dabei gilt der Grundsatz, dass bei einem ursprünglich rechtmäßig veröffentlichten Artikel grundsätzlich auch bei der nachgelagerten Abwägung zur weiteren Archivierung das Informationsinteresse der Öffentlichkeit überwiegt. Soweit der Betroffene aber substanzielle Nachteile durch die fortwährende Archivierung geltend macht, kann er damit die Abwägung zu seinen Gunsten umschlagen lassen. Die potentiellen Abwägungskriterien, die der Betroffene vorbringen kann, sind vielfältig. Insbesondere ist zu prüfen, ob die Meldung für den Archivnutzer als Altbericht erkennbar ist und nicht den Anschein der Aktualität erweckt. Insgesamt besteht damit weder ein absolutes Recht des Einzelnen, sein Selbstbild in der Öffentlichkeit stets nach Belieben neu definieren zu können, noch ein Anspruch der Archivbetreiber, alle einmal rechtmäßig veröffentlichten Berichterstattungen auf unbegrenzte Zeit archivieren zu können. Hiermit wird nicht zuletzt der herausragenden Bedeutung von Online-Archiven für das Informationsinteresse der Allgemeinheit Rechnung getragen, die neben einer Forschung und Aufbewahrung geschichtlich bedeutsamer Dokumente auch dem Grundrecht auf Informationsfreiheit aller Bürgerinnen und Bürger dienen – einer wesentlichen Säule der Demokratie.

Fünftes Kapitel
Ein „Recht auf Vergessen" gegenüber Internetsuchmaschinen

„Das Internet vergisst nichts" – bei der Bedeutung dieses Satzes nehmen die Internetsuchmaschinen eine Schlüsselstellung ein.[764] Sie haben den Zugang zu Informationen im Internet revolutioniert und sind für dessen Nutzbarkeit essentiell.[765] Insbesondere der Marktführer Google fungiert dabei mit seinem Suchdienst „Google Search" als Wegweiser und Inhaltsverzeichnis des globalen Webraums. Angesichts der steigenden Zahl existierender Webseiten bei gleichzeitig schwindender Zahl einprägsamer Domain-Namen entscheiden Suchmaschinen oftmals über die faktische Existenz und Relevanz der Webinhalte.[766] Daher werden Internetsuchmaschinen auch als „Gatekeeper" oder „Torwächter" des Internets bezeichnet.[767] Indem sie den Internetnutzer maßgeblich bei der Nutzung und Recherche im Internet unterstützen, bekleiden sie eine bedeutende Vermittlerrolle in der Informationsgesellschaft. Da Informationen heutzutage wiederum ein wertvolles Wirtschaftsgut darstellen, kommt den Suchmaschinen damit eine große wirtschaftliche und politische Machtstellung zu.[768]

Durch die Suchfunktion in Online-Suchmaschinen werden allerdings zugleich die das Internet gegenüber analogen Medien prägenden Faktoren „Zeitfaktor" und „Prangerwirkung" potenziert (siehe B. III. des zweiten Kapitels). Es bestehen erhebliche Unterschiede zwischen den Rechercheoptionen im digitalen und analogen Bereich: Eine Recherche außerhalb des Internets ist in der Regel mit erheblich mehr Aufwand und Zeitintensität verbunden, etwa einem Gang in Printarchive oder Bibliotheken sowie der dortigen Suche und dem Kopieren der Inhalte. Demgegenüber kann im Netz mittels Online-Suchmaschinen nahezu jeder über jeden persönliche Informationen per Mausklick binnen kurzer Zeit und mit geringem Aufwand aufrufen, zusammentragen und speichern. Bis zu 40 Prozent der Online-

---

764 *Boehme-Neßler*, NVwZ 2014, 825 , 825.
765 Siehe auch *Jandt/Kieselmann/Wacker*, DuD 2013, 235, 236.
766 *Sieber/Liesching*, MMR-Beil. 2007, 1, 3.
767 *Sieber/Liesching*, MMR-Beil. 2007, 1, 3; *Boehme-Neßler*, NVwZ 2014, 825 , 825 f..
768 Der Wert der Daten zeigt sich vor allem in der Speicherung der Suchanfragen von Nutzern, aus denen detaillierte Persönlichkeitsprofile erstellt werden können und Zukunftsprognosen über ihr künftiges Verhalten sowie politische und wirtschaftliche Trends abgeleitet werden können, *Boehme-Neßler*, NVwZ 2014, 825, 826.

Suchanfragen dienen dem Zweck, andere Menschen zu „googlen", vielfach aus reiner Neugierde oder mit beruflichem Hintergrund.[769] Hierdurch können dem Betroffenen Nachteile oder Schäden in sozialer und beruflicher Hinsicht entstehen, deren Ausmaß er selbst unterschätzt hatte. So kann die permanente und weltweite Auffindbarkeit persönlicher Informationen ohne nennenswerten Aufwand das Persönlichkeitsrecht des Betroffenen, insbesondere in Gestalt seines Rechts auf informationelle Selbstbestimmung, erheblich gefährden.

A. Rechtliche Kernfrage

Neben den in den vorherigen Kapiteln behandelten Ansprüchen gegenüber Betreibern von Primärwebseiten (drittes und viertes Kapitel), haben die zum Suchobjekt gewordenen Betroffenen oftmals den Wunsch, auch direkt gegen die Betreiber einer Online-Suchmaschine vorzugehen und von ihnen die Löschung bestimmter Suchergebnisse zu erwirken, die auf die Eingabe ihres Personennamens in der Suchmaske hin erscheinen. Ob und inwieweit der Betroffene nachträglich Suchergebnisse, die ursprünglich rechtmäßig[770] von der Online-Suchmaschine geschaltet worden sind, löschen lassen und damit „vergessen machen" kann, beschäftigt sowohl die europäischen Gesetzgeber als auch den obersten europäischen Gerichtshof: So enthielt die Datenschutz-Grundverordnung nach der Fassung des europäischen Parlaments in Artikel 17 Absatz 1 einen Direktanspruch gegen „Dritte". Zudem hat der *Europäische Gerichtshof* zu dieser Thematik am 13. Mai 2014 ein „Meilenstein"-Urteil gefällt, in dem er den direkten Löschungsanspruch des Betroffenen gegenüber dem Suchmaschinenbetreiber Google unter bestimmten Voraussetzungen bejaht hat. Wohl diesem Urteil ist es geschuldet, dass im finalen Text des Artikels 17 Datenschutz-Grundverordnung davon abgesehen wurde, den vom Parlament vorgeschlagenen ausdrücklichen Direktanspruch gegenüber Dritten nicht zu übernehmen. Denn das Urteil des *Europäischen Gerichtshofs* – das zur bisherigen Rechtslage ergangen war – hat

---

769 Nutzer, die personenbezogene Daten aus rein privaten oder familiären Gründen „googlen", sind keine Datenverarbeiter im Sinne des Bundesdatenschutzgesetzes, da für diese Form der Nutzung das Datenschutzrecht nach § 1 Absatz 2 Nummer 3 Bundesdatenschutzgesetz von vornherein nicht anwendbar ist, *Ott*, MMR 2009, 158, 159.

770 Abzugrenzen sind insoweit Fälle, wie der von Max Mosley, bei dem es um die Löschung von Suchergebnissen ging, die auf von vornherein rechtswidrig online gestellte Bilder verwiesen, siehe hierzu *Landgericht Hamburg*, MMR-Aktuell 2014, 354974.

gezeigt, dass der Betroffene auch ohne einen gesetzlich geregelten Direktanspruch unmittelbar gegen einen Suchmaschinenbetreiber vorgehen und auf Löschung klagen könnte, da dieser selbst Datenverarbeiter und damit selbstständiger Anspruchsgegner der bereits *existierenden* Löschungsansprüche ist. Nicht zuletzt haben die Reaktionen[771] auf dieses Urteil die Bedeutung dieser datenschutzrechtlichen Herausforderung gezeigt: Bis zum Februar 2016 sind nahezu 400.000 Anträge bei Google eingegangen.[772]

Wie in der gesamten Arbeit, geht es auch im folgenden Kapitel speziell um solche Suchergebnisse, die auf existierende recht*mäßig* veröffentlichte Ursprungsquellen verweisen. Soweit die Ursprungsquelle als solche rechtswidrig ist, etwa weil sie sachlich unrichtig ist oder einen Straftatbestand erfüllt, hat auch der Suchmaschinenbetreiber kein Recht auf Verbreitung dieser Inhalte, sodass gegen ihn ohne weiteres ein Löschungsanspruch besteht.[773] Abzugrenzen ist zudem die Konstellation, in der trotz Löschung der Ursprungsseite diese weiterhin über eine Suchmaschine abgerufen werden kann. Dies kann passieren, wenn der suchmaschineneigene „Cache"-Speicher intern noch nicht aktualisiert worden ist – ein Vorgang, der bei Google automatisch, aber zeitversetzt erfolgt.[774] Der Suchdienst greift für die Verlinkung in den Suchergebnissen auf diesen Speicher zurück und zeigt daher die dort abgespeicherte – veraltete – Version der Webseite an. Somit verweist das Suchergebnis gerade *nicht* auf eine existierende rechtmäßige Ursprungsquelle, sondern vielmehr auf eine rechtswidrige, weil veraltete, Originalquelle. Konsequenterweise wird in dieser Situation ein direkter Löschungsanspruch gegen den Suchmaschinenbetreiber als datenschutzrechtlich selbstständigen Verantwortlichen bejaht.[775]

Vor diesem Hintergrund lautet die im folgenden Kapitel behandelte rechtliche Kernfrage: Inwieweit hat der Betroffene einen datenschutzrechtlichen Direktanspruch gegen den Suchmaschinenbetreiber auf Löschung konkreter Suchergeb-

---

771 Bereits im Vorfeld waren im Jahr 2012 circa 130 Klagen zu dieser Rechtsproblematik vor der spanischen *Audiencia Nacional* anhängig, siehe *Arenas Ramiro/Yankova*, ZD-Aktuell 2012, 02845.
772 Siehe insoweit auf der Google-Webseite www.google.com/transparencyreport/removals/europeprivacy/?hl=de.
773 *Kühn/Karg*, ZD 2015, 61, 64; *Karg*, ZD 2014, 359, 361.
774 *Ott*, MMR 2009, 158, 160.
775 *Sieber/Liesching*, MMR-Beilage 2007, 1, 29, der unter diese Kategorie auch sonstige Webarchive mit einer „funktional weitgehend vergleichbaren" Funktion fasst, etwa das „The Internet Archive". Siehe ferner *Sieber/Höfinger*, in: Hoeren/Sieber, Teil 18.1 Rn. 130; *Ott*, MMR 2009, 158, 162; *Piltz*, ZD 2013, 259, 263.

nisse mit Daten zu seiner Person, die auf die Eingabe seines Personennamens hin erscheinen.

B. Funktionsablauf des Suchdienstes

Für den Aspekt, an welchem Punkt ein Anspruch auf Löschung bestimmter Suchergebnisse ansetzen könnte, folgt ein Überblick über den technischen Funktionsablauf der regulären Suchfunktion einer Online-Suchmaschine. Die Suchergebnisse werden in einem automatisierten Verfahren erstellt, das sich im Wesentlichen aus den drei Schritten Crawling, Indexing und Ranking zusammensetzt:[776] Vereinfacht ausgedrückt funktionieren Internetsuchmaschinen so, dass sie eine Kopie von sämtlichen öffentlichen Webseiten anfertigen („Crawling"), diese in der Version ihres Abrufdatums auf den suchmaschineneigenen Servern in den „Cache-Speichern"[777] ablegen und eine Tabelle mit den darin enthaltenen Begriffen – insbesondere auch den personenbezogenen Daten – erstellen und darin vermerken, welcher Begriff von welcher Webseite stammt („Indexing"). Bei Eingabe eines Suchbegriff wird dem Nutzer eine Trefferliste mit den Links auf die Webseiten angezeigt, die den Suchbegriff enthalten beziehungsweise zur Zeit des Crawling-Vorgangs enthalten haben. Mittels bestimmter Algorithmen werden die Suchtreffer sodann in eine der Relevanz nach geordnete Reihenfolge gebracht („Ranking").

Eine Nicht-mehr-Anzeige ist rein technisch möglich: Den Betreibern der Ursprungswebseiten stehen technische Mittel zur Verfügung, mit denen sie die Indexierung von Webinhalten verhindern können. Zugleich haben die Betreiber von Online-Suchmaschinen die technische Möglichkeit, durch manuellen Eingriff in den Algorithmus bestimmte Webseiten aus dem Index zu entfernen.[778]

C. Das Urteil des Europäischen Gerichtshofs

Das Urteil, das der *Europäische Gerichtshof* am 13. Mai 2014[779] im Rahmen eines Vorabentscheidungsverfahrens, vorgelegt von der spanischen *Audiencia Nacional*,

---

[776] Siehe hierzu ausführlich *Sieber/Liesching*, MMR-Beil. 2007, 1, 11; *Piltz*, ZD 2013, 259, 261; *Milstein/Lippold*, NVwZ 2013, 182, 183.

[777] Der „Cache" einer Suchmaschine ist nicht zu verwechseln mit ihrem „Proxy-Cache". Letzterer speichert Webinhalte zum Zweck einer effizienteren Übermittlung, *Sieber/Höfinger*, in: Hoeren/Sieber, Teil 18.1 Rn. 130.

[778] *Milstein/Lippold*, NVwZ 2013, 182, 183; *von Lackum*, MMR 1999, 697, 700.

[779] *Europäischer Gerichtshof*, Urteil vom 13. Mai 2014, Rs. C-131/12 – *Google Spain SL und Google Inc./Agiencia Española de Protección de Datos (AEPD) und Costeja Gonzáles*.

gesprochen hat, ist in vielerlei Hinsicht als „Meilenstein" anzusehen. Neben seiner grundlegenden Neuordnung des räumlichen Anwendungsbereichs des europäischen Datenschutzrechts (siehe C. II. des zweiten Kapitels) hat der Gerichtshof hier unumstößliche Grundpfeiler im Hinblick auf einen datenschutzrechtlichen Direktanspruch gegenüber einem Suchmaschinenbetreiber auf Löschung konkreter personenbezogener Suchergebnisse gesetzt. Wenngleich der *Europäische Gerichtshof* den Begriff des „Rechts auf Vergessen" nicht verwendet, betrifft dieses Urteil genau diese Thematik.[780] Auch von seinem Sachverhalt her bildet der Rechtsstreit ein „Musterverfahren"[781] in diesem Rechtsbereich. Zwar betrifft das Urteil die Auslegung von Normen der EU-Datenschutzrichtlinie, insbesondere deren Artikel 12 lit. b) sowie 14 lit. a), jedoch gelten die getroffenen Auslegungsmaßstäbe auch nach Inkrafttreten der Datenschutz-Grundverordnung weiter. Das Urteil bringt einen nicht unumstrittenen Wandel der Rechtslage mit sich, deren Aspekte, Auswirkungen und Gegenmeinungen im Einzelnen diskutiert werden.

I. Sachverhalt und Gang des Rechtsstreits

Gegenstand des Verfahrens ist der Rechtsstreit eines spanischen Bürgers gegen die Internetsuchmaschine Google. In den 1990er Jahren war der Rechtsanwalt und Professor *Mario Costeja González* in finanzielle Not geraten und hatte seine staatlichen Sozialversicherungsbeiträge nicht mehr gezahlt. Sein Hausgrundstück wurde daraufhin gepfändet und zwangsversteigert, worüber die überregionale katalanische Tageszeitung „La Vanguardia" 1998 zwei Bekanntmachungen mit dem vollständigen Namen des Betroffenen veröffentlichte. An der Rechtmäßigkeit dieser ursprünglichen Veröffentlichung bestand kein Zweifel. Später stellte der Zeitungsverleger eine elektronische Ausgabe seiner Zeitung online und nahm die streitgegenständlichen früheren Bekanntmachungen in sein Online-Archiv auf. Circa 15 Jahre später – der Anwalt hatte seine Schulden schon vor langer Zeit beglichen – waren die beiden Artikel im Zeitungsarchiv bei Eingabe seines Namens über „Google Search" weiterhin verlinkt und damit ohne nennenswerten Aufwand abrufbar, was *Gonzáles* privat und beruflich beeinträchtigte. Mit dem Argument, dass das Pfändungsverfahren bereits seit Jahren abgeschlossen sei und daher keine Erwähnung mehr verdiene, erhob er 2010 Beschwerde bei der spanischen Datenschutzbehörde (*Agencia Española de Protección de Datos*, kurz: AEPD) gegen die Archivbetreiberin La Vanguardia sowie gegen den Suchmaschinenbetreiber Google Inc. und seine Tochter Google Spain. Dabei verlangte er von

---

780 So auch *Karg*, ZD 2014, 359, 360.
781 *Arenas Ramiro/Yankova*, ZD-Aktuell 2012, 02845.

der Archivbetreiberin die Löschung der Artikel aus dem Online-Archiv und von Google die Löschung der entsprechenden Suchergebnisverknüpfungen zu den Webseiten der Zeitung bei Eingabe seines Namens. Seine Beschwerde wurde in Bezug auf den Anspruch gegenüber der Archivbetreiberin mit der Begründung zurückgewiesen, die ursprüngliche Veröffentlichung sei seinerzeit rechtmäßig erfolgt. Dagegen entsprach die Datenschutzbehörde seinem gegen Google gerichteten Begehren und gab dem Suchmaschinenbetreiber auf, den Namen des Klägers vom Index der Suchmaschine zu löschen. Daraufhin klagten Google Spain SL und Google Inc. gegen diese Löschungsanordnung vor dem spanischen Gerichtshof, der *Audiencia Nacional*, wo die beiden Klagen verbunden wurden.[782] Das spanische Gericht setzte das Verfahren aus und legte es mit Beschluss vom 27. Februar 2012 dem *Europäischen Gerichtshof* zur Vorabentscheidung gemäß Artikel 267 des Vertrags über die Arbeitsweise der Europäischen Union vor. Die Vorlagefragen, deren Wortlaut an den jeweiligen Stellen zitiert wird, sind in drei Themenkomplexe einzuteilen:[783] Erstens den räumlichen Anwendungsbereich der EU-Datenschutzrichtlinie im Hinblick auf ein internationales Unternehmen wie Google mit Hauptsitz außerhalb der Europäischen Union; zweitens dem Umfang der datenschutzrechtlichen Verantwortlichkeit eines Suchmaschinenbetreibers hinsichtlich der Inhalte in seinem Suchindex, die personenbezogene Daten enthalten, sowie drittens Fragen zur Existenz und zum Umfang eines Rechts von Privatpersonen auf Löschung ihrer persönlichen Daten in Suchergebnissen von Online-Suchmaschinen.

II. Ergebnisse des Urteils und Reaktionen im Allgemeinen

Nach der mündlichen Verhandlung ergingen in der betreffenden Rechtssache Mitte 2013 die Schlussanträge des zuständigen finnischen EU-Generalanwalts *Jääskinen*,[784] die eine Empfehlung an das Luxemburger Gericht sind. Sodann erging am 13. Mai 2014 das Urteil des *Europäischen Gerichtshofs*, in dem dieser im Wesentlichen drei Grundentscheidungen traf: Erstens habe auch der Betreiber der Suchmaschine Google das europäische Datenschutzrecht zu beachten (siehe hierzu C. II. des zweiten Kapitels); zweitens sei der Suchmaschinenbetreiber für die Indexierung sowie die Anzeige von Verlinkungen auf andere Webseiten – die eine Verarbeitung personenbezogener Daten darstelle – datenschutzrecht-

---

782 *Arenas Ramiro/Yankova*, ZD-Aktuell 2012, 02845.
783 So auch *Arenas Ramiro/Yankova*, ZD-Aktuell 2012, 02845.
784 Schlussanträge des *EU-Generalanwalts* vom 25. Juli 2013 – C-131/12, abrufbar unter BeckRS2014, 80934.

lich selbst verantwortlich (siehe D. dieses Kapitels), drittens müsse Google in bestimmten Fällen nach einer umfassenden Interessenabwägung Verlinkungen zu personenbezogenen Daten löschen (siehe E. dieses Kapitels). Im Rahmen der dabei vorzunehmenden Rechts- und Interessenabwägung überwiegen grundsätzlich die Interessen der Betroffenen an einer Löschung, es sei denn es liegt ein überwiegendes Interesse der Öffentlichkeit an den betreffenden Daten vor.

Die Bedeutung des Urteils des *Europäischen Gerichtshofs* ist unbestritten.[785] Darin werden verschiedene Rechtsbegriffe des europäischen Datenschutzrechts auf höchstrichterlicher Ebene geklärt, die seit Jahren umstritten waren. Die Reaktionen auf das Urteil fielen dennoch gemischt aus. Dabei wurde die Entscheidung zum räumlichen Anwendungsbereich weitgehend begrüßt (siehe hierzu C. II. des zweiten Kapitels). Hingegen wird die datenschutzrechtliche Verantwortlichkeit der Suchmaschinenbetreiber und vor allem die vom *Europäischen Gerichtshof* bei der Frage eines Löschungsanspruchs vorgenommene Interessenabwägung kontrovers diskutiert.

Die deutschen Zeitungen, die am darauffolgenden Tag nahezu alle auf ihrer Titelseite über das Urteil berichteten, leiteten daraus die Etablierung eines „Rechts auf Vergessen" ab und begrüßten dies überwiegend.[786] Von Seiten der Verbraucherschützer und der Politik wurde das Urteil ebenfalls gut geheißen und in einen Zusammenhang mit den damaligen europäischen Verhandlung zur Datenschutz-Grundverordnung gestellt. Gerade in Brüssel wurde das Urteil mit einer großen Einigkeit aus allen großen Parteien des Europäischen Parlaments begrüßt.[787] Die frühere EU-Justizkommissarin *Reding* bezeichnete das Urteil als „klaren Sieg für den Schutz der persönlichen Daten der Europäer".[788] Negative Kritik erntete das Urteil vor allem aus den Vereinigten Staaten von Amerika.[789] Die inhaltlich weitgehend negative Reaktion ist vor allem auf die Diskrepanz der Bedeutung des Datenschutzes in der deutschen und der US-amerikanischen Öffentlichkeit zurückzuführen. Der Datenschutz genießt in den Vereinigten Staaten von Amerika nach wie vor eine wesentlich geringere Bedeutung als in Deutschland. Insgesamt kam die Bejahung eines materiell-rechtlichen Löschungsanspruchs direkt

---

785 So auch *Piltz*, ZD 2013, 259, 263.
786 *Die Welt* vom 14. Mai 2014, S. 1, 3, 9; *Süddeutsche Zeitung* vom 14. Mai 2014, S. 1; *Frankfurter Allgemeine Zeitung* vom 14. Mai 2014, S. 2.
787 *Die Welt* vom 14. Mai 2014, S. 9.
788 *Die Welt* vom 14. Mai 2014, S. 1.
789 So zitiert *Hoeren*, ZD 2014, 325, 325 f. etwa den *Boston Globe*, der von einem „typisch europäischen Alleingang" spricht und die „Washington Post" von einem „schweren Angriff auf die Meinungs- und Pressefreiheit".

gegenüber dem Suchmaschinenbetreiber in dem Urteil für viele – sogar für den Betroffenen[790] und Google[791] selbst – überraschend angesichts der vorherigen entgegengesetzt lautenden Schlussanträge des EU-Generalanwalts, da eine solche Abweichung unüblich ist.[792]

D. Datenschutzrechtliche Verantwortlichkeit für Suchergebnisse

Im Gegensatz zu anderen Mitgliedstaaten hat der deutsche Gesetzgeber keine speziellen Verantwortlichkeitsnormen für Suchmaschinen geschaffen.[793] Bislang war umstritten, ob ein Suchmaschinenbetreiber für die in seinem Suchdienst angezeigten Suchergebnisse selbst datenschutzrechtlich verantwortlich gemacht werden kann. Die in der Vergangenheit hierzu geäußerten Ansichten bezogen sich regelmäßig auf die rechtliche Verantwortlichkeit für solche Suchergebnisse, die auf rechts*widrige* Ursprungsquellen verweisen.[794] Die vorliegend relevante Rechtsfrage war hingegen bislang ungeklärt: Kann es eine datenschutzrechtliche Verantwortlichkeit der Suchmaschinenbetreiber für solche Suchergebnisse geben, die auf recht*mäßige* Ursprungsquellen verweisen? Da eine solche Verantwortlichkeit wiederum die Grundvoraussetzung für einen datenschutzrechtlichen Direktanspruch des Betroffenen gegenüber dem Suchmaschinenbetreiber auf Löschung ist,[795] ist diese Vorfrage von besonderer Bedeutung für die vorliegende Fragestellung eines „Rechts auf Vergessen" gegenüber Online-Suchmaschinen.

Die eigene datenschutzrechtliche Verantwortlichkeit bildet auch im „Google"-Rechtsstreit einen wesentlichen Prüfungspunkt, zu dem der *Europäische Gerichtshof* eine klare Position bezogen hat. Wie bereits in der Vergangenheit hatte Google

---

790 Siehe Mitteilung auf Beck Aktuell, becklink 1032503.
791 *Die Welt* vom 14. Mai 2014, S. 1.
792 *Boehme-Neßler*, NVwZ 2014, 825, 827.
793 Derartige Regelungen existieren bereits nach bisheriger Rechtslage etwa in Österreich, Spanien und Portugal. Den Grund für die fehlende Regelung in Deutschland vermuten *Sieber/Liesching*, MMR-Beilage 2007, 1, 3, 5 darin, dass Suchmaschinen ein sehr vielseitiges Angebot unterschiedlicher und ständig sich erweiternder Funktionen haben und aus Sicht des deutschen Gesetzgebers eine gesetzliche Regelung daher nicht genügend Flexibilität brächte.
794 Etwa *von Lackum*, MMR 1999, 697, 697 ff..
795 Die Bedeutung dieser Grundsatzfrage zeigt sich nicht zuletzt darin, dass der *Europäische Gerichtshof* die Vorlagefragen zur datenschutzrechtlichen Verantwortlichkeit entgegen der Reihenfolge in den Vorlagefragen als erste beantwortet hat und damit auch der Frage des räumlichen Anwendungsbereichs vorangestellt hat, Rn. 21 ff..

auch in diesem Verfahren seine Rolle als aktiver Datenverarbeiter mit dem Argument abgelehnt, bei der Anzeige und Verlinkung seiner Suchergebnisse keine eigenen Inhalte zu verbreiten, sondern eine reine Vermittlerrolle einzunehmen. So habe der Betreiber weder Kenntnis von den personenbezogen Daten in den Suchergebnissen noch Kontrolle über diese.[796]

Vorab ist klarzustellen, dass eine rechtliche Verantwortlichkeit von Suchmaschinenbetreibern nicht im Allgemeinen abgelehnt oder bejaht werden kann. Vielmehr bedarf es insoweit einer funktional-technisch differenzierenden Betrachtung,[797] das heißt, die Frage der Verantwortlichkeit ist für jeden einzelnen Dienst einer Suchmaschine separat zu beantworten. Vorliegend geht es konkret um die datenschutzrechtliche Verantwortlichkeit im Hinblick auf die „regulären" Suchergebnisse, die auf rechtmäßige Ursprungsinhalte mit personenbezogenen Daten verweisen. Der *Europäische Gerichtshof* hat insoweit klar Stellung bezogen und für diesen Bereich die datenschutzrechtliche Verantwortlichkeit bejaht.

I. Vorlagefragen zur Datenverarbeitung und Verantwortlichkeit

Konkret lauteten die entsprechenden Vorlagefragen des spanischen Gerichtshofs in diesem Kontext:

> *„In Bezug auf die Tätigkeit der Suchmaschinen als Anbieter von Inhalten unter dem Blickwinkel der RL 95/46/EG:*
> *a) Zur Tätigkeit von Google Search als Anbieterin von Inhalten, die darin besteht, von Dritten ins Internet gestellte oder dort veröffentlichte Informationen zu finden, automatisch zu indexieren, vorübergehend zu speichern und schließlich den Internetnutzern in einer bestimmten Rangfolge zur Verfügung zu stellen: Fällt, wenn die genannten Informationen personenbezogene Daten Dritter enthalten, eine solche Tätigkeit unter den Begriff „Verarbeitung personenbezogener Daten" im Sinne von Artikel 2 lit. b der RL 95/46/EG?*
> *b) Bei Bejahung der vorstehenden Frage, ebenfalls im Zusammenhang mit einer Tätigkeit wie der zuvor beschriebenen: Ist Artikel 2 lit. d der RL 95/46/EG dahin auszulegen, dass das Unternehmen, das Google Search betreibt, hinsichtlich der auf den von ihr indexierten Websites befindlichen Daten der „für die Verarbeitung Verantwortliche" ist?"*

Dementsprechend wird im Folgenden dogmatisch zwischen dem Vorliegen einer Datenverarbeitung als solcher (II.) und rechtlichen Verantwortlichkeit für diese (III.) differenziert.

---

796 *Europäischer Gerichtshof*, Urteil vom 13. Mai 2014, Rs. C-131/12 – Google Spain SL und Google Inc./Agiencia Española de Protección de Datos (AEPD) und Costeja Gonzáles, Rn. 22.
797 Vergleiche *Sieber/Liesching*, MMR-Beil. 2007, 1, 1 ff..

II. „Datenverarbeitung" durch Anzeige von Suchergebnissen

Nach der Legaldefinition in Artikel 2 lit. b EU-Datenschutzrichtlinie ist eine Verarbeitung personenbezogener Daten

> „jeder mit oder ohne Hilfe automatisierter Verfahren ausgeführter Vorgang (...) im Zusammenhang mit personenbezogenen Daten wie das Erheben, das Speichern, die Organisation, die Aufbewahrung, die Anpassung oder Veränderung, das Auslesen, das Abfragen, die Benutzung, die Weitergabe durch Übermittlung, Verbreitung oder jede andere Form der Bereitstellung, die Kombination oder die Verknüpfung sowie das Sperren, Löschen oder Vernichten".

Sowohl der EU-Generalanwalt[798] als auch der *Europäische Gerichtshof*[799] sahen in der automatischen, kontinuierlichen und systematischen Durchforstung des Internets auf Webinhalte mit personenbezogenen Daten, ihrer automatischen Indexierung, vorübergehenden Speicherung sowie ihrer anschließenden Verfügbarmachung für die Internetnutzer eine Verarbeitung dieser Daten.[800] Dabei sei der gesamte Such- und Veröffentlichungsprozess als Datenverarbeitung einzustufen.[801] Da die entsprechenden Handlungen somit bereits nach seinem Wortlaut unter Artikel 2 lit. b EU-Datenschutzrichtlinie fielen, sei es unerheblich, ob der Suchmaschinenbetreiber die genannten Vorgänge genauso bei anderen Arten von Informationen durchführe und gerade nicht zwischen diesen und den personenbezogenen Daten differenziere.[802] Zudem sei es ohne Belang, dass die personenbezogenen Daten bereits zuvor im Internet veröffentlicht seien und unverändert von der Suchmaschine übernommen würden.[803]

---

798 Schlussanträge des *EU-Generalanwalts* vom 25. Juni 2013 – C-131/12, abrufbar unter BeckRS2014, Rn. 75.
799 *Europäischer Gerichtshof*, Urteil vom 13. Mai 2014, Rs. C-131/12 – *Google Spain SL und Google Inc./Agencia Española de Protección de Datos (AEPD) und Costeja Gonzáles*, erster Urteilsleitsatz.
800 *Europäischer Gerichtshof*, Urteil vom 13. Mai 2014, Rs. C-131/12 – *Google Spain SL und Google Inc./Agencia Española de Protección de Datos (AEPD) und Costeja Gonzáles*, Rn. 28 sowie erster Urteilsleitsatz.
801 *Europäischer Gerichtshof*, Urteil vom 13. Mai 2014, Rs. C-131/12 – *Google Spain SL und Google Inc./Agencia Española de Protección de Datos (AEPD) und Costeja Gonzáles*, Rn. 28.
802 *Europäischer Gerichtshof*, Urteil vom 13. Mai 2014, Rs. C-131/12 – *Google Spain SL und Google Inc./Agencia Española de Protección de Datos (AEPD) und Costeja Gonzáles*, Rn. 28.
803 *Europäischer Gerichtshof*, Urteil vom 13. Mai 2014, Rs. C-131/12 – *Google Spain SL und Google Inc./Agencia Española de Protección de Datos (AEPD) und Costeja Gonzáles*, Rn. 29.

III. Suchmaschinenbetreiber als „für die Verarbeitung Verantwortlicher"

Die datenschutzrechtliche Verantwortlichkeit für einen Datenverarbeitungsvorgang richtet sich nach Artikel 2 lit. d) EU-Datenschutzrichtlinie, in Deutschland umgesetzt durch § 3 Absatz 7 Bundesdatenschutzgesetz. Danach ist für die Verantwortlichkeit maßgeblich, ob Suchmaschinen „allein oder gemeinsam mit anderen über die Zwecke und Mittel der Verarbeitung personenbezogener Daten entscheiden". Bei der Frage, ob der Suchmaschinenbetreiber auch für seine im Zuge des üblichen Suchdienstes erfolgte Datenverarbeitung als datenschutzrechtlich Verantwortlicher angesehen werden kann, gingen die Auffassungen des EU-Generalanwalts und die des *Europäischen Gerichtshofs* auseinander:

1. Auffassung des EU-Generalanwalts

Der EU-Generalanwalt verneinte die Einstufung des Suchmaschinenbetreibers Google als „Verantwortlicher" im Sinne des Datenschutzrechts.[804] Nach seiner Auffassung sei Google nur direkt haftbar zu machen, soweit die Suchmaschine entgegen den Anweisungen eines Webseitenbetreibers entsprechende Inhalte weiterhin auffindbar hält, wie etwa bei der unrechtmäßigen Weiteranzeige bereits gelöschter Webinhalte über den „Cache"-Speicher (siehe A. dieses Kapitels). Ansonsten bestünde kein direkter Rechtsanspruch des Betroffenen gegenüber Google wegen Persönlichkeitsrechtsverletzungen durch Suchergebnisse.

Der EU-Generalanwalt stützte seine Argumentation im Wesentlichen auf zwei Argumentationsstränge: Zum einen sei eine zu weite Auslegung des datenschutzrechtlichen Verantwortlichkeitsbegriffs zu befürchten. So dürfe schließlich auch nicht jeder, der eine Zeitung auf seinem Tablet lese oder soziale Medien auf seinem Smartphone oder Laptop verfolge, wegen einer Datenverarbeitung unter die EU-Datenschutzrichtlinie fallen, sobald er dies nicht ausschließlich zu privaten Zwecken tue.[805] Zum anderen stelle der Suchmaschinenbetreiber lediglich ein Instrument zur Lokalisierung von Informationen bereit und habe keine Kontrolle über die Inhalte auf den verknüpften Webseiten.[806] Eine datenschutzrechtliche Verantwortlichkeit setze jedoch voraus, dass die

---

[804] Schlussanträge des *EU-Generalanwalts* vom 25. Juli 2013 – C-131/12, abrufbar unter BeckRS2014, 80934, Rn. 84 ff..

[805] Schlussanträge des *EU-Generalanwalts* vom 25. Juli 2013 – C-131/12, abrufbar unter BeckRS2014, 80934, Rn. 81.

[806] Schlussanträge des *EU-Generalanwalts* vom 25. Juli 2013 – C-131/12, abrufbar unter BeckRS2014, 80934, Rn. 84 ff..

Stelle in „semantisch bedeutsamer Weise"[807] auf die Datenverarbeitung einwirke. Eine solche Einflussnahme sei bei einem Suchmaschinenbetreiber nicht gegeben, da dieser nicht einmal zwischen personenbezogenen und sonstigen Daten differenzieren könne. Nach Auffassung des EU-Generalanwalts kann damit allein der Betreiber der verlinkten Ursprungswebseite, im damaligen Fall also der Betreiber des Online-Nachrichtenarchivs „La Vanguardia", der datenschutzrechtlich Verantwortliche sein, an den sich der Betroffene wenden könne. Eine solche Einwirkungsmöglichkeit über die personenbezogenen Inhalte habe schließlich nur dieser.[808]

2. Auffassung des Europäischen Gerichtshofs

Demgegenüber spricht sich der *Europäische Gerichtshof* klar *für* die eigenständige datenschutzrechtliche Verantwortlichkeit von Suchmaschinenbetreibern für die über ihren Suchdienst angezeigten Suchergebnisse aus.[809] Die Voraussetzung einer erheblichen Einwirkung auf den Datenverarbeitungsvorgang, wie vom EU-Generalanwalt verlangt, greift der *Europäische Gerichtshof* nicht auf. Vielmehr genüge es für eine Einordnung als „für die Verarbeitung Verantwortlicher", wenn die Stelle Informationen verbreite, die Dritte zur Verfügung gestellt hätten oder das Erstellen von Persönlichkeitsprofilen durch Auffinden und Sortieren entsprechender Informationen ermögliche. Der insoweit weit auszulegende Begriff des „Verantwortlichen" im Datenschutzrecht umfasse daher gleichsam die Betreiber von Online-Suchmaschinen.[810]

Die vom Gerichtshof vorgebrachten Argumente überzeugen: Für die Einordnung der Suchmaschinenbetreiber als datenschutzrechtlich selbstständig Verantwortliche spricht, dass die Online-Suchdienste einen maßgeblichen Anteil an der weltweiten Verbreitung personenbezogener Daten haben, da sie bei der Eingabe eines Personennamens in die Suchmaske oftmals Inhalte verfügbar machen, die der Nutzer ansonsten

---

807 Schlussanträge des *EU-Generalanwalts* vom 25. Juli 2013 – C-131/12, abrufbar unter BeckRS2014, 80934, Rn. 83.
808 Schlussanträge des *EU-Generalanwalts* vom 25. Juli 2013 – C-131/12, abrufbar unter BeckRS2014, 80934, Rn. 84 ff.
809 *Europäischer Gerichtshof*, Urteil vom 13. Mai 2014, Rs. C-131/12 – *Google Spain SL und Google Inc./Agencia Española de Protección de Datos (AEPD) und Costeja Gonzáles*, Rn. 32 ff.
810 *Europäischer Gerichtshof*, Urteil vom 13. Mai 2014, Rs. C-131/12 – *Google Spain SL und Google Inc./Agencia Española de Protección de Datos (AEPD) und Costeja Gonzáles*, Rn. 34.

nicht finden würde.[811] Dabei geben sie einen strukturierten Überblick über die online verfügbaren persönlichen Daten des Betroffenen, anhand dessen ein „mehr oder weniger detailliertes Profil der Person" erstellt werden kann.[812] Die Suchdienste einer Online-Suchmaschine stellen damit eine andere – zusätzliche – Beeinträchtigung für die Grundrechte der Betroffenen dar, als es durch die Informationsverbreitung seitens der Herausgeber der Ursprungswebseiten erfolgt.[813] So besteht ein Unterschied zwischen der Verarbeitung personenbezogener Daten durch eine Online-Suchmaschine und der durch die Ursprungswebseite.[814] Im Rahmen *seiner* Tätigkeit ist der Suchmaschinenbetreiber aber gerade selbst datenschutzrechtlich Verantwortlicher, da er *insoweit* selbst über die Zwecke und Mittel der betroffenen Verarbeitungsvorgänge entscheidet.[815] Auch die Möglichkeit der Betreiber von Webseiten, Google technisch zu signalisieren, bestimmte Webinhalte nicht zu indexieren, ändert diese Einschätzung nicht.[816] Es kann nicht etwa beim Fehlen solcher Einstellungen die eigenständige datenschutzrechtliche Verantwortlichkeit des Suchmaschinenbetreibers mit dem Argument abgelehnt werden, dass die Betreiber der Ursprungswebseite dann schließlich *gemeinsam* mit den Suchmaschinenbetreibern über die Mittel der Datenverarbeitung entscheiden würden. Eine eigenständige datenschutzrechtliche Verantwortlichkeit der Suchmaschinenbetreiber ist letztlich nach dem Wortlaut von Artikel 2 lit. d EU-Datenschutzrichtlinie gerade dann gegeben, wenn der Verantwortliche über die Mittel explizit „allein oder gemeinsam mit anderen" entscheiden kann.[817]

---

811 *Europäischer Gerichtshof*, Urteil vom 13. Mai 2014, Rs. C-131/12 – *Google Spain SL und Google Inc./Agiencia Española de Protección de Datos (AEPD) und Costeja Gonzáles*, Rn. 36.

812 *Europäischer Gerichtshof*, Urteil vom 13. Mai 2014, Rs. C-131/12 – *Google Spain SL und Google Inc./Agiencia Española de Protección de Datos (AEPD) und Costeja Gonzáles*, Rn. 37.

813 *Europäischer Gerichtshof*, Urteil vom 13. Mai 2014, Rs. C-131/12 – *Google Spain SL und Google Inc./Agiencia Española de Protección de Datos (AEPD) und Costeja Gonzáles*, Rn. 38. Dem zustimmend *Boehme-Neßler*, NVwZ 2014, 825, 827.

814 *Europäischer Gerichtshof*, Urteil vom 13. Mai 2014, Rs. C-131/12 – *Google Spain SL und Google Inc./Agiencia Española de Protección de Datos (AEPD) und Costeja Gonzáles*, Rn. 35.

815 *Europäischer Gerichtshof*, Urteil vom 13. Mai 2014, Rs. C-131/12 – *Google Spain SL und Google Inc./Agiencia Española de Protección de Datos (AEPD) und Costeja Gonzáles*, Rn. 33, 38.

816 Beispiele hierfür sind Ausschlussprotokolle wie „robot.txt" oder „noindex-" oder „noarchive-" Codes.

817 *Europäischer Gerichtshof*, Urteil vom 13. Mai 2014, Rs. C-131/12 – *Google Spain SL und Google Inc./Agiencia Española de Protección de Datos (AEPD) und Costeja Gonzáles*, Rn. 39 f..

IV. Gesetzliche Grundlagen der Datenverarbeitung durch Suchmaschinen

Da die Erstellungsvorgänge der Suchergebnisse demnach als Datenverarbeitungsprozesse durch den Suchmaschinenbetreiber einzuordnen sind, bedürfen auch sie nach § 4 Absatz 1 Bundesdatenschutzgesetz beziehungsweise Artikel 6 Absatz 1 Datenschutz-Grundverordnung entweder der Einwilligung durch den Betroffenen oder eines gesetzlichen Erlaubnistatbestandes.

1. Einwilligung

Im vorliegenden Kontext kommt der Rechtfertigungstatbestand der Einwilligung durch den Betroffenen, also das Suchobjekt selbst, selten vor. Während eine explizite Einwilligung hier in der Praxis nahezu ausgeschlossen ist,[818] kommt insbesondere bei vom Betroffenen *selbst* online gestellten Daten eine konkludente Einwilligung in Betracht: Die Reichweite der durch das Onlinestellen regelmäßig konkludent erklärten Einwilligung beurteilt sich mangels auslegungsfähigen Wortlauts auch gegenüber dem Suchmaschinenbetreiber mittels einer Auslegung anhand der Sichtweise eines objektiven Empfängers.[819] So darf heutzutage vorausgesetzt werden, dass sich der jeweilige Internetnutzer über die Existenz und Funktionsweise von Internetsuchmaschinen bewusst ist.[820] Insbesondere wenn ein Betroffener eigene Daten in einen Onlinebereich ohne Zugriffssperre einstellt, darf sein Verhalten dahingehend ausgelegt werden, dass er zumindest in die internettypischen Verknüpfungen einwilligt, insbesondere in die Datennutzung durch eine Online-Suchmaschine im Rahmen ihrer regulären Suchfunktion.[821]

---

[818] Demgegenüber willigen Nutzer gegenüber dem Suchmaschinenbetreiber oftmals in die Verarbeitung von *Nutzungs*daten ein, also personenbezogene Daten, die für die Inanspruchnahme eines Telemediums erforderlich sind, siehe hierzu *Voigt*, MMR 2009, 377, 381 f..

[819] *Ohly*, GRUR 2012, 983, 987.

[820] *Ohly*, GRUR 2012, 983, 987.

[821] *Ohly*, AfP 2011, 428, 432; ders., GRUR 2012, 983, 992; *Ott*, MMR 2009, 158, 161. Eine Grenze findet die so ausgelegte konkludente Einwilligung allerdings, sobald die Verarbeitung über die reguläre Suchfunktion hinaus geht, etwa wenn die erschlossenen Informationen konzentriert zusammenstellt werden und womöglich durch die Gesamtschau der Daten dem Suchenden ein verfälschtes Bild der Person vermitteln, siehe hierzu *Seidel/Nink*, CR 2009, 666, 666 ff..

2. Gesetzliche Erlaubnistatbestände

Bei der Erstellung eines Suchtreffers, der auf ein öffentlich zugängliches personenbezogenes Datum im Internet verweist, kann sich der Suchmaschinenbetreiber regelmäßig auch auf den gesetzlichen Erlaubnistatbestand in § 29 Absatz 1 Satz 2 Nummer 2 Bundesdatenschutzgesetz berufen.[822] Danach dürfen allgemein zugängliche personenbezogene Daten erhoben und verarbeitet werden, soweit nicht die schutzwürdigen Interessen der Betroffenen offensichtlich überwiegen. Um solche „allgemein zugänglichen Quellen" handelt es sich bei den vorliegend behandelten Inhaltsdaten, die auf einer öffentlichen und ungeschützten Webseite für jedermann abrufbar sind.[823] Dabei setzt das Kriterium eines offensichtlich überwiegenden Betroffeneninteresses voraus, dass das entgegenstehende Interesse und ihr Überwiegen der verantwortlichen Stelle anhand der ihr vorliegenden Informationen auffallen muss und dieser Vorrang ohne Weiteres auch für einen verständigen Dritten ersichtlich wäre.[824] Allerdings kann dem Suchmaschinenbetreiber gerade keine entsprechende Kenntnis hinsichtlich seiner erstellten Suchergebnisse zugerechnet werden.[825] Zumindest bei recht*mäßig* online gelangten Daten stehen grundsätzlich keine „offensichtlichen" Betroffeneninteressen entgegen, sodass ihre Verlinkung in den Suchtreffern einer Online-Suchmaschine nach § 29 Absatz 1 Satz 1 Nummer 2 Bundesdatenschutzgesetz gerechtfertigt ist. Demgegenüber ist ein offensichtlich überwiegendes Betroffeneninteresse zu bejahen, wenn der Betroffene berechtigterweise Widerspruch gegen die Datenverarbeitung eingelegt hat.[826]

---

822 *Jandt*, MMR-Aktuell 2014, 358242. Vor dem Urteil des *Bundesgerichtshofs*, ZUM 2009, 753, 756 – *spickmich.de* zu Bewertungsportalen sahen viele Rechtswissenschaftler die Rechtfertigung der Suchmaschinenarbeit in § 28 Absatz 1 Satz 1 Nummer 3 Bundesdatenschutzgesetz, vergleiche *Ott*, MMR 2009, 158, 161. Die künftig geltende Datenschutz-Grundverordnung differenziert bei den Rechtfertigungstatbeständen nicht mehr, ob die Datenverarbeitung zu Zwecken der Übermittlung (§ 29 Bundesdatenschutzgesetz) oder zu eigenen Geschäftszwecken (§ 28 Bundesdatenschutzgesetz) erfolgt.
823 *Simitis*, in Simitis, § 28 BDSG Rn. 151; § 29 BDSG Rn. 193.
824 *Simitis*, in Simitis, § 28 BDSG Rn. 163.
825 *Seidel/Nink*, CR 2009, 666, 670.
826 *Karg*, ZD 2014, 359, 360 f.. Abzugrenzen ist dies von einem berechtigten „Widerruf" einer zuvor (konkludent) erteilten Einwilligung durch den Betroffenen gegenüber dem Betreiber der Primärwebseite, der auch für die Suchmaschine zur Konsequenz hat, dass sie nicht mehr auf diese – durch den Widerruf – rechtswidrig gewordenen Webinhalte Bezug nehmen darf, *Kodde*, ZD 2013, 115, 117; *Ohly*, GRUR 2012, 983, 991.

V. Zwischenergebnis zur eigenen datenschutzrechtlichen Verantwortlichkeit von Suchmaschinenbetreibern

Zusammenfassend hat sich der *Europäische Gerichtshof* klar für eine eigenständige datenschutzrechtliche Verantwortlichkeit der Suchmaschinenbetreiber ausgesprochen. Nach seinem Verständnis können damit auch Stellen datenschutzrechtlich „Verantwortliche" sein, die keinen inhaltlichen Einfluss auf die Daten selbst oder auf den konkreten Verarbeitungsvorgang nehmen können,[827] mithin keine Herrschaft im engeren Sinne über sie haben, soweit sie durch ihre eigene Tätigkeit kausal zu Eingriffen in das Recht auf informationelle Selbstbestimmung der betroffenen Person beitragen. Dabei können sie sich hinsichtlich online veröffentlichter Inhaltsdaten regelmäßig auf den gesetzlichen Erlaubnistatbestand des § 29 Absatz 1 Satz 1 Nummer 2 Bundesdatenschutzgesetz berufen. Allerdings wird weiterhin eine explizite und europaweit einheitliche gesetzliche Regelung zur datenschutzrechtlichen Verantwortlichkeit von Suchmaschinen gefordert.[828] Eine solche gesetzgeberische Regelung wäre nicht zuletzt zugunsten der Wettbewerbsgleichheit, der Rechtssicherheit sowie der Informationsfreiheit im Internet wünschenswert.[829]

E. Ein „Recht auf Vergessen" bei regulären Suchergebnissen

Zu einem „Recht auf Vergessenwerden" bei Suchergebnissen von Suchmaschinen bildet das Urteil des *Europäischen Gerichtshofs* eine erste und bedeutende obergerichtliche Rechtsprechung, wenngleich es den Begriff „Recht auf Vergessen" nicht explizit erwähnt.[830] Mit seinem Urteil hat das Luxemburger Gericht wesentliche Neuerungen zur Tragweite des Anspruchs auf Löschung sowie des Rechts auf Widerspruch aufgestellt. Die geschaffenen Maßstäbe zur Auslegung der Ansprüche auf Löschung und Widerspruch betreffen zwar die *derzeitige* Rechtslage, konkret die EU-Datenschutzrichtlinie und seine Umsetzungsnormen. Die Vorgaben des Urteils sind jedoch gleichermaßen bedeutsam für die *künftige* Rechtsentwicklung bei der Auslegung entsprechender Normen in der

---

827 *Karg*, ZD 2014, 359, 360.
828 *Sieber/Liesching*, MMR-Beilage 2007, 1, 8.
829 *Sieber/Liesching*, MMR-Beilage 2007, 1, 3, 30.
830 Dass der *Europäische Gerichtshof* bereits den Begriff des „Vergessens" als fragwürdig, da rechtlich nicht greifbaren Begriff, ansieht, zeigt er, indem er diesen bei eigener Darstellung der Vorlagefrage in Anführungszeichen setzt, Urteil vom 13. Mai 2014, Rs. C-131/12 – *Google Spain SL und Google Inc./Agencia Española de Protección de Datos (AEPD) und Costeja Gonzáles*, Rn. 89.

Datenschutz-Grundverordnung. Die Vorlagefrage des spanischen Gerichtshofs[831] zum Umfang der Betroffenenrechte auf Löschung und auf Widerspruch bejahte der *Europäische Gerichtshof* in seinem dritten Urteilsleitsatz:

> *„Artikel 12 lit. b und Artikel 14 Absatz 1 lit. a der RL 95/46/EG sind dahin auszulegen, dass der Suchmaschinenbetreiber zur Wahrung der in diesen Bestimmungen vorgesehenen Rechte, sofern deren Voraussetzungen erfüllt sind, dazu verpflichtet ist, von der Ergebnisliste, die im Anschluss an eine anhand des Namens einer Person durchgeführte Suche angezeigt wird, Links zu von Dritten veröffentlichten Internetseiten mit Informationen zu dieser Person zu entfernen, auch wenn der Name oder die Informationen auf diesen Internetseiten nicht vorher oder gleichzeitig gelöscht werden und gegebenenfalls auch dann, wenn ihre Veröffentlichung auf den Internetseiten als solche rechtmäßig ist."*

In materiell-rechtlicher Hinsicht behandelte das Urteil demnach die Auslegung der datenschutzrechtlichen Betroffenenrechte auf Löschung nach Artikel 12 lit. b EU-Datenschutzrichtlinie beziehungsweise der deutschen Umsetzungsnorm in § 35 Absatz 2 Satz 2 Nummer 1 Bundesdatenschutzgesetz sowie auf Widerspruch in Artikel 14 Absatz 1 lit. a EU-Datenschutzrichtlinie beziehungsweise § 35 Absatz 5 Bundesdatenschutzgesetz. Im Gegensatz zum datenschutzrechtlichen Löschungsanspruch hat das datenschutzrechtliche Widerspruchsrecht in der Praxis und Rechtsprechung bislang weniger Bedeutung erlangt. Jedoch ist es für das vorliegend behandelte „Recht auf Vergessenwerden" wie maßgeschneidert,[832] da es gerade auch die Option bietet, gegen die Verarbeitung recht*mäßig* veröffentlichter Daten vorzugehen, etwa weil nachträglich eine besondere Eingriffsqualität entstanden ist.[833] Anwendbar ist es allein in Konstellationen, in denen *keine* Einwilligung des Betroffenen in die Datenverarbeitung vorliegt – wie im Bereich

---

831 Der Wortlaut der Vorlagefrage lautete: „3. Zur Tragweite des Rechts *auf Löschung und/ oder auf Widerspruch gegen die Verarbeitung die eigene Person betreffender Daten in Verbindung mit dem Recht auf Vergessenwerden: Sind das Recht auf Löschung und Sperrung personenbezogener Daten gemäß Artikel 12 lit. b der RL 95/46/EG und das Recht auf Widerspruch gegen eine Verarbeitung gem. Artikel 14 Abs. 1 lit. a der RL 95/46/EG dahin auszulegen, dass sich die betroffene Person an die Suchmaschinenbetreiber wenden kann, um die Indexierung auf sie bezogener Informationen zu verhindern, die auf Websites Dritter veröffentlicht sind, und sie sich hierzu auf ihren Willen berufen kann, dass sie den Internetnutzern nicht bekannt werden, wenn sie der Ansicht ist, dass sie ihr schaden können, oder sie sich wünscht, dass sie vergessen werden, selbst wenn es sich um Informationen handelt, die von Dritten rechtmäßig veröffentlicht wurden?"*

832 Nach *Nolte*, ZRP 2011, 236, 238 kommt dieses Recht einem „Recht auf Vergessen" am nächsten.

833 *Nolte*, ZRP 2011, 236, 238.

der personenbezogenen Suchergebnisse (siehe D. IV. dieses Kapitels).[834] Bei einem berechtigten Widerspruch durch den Betroffenen wirkt seine Erklärung ex nunc und führt zu einem Löschungsanspruch: Konkret führt ein berechtigter Widerspruch zunächst dazu, dass der weiteren Datenverarbeitung offensichtlich überwiegende Betroffeneninteressen entgegenstehen und sich der Suchmaschinenbetreiber nicht mehr auf die Rechtfertigungsnorm des § 29 Absatz 1 Satz 1 Nummer 2 Bundesdatenschutzgesetz berufen kann.[835] Da ihm dadurch die nach § 4 Absatz 1 Bundesdatenschutzgesetz erforderliche Legitimationsgrundlage für seine Datenverarbeitung entzogen wird, hat der Betroffene gegen ihn einen Löschungsanspruch gemäß § 35 Absatz 2 Satz 2 Nummer 3 Bundesdatenschutzgesetz wegen Zweckwegfalls.[836]

Zusammengefasst können nach Auffassung des *Europäischen Gerichtshofs* sowohl der datenschutzrechtliche Löschungsanspruch aus § 35 Absatz 2 Satz 2 Nummer 1 Bundesdatenschutzgesetz als auch das Widerspruchsrecht aus § 35 Absatz 5 Bundesdatenschutzgesetz – bei Vorliegen der entsprechenden Voraussetzungen – dem Betroffenen einen Anspruch geben, vom Suchmaschinenbetreiber zu verlangen, die Indexierung bestimmter personenbezogener Daten zu verhindern, die rechtmäßig auf Ursprungswebseiten veröffentlicht worden sind, wenn der Betroffene der Ansicht ist, die konkreten Informationen könnten ihm schaden, und sich schlicht wünscht, dass diese Suchergebnisse „vergessen" werden. Ob der Betroffene insoweit das Mittel des Löschungsanspruchs oder Widerspruchs wählt, der letztlich ebenfalls in einen Löschungsanspruch mündet (siehe oben), bleibt grundsätzlich ihm überlassen. Als Reaktion auf das Urteil des *Europäischen Gerichtshofs* hat Google ein Webformular[837] online gestellt, das die Betroffenen ausfüllen und darin begründen sollen, weshalb ein konkreter Link entfernt werden solle. Der zunächst von Google hierbei geforderte Identitätsnachweis mittels eingescannten Ausweisdokuments wurde wegen Verstoßes gegen das Personalausweisgesetz[838] dahingehend verändert, dass der Suchmaschinenbetreiber nunmehr für die Bearbeitung des Löschformulars lediglich die Kopie eines identifizierenden Dokuments fordert.

---

834 *Simitis*, in: Simitis, § 4a BDSG Rn. 95.
835 *Karg*, ZD 2014, 359, 360 f..
836 *Brink*, in: Wolff/Brink, § 35 BDSG Rn. 78; *Meents*, in: Taeger/Gabel, § 35 BDSG Rn. 477.
837 Online abrufbar unter www.support.google.com/legal/contact/lr_eudpa?product=websearch&hl=de.
838 Kritisch ferner *Hürlimann*, sui-generis 2014, 1, 13.

Sowohl für die Löschungsalternative nach § 35 Absatz 2 Satz 2 Nummer 1 Bundesdatenschutzgesetz (unzulässige Speicherung) als auch für die nach § 35 Absatz 2 Satz 2 Nummer 3 Bundesdatenschutzgesetz (per Widerspruch gemäß § 35 Absatz 5 Bundesdatenschutzgesetz) müssen insbesondere folgende Anspruchsvoraussetzungen erfüllt sein: Erstens muss es sich um personenbezogene Daten handeln (siehe hierzu A. III. des zweiten Kapitels). Insbesondere in Bezug auf Internetsuchmaschinen grenzt diese Voraussetzung das Recht in der Form ein, dass nur diejenigen Suchergebnisse Gegenstand eines Löschungsanspruchs sein können, die bei Eingabe des jeweiligen Personennamens, konkret des „Vor- und Nachnamens der betroffenen Person",[839] in die Suchmaske, erscheinen. Zweitens muss eine im Einzelfall vorzunehmende Rechts- und Interessenabwägung zugunsten der Betroffeneninteressen auf Löschung des betreffenden Suchergebnisses ausgehen:

I. Erforderlichkeit einer Rechts- und Interessenabwägung

Durch die im Rahmen der Suchfunktion erfolgte Datenverarbeitung greift der Suchmaschinenbetreiber in das Recht des Betroffenen auf Privatsphäre gemäß Artikel 7 der EU-Grundrechte-Charta ein.[840] Bei einem solchen Eingriff unter Privaten sind den Normen der EU-Datenschutzrichtlinie insoweit Grenzen gesetzt, als sich ihre Auslegung insbesondere auch anhand der EU-Grundrechte-Charta ausrichten muss.[841] Wie im deutschen Verfassungsrechtssystem, können Grundrechte auch auf europäischer Rechtebene nur beschränkt werden, soweit dies verhältnismäßig geschieht, Artikel 52 Absatz 1 EU-Grundrechte-Charta. Eine pauschale Einordnung bestimmter Suchmaschinentypen als per se rechtswidrig[842] würde dem nicht gerecht werden. Vielmehr führt die Löschung einzelner personenbezogener Suchergebnisse zu einer „besonders komplexen und schwierigen Grundrechtskonstellation".[843] Zur Auflösung des entstehenden Grundrechts-

---

839 Schlussanträge des *EU-Generalanwalts* vom 25. Juli 2013 – C-131/12, abrufbar unter BeckRS2014, 80934, Rn. 130.
840 Schlussanträge des *EU-Generalanwalts* vom 25. Juli 2013 – C-131/12, abrufbar unter BeckRS2014, 80934, Rn. 119.
841 *Europäischer Gerichtshof*, Urteil vom 13. Mai 2014, Rs. C-131/12 – *Google Spain SL und Google Inc./Agencia Española de Protección de Datos (AEPD) und Costeja González*, Rn. 68; Schlussanträge des *EU-Generalanwalts* vom 25. Juli 2013 – C-131/12, abrufbar unter BeckRS2014, 80934, Rn. 119.
842 Hierzu *Weichert*, MR-Int. 2007, 188, 191.
843 Schlussanträge des *EU-Generalanwalts* vom 25. Juli 2013 – C-131/12, abrufbar unter BeckRS2014, 80934, Rn. 132.

konflikts bedarf es demnach auch für ein „Recht auf Vergessen" gegenüber dem Suchmaschinenbetreiber einer Verhältnismäßigkeitsprüfung im Wege einer einzelfallabhängigen Abwägung der betroffenen Grundrechte.[844]

Die dogmatischen Anknüpfungspunkte für diese Abwägung finden sich zum einen im Löschungsanspruch in Artikel 12 lit. b) EU-Datenschutzrichtlinie, dessen Voraussetzung ist, dass die konkrete Datenverarbeitung zum gegenwärtigen Zeitpunkt „nicht den Bestimmungen der EU-Datenschutzrichtlinie entspricht". Dies kann gerade nicht nur bei unvollständigen oder unrichtigen Daten der Fall sein.[845] Vielmehr betont der *Europäische Gerichtshof*, dass eine Verarbeitung durch die Online-Suchmaschine auch dann nicht den Bestimmungen der Richtlinie entspricht, wenn andere Voraussetzungen der Zulässigkeit einer Datenverarbeitung nicht gegeben sind,[846] insbesondere die Vereinbarkeit der Datenverarbeitung mit den Grundsätzen von Erforderlichkeit und Zweckbindung entsprechend Artikel 6 EU-Datenschutzrichtlinie. Konkret leitet der *Europäische Gerichtshof* aus Artikel 6 Absatz 1 lit. c) bis e) EU-Datenschutzrichtlinie ab, dass sich eine ursprünglich rechtmäßige Verarbeitung sachlich richtiger Daten wandeln kann und im Laufe der Zeit gerade nicht mehr „den Bestimmungen der Richtlinie entsprechen" kann.[847] Dies sei etwa der Fall, wenn einzelne Daten für ihre ursprünglichen Erhebungs- oder Verarbeitungszwecke nachträglich nicht länger erforderlich seien, insbesondere wenn sie diesen Zwecken im Laufe der Zeit nicht mehr entsprächen, für diese nicht länger erheblich seien oder darüber hinausgingen.[848]

Den weiteren Anknüpfungspunkt für eine Rechts- und Interessenabwägung im vorliegenden Kontext regelt Artikel 14 lit. a) EU-Datenschutzrichtlinie, der

---

844 Schlussanträge des *EU-Generalanwalts* vom 25. Juli 2013 – C-131/12, abrufbar unter BeckRS2014, 80934, Rn. 112–137; siehe auch *Ott*, MMR 2009, 158, 161; *Boehme-Neßler*, NVwZ 2014, 825, 829.

845 Siehe bereits *Europäischer Gerichtshof*, Urteil vom 13. Mai 2014, Rs. C-131/12 – *Google Spain SL und Google Inc./Agencia Española de Protección de Datos (AEPD) und Costeja Gonzáles*, Rn. 72.

846 *Europäischer Gerichtshof*, Urteil vom 13. Mai 2014, Rs. C-131/12 – *Google Spain SL und Google Inc./Agencia Española de Protección de Datos (AEPD) und Costeja Gonzáles*, Rn. 70.

847 *Europäischer Gerichtshof*, Urteil vom 13. Mai 2014, Rs. C-131/12 – *Google Spain SL und Google Inc./Agencia Española de Protección de Datos (AEPD) und Costeja Gonzáles*, Rn. 93.

848 *Europäischer Gerichtshof*, Urteil vom 13. Mai 2014, Rs. C-131/12 – *Google Spain SL und Google Inc./Agencia Española de Protección de Datos (AEPD) und Costeja Gonzáles*, Rn. 93.

das Widerspruchsrecht des Betroffenen gegen eine Verarbeitung seiner Daten „in den Fällen von Artikel 7 lit. (...) f) jederzeit aus überwiegenden, schutzwürdigen, sich aus ihrer besonderen Situation ergebenden Gründen" regelt.[849] Eine zulässige Datenverarbeitung setzt nach Artikel 7 lit. f) EU-Datenschutzrichtlinie voraus, dass diese zur Verwirklichung eines „berechtigten Interesses" des Datenverarbeiters – hier dem des Suchmaschinenbetreibers – erforderlich ist, es sei denn, das Betroffeneninteresse und dessen Grundrechte überwiegen. Die deutsche Umsetzungsnorm zum Widerspruchsrecht in § 35 Absatz 5 Bundesdatenschutzgesetz knüpft die Interessenabwägung an das Erfordernis einer schutzwürdigen „besonderen persönlichen Situation" des Betroffenen, durch die „das Interesse der verantwortlichen Stelle (...) überwiegt".

Zusammenfassend setzt ein direkter Anspruch des Betroffenen auf Löschung einzelner Suchergebnisse gegenüber dem Suchmaschinenbetreiber voraus, dass eine umfassende Rechts- und Interessenabwägung ergibt, dass im konkreten Einzelfall die schutzwürdigen Interessen des Betroffenen gegenüber anderen Interessen, insbesondere dem Informationsinteresse der Öffentlichkeit, überwiegen.

II. Kollidierende Grundrechte

In seinem Urteil fasst der *Europäische Gerichtshof* die Feststellung der von einer Löschung einzelner Suchergebnisse betroffenen Interessen denkbar knapp und lässt beispielsweise die Interessen der Betreiber der Ursprungswebseiten unerwähnt. Hingegen werden im Folgenden sämtliche der betroffenen Interessen dargestellt und analysiert. So beeinträchtigt die Löschung bestimmter Suchergebnisse bei der Suchanfrage eines Personennamens letztlich vier Interessengruppen: Neben den Interessen des Betroffenen und des Suchmaschinenbetreibers sind diejenigen des Betreibers der Ursprungswebseiten sowie die der Allgemeinheit in die Abwägung mit einzubeziehen:

1. Grundrechte des Betroffenen

Der Schutz der zu Suchobjekten gewordenen Betroffenen leitet sich im Kontext zu Online-Suchmaschinen aus dem Recht auf informationelle Selbstbestimmung ab, geschützt durch Artikel 2 Absatz 2 in Verbindung mit Artikel 1 Absatz 1 Grundgesetz sowie Artikel 7 und 8 der EU-Grundrechte-Charta (siehe D. I.

---

849 *Europäischer Gerichtshof*, Urteil vom 13. Mai 2014, Rs. C-131/12 – *Google Spain SL und Google Inc./Agiencia Española de Protección de Datos (AEPD) und Costeja Gonzáles*, Rn. 73, 92.

des zweiten Kapitels).[850] Die vom Suchdienst vorgenommene Verarbeitung personenbezogener Daten kann diese Grundrechte erheblich beeinträchtigen, soweit die Suchergebnisliste, die auf die Eingabe eines Personennamens hin erscheint, den Internetnutzern einen strukturierten Überblick über persönliche Daten des Betroffenen im Internet ermöglicht.[851]

Boehme-Neßler hat in seiner Rezeption des Urteils aus Luxemburg vorgeschlagen, ein „Grundrecht auf Vergessenwerden" als ein „neues Internet-Grundrecht im Europäischen Recht" abzuleiten, für das der *Europäische Gerichtshof* mit seinem Urteil die Basis gelegt habe.[852] Eine solche Ableitung ist nach vorliegender Ansicht problematisch, da Grundrechte primär Abwehrrechte des Bürgers gegenüber dem Staat sind. Der wesentliche Kerngedanke und Zweck des „Rechts auf Vergessenwerden" im Internet ist letztlich regelmäßig ein Löschungsrecht des Einzelnen gegenüber *privaten* Onlinediensten. Zwar können Grundrechte im Wege der mittelbaren Drittwirkung auch zwischen Privaten gelten. Jedoch erscheint es misslich, ein Recht als „Grundrecht" zu deklarieren, wenn dessen primärer Zweck darin besteht, das Rechtsverhältnis zwischen Privaten zu regeln. Aus diesem Grund sieht die vorliegende Arbeit von der Einordnung des „Rechts auf Vergessen" als eigenem Grundrecht ab und berücksichtigt dieses Betroffeneninteresse im Rahmen der Abwägung vielmehr als Ausprägung des Grundrechts auf informationelle Selbstbestimmung.

2. Grundrechte der Suchmaschinenbetreiber

Da Suchmaschinen keine staatlichen Einrichtungen sind, sind sie selbst Träger von Grundrechten. Staatliche Eingriffe durch den Gesetzgeber oder Gerichte bedürfen daher einer Rechtfertigung und müssen die Grundrechte der Suchmaschinenbetreiber berücksichtigen.[853] Bislang ungeklärt ist allerdings, auf welche Grundrechtspositionen sich ein Suchmaschinenbetreiber für die Erstellung der Suchergebnisse konkret berufen kann. In seinem Urteil hat der *Europäische Gerichtshof* insoweit ausschließlich mit einem Satz die wirtschaftlichen Interessen der Suchmaschinenbetreiber erwähnt. Da Informationen in der heutigen Infor-

---

850 *Europäischer Gerichtshof*, Urteil vom 13. Mai 2014, Rs. C-131/12 – *Google Spain SL und Google Inc./Agencia Española de Protección de Datos (AEPD) und Costeja Gonzáles*, Rn. 69; Ott, MMR 2009, 158, 159.
851 *Europäischer Gerichtshof*, Urteil vom 13. Mai 2014, Rs. C-131/12 – *Google Spain SL und Google Inc./Agencia Española de Protección de Datos (AEPD) und Costeja Gonzáles*, Rn. 36–38, 80.
852 *Boehme-Neßler*, NVwZ 2014, 825, 825 ff..
853 *Milstein/Lippold*, NVwZ 2013, 182, 182.

mationsgesellschaft ein wesentliches Wirtschaftsgut sind, steht ihre Löschung letztlich im potentiellen Konflikt mit der unternehmerischen Freiheit nach Artikel 16 EU-Grundrechte-Charta.[854] Gewerbliche Betreiber von Internetsuchmaschinen bezwecken mit ihrer Suchdienstleistung die unternehmerische Tätigkeit, aus der Schlüsselwörterwerbung Werbeeinnahmen zu erzielen.[855]

a. Meinungsfreiheit für Suchmaschinenbetreiber

Zudem wird diskutiert, ob sich Suchmaschinenbetreiber bei ihren Suchergebnissen auf das Grundrecht der Meinungsfreiheit[856] berufen können. Der EU-Generalanwalt hatte dies ohne eine weitere Begründung bejaht.[857] Der *Europäische Gerichtshof* nahm hierzu nicht Stellung – anders als Vertreter der rechtswissenschaftlichen Fachliteratur aus Deutschland: Für die Geltung der Meinungsfreiheit für Suchmaschinenbetreiber wird angeführt, dass der Anwendungsbereich dieses Grundrechts zu Gunsten einer offenen und dynamischen technologischen Entwicklung weit ausgelegt werden sollte.[858] Eine Einordnung von Suchmaschinen als bloße passive Vermittler laufe diesem Zweck zuwider.

Demgegenüber vertritt das *Bundesverfassungsgericht* ein engeres Verständnis und sieht den Kern der Meinungsfreiheit in der „subjektiven Beziehung des sich Äußernden zum Inhalt seiner Aussage".[859] Geistiger Gehalt oder Thematik der konkreten Äußerung seien dabei für ihren grundrechtlichen Schutz unerheblich. Vor diesem Hintergrund stellt sich die Frage, ob die Suchergebnisse dem Suchmaschinenbetreiber selbst zurechenbar sind.[860] Wenngleich die Meinungsqualität der Suchergebnisse nicht von vorneherein mit dem Argument abgelehnt werden darf, eine Suchmaschine verfolge mit ihrem Suchdienst lediglich kommerzielle

---

854 Schlussanträge des *EU-Generalanwalts* vom 25. Juli 2013 – C-131/12, abrufbar unter BeckRS2014, 80934, Rn. 124, 132; *Boehme-Neßler*, NVwZ 2014, 825 , 829; *von Lackum*, MMR 1999, 697, 701.
855 *Von Lackum*, MMR 1999, 697, 701; Schlussanträge des *EU-Generalanwalts* vom 25. Juli 2013 – C-131/12, abrufbar unter BeckRS2014, 80934, Rn. 124.
856 Beispielsweise kann sich eine Online-Suchmaschine im US-amerikanischen Rechtsraum für ihre Suchergebnisse nach überwiegender Ansicht auf ihr Recht auf „Freedom of Speech" aus der US-amerikanischen Verfassung berufen, siehe hierzu ausführlich *Milstein/Lippold*, NVwZ 2013, 182, 182 ff..
857 Schlussanträge des *EU-Generalanwalts* vom 25. Juli 2013 – C-131/12, abrufbar unter BeckRS2014, 80934, Rn. 132.
858 *Milstein/Lippold*, NVwZ 2013, 182, 184; vergleiche auch *Karg*, ZD 2014, 359, 361.
859 *Bundesverfassungsgericht*, BVerfGE 94, 1, 8.
860 *Milstein/Lippold*, NVwZ 2013, 182, 186.

Interessen,[861] so ist eine solche Zurechenbarkeit nach diesseitiger Ansicht dennoch mangels entsprechender realistischer Kontrollmöglichkeiten des Suchmaschinenbetreibers abzulehnen: So hat der *Europäische Gerichtshof* selbst in der Entscheidung „Google France" im Jahr 2010 zur Ermittlung der Zurechenbarkeit der Suchergebnisse auf den Kontrollaspekt abgestellt. Damals hatte der Gerichtshof ein markenrechtlich unzulässiges Suchergebnis des „Google AdWords"-Dienstes nicht der Suchmaschine, sondern dem Werbekunden mit dem Argument zugerechnet, dass der Suchmaschinenbetreiber lediglich die technischen Voraussetzungen dieses Dienstes zur Verfügung stelle und daher keine Kontrolle auf die Suchergebnisse ausübe.[862] Gleiches müsste insoweit auch bei Suchergebnissen gelten, die im Rahmen des regulären Suchdienstes „Google-Search" ausgewiesenen werden, da auch hier der gesamte Suchvorgang vollständig automatisiert abläuft. Hinsichtlich der im regulären Suchdienst generierten Suchergebnisse sollte sich demnach dem klassischen Verständnis des *Bundesverfassungsgerichts* entsprechend der Suchmaschinenbetreiber nicht auf das Grundrecht der Meinungsfreiheit berufen können.

b. Pressefreiheit für Suchmaschinenbetreiber

Während etwa das *Landgericht Mönchengladbach* den Betreibern einer Suchmaschine das Grundrecht der Pressefreiheit zugesprochen hatte,[863] lehnte der *Europäische Gerichtshof* die Anwendung des Medienprivilegs aus Artikel 9 EU-Datenschutzrichtlinie explizit mit der Begründung ab, dass ihre Tätigkeit nicht „(nur) zu journalistischen Zwecken" erfolge.[864] Mit Blick darauf, dass das Medienprivileg als Ausdruck der Pressefreiheit in das Datenschutzrecht integriert worden war (siehe A. I. des vierten Kapitels), lässt sich aus dieser Rechtsprechung ableiten, dass der *Europäische Gerichtshof* Suchmaschinen im Hinblick auf ihre üblichen Suchfunktionen das Grundrecht der Pressefreiheit absprechen würde.[865] Dies wird zudem durch das Argument unterstützt, dass es sich bei Online-Suchmaschinen nicht um massenmediale Informations- und Kommunikationsdienste handelt, die zur öffentlichen Meinungsbildung beitragen.[866] Auch können die Hyperlinks in

---

861 *Bundesverfassungsgericht*, BVerfGE 30, 336, 352.
862 *Europäischer Gerichtshof*, NJW 2010, 2029, 2031 – *Google France*.
863 *Landgericht Mönchengladbach*, ZUM-RD 2014, 47, 48.
864 *Europäischer Gerichtshof*, Urteil vom 13. Mai 2014, Rs. C-131/12 – *Google Spain SL und Google Inc./Agiencia Española de Protección de Datos (AEPD) und Costeja Gonzáles*, Rn. 85; ebenso *Piltz*, ZD 2013, 259, 262.
865 Ebenso *Karg*, ZD 2014, 359, 360.
866 *Von Lackum*, MMR 1999, 697, 698.

Suchergebnissen nicht im Sinne einer „redaktionellen Aufbereitung" verstanden werden. Zwar handelt es sich um einen Recherchedienst, jedoch nicht zu journalistischen Zwecken der öffentlichen Meinungsbildung.[867]

3. Grundrechte der Allgemeinheit

Daneben wird durch die Entfernung einzelner Verlinkungen aus den Suchergebnissen das Recht der Internetnutzer auf Informationen im Internet beeinträchtigt, also das Informationsinteresse der Öffentlichkeit. Vor dem Hintergrund der Gatekeeper-Funktion von Online-Suchmaschinen zählt diese Rechercheoption heutzutage zu den wichtigsten Ausübungsformen der Informationsfreiheit,[868] niedergelegt in Artikel 5 Absatz 1 Satz 1 letzte Alternative Grundgesetz sowie in Artikel 11 Absatz 1 EU-Grundrechte-Charta, der dem Artikel 10 Absatz 1 Satz 2 Europäische Menschenrechtskonvention entspricht. Danach hat jeder Mensch die Freiheit, Informationen und Ideen zu empfangen und weiterzugeben. Die Informationsfreiheit schützt insoweit das Recht potenziell interessierter Nutzer, im Internet verfügbare Informationen zu suchen und zu empfangen.[869] Danach sei den Internetnutzern die Freiheit eingeräumt, unabhängig von ihrer jeweiligen Motivation Informationen über Personen aus den öffentlichen Quellen des Internets zu empfangen.[870] Die Informationsfreiheit beschränkt sich aber gerade nicht darauf, die Informationen auf der *Ursprungs*webseite zu empfangen, sondern umfasst ebenso die Recherche über Internetsuchmaschinen. Demnach wird die Informationsfreiheit der Allgemeinheit erheblich beeinträchtigt, wenn auf eine Sucheingabe zu einer natürlichen Person hin nicht alle öffentlich verfügbaren Ergebnisse angezeigt werden, sondern lediglich eine „entschärfte" Version davon.[871]

---

867 *Europäischer Gerichtshof*, Urteil vom 13. Mai 2014, Rs. C-131/12 – *Google Spain SL und Google Inc./Agencia Española de Protección de Datos (AEPD) und Costeja Gonzáles*, Rn. 85; *von Lackum*, MMR 1999, 697, 698.
868 Schlussanträge des *EU-Generalanwalts* vom 25. Juli 2013 – C-131/12, abrufbar unter BeckRS2014, 80934, Rn. 121, 131; *Boehme-Neßler*, NVwZ 2014, 825, 829; *Ott*, MMR 2009, 158, 161; *Hürlimann*, sui-generis 2014, 1, 20.
869 Schlussanträge des *EU-Generalanwalts* vom 25. Juli 2013 – C-131/12, abrufbar unter BeckRS2014, 80934, Rn. 121, 131.
870 Schlussanträge des *EU-Generalanwalts* vom 25. Juli 2013 – C-131/12, abrufbar unter BeckRS2014, 80934, Rn. 130.
871 Der *EU-Generalanwalt* vom 25. Juli 2013 – C-131/12, abrufbar unter BeckRS2014, 80934, Rn. 131 spricht von einer „Bowdler"-Version, angelehnt an Thomas Bowdler, der im 19. Jahrhundert eine entschärfte Fassung von Shakespeare's Werke für Frauen und Kinder herausgab.

4. Grundrechte der Betreiber der Ursprungswebseite

Interessen der Webseitenurheber, also denjenigen, die die Ursprungsinhalte in das Internet stellen, hat der *Europäische Gerichtshof* in seinem Urteil nicht erwähnt. Jedoch haben gerade diese Stellen ein berechtigtes Interesse daran, ihre Inhalte einer möglichst breiten Öffentlichkeit zugänglich zu machen. Insbesondere journalistische Online-Archive dienen dazu, das Informationsinteresse der Allgemeinheit zu fördern. Suchmaschinen fördern diesen Vorgang zusätzlich, indem sie der Öffentlichkeit durch Digitalisierung und Indexierung das Auffinden und den Zugang zu den entsprechenden Texten erleichtern. Durch die Löschung von Suchergebnissen wird die Auffindbarkeit der entsprechenden Webinhalte eingeschränkt und der potenzielle Empfängerkreis reduziert, was das Recht des Webseitenurhebers auf freie Meinungsäußerung und gegebenenfalls auch sein Recht auf Pressefreiheit beeinträchtigt.[872]

5. Zwischenergebnis

Bei der Rechts- und Interessenabwägung zur Frage, ob und inwieweit Betroffene einen direkten Anspruch gegen Suchmaschinenbetreiber auf Löschung einzelner personenbezogener Suchergebnisse haben, sind folgende Grundrechte miteinander in Einklang zu bringen: Das Recht des Betroffenen auf informationelle Selbstbestimmung, die unternehmerische Freiheit der Suchmaschinenbetreiber, das Informationsinteresse der Allgemeinheit sowie die Meinungs- und gegebenenfalls Pressefreiheit der Betreiber der Ursprungswebseite.

III. Abwägungsmaßstäbe des Europäischen Gerichtshofs im „Google"-Urteil

Die Ausführungen des *Europäischen Gerichtshofs* zur inhaltlichen Rechts- und Interessenabwägung sind in Anbetracht des darin erstmals aufgestellten Grundsatz-Ausnahme-Modells äußerst knapp. In den Urteilsgründen wird im Rahmen der Interessenabwägung zunächst die Kollision des Betroffenenrechts am Schutz seiner Daten mit dem wirtschaftlichen Interesse der Suchmaschinenbetreiber sowie dem Informationsinteresse der Allgemeinheit angesprochen: Hinsichtlich der wirtschaftlichen Interessen der Suchmaschinenbetreiber würde die potentielle Schwere des Eingriffs in die Grundrechte des Betroffenen zusätzlich durch die

---

872 Vergleiche Schlussanträge des *EU-Generalanwalts* vom 25. Juli 2013 – C-131/12, abrufbar unter BeckRS2014, 80934, Rn. 121 ff.. Ebenso *Boehme-Neßler*, NVwZ 2014, 825 , 829 und *Ott*, MMR 2009, 158, 161.

große Bedeutung von Suchmaschinen in der modernen Gesellschaft verstärkt, da die Ergebnisse durch sie zusätzliche Ubiquität erhielten.[873] Aus diesem Grund könne ein solcher Eingriff nicht allein durch das wirtschaftliche Interesse des Suchmaschinenbetreibers an der Datenverarbeitung gerechtfertigt werden.[874] Des Weiteren befassten sich die Luxemburger Richter mit dem Verhältnis zwischen dem Recht auf Datenschutz und der Informationsfreiheit und stellten hierzu ein neues Grundsatz-Ausnahme-Modell auf:

1. Grundsatz-Ausnahme-Modell des Europäischen Gerichtshofs

Mit dem Informationsinteresse der Allgemeinheit habe ein „angemessener Ausgleich" zu den Grundrechten des Betroffenen zu erfolgen. Bei dem Verhältnis dieser Grundrechte ist nach dem *Europäischen Gerichtshof* davon auszugehen, dass die Grundrechte des Betroffenen

> „... <u>grundsätzlich</u> (...) auch gegenüber dem Interesse der breiten Öffentlichkeit daran, die Information bei einer anhand des Namens der betroffenen Person durchgeführten Suche zu finden, <u>überwiegen</u>.
> Dies wäre jedoch nicht der Fall, wenn sich aus besonderen Gründen – wie der Rolle der betreffenden Person im öffentlichen Leben – ergeben sollte, dass der Eingriff in die Grundrechte dieser Person durch das überwiegende Interesse der breiten Öffentlichkeit daran, über die Einbeziehung in eine derartige Ergebnisliste Zugang zu der betreffenden Information zu haben, gerechtfertigt ist."[875]

Dabei waren die Luxemburger Richter im damaligen Fall zu dem Ergebnis gekommen, dass es auch bei dieser grundsätzlichen Abwägung zu Gunsten des Betroffenen bliebe, zum einen aufgrund der „Sensibilität der in diesen Anzeigen enthaltenen Informationen für ihr Privatleben" und zum anderen, weil „die ursprüngliche Veröffentlichung der Anzeigen 16 Jahre zurückliegt".[876] Daraus lei-

---

873 *Europäischer Gerichtshof*, Urteil vom 13. Mai 2014, Rs. C-131/12 – *Google Spain SL und Google Inc./Agiencia Española de Protección de Datos (AEPD) und Costeja Gonzáles*, Rn. 80.
874 *Europäischer Gerichtshof*, Urteil vom 13. Mai 2014, Rs. C-131/12 – *Google Spain SL und Google Inc./Agiencia Española de Protección de Datos (AEPD) und Costeja Gonzáles*, Rn. 81.
875 *Europäischer Gerichtshof*, Urteil vom 13. Mai 2014, Rs. C-131/12 – *Google Spain SL und Google Inc./Agiencia Española de Protección de Datos (AEPD) und Costeja Gonzáles*, Rn. 81 sowie der vierte Urteilsleitsatz.
876 *Europäischer Gerichtshof*, Urteil vom 13. Mai 2014, Rs. C-131/12 – *Google Spain SL und Google Inc./Agiencia Española de Protección de Datos (AEPD) und Costeja Gonzáles*, Rn. 98.

teten sie ab, dass der Betroffene ein Recht darauf habe, dass diese Informationen nicht mehr durch eine solche Ergebnisliste mit seinem Namen verknüpft werden. Auch seien „im vorliegenden Fall offenbar keine besonderen Gründe" gegeben, die für das ausnahmsweise Überwiegen des öffentlichen Informationsinteresses sprächen.[877]

2. Differenzierte Behandlung des Betreibers der Ursprungswebseite

Wie bereits im Kontext der datenschutzrechtlichen Verantwortlichkeit differenziert der *Europäische Gerichtshof* ebenso bei der materiell-rechtlichen Frage des Löschungsanspruchs klar zwischen der Verarbeitungstätigkeit des Suchmaschinenbetreibers und der des Betreibers der Ursprungswebseite.[878] Für die Löschungsverpflichtung des Suchmaschinenbetreibers ist dabei weder vorher noch gleichzeitig die Erwirkung der Löschung auf der Ursprungswebseite erforderlich. Der im Urteil etablierte direkte Löschungsanspruch gegen den Suchmaschinenbetreiber kann insbesondere auch in dem Fall bestehen, dass die Daten auf ihrer Ursprungshomepage weiterhin rechtmäßig und wahrheitsgemäß veröffentlicht sind – und der Betroffene augenscheinlich keinen Löschungsanspruch gegen den Betreiber der Ursprungswebseite hat.[879]

Der *Europäische Gerichtshof* begründet diese Unabhängigkeit damit, dass die Datenverarbeitung durch den Suchmaschinenbetreiber eine eigene, von der des Webseitenbetreibers losgelöste und zusätzliche Beeinträchtigung der Grundrechte des Betroffenen bewirkte.[880] Zudem sei nur so ein wirksamer und umfassender Schutz des Betroffenen in der Praxis zu gewährleisten. Personenbezogene Daten im Internet seien von ihrer jeweiligen Ursprungswebseite leicht kopierbar und auf andere Seiten übertragbar, sodass durch Knüpfen der Löschungsverpflichtung des Suchmaschinenbetreibers an die vorherige oder gleichzeitige Löschung der

---

877 *Europäischer Gerichtshof*, Urteil vom 13. Mai 2014, Rs. C-131/12 – *Google Spain SL und Google Inc./Agiencia Española de Protección de Datos (AEPD) und Costeja Gonzáles*, Rn. 98.

878 *Europäischer Gerichtshof*, Urteil vom 13. Mai 2014, Rs. C-131/12 – *Google Spain SL und Google Inc./Agiencia Española de Protección de Datos (AEPD) und Costeja Gonzáles*, Rn. 35–38.

879 *Europäischer Gerichtshof*, Urteil vom 13. Mai 2014, Rs. C-131/12 – *Google Spain SL und Google Inc./Agiencia Española de Protección de Datos (AEPD) und Costeja Gonzáles*, Rn. 94.

880 *Europäischer Gerichtshof*, Urteil vom 13. Mai 2014, Rs. C-131/12 – *Google Spain SL und Google Inc./Agiencia Española de Protección de Datos (AEPD) und Costeja Gonzáles*, Rn. 83.

Daten auf der Ursprungsseite im Ergebnis kein effektiver Schutz gewährleistet werden könne.[881] Ferner gebe es Fälle, in denen der Betroffene schlicht keinen Löschungsanspruch gegen den Herausgeber der Ursprungswebseite geltend machen könne, etwa wenn dieser nicht dem Unionsrecht unterliege oder etwa seine Datenveröffentlichung allein zu journalistischen Zwecken erfolge, sodass für ihn das Medienprivileg nach Artikel 9 EU-Datenschutzrichtlinie gelte.[882] Als weiteres Argument für eine differenzierende Behandlung führt das Luxemburger Gericht an, dass die vorzunehmende Interessenabwägung nach den Artikeln 7 lit. f und 14 Absatz 1 lit. a EU-Datenschutzrichtlinie für beide unterschiedlich ausfallen könnte.[883] So würden oftmals die betroffenen Interessen aber auch die potentiellen Konsequenzen für die Betroffenen und deren Privatleben jeweils unterschiedlich ausfallen. Letztlich sei auch der Eingriff in das Grundrecht auf Achtung des Privatlebens des Betroffenen durch die datenverarbeitende Tätigkeit einer Suchmaschine stärker als der durch die Veröffentlichung der Daten seitens des Herausgebers der Ursprungswebseite, da im Regelfall erst die Verlinkung in den Suchergebnissen die Zugänglichkeit und Verbreitung der Daten entscheidend erleichtere und verstärke.[884]

3. Vorgehensweise für den Betroffenen

Der *Europäische Gerichtshof* zeigt in diesem Zusammenhang das Vorgehen des Betroffenen in der Praxis auf und macht deutlich, dass die getroffenen Maßstäbe fortan für alle Seiten und Prüfstellen gelten: Der Betroffene könne nunmehr die Löschung nach Artikel 12 lit. b EU-Datenschutzrichtlinie sowie die Ausübung seines Widerrufsrechts nach Artikel 14 Absatz 1 lit. a EU-Datenschutzrichtlinie und Prüfung der entsprechenden Voraussetzungen direkt gegenüber dem für die Ver-

---

881 *Europäischer Gerichtshof*, Urteil vom 13. Mai 2014, Rs. C-131/12 – *Google Spain SL und Google Inc./Agiencia Española de Protección de Datos (AEPD) und Costeja Gonzáles*, Rn. 84.
882 *Europäischer Gerichtshof*, Urteil vom 13. Mai 2014, Rs. C-131/12 – *Google Spain SL und Google Inc./Agiencia Española de Protección de Datos (AEPD) und Costeja Gonzáles*, Rn. 85.
883 *Europäischer Gerichtshof*, Urteil vom 13. Mai 2014, Rs. C-131/12 – *Google Spain SL und Google Inc./Agiencia Española de Protección de Datos (AEPD) und Costeja Gonzáles*, Rn. 86.
884 *Europäischer Gerichtshof*, Urteil vom 13. Mai 2014, Rs. C-131/12 – *Google Spain SL und Google Inc./Agiencia Española de Protección de Datos (AEPD) und Costeja Gonzáles*, Rn. 86.

arbeitung Verantwortlichen, mithin dem Suchmaschinenbetreiber, beantragen.[885] Sodann habe der Suchmaschinenbetreiber den Antrag daraufhin zu prüfen, ob der Betroffene im Einzelfall ein Recht darauf hat, dass die ihn betreffenden personenbezogenen Informationen zum gegenwärtigen Zeitpunkt nicht mehr in den Suchergebnissen erscheinen und verlinkt werden. Einen durch die Einbeziehung der streitgegenständlichen Informationen in die Suchergebnisse entstandenen Schaden beim Betroffenen fordert der *Europäischen Gerichtshof* explizit nicht.[886]

Soweit der Suchmaschinenbetreiber dem Betroffenenantrag nicht nachkomme, könne sich der Betroffene an eine Kontrollstelle oder ein zuständiges Gericht wenden, welche die Voraussetzungen der Artikel 12 lit. b oder 14 Absatz 1 lit. a EU-Datenschutzrichtlinie sodann prüfen.[887] Bei entsprechendem Ergebnis dieser Prüfung sind diese befugt, den Suchmaschinenbetreiber nach Artikel 28 Absatz 3 und 4 EU-Datenschutzrichtlinie zur Entfernung der entsprechenden Links anzuweisen.[888] Diese Anweisungsbefugnis gegenüber dem Suchmaschinenbetreiber ist insbesondere auch dann gegeben, wenn der Betreiber der Ursprungswebseite die Daten nicht vorher oder gleichzeitig, freiwillig oder auf entsprechende Anordnung hin von seiner eigenen Webseite gelöscht hat.[889]

IV. Rezeption und Weiterentwicklung der Urteilsmaßstäbe

Deutsche Rechtswissenschaftler[890] bezeichnen das „Google"-Urteil als „bahnbrechend", „historisch" oder als „Meilenstein bei der Fortentwicklung des europäischen und nationalen Datenschutzrechts". Dies trifft zu, verlässt der *Euro-*

---

885 *Europäischer Gerichtshof,* Urteil vom 13. Mai 2014, Rs. C-131/12 – *Google Spain SL und Google Inc./Agiencia Española de Protección de Datos (AEPD) und Costeja Gonzáles,* Rn. 77, 95.
886 *Europäischer Gerichtshof,* Urteil vom 13. Mai 2014, Rs. C-131/12 – *Google Spain SL und Google Inc./Agiencia Española de Protección de Datos (AEPD) und Costeja Gonzáles,* Rn. 96.
887 *Europäischer Gerichtshof,* Urteil vom 13. Mai 2014, Rs. C-131/12 – *Google Spain SL und Google Inc./Agiencia Española de Protección de Datos (AEPD) und Costeja Gonzáles,* Rn. 82.
888 *Europäischer Gerichtshof,* Urteil vom 13. Mai 2014, Rs. C-131/12 – *Google Spain SL und Google Inc./Agiencia Española de Protección de Datos (AEPD) und Costeja Gonzáles,* Rn. 77, 82.
889 *Europäischer Gerichtshof,* Urteil vom 13. Mai 2014, Rs. C-131/12 – *Google Spain SL und Google Inc./Agiencia Española de Protección de Datos (AEPD) und Costeja Gonzáles,* Rn. 82.
890 *Boehme-Neßler,* NVwZ 2014, 825, 826; *Karg,* ZD 2014, 359, 361; *Nolte,* NJW 2014, 2238, 2242.

päische Gerichtshof mit einigen seiner darin aufgestellten Rechtssätze doch klar gewohntes Rechtsterrain. Zudem geht das Urteil über die bisherige Löschpraxis von Google hinaus, da es Suchergebnisse betrifft, die auf wahre und rechtmäßige Inhalte verweisen. Allerdings wird die Rechtsprechung zu einem direkten Löschungsanspruch gegen Google und im Besonderen die hierzu führende Interessenabwägung unter Rechtswissenschaftlern kontrovers diskutiert. Vor diesem Hintergrund werden im Folgenden die Abwägungsmaßstäbe des Gerichtshofs analysiert und weiterentwickelt:

1. Ausgangspunkt: Das Betroffeneninteresse

Die Beschränkung einer Wiedergabe und Weiterverbreitung personenbezogener Daten, die bereits in die öffentliche Sphäre des Internets gelangt sind, steht grundsätzlich im Schutzbedürfnis des Betroffeneninteresses. So hat auch der *Europäische Gerichtshof für Menschenrechte* erklärt, dass eine solche Verbreitungsbeschränkung unter bestimmten Umständen gerechtfertigt sein könne, etwa um zu verhindern, dass Einzelheiten über das Privatleben einer natürlichen Person in weiterem Umfang bekannt werden, die nicht in den Bereich der politischen oder öffentlichen Diskussion zu Fragen von allgemeiner Bedeutung fallen.[891] Für einen weiten Schutz der Betroffenengrundrechte im Kontext der Auffindbarkeit über Suchmaschinen spricht jedenfalls, dass durch diese Rechercheoption die das Persönlichkeitsrecht beeinträchtigenden Aspekte des Zeitfaktors und der Prangerwirkung potenziert werden (siehe Einleitung dieses Kapitels). Gleichwohl kann jedoch auch das Grundrecht des Betroffenen auf Datenschutz im Internet nicht unbegrenzt bestehen, sondern wird seinerseits durch Grundrechte Dritter begrenzt, im Besonderen durch die Grundrechte der Meinungs-, Presse- und Informationsfreiheit.

Insofern hat der EU-Generalanwalt in seinen Schlussanträgen einige überzeugende Abwägungsmaßstäbe zum Verhältnis dieser Grundrechte in der „Suchmaschinenkonstellation" aufgestellt, die im Einzelnen an entsprechender Stelle behandelt werden. Allerdings wird aus diesen Maßstäben nach diesseitiger Ansicht nicht – wie vom EU-Generalanwalt – geschlussfolgert, dass ein direkter Löschungsanspruch gegen den Suchmaschinenbetreiber bei rechtmäßigen Erstveröffentlichungen generell nicht in Betracht kommt.[892]

---

891 Siehe Schlussanträge des *EU-Generalanwalts* vom 25. Juli 2013 – C-131/12, abrufbar unter BeckRS2014, 80934, Rn. 127.
892 Siehe Schlussanträge des *EU-Generalanwalts* vom 25. Juli 2013 – C-131/12, abrufbar unter BeckRS2014, 80934, Rn. 132.

a. Kein Per-se-Überwiegen des Betroffeneninteresses

Der *Europäische Gerichtshof* gestand dem Betroffeneninteresse in seinem Urteil ein Überwiegen „im Allgemeinen gegenüber dem Interesse der Internetnutzer" zu.[893] Damit hat er das Verhältnis zwischen dem Betroffenenrecht auf informationelle Selbstbestimmung und dem der Allgemeinheit auf Informationsfreiheit folgendermaßen bestimmt: *Grundsätzlich* überwiegt das Betroffenenrecht auf Datenschutz, sodass *grundsätzlich* jede Verweisung auf personenbezogene Daten einer Löschungspflicht unterfällt, soweit eine gewisse Zeitspanne verstrichen sei und der Betroffene dies wünscht – nur *ausnahmsweise* überwiegt das Informationsinteresse der Allgemeinheit.

Entsprechend der Ansicht vieler Rechtswissenschaftler[894] wird diese Grundsatz-Ausnahme-Dogmatik als nicht interessengerecht empfunden. Dagegen spricht zum einen die einseitige und unsachgemäße Gleichgewichtsverschiebung zu Gunsten des Betroffeneninteresses (aa) und zum anderen die insofern drohende Internetzensur (bb):

aa. Argument der Gleichgewichtsverschiebung

Bereits der EU-Generalanwalt hatte in seinen Schlussanträgen zu Bedenken gegeben, dass in der vorliegenden Konstellation keines der betroffenen Grundrechte absolut gelte.[895] Letztlich geht der *Europäische Gerichtshof* mit seinem Grundsatz-Ausnahme-Modell aber genau den Weg eines faktisch nahezu absoluten Schutzes des Betroffeneninteresses. So könnte seine Rechtsprechung dazu führen, dass in der Praxis die Löschungspflicht den Regelfall bildet, von dem nur im besonderen Einzelfall abgewichen wird. Damit stellen sich die Luxemburger Richter in Widerspruch zur jahrzehntelangen Rechtsprechung des *Bundesverfassungsgerichts* hinsichtlich eines grundsätzlichen Gleichgewichts zwischen dem Betroffenengrundrecht auf Datenschutz und den Meinungs- und Medienfreiheiten (siehe D. des zweiten Kapitels). Auch steht das Grundsatz-Ausnahme-Modell des „Google"-Urteils im Gegensatz zur Rechtsprechung des *Bundesgerichtshofs* zu Online-Archiven. In diesen Fällen hatte das Karlsruher Obergericht zunächst das *grundsätzliche* Gleichgewicht zwischen dem Betroffeneninteresse und dem Informationsinteresse betont und sodann für den Fall einer *rechtmäßigen* Erst-

---

893 In diese Richtung auch *Nolte*, ZRP 2011, 236, 239.
894 *Hürlimann*, sui-generis 2014,1, 1; *Karg*, ZD 2014, 359, 361.
895 Siehe Schlussanträge des *EU-Generalanwalts* vom 25. Juli 2013 – C-131/12, abrufbar unter BeckRS2014, 80934, Rn. 125; *Karg*, ZD 2014, 359, 361.

veröffentlichung und -archivierung – und nur für diesen Fall – entschieden, dass das Informationsinteresse grundsätzlich das Betroffeneninteresse überwiege.

Demgegenüber soll das Grundsatz-Ausnahme-Muster nach Ansicht des *Europäischen Gerichtshofs* gerade umgekehrt gelten – hier wird dem Betroffeneninteresse der grundsätzliche Vorrang gegenüber dem Informationsinteresse eingeräumt. Dabei – und darin liegt der Kernkritikpunkt – knüpft der *Europäische Gerichtshof* sein Grundsatz-Ausnahme-Modell gerade nicht an die Voraussetzung einer ursprünglich *rechtmäßigen* Erstveröffentlichung. Durch diese Rechtsprechung wird jedoch das Gleichgewicht der betroffenen Grundrechte einseitig zu Gunsten des Betroffenen grundlos verschoben. Insbesondere soweit es um rechtmäßig veröffentlichte Informationen geht, darf das Betroffeneninteresse nicht das Informationsinteresse im Grundsatz überwiegen.[896] Auch dürften insoweit keine Sondermaßstäbe bei der Vermittlung durch Suchmaschinen gelten. Vielmehr sollte im Ausgangsstadium von einem grundsätzlichen Gleichgewicht zwischen dem Betroffeneninteresse und dem Informationsinteresse ausgegangen werden.

bb. Argument der drohenden Internetzensur

Das Hauptargument des EU-Generalanwalts gegen ein „Recht auf Vergessen" bildet die Befürchtung einer privaten Zensur und Manipulierbarkeit der Suchtreffer:[897] Die Auslegung des *Europäischen Gerichtshofs* würde dazu führen, dass „entscheidende Rechte wie die Freiheit der Meinungsäußerung und die Informationsfreiheit geopfert" würden.[898] Die gesellschaftspolitische Bedeutung der Informationsfreiheit, die sich im Recht der Internetnutzer niederschlage, online verfügbare Informationen suchen und empfangen zu können, betonte er zugleich mit der Warnung, dass bereits heutzutage autoritäre Regimes dazu neigten, den Internetzugang für die Bevölkerung zu beschränken oder Webinhalte zu zensieren.[899]

Dieses Argument der drohenden Zensur des Internets überzeugt und spricht gegen die grundsätzliche einseitige Übergewichtung des Betroffeneninteresses im Wege des Grundsatz-Ausnahme-Modell, das der *Europäische Gerichtshof* in seinem „Google"-Urteil aufgestellt hat. So ist in der Praxis dadurch zu befürchten,

---

896 *Hürlimann*, sui-generis 2014,1, 20.
897 Siehe Schlussanträge des *EU-Generalanwalts* vom 25. Juli 2013 – C-131/12, abrufbar unter BeckRS2014, 80934, Rn. 133 f..
898 Siehe Schlussanträge des *EU-Generalanwalts* vom 25. Juli 2013 – C-131/12, abrufbar unter BeckRS2014, 80934, Rn. 132.
899 Siehe Schlussanträge des *EU-Generalanwalts* vom 25. Juli 2013 – C-131/12, abrufbar unter BeckRS2014, 80934, Rn. 121.

dass Privatpersonen faktisch eine Zensur der eigenen Suchergebnisse unter dem Schutzmantel des Datenschutzrechts vornehmen.[900] Zwar kontrollieren viele Personen ohnehin ihre Selbstdarstellung auf Onlineportalen in eigener Regie, jedoch sind die Zuverlässigkeit und Objektivität der Informationen, die in einem automatischen Verfahren erstellt werden, letztlich höher einzustufen als bei einem vom Betroffenen offensichtlich gesteuerten Selbstbild.[901] Dementsprechend greift die Manipulation des Betroffenen in seine – automatisch – erstellten Suchergebnisse auch stärker in die Informationsfreiheit ein.

Zusammenfassend ist daher das grundsätzliche Überwiegen des Betroffeneninteresses bei einem Suchergebnisverweis auf rechtmäßig veröffentlichte Daten, wie vom *Europäischen Gerichtshof* etabliert, abzulehnen. Es ist zu einseitig auf die Betroffeneninteressen ausgerichtet und berücksichtigt nicht ausreichend die Informationsfreiheit als eine tragende Säule für die freiheitlich demokratische Grundordnung.[902] Gerade Offenheit und Transparenz sind jedoch prägende und konstituierende Eigenschaften der Demokratie in der Europäischen Union.[903]

2. Potentielle Abwägungsaspekte

Im Folgenden werden die jeweiligen Abwägungskriterien im Einzelnen dargestellt, die das Interesse des Betroffenen an einer späteren Löschung ursprünglich rechtmäßiger Suchergebnisse beschweren und im Rahmen der Abwägung entsprechend zu seinen Gunsten sprechen können. Diese gliedern sich in potentielle Abwägungsaspekte, die im Einzelfall das Interesse des Betroffenen beschweren können und ihr Verhältnis zu den Interessen der Suchmaschinenbetreiber, der Allgemeinheit und der Webseitenbetreiber.

a. Potentielle Gewichte für das Betroffeneninteresse
aa. Zeitablauf

Zunächst bildet der Zeitfaktor ein maßgebendes Kriterium für die Rechts- und Interessenabwägung.[904] Die Einordnung dieses Punkts als Anspruchs*voraussetzung*[905] überzeugt nicht, da regelmäßig unklar wäre, wann diese Voraussetzung erfüllt wäre und so ein Zustand der Rechtsunsicherheit geschaffen würde.

---

900 *Arenas Ramiro/Yankova*, ZD-Aktuell 2012, 02845.
901 *Arenas Ramiro/Yankova*, ZD-Aktuell 2012, 02845.
902 Ähnlich *Karg*, ZD 2014, 359, 361.
903 *Boehme-Neßler*, NVwZ 2014, 825, 829.
904 Hierzu auch *Kühn/Karg*, ZD 2015, 61, 65.
905 So *Boehme-Neßler*, NVwZ 2014, 825, 829.

Vielmehr sollte der Ablauf einer gewissen Zeit aber als Abwägungskriterium bei personenbezogenen Daten in den Suchergebnissen einer privaten Suchmaschine die Gewichtung des Betroffeneninteresses im Einzelfall verstärken. Ebenso wie bei Online-Archiven kann allerdings auch im Kontext von Suchergebnissen einer Suchmaschine keine allgemein gültige Zeitspanne übergreifend für sämtliche Sachverhalte festgelegt werden (siehe bereits D. II. 3. b. dd. des vierten Kapitels). Diese kann weder mathematisch noch einheitlich für alle Fälle bestimmt werden.[906] Eine solche Herangehensweise würde der Differenziertheit potentieller Fallgestaltungen nicht gerecht werden. Der *Europäische Gerichtshof* äußerte insoweit lediglich, dass *solche* Daten zu löschen sein, die „nicht oder nicht mehr erheblich" sind.[907] Die Zeitspanne muss demnach flexibel unter Berücksichtigung sämtlicher relevanter Umstände des konkreten Einzelfalls ermittelt werden.[908] Wie viel Zeitablauf jeweils angemessen ist und inwieweit dieser Aspekt das Betroffeneninteresse beschwert, ist eine Frage des Einzelfalls und variiert entsprechend der streitgegenständlichen Daten.

Je älter die Informationen sind, desto geringer fällt in der Regel auch ihr Einfluss auf die aktuelle demokratische Willensbildung aus. Eine Orientierung könnten insoweit die Wertungen des § 35 Absatz 2 Satz 2 Nummer 4 Bundesdatenschutzgesetz geben, wonach der Datenverarbeiter bei allen Informationen zu erledigten Sachverhalten, die noch nicht drei Jahre zurück liegen, beziehungsweise bei anderen Sachverhalten, die noch nicht vier Jahre zurück liegen, sein besonderes Interesse an der Beibehaltung der Daten zu begründen hat.[909] Konkret sollte die jeweilige Sensibilität der Daten bei der Bestimmung der erforderlichen Zeitspanne eine Rolle spielen, also der Grad an Privatheit und Intimität der Lebenssphäre, der sie entstammen.[910] So sollte die Zeitspanne umso kürzer sein, je privater und intimer die Daten im Einzelfall sind. Zudem sollte die Freiwilligkeit bei der Onlinestellung der Daten eine Rolle spielen – so dürfte die erforderliche Zeitspanne nach einer freiwilligen Veröffentlichung tendenziell länger sein.[911] Des Weiteren sollte die Rolle der Person im öffentlichen Leben berücksichtigt werden, wobei die Zeitspanne bei Informationen zu Personen der Zeitgeschichte

---

906 Ebenso *Boehme-Neßler*, NVwZ 2014, 825, 828.
907 *Europäischer Gerichtshof*, Urteil vom 13. Mai 2014, Rs. C-131/12 – *Google Spain SL und Google Inc./Agiencia Española de Protección de Datos (AEPD) und Costeja Gonzáles*, Rn. 93.
908 *Boehme-Neßler*, NVwZ 2014, 825, 828.
909 *Kühn/Karg*, ZD 2015, 61, 65.
910 *Boehme-Neßler*, NVwZ 2014, 825, 828.
911 *Boehme-Neßler*, NVwZ 2014, 825, 828.

länger anzusetzen wäre als bei anderen Personen.[912] In diese Richtung geht auch der *Europäische Gerichtshof*, in dem er die gegebenenfalls bedeutende Rolle des Betroffenen in der Öffentlichkeit als potentielles Gegengewicht zum Persönlichkeitsrecht zur Debatte stellt. Zur Einordnung von Betroffenen als „Personen der Zeitgeschichte" sollte auf die etablierten Maßstäbe in den §§ 22, 23 Kunsturhebergesetz zurückgegriffen werden.[913] Konkret sollten dabei absolute Personen der Zeitgeschichte eine längere Wartezeit zur Löschung ihrer Daten zu dulden haben als relative Personen der Zeitgeschichte. Letztere werden nach dem regelmäßig einmaligen Ereignis, das sie zu Personen der Zeitgeschichte gemacht hat, das begründete Bedürfnis haben, nach medialer Verarbeitung aus der Öffentlichkeit wieder in die Anonymität der Gesellschaft zurückkehren zu können.

bb. Betroffene Lebenssphäre

Wenngleich das Datenschutzrecht alle personenbezogenen Daten erfasst, so genießen sogenannte „sensible personenbezogene Daten" einen besonderen zusätzlichen Schutz, Artikel 8 Absatz 1 EU-Datenschutzrichtlinie. Es handelt sich dabei beispielsweise um Daten zur ethnischen Herkunft, über politische Meinungen, religiöse Überzeugungen oder eine Gewerkschaftszugehörigkeit. Vereinfacht gesagt, ist deren Datenverarbeitung unzulässig, es sei denn, der Betroffene hat diese selbst offenkundig öffentlich gemacht.[914] Nach diesseitiger Ansicht sollte der Grad an Sensibilität der konkreten Daten aufgrund der jeweils betroffenen Lebenssphäre einen Abwägungsfaktor bilden, der gegebenenfalls zu Gunsten des Betroffenen ins Gewicht fallen kann.[915] Zur näheren Bestimmung des Sensibilitätsgrades könnte dabei die Einteilung in Intim-, Privat- und Sozialsphäre nach den etablierten Rechtsprechungsgrundsätzen des *Bundesverfassungsgerichts* herangezogen werden.

cc. Subjektives Empfinden des Betroffenen

Offen bleibt nach dem Urteil, ob die Löschung auf Antrag des Betroffenen nur bei eindeutig negativen Informationen in Betracht kommt, oder auch bei Informationen, deren Onlineanzeige der Betroffene schlicht nicht wünscht, wie etwa der

---

912 *Boehme-Neßler*, NVwZ 2014, 825, 828.
913 *Boehme-Neßler*, NVwZ 2014, 825, 828.
914 *Masing*, Beitrag vom 14. August 2014 auf www.verfassungsblog.de/ribverfg-masing-vorlaeufige-einschaetzung-der-google-entscheidung-des-eugh/.
915 *Masing*, Beitrag vom 14. August 2014 auf www.verfassungsblog.de/ribverfg-masing-vorlaeufige-einschaetzung-der-google-entscheidung-des-eugh/.

Höhe seines Einkommens.[916] Nach diesseitigem Verständnis lässt sich der Betroffenenfreundlichkeit des *Europäischen Gerichtshofs* aber entnehmen, dass sowohl negative als auch positive Daten umfasst werden. Im Übrigen hängt die Bewertung eines Datums als positiv oder negativ in einigen Fällen von der subjektiven Perspektive und Haltung des Betroffenen ab und kann daher rechtlich kaum gefasst werden. Vielmehr sollte im Einzelfall berücksichtigt werden, welche Gründe der Betroffene vorbringt, die sein Persönlichkeitsrecht vermeintlich betreffen.

dd. Eigenverantwortlichkeit des Betroffenen

Parallel zur Abwägung hinsichtlich der Widerruflichkeit selbst eingestellter Daten gegenüber dem Betreiber der Primärwebseite (siehe B. II. 4. c. dd. (2) des dritten Kapitels) sollte sich das besondere Interesse Jugendlicher an einem „digitalen Neuanfang" auch bei der vorliegenden Abwägung in Bezug auf Daten erstrecken, die vor Vollendung des 18. Lebensjahres eingegeben und durch Online-Suchmaschinen verlinkt worden sind. Wie beim Widerruf der datenschutzrechtlichen Einwilligung kann davon ausgegangen werden, dass sich der Volljährige bis zu diesem Zeitpunkt ein ausreichendes Maß an Einsichtfähigkeit und Eigenverantwortlichkeit angeeignet hat, weswegen er zu diesem Zeitpunkt eine reale Chance haben sollte, etwaige Jugendsünden aus dem Internet entfernen zu lassen oder zumindest deren Auffindbarkeit einzuschränken. Demnach sollte nach diesseitiger Ansicht bei einem Löschungsbegehren zu personenbezogenen Suchergebnissen dem Interesse eines Betroffenen vor der Vollendung des 18. Lebensjahres im Rahmen der Abwägung ein verstärktes Gewicht allein aufgrund seiner vergleichsweise geringen Eigenverantwortlichkeit beigemessen werden. Dieses Privileg muss allerdings zugleich mit dem pädagogischen Auftrag einhergehen, Kinder und Jugendliche rechtzeitig und umfassend über ihre Rechte, entsprechende Hintergründe und Folgen zu informieren (siehe insoweit auch den Ausblick im siebten Kapitel).

Für die wachsende Eigenverantwortlichkeit als eigenes Abwägungskriterium spricht ferner, dass die Bewertung der Interessen für den Suchmaschinenbetreiber durch das Alterskriterium zeitlich transparenter wird und mehr Rechtssicherheit erwarten lässt. Zugleich entspricht dieser Gewichtungswandel des Betroffeneninteresses der natürlichen Entwicklung eines Jugendlichen, dessen Eigenmündigkeit und Entscheidungsfähigkeit. Diesem Standpunkt steht auch nicht das Argument entgegen, Jugendlichen käme bereits für den Widerruf ihrer gegebenenfalls erteilten Einwilligung gegenüber dem Betreiber der Ursprungswebseite eine besondere

---

916 *Hürlimann*, sui-generis 2014, 1, 12.

Interessengewichtung zu, wie in B. II. 4. c. dd. (2) des dritten Kapitels dargelegt. Denn die datenschutzrechtliche Beeinträchtigung durch den Suchmaschinenbetreiber ist qualitativ eine andere als die des Primärwebseitenbetreibers (siehe bereits D. III. 2. dieses Kapitels). Zudem können die Persönlichkeitsrechte des Jugendlichen auf diese Weise effektiver geschützt werden. Denn selbst bei einer Löschung der Daten auf der Primärwebseite könnte es aufgrund einer verzögerten Aktualisierung der Cache-Speicher in den Suchmaschinen unbestimmt lange dauern, bis die Daten auch in den Suchergebnissen nicht mehr aufzufinden wären. Des Weiteren erhält der Jugendliche durch die Prüfung der eigenen Suchergebnisse gleichzeitig einen besseren Überblick über die von ihm online verfügbaren Daten, was ihm wiederum bei einer Geltendmachung der Einzelansprüche gegen die Betreiber der Ursprungswebseiten entgegen kommt. Diese privilegierte Interessengewichtung steht Jugendlichen demnach auch im Rahmen der Abwägung im Hinblick auf Suchergebnisse zu, soweit darin persönliche Daten verlinkt werden, die der Jugendliche vor Vollendung des 18. Lebensjahres preisgegeben hat.

b. Ausgleich mit den Interessen der Suchmaschinenbetreiber

Im folgenden Schritt werden die Interessen des Betroffenen an einer Löschung einzelner Suchergebnisse mit den Interessen der Suchmaschinenbetreiber ins Verhältnis gesetzt. In diesem Kontext werden neben der Abwägung zu rein wirtschaftlichen Interessen (aa) die Kenntnisnahmemöglichkeiten der Suchmaschinenbetreiber (bb), die Option einer proaktiven Prüf- und Überwachungspflicht (cc) sowie die eigenen Entscheidungskompetenzen der Suchmaschinenbetreiber über die Löschbegehren, insbesondere auch über die Interessenabwägungen (dd), beleuchtet.

aa. Keine Rechtfertigung durch rein wirtschaftliche Interessen

Wie viele vermeintlich kostenfreie Internetdienste liegt auch das Geschäftsmodell von Internetsuchmaschinen in der Kapitalisierung gewonnener Nutzerdaten gegenüber Unternehmen mit Werbeabsicht, die sodann individualisiert abgestimmte Werbung für den jeweiligen Nutzer über die Suchmaschine anzeigen.[917] Angesichts dieses Geschäftsmodells sind auf Seiten der Suchmaschine deren wirtschaftliche Interessen in der Abwägung zu berücksichtigen. Wie bereits vom *Europäischen Gerichtshof*[918] in seinem Urteil zutreffend festgehalten

---

917 Jandt/Roßnagel, MMR 2011, 637, 638; ausführlich hierzu Erd, NVwZ 2011, 19, 19 f..
918 *Europäischer Gerichtshof*, Urteil vom 13. Mai 2014, Rs. C-131/12 – *Google Spain SL und Google Inc./Agencia Española de Protección de Datos (AEPD) und Costeja Gonzáles*, Rn. 81.

wurde, können die rein wirtschaftlichen Interessen der Suchmaschinenbetreiber das Betroffeneninteresse nicht überwiegen. Soweit ein Betreiber also ausschließlich kommerzielle Zwecke verfolgt, ohne sich auf weitere Grundrechte berufen zu können, wird er ein Interesse an der Datenverarbeitung nicht rechtfertigen können.[919] Auch die Bundesbeauftragte für den Datenschutz und die Informationsfreiheit (BfDI) *Voßhoff* stellte klar, dass ein Dienst, der die Profilbildung ermögliche, sich nicht allein mit wirtschaftlichen Interessen rechtfertigen ließe.[920]

bb. Kenntnisnahmemöglichkeit der Suchmaschinenbetreiber

Festzuhalten ist, dass im Wege des regulären Suchdienstes kein Schritt von der Suchmaschine unternommen wird, durch den ihr eine entsprechende positive Kenntnis zugerechnet werden könnte. In der Praxis wird diese regelmäßig erst gegeben sein, wenn der Betroffene dem Suchmaschinenbetreiber einen entsprechenden Hinweis gibt, etwa in Form eines Löschungsantrags. Denn beim Einsatz der Webcrawler kann der Suchmaschinenbetreiber höchstens damit rechnen, dass Inhalte indexiert und gespeichert werden. Positive Kenntnis davon, dass diese einem datenschutzrechtlichen Löschungsanspruch unterliegen, kann ihm durch den Webcrawlereinsatz nicht zugerechnet werden.[921] Gleiches gilt für den Schritt der Erstellung der Suchergebnisse, da der Suchmaschinenbetreiber auch hierbei keine konkrete Kenntnis vom Inhalt der gesammelten Dokumente nimmt.[922] Wird in den Suchergebnissen also keine vom Betreiber oder einem Mitarbeiter[923] selbst verfasste Zusammenfassung der verlinkten Webseite präsentiert, sondern lediglich eine automatische Anzeige der Anfangssätze des verlinkten Dokuments, liegen keine Anhaltspunkte für eine positive Kenntnis vor.[924]

cc. Keine proaktive Prüf- und Überwachungspflicht

In der Vergangenheit wurde unter den Rechtswissenschaftlern die Frage einer proaktiven Prüfungs- und Überwachungspflicht für Suchmaschinenbetreiber allein in Bezug auf Suchergebnisse diskutiert, die auf rechts*widrige* Inhalte

---

919 Ebenso *Karg*, ZD 2014, 359, 361.
920 Mitteilung auf MMR-Aktuell 2014, 358541.
921 Vergleiche *von Lackum*, MMR 1999, 697, 701.
922 Vergleiche *von Lackum*, MMR 1999, 697, 701.
923 Erlangt etwa ein Redakteur Kenntnis des Inhalts der Webseite, so wird diese dem Suchmaschinenbetreiber beziehungsweise dem betreibenden Unternehmen zugerechnet, *von Lackum*, MMR 1999, 697, 701.
924 *Von Lackum*, MMR 1999, 697, 701.

verweisen. In diesem Bereich wurde nahezu einhellig eine proaktive Überwachungspflicht verneint und vertreten, dass ein Suchmaschinenbetreiber erst auf positive Kenntnis hin tätig werden müsse.[925] Dieser Maßstab muss insoweit erst Recht für Suchergebnisse gelten, die auf recht*mäßige* Ursprungsquellen verweisen. Parallel hierzu hatte der *Bundesgerichtshof* in seinen Urteilen zu den „Online-Archiven" eine proaktive Überwachungspflicht für die Archivbetreiber abgelehnt (siehe D. II. 5. des vierten Kapitels). Auch diese Rechtsprechung kann im Wege des Erst-Recht-Schlusses auf Suchmaschinebetreiber übertragen werden: So veröffentlichen Suchmaschinenbetreiber im Gegensatz zum Online-Archivbetreiber die Texte nicht selbst und auch nicht im Ganztext. Zudem hätten Betreiber von Online-Suchmaschinen einen noch größeren Überwachungsraum als die Betreiber eines journalistischen Online-Archivs, denen bereits eine proaktive Überwachungspflicht unzumutbar ist. Vor diesem Hintergrund würde eine proaktive Prüfpflicht des Suchmaschinenbetreibers mit einem erheblichen Haftungsrisiko einhergehen und das Geschäftsmodell von Suchmaschinen nahezu unmöglich machen.[926] Demnach sollte der Betreiber einer Suchmaschine erst einer Kontrollpflicht unterliegen, nachdem er tatsächliche Kenntnis vom Löschungsbegehren des Betroffenen im Hinblick auf bestimmte Suchergebnisse erlangt hat.

dd. Eigene Prüfungskompetenzen des Suchmaschinenbetreibers

Der *Europäische Gerichtshof* erlegt in seinem Urteil den Suchmaschinenbetreibern das Recht und die Pflicht auf, selbst die Löschungsbegehren zu prüfen und entsprechend zu reagieren.[927] Damit überlässt er dem Suchmaschinenbetreiber auch die Abwägungsentscheidung im Einzelfall. Während der Bundesverband der Verbraucherschützer die Möglichkeit für den Verbraucher begrüßt, sich direkt an die Suchmaschine zu wenden, um sein Löschungsrecht durchzusetzen und dies als „wichtigen Schritt zur Wahrung der Persönlichkeitsrechte in der digitalen Welt" bezeichnet,[928] wird die Beauftragung der Suchmaschine mit der Prüfung der Voraussetzungen eines Löschungsanspruchs und insbesondere der damit einhergehenden Interessenabwägung von vielen Rechtswissenschaftlern zu Recht

---

925 Vergleiche *von Lackum*, MMR 1999, 697, 701.
926 Vergleiche *von Lackum*, MMR 1999, 697, 701.
927 *Europäischer Gerichtshof*, Urteil vom 13. Mai 2014, Rs. C-131/12 – *Google Spain SL und Google Inc./Agencia Española de Protección de Datos (AEPD) und Costeja Gonzáles*, Rn. 77.
928 Mitteilung auf Beck Aktuell becklink 1032462.

erheblich kritisiert.[929] Denn letztlich hat eine Suchmaschine wie Google nunmehr zwei Möglichkeiten, mit den Löschungsanträgen umzugehen:

Erstens könnte der Suchmaschinenbetreiber die Beschwerden und Löschanträge zunächst grundsätzlich ignorieren, da er ohnehin von den daraufhin angerufenen Datenschutzbehörden zur Löschung angewiesen werden könnte. Zwar hätte dies zur Folge, dass nicht Google selbst als ein privates Unternehmen über die Grundrechtsabwägung entscheidet, sondern eine Datenschutzbehörde. Zweitens würden die Datenschutzbehörden dadurch überlastet und würden zu „allgemeinen Kommunikationsregulierungsbehörden über privatrechtliche Auseinandersetzungen" umfunktioniert werden.[930] Wahrscheinlicher ist zudem, dass Google von der zweiten Möglichkeit Gebrauch machen und die mit den Löschanträgen verbundenen Grundrechtsabwägungen – wie vom *Europäischen Gerichtshof* gefordert – im Einzelfall selbst vornehmen würde. Dies würde allerdings eine wesentliche Kompetenzüberschreitung privater Suchmaschinebetreiber sowie eine Gefährdung der Informations-, Meinungs- und Pressefreiheit mit sich bringen:

(1) Kompetenzüberschreitung der Suchmaschinenbetreiber

So würden die Suchmaschinenbetreiber durch diese Entwicklung selbst zu privaten Schiedsinstanzen, deren Entscheidungen weitreichende Konsequenzen für die inhaltliche Kommunikation im Netz hätten. Insoweit warnte bereits der EU-Generalanwalt davor, die Abwägungsentscheidung den Suchmaschinenbetreibern zu überlassen.[931] Private Suchmaschinenanbieter dürften in einem Rechtsstaat nicht in die Position eines Richters gehoben werden.[932] Auch die eigenen Interessen der Suchmaschinenbetreiber würden dadurch unsachgemäß eingeschränkt, da diese mit den Urteilsvorgaben rechtlich und tatsächlich überfordert würden. In die Abwägung müssen schließlich Aspekte einfließen, die die Ursprungsquelle und damit allein das Verhältnis zwischen dem Betroffenen und dem Betreiber der Ursprungswebseite betreffen, wie beispielsweise die konkrete Lebenssphäre des Betroffenen. Die Prüfung solcher Abwägungsaspekte würde auf den Suchmaschinenbetreiber und damit einen Dritten verlagert werden. Aufgrund der

---

929 Schlussanträge des *EU-Generalanwalts* vom 25. Juli 2013, Rs. C-131/12, abrufbar unter BeckRS2014, 80934, Rn. 133; *Hürlimann*, sui-generis 2014, 1, 21.
930 *Masing*, Beitrag vom 14. August 2014 auf www.verfassungsblog.de/ribverfg-masing-vorlaeufige-einschaetzung-der-google-entscheidung-des-eugh/.
931 Schlussanträge des *EU-Generalanwalts* vom 25. Juli 2013 – C-131/12, abrufbar unter BeckRS2014, 80934, Rn. 133.
932 *Hürlimann*, sui-generis 2014, 1, 21.

fehlenden Einblicksmöglichkeit würde der Suchmaschinenbetreiber regelmäßig nicht in der Lage sein, die gegenüberstehenden Interessen inhaltlich zu beurteilen und sachgerecht miteinander abzuwägen.[933]

(2) Gefährdung der Informations-, Meinungs- und Pressefreiheit

Durch eine eigene Prüfungskompetenz der Suchmaschinenbetreiber würde zudem die Meinungs- und gegebenenfalls Pressefreiheit der Webseitenurheber unangemessen beeinträchtigt. Das Verfahren über die Entfernung von Verlinkungen in den Suchtreffern wäre eine rein privatrechtliche Angelegenheit zwischen dem Betroffenen und dem Suchmaschinenbetreiber – der Webseitenurheber wäre hierbei nicht einbezogen und bliebe trotz seiner Grundrechtsbetroffenheit (siehe E. II. 4. dieses Kapitels) ohne entsprechenden Rechtsschutz.[934] Gegen eine Übertragung der Abwägungsentscheidung auf den Betreiber der Internetsuchmaschine führte der EU-Generalanwalt insofern an, dass diese Vorgehensweise „wahrscheinlich entweder zu einer automatischen Löschung von Links zu beanstandeten Inhalten oder zu einer von den beliebtesten und wichtigsten Internetsuchmaschinen-Dienstanbietern nicht zu bewältigenden Anzahl von entsprechenden Anträgen führen" würde.[935] In der Tat bestünde der Aufwand, der mit der Nutzungsverhinderung der verlinkten Inhalte für den Suchmaschinenbetreiber einherginge, vor allem darin, die gegenständlichen Inhalte einzeln und jeder für sich genommen auf ihre Rechtmäßigkeit hin zu überprüfen. Eine umfassende Rechts- und Interessenabwägung erfordert dabei die Einholung und Berücksichtigung sämtlicher Hintergrundinformationen durch den Suchmaschinenbetreiber in jedem einzelnen Fall. Dies ist in der Praxis jedoch kaum leistbar. Für Zweifelsfälle müsste das Unternehmen zudem entweder einen externen Rechtsanwalt mandatieren oder eigene Juristen beschäftigen. Diese Erschwernisse bei der materiellen Rechtsprüfung dürften in der Praxis dazu führen, dass das Grundrecht der Allgemeinheit auf Informationsfreiheit über das sachgerechte Maß hinaus betroffen werde. Denn in der Konsequenz dürften viele Suchmaschinenbetreiber die beanstandeten Datenverlinkungen im Zweifel wohl eher löschen und das, ohne den Betreiber der Ursprungswebseite anzuhören oder sich über die Hintergründe zu informieren, um sich Kosten- und Zeitaufwand zu ersparen und Rechtsstreitigkeiten sowie

---

933 *Masing*, Beitrag vom 14. August 2014 auf www.verfassungsblog.de/ribverfg-masing-vorlaeufige-einschaetzung-der-google-entscheidung-des-eugh/.
934 Schlussanträge des *EU-Generalanwalts* vom 25. Juli 2013 – C-131/12, abrufbar unter BeckRS2014, 80934, Rn. 134.
935 Schlussanträge des *EU-Generalanwalts* vom 25. Juli 2013 – C-131/12, abrufbar unter BeckRS2014, 80934, Rn. 133.

finanzielle Risiken zu minimieren und auf eine effektive, günstige Art und Weise die Betroffenen zufrieden zu stellen. Eine solche Belastung der Betreiber von Internetsuchmaschinen würde folglich einen erheblichen Eingriff in die Meinungs- und gegebenenfalls Pressefreiheit der Betreiber der Ursprungswebseiten mit sich bringen. Denn der Suchmaschinenbetreiber müsste für eine solche Abwägungsentscheidung die Verantwortung für fremde Inhalte auf der Ursprungswebseite übernehmen.[936] Im schlimmsten Fall liefe dieses Vorgehen auf eine „Zensur der vom Urheber veröffentlichten Inhalte durch einen Privaten" hinaus.[937]

Die Übertragung der Abwägungsentscheidung auf den Suchmaschinenbetreiber, wie sie der *Europäische Gerichtshof* vorschlägt, ist folglich abzulehnen. Dadurch würden die Suchmaschinenbetreiber in einer Art Richterfunktion maßgeblichen Einfluss darauf haben, welche Informationen online der Allgemeinheit zugänglich sind und dadurch die Informationsfreiheit der Allgemeinheit sowie die Kommunikationsfreiheiten der Webseitenbetreiber unsachgemäß einschränken. Um eine willkürliche Zensur und Manipulation zu vermeiden, sollten die Suchmaschinen mit der Umsetzung des Urteils nicht alleine gelassen werden.

(3) Lösung durch externe Schlichtungsstelle

Die genannten Dilemmata könnten letztlich durch die Einrichtung einer externen Prüfstelle relativiert werden. Hierfür wird die Integration eines verpflichtenden Streitschlichtungsverfahrens in das Datenschutzrecht sowie die Schaffung einer Mediationsstelle vorgeschlagen, die unabhängig von den Datenschutzbehörden ist.[938] Dementsprechend plant die *Bundesregierung*, eine Schlichtungsstelle für etwaige Streitfragen im Zusammenhang mit Löschanträgen an Google einzurichten. Damit soll eine Stelle geschaffen werden, an die sich die Betroffenen im Falle des Löschbegehrens bestimmter Suchergebnisse wenden können. Deren Sinn und Zweck besteht darin, zu verhindern, dass Suchmaschinen bei der Löschung einzelner Links und Informationen willkürlich vorgehen oder zur Zeit- und Kostenersparnis den Weg des geringsten Widerstandes gehen und sich im Zweifel für die Löschung entscheiden. Auf diese Weise sollen die Löschanträge klaren und einheitlichen Regeln unterzogen werden.[939] Sowohl die Datenschutzbeauftragten der Länder als auch Google

---

936 Schlussanträge des *EU-Generalanwalts* vom 25. Juli 2013 – C-131/12, abrufbar unter BeckRS2014, 80934, Rn. 109.
937 Schlussanträge des *EU-Generalanwalts* vom 25. Juli 2013 – C-131/12, abrufbar unter BeckRS2014, 80934, Rn. 134.
938 Mitteilungen in MMR-Aktuell 2014, 358606 sowie in Beck Aktuell becklink 1032737.
939 Mitteilung in Beck Aktuell becklink 1032737.

selbst sollen an der Schlichtungsstelle beteiligt werden.[940] Rechtlich liegt es dabei so, dass sich Google im Rahmen einer freiwilligen Selbstkontrolle zur Mitwirkung an der Einrichtung einer Schlichtungsstelle sowie zur Befolgung von deren Schiedssprüchen verpflichten kann. Allerdings kann der Betroffene nicht darauf verwiesen werden, die Schlichtungsstelle anzurufen. Vielmehr steht es ihm nach dem Urteil des *Europäischen Gerichtshofs* weiterhin frei, sich mit seinem Löschungsantrag direkt an Google zu wenden. Insgesamt bleiben sowohl die konkrete Ausgestaltung als auch der Akzeptanzgrad der Schlichtungsstelle abzuwarten. Entscheidend für ihren Erfolg wird sein, nach welchen Kriterien sie die Löschungsanträge prüfen wird und insbesondere, ob sie die vagen Vorgaben des *Europäischen Gerichtshofs* konkretisieren wird.

c. *Ausgleich zum Informationsinteresse der Allgemeinheit sowie zu den Interessen der Betreiber der Ursprungswebseiten*

aa. Differenzierung zwischen Suchergebnis und Ursprungsquelle

Wie bereits dargelegt, geht der *Europäische Gerichtshof* davon aus, dass die Datenverarbeitung durch den Betreiber der Ursprungswebseite von der Datenverarbeitung durch den Betreiber einer Suchmaschine zu differenzieren ist und etwaige Löschungsansprüche gegenüber diesen entsprechend unabhängig voneinander bestehen können.[941] Diese Abkoppelung wird insbesondere vom Technikbranchenverband Bitkom, dem etwa die deutsche Tochtergesellschaft von Google angehört, mit dem Argument einer drohenden Rechtsunsicherheit und widersprüchlichen Rechtslage kritisiert.[942]

Nach diesseitiger Ansicht überzeugt jedoch die grundsätzliche Abkoppelung zwischen der Verantwortlichkeit der Betreiber der Ursprungswebseiten und der der Suchmaschinen.[943] Es sollte möglich sein, dass trotz einer etwaigen Löschungsverpflichtung des Suchmaschinenbetreibers der Webseitenbetreiber die Ursprungsquelle weiterhin veröffentlichen darf. Daher sollte der Betroffene den Suchmaschinenbetreiber auch unmittelbar und ausschließlich in Anspruch nehmen können, unabhängig von der Rechtmäßigkeit der Ursprungsveröffentlichung der personenbezogenen Daten. Hierfür sprechen folgende Argumente:

---

940 Mitteilung in MMR-Aktuell 2014, 358606.
941 Beispielsweise *Europäischer Gerichtshof*, Urteil vom 13. Mai 2014, Rs. C-131/12 – *Google Spain SL und Google Inc./Agencia Española de Protección de Datos (AEPD) und Costeja Gonzáles*, Rn. 35.
942 *Frankfurter Allgemeine Zeitung* vom 14. Mai 2014, S. 1.
943 Ebenso *Hürlimann*, sui-generis 2014, 1, 6.

Zunächst bewirken die Betreiber von Suchmaschinen und Ursprungswebseiten jeweils unterschiedliche Beeinträchtigungen des Betroffenengrundrechts auf Datenschutz. Wie bereits in Abschnitt D. III. 2. dieses Kapitels dargelegt, rechtfertigen die Potenzierung von Zeitfaktor und Prangerwirkung durch Internetsuchmaschinen ihre Andersbehandlung gegenüber den Betreibern der Ursprungswebseiten. Zudem kann eine Abkoppelung in der Praxis leichter einen Ausgleich der betroffenen Interessen herbeiführen. Denn solange lediglich das personenbezogene Datum in Gestalt eines Suchergebnisses aus einer Online-Suchmaschine gelöscht wird – gleichzeitig aber auf der Ursprungswebseite erhalten bleibt – kann dies zu einer Unterstützung der Grundrechte auf beiden Seiten führen, ohne dass eines von ihnen vollständig eingeschränkt wird: Einerseits wird durch die Löschung des Suchergebnisses die Auffindbarkeit des Datums wegen der ausgeschalteten „Gatekeeper"-Funktion extrem verringert und damit dem Betroffeneninteresse bereits besonders nachgekommen. Denn mit der Nutzungsverhinderung durch Entfernung entsprechender Verlinkungen und Anzeigen in den Suchergebnissen werden die betreffenden Daten bereits weit weniger häufig zur Kenntnis genommen und die „Rettungswahrscheinlichkeit" der Rechtsgüter des Betroffenen tendenziell erhöht.[944] Andererseits werden die Informationsfreiheit der Allgemeinheit sowie die Meinungs- und Pressefreiheit der Webseitenbetreiber nicht unverhältnismäßig beschnitten, da die Informationen auf der Ursprungshomepage in ihrer unveränderten Form online zugänglich bleiben.

Insgesamt verringert die Löschung aus den Suchergebnissen letztlich die Auffindbarkeit und damit die Auswirkungen von Zeitfaktor und Prangerwirkung, was nach diesseitiger Ansicht die betroffenen Interessen in einen sachgerechten Ausgleich bringen kann, da auf diese Weise die Rechercheoptionen im Onlinebereich an analoge Maßstäbe angeglichen werden. So wird durch die Löschung eines Suchergebnisses zwar die Auffindbarkeit der betreffenden Daten reduziert, der Inhalt lässt sich dennoch weiterhin auf der Ursprungswebseite finden, gegebenenfalls mit einem entsprechenden Mehraufwand, den nur sachlich interessierte Nutzer betreiben – ähnlich der Recherche in einem Printarchiv. Vor diesem Hintergrund wäre es wünschenswert, dass sich diese Abkoppelung auch im Wortlaut des künftigen Artikel 17 Absatz 1 Datenschutz-Grundverordnung widerspiegelt.

bb. Gewichtung des öffentliches Interesses im Einzelfall

Nach der Rechtsprechung des *Europäischen Gerichtshofs* kann die Abwägung jedenfalls nicht zu Gunsten des Betroffenen ausgehen, „wenn sich aus besonderen

---

944 Vergleiche auch *von Lackum*, MMR 1999, 697, 701.

Gründen – wie der Rolle der betreffenden Person im öffentlichen Leben – ergeben sollte, dass der Eingriff in die Grundrechte dieser Person durch das überwiegende Interesse der breiten Öffentlichkeit daran, über die Einbeziehung in eine derartige Ergebnisliste Zugang zu der betreffenden Information zu haben, gerechtfertigt ist".[945] Bedauerlicherweise konkretisiert der *Europäische Gerichtshof* diese Ausnahmen nicht weiter.[946] Dies wäre, verglichen mit der großen Bedeutung seiner materiell-rechtlichen Neuaufstellung eines Direktanspruchs gegen den Suchmaschinenbetreiber, wünschenswert gewesen. Hingegen nimmt der *Europäische Gerichtshof* lediglich schemenhaft und exemplarisch auf Personen des öffentlichen Lebens Bezug.[947] Da in vielen Fällen jedoch auch Personen *außerhalb* des öffentlichen Lebens betroffen sind, ist diese Eingrenzung nicht hinreichend praxisnah.[948]

Gleichwohl hat der *Europäische Gerichtshof* seinen Urteilsleitsatz dahingehend formuliert, dass ein Löschungsrecht gegenüber der Suchmaschine dann nicht bestehe, wenn sich ein überwiegendes Interesse der Öffentlichkeit aus besonderen Gründen „wie" der Rolle der betreffenden Person im öffentlichen Leben ergebe. Aus dieser beispielhaften Formulierung lässt sich ableiten, dass die Luxemburger Richter anerkennen, dass sich ein überwiegendes öffentliches Interesse grundsätzlich auch aus anderen Faktoren als der Prominenz des Betroffenen ergeben kann. Vor diesem Hintergrund werden im Folgenden eigene Konkretisierungsansätze vorgeschlagen, die speziell auf solche Suchergebnisse zugeschnitten sind, die auf personenbezogene Daten in journalistischen Online-Archiven verweisen.

(1) Sondergewichtung bei journalistischen Online-Archiven

Grundsätzlich sollten die Löschungsansprüche gegenüber dem Betreiber der Ursprungswebseite und dem der Suchmaschine voneinander unabhängig sein, mit der Folge, dass – wie im „Google"-Rechtsstreit – die Suchmaschine zur Löschung eines Suchergebnisses verpflichtet werden kann, während die verlinkten Inhalte weiterhin auf der Ursprungswebseite veröffentlicht bleiben dürfen (siehe E. IV. 2. c. aa. dieses Kapitels). Nach diesseitiger Ansicht sollten jedoch Such-

---

945 *Europäischer Gerichtshof*, Urteil vom 13. Mai 2014, Rs. C-131/12 – *Google Spain SL und Google Inc./Agiencia Española de Protección de Datos (AEPD) und Costeja Gonzáles*, vierter Urteilsleitsatz.
946 So auch *Karg*, ZD 2014, 359, 359.
947 *Europäischer Gerichtshof*, Urteil vom 13. Mai 2014, Rs. C-131/12 – *Google Spain SL und Google Inc./Agiencia Española de Protección de Datos (AEPD) und Costeja Gonzáles*, Rn. 97.
948 *Karg*, ZD 2014, 359, 361.

ergebnisse, die speziell auf personenbezogene Daten in einem journalistischen Online-Archiv Bezug nehmen, eine Sonderstellung im Rahmen der Abwägung einnehmen. Hintergrund dafür ist die herausragende Bedeutung solcher Archive für die Meinungs-, Presse- und Informationsfreiheit als tragende Säulen der freiheitlich demokratischen Grundordnung. Die Abwägung des *Europäischen Gerichtshofs* ist insoweit unzureichend, da er die Meinungsfreiheit und die insbesondere bei Pressearchiven ebenfalls betroffene Pressefreiheit der Betreiber der Ursprungswebseiten gänzlich unerwähnt gelassen hat. So ist zu befürchten, dass die Löschung „auf Wunsch" des Betroffenen letztlich zur Kontrolle der Suchergebnisse führen und er damit eine Art Zensur der Internetinhalte bewirken könnte. Der einzige Grund, weswegen sich die Presseverlage dagegen noch nicht nennenswert gewehrt haben, liegt vermutlich darin, dass sie sich dazu auf die Seite von Google stellen müssten – ihrem Gegner in den meisten sonstigen Rechtstreitigkeiten. Hinzu kommt, dass die so geschaffene „Zensur" von vielen Nutzern nicht einmal wahrgenommen werden könnte. Daran kann auch der nunmehr vorzufindende Hinweis auf den Suchergebnisseiten nichts ändern, „die Ergebnisse seien verändert worden". Denn der Nutzer wird und soll auch dadurch nicht erfahren, *inwiefern* sie verändert worden sind und welche Verweise im Einzelnen aus dem Suchkatalog entfernt worden sind. So gab der EU-Generalanwalt bereits in seinen Schlussanträgen die Gefahr einer drohenden Zensierung speziell von journalistischen Veröffentlichungen zu Bedenken.[949]

Vor diesem Hintergrund wird vorgeschlagen, im Falle von Suchergebnissen, die auf (weiterhin) rechtmäßig veröffentlichte personenbezogene Daten in journalistischen Online-Archiven Bezug nehmen, im Rahmen der Interessenabwägung im Kontext eines Löschungsanspruchs den Grundrechten der Pressearchivbetreiber und der Allgemeinheit auf Informations-, Meinungs- und Pressefreiheit ein besonders schweres Gewicht beizumessen. Dies würde auch mit den Wertungen der Rechtsprechung des *Bundesgerichtshofs* zu einem „Recht auf Vergessen" gegenüber Betreibern von Online-Pressearchiven im Einklang stehen. So genießen bei Online-Archiv-Konstellationen zu ursprünglich rechtmäßig veröffentlichten Daten die Kommunikationsfreiheiten einen grundsätzlichen Vorrang (siehe D. II. 3. b. aa. des vierten Kapitels).[950]

---

949 Schlussanträge des EU-Generalanwalts vom 25. Juli 2013 – C-131/12, abrufbar unter BeckRS2014, 80934, Rn. 129.
950 In eine ähnliche Richtung ging im „Google"-Rechtsstreit die österreichische Regierung, die sich für die Löschung von Suchergebnissen eine Anknüpfung an die Rechtmäßigkeit der Ursprungsquelle wünschte, allerdings nicht nur für journalistische Online-Archive sondern generell, siehe *Europäischer Gerichtshof*, Urteil vom

(2) Öffentliches Interesse bei gesetzlichen Anordnungen, öffentlichem Beamtenverhalten und strafrechtlichen Verurteilungen

Ein besonderes öffentliches Interesse, das ein schweres Gegengewicht zum Betroffeneninteresse nach sich zieht, besteht nach diesseitiger Ansicht auch, soweit der Betroffene die Datenverarbeitung aufgrund gesetzlicher Anordnungen dulden muss.[951] Hierbei nennt *Karg* die Beispiele der Publikationsregelungen des Gewerbe- und Insolvenzrechts sowie in staatlichen Registern, wie § 9 Handelsgesetzbuch zum Handelsregister. In Betracht kommen insoweit ebenso die gesetzlichen Anordnungen durch öffentliche Bekanntmachungen, etwa zu einem Insolvenzverfahren nach § 9 Insolvenzordnung, sowie die Veröffentlichungspflichten bei polizeilichen Fahndungen gemäß § 131 Absatz 3 Strafprozessordnung. Ein weiteres Beispiel in diesem Kontext bilden die Regelungen der Straftilgung aus dem Bundeszentralregister.[952]

(3) Rolle und Bekanntheit des Betroffenen im öffentlichen Leben

Einen wesentlichen Faktor bei der Abwägung bildet die Rolle, die der Betroffene im öffentlichen Leben hat. Dies war letztlich die einzige Ausformung des „öffentlichen Interesses", die der *Europäische Gerichtshof* in seinem Urteil konkret benannt hatte. Denn bei Personen, die im öffentlichen Leben stehen, ist selbst bei der Löschung einzelner Suchergebnisse die „Rettungswahrscheinlichkeit" der Rechtsgüter gering, da die Informationen meist in unzählig vielen Varianten im Internet verfügbar gemacht worden sind. In diesen Fällen wird der für den Suchmaschinenbetreiber einhergehende Löschungsaufwand unverhältnismäßig hoch.

Wie das Abwägungsmerkmal der „Rolle im öffentlichen Leben" konkret zu verstehen ist, ließ der *Europäische Gerichtshof* offen. Wie bereits dargestellt, kann die Rolle, die der Betroffene im öffentlichen Leben hat, bereits maßgeblichen Einfluss auf die Dauer der erforderlichen Zeitspanne nehmen, die verstrichen sein muss, bis dem Betroffeneninteresse entsprechend mehr Gewicht in der Abwägung beizumessen ist (siehe D. IV. 2. a. aa. dieses Kapitels). So sollte die Zeitspanne bei Informationen zu Personen der Zeitgeschichte tendenziell länger sein. Insoweit wird die Abwägung für einen Prominenten oder bei tagesaktuellen Geschehnissen anders ausfallen als bei Personen, die weniger oder gar nicht im Licht der Öffentlichkeit stehen. Nach diesseitiger Ansicht sollten insoweit auch

---

13. Mai 2014, Rs. C-131/12 – *Google Spain SL und Google Inc./Agiencia Española de Protección de Datos (AEPD) und Costeja Gonzáles*, Rn. 64.
951 So auch *Karg*, ZD 2014, 359, 361.
952 *Karg*, ZD 2014, 359, 361.

die Wertungen zu absoluten und relativen Personen der Zeitgeschichte herangezogen werden, die zur Konkretisierung des § 23 Kunsturhebergesetz entwickelt worden sind.[953] Letztlich liegt hier eine ähnliche Zielsetzung zugrunde, denn bei Bildnissen soll die Einordnung als Personen der Zeitgeschichte die Einwilligung der Abgebildeten ersetzen und zwar gerade auch zu Gunsten des Informationsinteresses der Allgemeinheit. So sollte die Gewichtung des öffentlichen Interesses bei relativen Personen der Zeitgeschichte geringer sein als bei absoluten Personen der Zeitgeschichte. Relativen Personen der Zeitgeschichte sollte es leichter sein, die öffentliche Aufmerksamkeit zumindest durch Löschung der entsprechenden Suchergebnisse später wieder einzuschränken.

F. Reichweite des „Google"-Urteils

I. Namensbezogene Suchabfragen in Online-Suchmaschinen

Der *Europäische Gerichtshof* ließ offen, inwieweit die im „Google"-Urteil aufgestellten Grundsätze auch für andere Internetdienste gelten. Jedenfalls können insoweit die Betreiber von Internetsuchmaschinen und erst Recht von speziellen Personensuchmaschinen zur Suchtrefferlöschung verpflichtet werden, selbst wenn dadurch bei Personensuchmaschinen das Geschäftsmodell in Frage gestellt wird.[954] Zudem sind die Urteilsgrundsätze auf namensbezogene Suchabfragen, also auf personenbezogene Daten, beschränkt und können nicht ohne Weiteres auf andere Rechtsgebiete außerhalb des Datenschutzrechts übertragen werden. Voraussetzung einer Übertragbarkeit ist weiterhin, dass die streitgegenständlichen Inhalte tatsächlich auf den Antragsteller verweisen und bei Eingabe seines Namens in den Suchergebnissen auffindbar sind.[955] Davon ausgenommen sind Suchergebnisse, die zwar bei Eingabe des Personennamens erscheinen, dem Betroffenen aber als Person nicht zuzuordnen sind, sondern aufgrund von Verwechslungen oder programmatischer Intransparenz im System in der Trefferliste erscheinen. Erfasst sind vielmehr solche Suchergebnisse, die den Namen der Person identifizieren, wobei darunter gegebenenfalls auch Pseudonyme oder Künstlernamen fallen können, soweit diese im täglichen Leben eine vergleichbare Funktion wie der bürgerliche Name haben.[956] Unerheblich ist hingegen die Natur

---

953 Vergleiche *Boehme*-Neßler, NVwZ 2014, 825, 828.
954 Beispielsweise haben die Personensuchmaschinen „123people" sowie „yasni" bereits ihre Dienste eingestellt, siehe *Hoeren*, ZD 2014, 325, 326
955 Siehe hierzu *Kühn/Karg*, ZD 2015, 61, 63.
956 *Kühn/Karg*, ZD 2015, 61, 64.

der Ursprungswebseite, also etwa die Einordnung als journalistisches Archiv oder sonstige Webseite ohne Archivcharakter.

II. Aspekt des Marktanteils

Fraglich ist, ob und inwieweit auch andere Internetdienste, insbesondere soziale Netzwerke von dem vom *Europäischen Gerichtshof* festgelegten Löschungsanspruch verpflichtet werden können. Dem Wortlaut nach bezieht sich das Urteil ausschließlich auf Suchtrefferlisten, die im Anschluss an eine Suche per Personennamen erscheinen. Insofern dürften die Grundsätze zumindest auf Internetdienste mit vergleichbaren Suchfunktionen übertragbar sein, allerdings dann ausschließlich zu deren Suchfunktionen gelten.[957]

Wenngleich das Urteil nach diesseitiger Ansicht auf sämtliche (reine) Online-Suchmaschinen anwendbar ist, sollte bei der Erstreckung der Urteilsgrundsätze auf Suchdienste im Rahmen anderer Internetangebote deren Sinn und Zweck beachtet werden. Indem der *Europäische Gerichtshof* die besondere Schwere des Eingriffs in Grundrechte im Fall „Google" mit der „bedeutenden Rolle des Internets und der Suchmaschinen in der modernen Gesellschaft"[958] begründet, wird vereinzelt abgeleitet, dass es sich um Dienste mit einer großen Reichweite handeln muss, letztlich also mit einem großen Marktanteil.[959] So habe etwa Google unter den europäischen Suchdiensten einen Marktanteil von 92 %.[960] Bei anderen Diensten als den reinen Online-Suchmaschinen würden demnach kleinere Suchfunktionen, wie die internen Suchfunktionen in Pressearchiven, von den Urteilsgrundsätze ausgenommen.[961]

Diese Eingrenzung überzeugt, da sie eine Überdehnung der Urteilsgrundsätze auf andere Onlinedienste vermeidet: Zum einen soll gerade zwischen der rechtlichen Löschungsverantwortlichkeit eines Suchmaschinenbetreibers und der des Betreibers einer Ursprungswebseite differenziert werden. Zum anderen würde eine zu weite Ausdehnung der Urteilsgrundsätze die Recherchemöglichkeiten insbesondere in Online-Archiven von Presseunternehmen noch stärker eingrenzen, als dies in ihren Printarchiven der Fall wäre, in denen letztlich auch interne Such-

---

957 *Hürlimann*, sui-generis 2014, 1, 12.
958 *Europäischer Gerichtshof*, Urteil vom 13. Mai 2014, Rs. C-131/12 – *Google Spain SL und Google Inc./Agencia Española de Protección de Datos (AEPD) und Costeja Gonzáles*, Rn. 80.
959 *Hürlimann*, sui-generis 2014, 1, 13.
960 *Hürlimann*, sui-generis 2014, 1, 13.
961 Ähnlich *Hürlimann*, sui-generis 2014, 1, 13.

instrumente zur Verfügung stehen. Durch eine derartige Ausdehnung würde das Urteil zu einer übermäßigen Angleichung an die analoge Welt. Dies würde zu weit führen, da der *Europäische Gerichtshof* zwar eine ebenbürtige Angleichung erreichen wollte – aber auch nicht mehr. Somit sollten die Urteilsgrundsätze nur auf solche Suchfunktionen erstreckt werden, die eine besondere Reichweite haben.

G. Künftige Rechtsentwicklungen

I. Kein „Grundrecht auf Vergessenwerden"

Nach *Boehme-Neßler* geht das „Google"-Urteil weit über den darin entschiedenen Fall hinaus. So habe der *Europäische Gerichtshof* mit seiner Rechtsprechung einen „europarechtlichen Meilenstein" gelegt, indem er die Basis für ein neues europäisches „Grundrecht auf Vergessenwerden" gelegt habe.[962] Die Rechtsgrundlagen für dieses Grundrecht seien Artikel 7 und Artikel 8 Absatz 2 Satz 2 der EU-Grundrechte-Charta.[963] Dieses Grundrecht unterfalle dogmatisch dem Grundrecht auf informationelle Selbstbestimmung. Dabei umfasse der Schutzbereich dieses Grundrechts in sachlicher Hinsicht personenbezogene Daten und entstehe durch Zeitablauf.[964] Zunächst gelte das Grundrecht für europäische Institutionen und Behörden in den Mitgliedstaaten, entfalte aber auch mittelbare Drittwirkung und sei daher gleichermaßen von Privaten einzuhalten.[965]

Nach diesseitiger Auffassung hat der Gerichtshof mit seinem Urteil *kein* neues europäisches „Grundrecht auf Vergessenwerden" geschaffen,[966] zumal er den Terminus des „Rechts auf Vergessen(werden)" in seinem Urteil nicht einmal verwendet.[967] Vielmehr bezweckt er mit den aufgestellten Rechtsgrundsätzen die Angleichung der Recherchemöglichkeiten zu personenbezogenen Daten im digitalen an das analoge Leben und plädiert für eine eingeschränkte Auffindbarkeit dieser Daten durch Online-Suchmaschinen. Die Ableitung eines „Grundrechts auf Ver-

---

962 *Boehme-Neßler*, NVwZ 2014, 825, 827.
963 *Europäischer Gerichtshof*, Urteil vom 13. Mai 2014, Rs. C-131/12 – *Google Spain SL und Google Inc./Agencia Española de Protección de Datos (AEPD) und Costeja Gonzáles*, Rn. 69.
964 *Boehme-Neßler*, NVwZ 2014, 825, 827.
965 *Boehme-Neßler*, NVwZ 2014, 825, 827.
966 So auch *Jandt*, MMR-Aktuell2014,358242; *Nolte*, NJW 2014, 2238, 2238.
967 Der Begriff wird lediglich bei der Wiedergabe des Parteivorbringens erwähnt, *Europäischer Gerichtshof*, Urteil vom 13. Mai 2014, Rs. C-131/12 – *Google Spain SL und Google Inc./Agencia Española de Protección de Datos (AEPD) und Costeja Gonzáles*, Rn. 91.

gessenwerden" geht dabei zu weit über die aufgestellte Rechtsprechung hinaus. Das Luxemburger Gericht hat in seinem Urteil einen Fall des privaten Datenschutzrechts entschieden und insoweit bestehende Löschungsansprüche neu ausgelegt. Daraus kann nicht die Etablierung eines Grundrechts als ein Recht mit primärer Schutz- und Abwehrfunktion gegenüber dem Staat abgeleitet werden.

II. Auswirkungen der Datenschutz-Grundverordnung

Wenngleich das „Google"-Urteil die Notwendigkeit einer Reformierung der Datenschutzregeln erneut bestätigt hatte, hätte es nicht zwingend bestimmter zusätzlicher Einfügungen in den Verordnungstext aufgrund des „Google"-Urteils bedurft.[968] Denn die vom *Europäischen Gerichtshof* etablierten Auslegungsgrundsätze wurden formal zur bestehenden Rechtslage nach der EU-Datenschutzrichtlinie aufgestellt, die selbst keinen expliziten Direktanspruch gegenüber Suchmaschinen oder allgemein „Dritten" enthalten. Gleichwohl äußerte *Karg*, dass der europäische Gesetzgeber aufgefordert sei, den „Geist der Entscheidung" bei der Datenschutz-Grundverordnung mit einfließen zu lassen.[969]

Während die Europäische Kommission in ihrem Verordnungsentwurf keinen ausdrücklichen Direktanspruch des Betroffenen gegen Dritte vorsah, hatte das Europäische Parlament einen solchen Direktanspruch in seiner Fassung vom 12. März 2014 durch Ergänzung in Artikel 17 Absatz 1 Datenschutz-Grundverordnung formuliert, der zusätzlich neben die Verantwortlichkeit des Betreiber der Ursprungswebseite treten kann:

> *„Die betroffene Person hat das Recht, von dem für die Verarbeitung Verantwortlichen die Löschung von sie betreffenden personenbezogenen Daten und die Unterlassung jeglicher weiteren Verbreitung dieser Daten sowie von Dritten die Löschung aller Querverweise auf diese personenbezogenen Daten beziehungsweise aller Kopien und Replikationen davon zu verlangen (...)"*

Regelrecht bedauernswert ist es, dass die Verordnungsgeber den zweiten Halbsatz im für den finalen Text von Artikel 17 Datenschutz-Grundverordnung wieder entfernt haben.

---

968 Laut *Albrecht* geht auch das *Europäische Parlament* davon aus, dass es keiner neuen Einfügungen aufgrund des Google-Urteils bedarf, abrufbar unter http://www.janalbrecht.eu/fileadmin/material/Dokumente/Datenschutzreform _Stand_der_ Dinge_10_Punkte_070115.pdf.

969 *Karg*, ZD 2014, 359, 361; so bereits vor dem Urteil *Arenas Ramiro/Yankova*, ZD-Aktuell 2012, 02845.

Insoweit werden die Rechtsprechung des *Europäischen Gerichtshofs* sowie die dargestellten Abwägungsmaßstäbe weiterhin auch bei der Auslegung des Löschungsanspruchs in Artikel 17 Absatz 1 Datenschutz-Grundverordnung maßgeblich sein. Unter den behandelten Voraussetzungen wird es demnach auch nach der *finalen* Fassung von Artikel 17 Absatz 1 Datenschutz-Grundverordnung weiterhin einen Direktanspruch auf Löschung gegenüber Suchmaschinenbetreibern geben. Potentielle Anspruchsgrundlagen finden sich künftig insoweit zum einen in Artikel 17 Absatz 1 lit. d) Datenschutz-Grundverordnung im Falle der direkten Geltendmachung eines Löschungsanspruchs und zum anderen in Artikel 17 Absatz 1 lit. a) Datenschutz-Grundverordnung im Falle des „Umwegs" über das Widerspruchsrecht, das neuerdings in Artikel 19 Datenschutz-Grundverordnung geregelt wird.[970]

Auch wenn das vom *Europäischen Gerichtshof* angestrebte Ziel eines Direktanspruchs gegen den Suchmaschinenbetreiber auf Löschung personenbezogener Suchergebnisse auch mit dem derzeitigen Verordnungstext erreichbar wäre, so wäre die Wiederaufnahme der expliziten Klarstellung eines eigenen Direktanspruchs gegen „Dritte" in der Form, wie sie der Parlamentsentwurf vorsah, dennoch in hohem Maße wünschenswert: Dieser Zusatz hätte die erste legislative Klarstellung eines Direktanspruchs auf Löschung gegenüber „Dritten" neben dem Anspruch gegen den Primärverantwortlichen dargestellt. Wie bereits ausgeführt, wäre gerade eine Klarstellung zur Unabhängigkeit der Löschungsansprüche gegenüber diesen beiden Stellen voneinander wichtig. So würde dem Betroffenen auf verständliche und transparente Weise vermittelt werden, dass er sein Betroffenenrecht auf Löschung auch direkt an Dritte richten kann.

1. Auswirkungen des „Google"-Urteils auf den direkten Löschungsanspruch im Hinblick auf Suchergebnisse nach der künftigen Rechtslage

Die vom *Europäischen Gerichtshof* geschaffenen Urteilsgrundsätze zum materiellen Löschungsanspruch werden nach den Normen der künftigen Datenschutz-Grundverordnung weiter gelten, lediglich mit anderen dogmatischen Anknüpfungspunkten: So wird sich ein Löschungsanspruch im Hinblick auf personenbezogene Suchergebnisse gegenüber einem Suchmaschinenbetreiber zum einen wegen des Löschungsgrundes „nicht entspre-

---

970 So würde fortgeführt, dass der Widerspruch nach bisheriger Rechtslage zu einem Löschungsanspruch wegen Zweckfortfalls gemäß § 35 Absatz 2 Satz 2 Nummer 3 Bundesdatenschutzgesetz führt, *Brink*, in: Wolff/Brink, § 35 BDSG Rn. 78.

chend mit den Bestimmungen der Verordnung" in Artikel 17 Absatz 1 lit. a) Datenschutz-Grundverordnung (Pendant zum bisherigen Artikel 12 lit. b) EU-Datenschutzrichtlinie) ergeben können, zum anderen aus Artikel 17 Absatz 1 lit. c) Datenschutz-Grundverordnung aufgrund eines erfolgreichen Widerspruchs nach Artikel 19 Absatz 1 Datenschutz-Grundverordnung, dem Pendant zu § 35 Absatz 5 Bundesdatenschutzgesetz. Dogmatischer Anknüpfungspunkt für die Interessenabwägung wird dabei die Zweck-Mittel-Relation in Artikel 6 Absatz 1 lit. f Datenschutz-Grundverordnung sein. Neu ist damit die explizite Regelung der Löschungsfolge eines Widerspruchs im Gesetz mit Artikel 17 Absatz 1 lit. c) Datenschutz-Grundverordnung. So wird das Widerspruchsrecht nach den Grundsätzen des *Europäischen Gerichtshofs* jedenfalls weiter ausgelegt werden können als bislang in § 35 Absatz 5 Bundesdatenschutzgesetz.[971] Die Rechtsprechung des *Europäischen Gerichtshofs* im „Google"-Urteil wird sich demnach auf die Auslegung des künftigen Artikels 17 Datenschutz-Grundverordnung insoweit auswirken, als dass unter den Begriff des „für die Verarbeitung Verantwortlichen" beim Löschungsanspruch in Absatz 1 auch Betreiber von Online-Suchmaschinen zu subsumieren sind. Für diese Auslegung spricht insbesondere, dass der Begriff des „Dritten", wie er noch in der Parlamentsfassung als direkter Anspruchsgegner in Artikel 17 Absatz 1 Datenschutz-Grundverordnung genannt war und unter den Suchmaschinenbetreiber in jedem Fall hätten subsumiert werden müssen, im finalen Verordnungstext nicht mehr verwendet wird, sondern nun allgemein der „für die Verarbeitung Verantwortliche" direkter Anspruchsgegner ist. Denn die im Urteil aufgestellten Grundsätze zur datenschutzrechtlichen Verantwortlichkeit und Haftbarkeit wirken sich unmittelbar auf die Frage des richtigen Anspruchsgegners aus (Passivlegitimation).[972]

2. Streben nach Konkretisierung der Abwägungsmaßstäbe

Die vom *Europäischen Gerichtshof* im „Google"-Urteil vorgenommene Rechts- und Interessenabwägung ist, wie bereits aufgezeigt, unzureichend. So werden darin wesentliche Abwägungsaspekte und -interessen nicht berücksichtigt, insbesondere die der Betreiber der Ursprungswebseiten. Zudem hat der Gerichtshof im Widerspruch zur Rechtsprechung des *Bundesverfassungsgerichts* dem Betroffenengrundrecht auf Datenschutz einen „grundsätzlichen Vorrang" eingeräumt und es versäumt, klare Abwägungslinien zu den Ausnahmen von einem Löschungs-

---

971 *Kühn/Karg*, ZD 2015, 61, 64; ebenso *Nolte*, NJW 2014, 2238, 2241.
972 Vergleiche *Arenas Ramiro/Yankova*, ZD-Aktuell 2012, 02845.

anspruch aufzustellen.⁹⁷³ Vor diesem Hintergrund stellt sich die Frage, wie dies für die zukünftige Rechtslage verändert werden könnte und die im Urteil gesetzten Maßstäbe modifiziert werden könnten.

Die Rechtsprechung des *Europäischen Gerichtshofs* zu dessen aufgestelltem „Grundsatz-Ausnahme-Modell" wird in der Rechtspraxis angenommen werden müssen. Allerdings bestehen Möglichkeiten, die weiterentwickelten Abwägungsmaßstäbe im Rahmen künftiger Rechtsstreitigkeiten in die Abwägungsentscheidung einfließen zu lassen: Eine Option wäre die Korrektur durch den europäischen Gesetzgeber.⁹⁷⁴ Zumindest im Hinblick auf ein grundsätzliches Überwiegen des Betroffeneninteresses ließ die Europäische Kommission im „Google"-Rechtsstreit realistische Chancen für eine solche Korrektur erkennen, da sie die Abwägung für den datenschutzrechtlichen Löschungsanspruch anders beurteilt als der *Europäische Gerichtshof*. In ihrer Erklärung zum „Google"-Rechtsstreit macht sie geltend, dass

*„(...) Artikel 12 Buchst. b und Artikel 14 Absatz 1 Buchst. a der Richtlinie 95/46 (...) den betroffenen Personen nur unter der Voraussetzung Rechte [gewährten], dass die betreffende Verarbeitung nicht den Bestimmungen der Richtlinie entspreche, oder aus überwiegenden, schutzwürdigen, sich aus ihrer besonderen Situation ergebenden Gründen, und nicht bereits, weil die Verarbeitung ihnen ihrer Auffassung nach schaden könne oder sie möchten, dass die Daten, die Gegenstand der Verarbeitung seien, dem Vergessen anheimfallen."*⁹⁷⁵

Eine weitere Möglichkeit, die weiterentwickelten Abwägungsmaßstäbe in künftige Falllösungen zu integrieren, besteht darin, sie dogmatisch über die Öffnung der vom *Europäischen Gerichtshof* selbst zugelassenen Ausnahmen von einem überwiegenden Betroffeneninteresse an der Datenlöschung aufgrund „überragender Interessen der Öffentlichkeit" in die Gesamtabwägung mit einzubringen. Diese Ausnahmen sollten dementsprechend weit ausgelegt werden und über die vom *Europäischen Gerichtshof* explizit genannte Ausnahme eines prominenten Betroffenen hinausgehen. Unter Geltung der Datenschutz-Grundverordnung wird diese Auffassung zusätzlich vom Verordnungsgeber unterstützt werden, der für den datenschutzrechtlichen Löschungsanspruch in Artikel 17 Absatz 3 lit. a) Datenschutz-Grundverordnung die Voraussetzung kodifiziert hat, dass das Recht auf Löschung mit dem Recht auf Meinungsfreiheit und dem Recht auf Informationsfreiheit abzuwägen ist.

---

973 *Hoeren*, ZD 2014, 325, 325; *Hürlimann*, sui-generis 2014, 1, 12; *Dehmel/Hullen*, ZD 2013, 147, 151.
974 *Hürlimann*, sui-generis 2014, 1, 18.
975 *Europäischer Gerichtshof*, Urteil vom 13. Mai 2014, Rs. C-131/12 – *Google Spain SL und Google Inc./Agiencia Española de Protección de Datos (AEPD) und Costeja Gonzáles*, Rn. 100.

H. Gesamtergebnis zum fünften Kapitel

Die Rechtsprechung des *Europäischen Gerichtshofs* zu einem materiellen Recht auf Löschung einzelner Suchergebnisse gegenüber dem Suchmaschinenbetreiber im Fall „Google" bildet einen Meilenstein des Datenschutzrechts. Zu begrüßen ist dabei vor allem die Einschätzung, dass es für diese Art von Fällen stets auf eine umfassende Rechts- und Interessenabwägung im Einzelfall ankommt. Allerdings ist die vom *Europäischen Gerichtshof* vorgenommene Abwägung insbesondere aufgrund folgender Aspekte kritisch zu hinterfragen: Erstens ließ der Gerichtshof einzelne betroffene Grundrechte, insbesondere die Meinungs- und Pressefreiheit der Betreiber der Ursprungswebseiten, außer Betracht; zweitens steht das von ihm aufgestellte Grundsatz-Ausnahme-Modell zu Gunsten des Persönlichkeitsschutzes im Widerspruch zur jahrzehntelangen Rechtsprechung des *Bundesverfassungsgerichts* und lässt eine einseitige Verschiebung des Gleichgewichts zwischen dem Grundrecht auf Datenschutz und den Grundrechten auf Meinungs- und Informationsfreiheit zugunsten des Datenschutzes befürchten; drittens verbleibt das Urteil in schematischen Formulierungen bei der Interessenabwägung selbst und entbehrt konkretisierter Abwägungsmaßstäbe, insbesondere bei den Ausnahmen zur Löschungspflicht auf Wunsch des Betroffenen. Im vorliegenden Kapitel wurden Lösungsansätze zur Schließung dieser Lücken vorgeschlagen. Insbesondere wurden die Maßstäbe für eine Rechts- und Interessenabwägung bei der Frage nach einem „Recht auf Vergessen" gegenüber Online-Suchmaschinen konkretisiert und weiterentwickelt. So sind im Rahmen der Abwägung insbesondere weitere Aspekte im Einzelfall zu berücksichtigen, insbesondere die verstrichene Zeitspanne, der Grad der Eigenverantwortlichkeit des Betroffenen sowie die Sensibilität der betroffenen Daten. Diese Maßstäbe werden dazu beitragen, entsprechende Fallgestaltungen nach bisheriger und künftiger Rechtslage einem sachgerechten Interessenausgleich im Einzelfall zuzuführen.

Sechstes Kapitel
Rechtsfolgenseite des „Rechts auf Vergessen"

Die vorangegangenen Kapitel haben sich mit datenschutzrechtlichen Löschungsansprüchen im Internet von ihrer Rechts*grund*seite her befasst. Im Folgenden wird die Rechts*folgen*seite dieser Ansprüche diskutiert. Das Kapitel gliedert sich dabei in die materiell-rechtlichen Umsetzungspflichten (A.), die Sanktionierung bei Verstößen (B.) und die Rechtdurchsetzungsoptionen für Betroffene (C.).

A. Materiell-rechtliche Umsetzungspflichten

Insbesondere stellt sich dabei die Frage nach Reichweite und Umfang des Löschungsanspruchs, das heißt welche konkreten Unternehmungen der Anspruchsgegner vorzunehmen hat, um die zum Anspruch parallel liegende Löschungs*pflicht* umzusetzen. Sowohl die derzeitige als auch die künftige Rechtslage beschränken sich darauf, den Verantwortlichen „zur Löschung" zu verpflichten. Dieser Auftrag bedarf jedoch angesichts der besonderen Infrastruktur des Internets Konkretisierungen. So liegt eine der Kernherausforderungen des „Vergessens" im Internet vor allem auf der Ebene der Anspruchsumsetzung. Im vorliegenden Kapitel wird mitunter geklärt, inwieweit sich die Löschungspflicht des Primärverantwortlichen, also dem direkten Schuldner des Löschungsanspruchs, auf Kopien und Verlinkungen der veröffentlichten Daten erstreckt, die Dritte angefertigt haben. Vorab ist festzuhalten, dass eine ganzheitliche Löschung im Sinne einer internetweiten Rekonstruktion – ein „Vergessen" im wörtlichen Sinne – nicht realisierbar ist. Ziel ist es dennoch, die Effizienz und Durchsetzungskraft des datenschutzrechtlichen Rechts auf Löschung von der Realität des Internets nicht unverhältnismäßig beschränken zu lassen.

I. Rechtliche Grundlagen

1. Recht oder „Pflicht auf Vergessen"[976]

Zwar sieht die EU-Datenschutzrichtlinie selbst keine automatische Löschungspflicht für den für die Verarbeitung Verantwortlichen vor, jedoch räumt sie in Artikel 12 lit. b) den Mitgliedstaaten die Möglichkeit ein, eine solche zu regeln. Hiervon hat der deutsche Gesetzgeber Gebrauch gemacht und in § 35 Absatz

---

[976] Diesen Begriff führte *Kodde*, ZD 2013, 115, 118 ein.

2 Satz 2 Bundesdatenschutzgesetz ausdrücklich geregelt, dass die Daten, die Gegenstand eines Löschungsanspruchs sind, zu löschen *sind*. Sobald also die Voraussetzungen eines solchen Anspruchs erfüllt sind, unterliegt die verantwortliche Stelle parallel dazu automatisch einer Löschungsverpflichtung.[977] Es bedarf hierzu keiner gesonderten Geltendmachung des Löschungsanspruchs durch den Betroffenen.[978] Nachdem in den Vorentwürfen zur Datenschutz-Grundverordnung unklar war, ob diese automatische Verpflichtung übernommen würde[979] findet sich in der finalen Fassung von Artikel 17 Absatz 1 Datenschutz-Grundverordnung nun eine eindeutige Regelung: Parallel zum Anspruch auf Löschung hat der Verantwortliche auch künftig eine Verpflichtung zur Löschung.

2. Die „Löschung" im Datenschutzrecht

a. Funktionales Verständnis nach derzeitiger Gesetzeslage

Die Anspruchsgrundlagen definieren den Begriff der „Löschung" nicht, sondern benennen ihn lediglich als Rechtsfolge. § 3 Absatz 4 Nummer 5 Bundesdatenschutzgesetz definiert die Löschung als „Unkenntlichmachen gespeicherter personenbezogener Daten". Insoweit versteht die rechtswissenschaftliche Literatur den Löschungsbegriff im Datenschutzrecht umfassend: Danach müssen die zu löschenden Daten aus sämtlichen Datenbeständen und Sicherungsversionen gelöscht werden, in denen sie lagern.[980] So setzt der Gesetzgeber derzeit eine „funktionale Löschung" voraus, also eine Handlung, die dazu führt, dass die entsprechenden Daten nicht mehr zur Kenntnis genommen und Informationen nicht länger aus gespeicherten Daten gewonnen werden können.[981] Funktional gelöscht sind digital gespeicherte Daten somit nur dann, wenn ihre Reproduzierbarkeit verhindert ist.[982] Veränderungen sind insoweit auch nicht nach der Datenschutz-Grundverordnung zu erwarten, da diese den Begriff der Löschung nicht definiert, sondern sich darauf beschränkt, die Löschung als Unterfall der Datenverarbeitung zu zählen, Artikel 4 Absatz 3 Datenschutz-Grundverordnung.

---

977 *Dix*, in: Simitis, § 35 BDSG Rn. 24; *Kodde*, ZD 2013, 115, 118.
978 *Dix*, in: Simitis, § 35 BDSG Rn. 24.
979 Siehe insoweit *Dehmel/Hullen*, ZD 2013, 147, 151 und *Kodde*, ZD 2013, 115, 118.
980 *Kühling/Seidel/Sivridis*, S. 92 f.; *Dammann*, in: Simitis, § 3 BDSG Rn. 184 ff..
981 *Jandt/Kieselmann/Wacker*, DuD 2013, 235, 241.
982 *Kühling/Seidel/Sivridis*, S. 92.

b. Technische Umsetzungsmethoden einer funktionalen Löschung

Werden Daten durch Befehle wie „löschen", „delete", oder „erase" im umgangssprachlichen Sinne „gelöscht", so bleibt deren Reproduzierbarkeit auf dem Datenträger regelmäßig erhalten.[983] Eine funktionale Löschung in der Gestalt, dass jede nachträgliche Rekonstruktion ausgeschlossen ist, erfordert vielmehr, dass das Datum mit einer entsprechenden Software überschrieben wird oder sein Datenträger zerstört wird.[984] Rein technisch ist diese Form der Datenlöschung nach aktuellem Stand der Technik durch vier Methoden erreichbar:[985] Vernichtung des physischen Datenträgers, Entfernung der Daten, etwa durch deren irreversible Überschreibung, Aufhebung der Interpretierbarkeit oder des Personenbezugs der Daten dergestalt, dass diese zwar noch existieren, aber nicht mehr als Klartext aufzulösen sind (faktische Anonymisierung) oder unumkehrbare Codierung der Daten.

3. Maßstab auf Rechtsfolgenseite: Möglichkeit und Zumutbarkeit

Vorab ist klarzustellen, dass sich die Reichweite der Löschungsverpflichtung am Maßstab der technischen Möglichkeit und der Zumutbarkeit bemisst.[986] Den Ausgangspunkt für diesen Maßstab bildet der dem allgemeinen Schuldrecht entstammende Grundsatz der Unmöglichkeit, geregelt in § 275 Bürgerliches Gesetzbuch, der für das gesamte Privatrecht, mithin auch für das privatrechtliche Datenschutzrecht, gilt. Seine Kernaussage besteht darin, dass niemand zu etwas Unmöglichem verpflichtet werden kann. Insbesondere die Kategorie der subjektiven Unmöglichkeit knüpft dabei zusätzlich an den Maßstab der Zumutbarkeit an. Danach kann der Schuldner die Leistung verweigern, soweit diese einen Aufwand erfordert, der unter Beachtung der Gebote von Treu und Glauben in grobem Missverhältnis zum Leistungsinteresse des Gläubigers steht.[987] Vor diesem Hintergrund bestimmt sich die Reichweite der Löschungsverpflichtung anhand der Maßstäbe von Möglichkeit und Zumutbarkeit, wobei letztere auf eine Interessenabwägung im Einzelfall hinausläuft.[988] In diese Abwägung mit einzubeziehen sind das Betroffeneninteresse an einer möglichst vollumfänglichen und internetweiten Löschung seiner Daten. Dem entgegengesetzt steht das Interesse des Löschungsschuldners, also des entsprechenden datenverarbeitenden Onlinedienstanbieters:

---

983 *Kühling/Seidel/Sivridis*, S. 93.
984 *Jandt/Kieselmann/Wacker*, DuD 2013, 235, 236.
985 *Dammann*, in: Simitis, § 3 BDSG Rn. 177 ff..
986 *Nolte*, ZRP 2011, 236, 239.
987 Vergleiche *Libertus*, ZUM 2005, 627, 629.
988 *Libertus*, ZUM 2005, 627, 629.

Je umfangreicher und komplizierter der Löschungsumfang ist, desto gravierender sind die zeitlichen, kostenmäßigen und personellen Konsequenzen für ihn. Zugleich besteht ein Interesse der Allgemeinheit, daran, dass die Onlinedienste die Daten weiter für sie zur Freiheits- und Persönlichkeitsentfaltung zur Verfügung stellen, im Idealfall weiterhin kostenfrei.

Der Prüfungsmaßstab des Möglichen und Zumutbaren gilt dabei sowohl für die Umsetzungspflichten hinsichtlich der Daten auf den *eigenen* Servern des Anspruchsschuldners als auch im Hinblick auf Kopien, die *Dritte* von den gegenständlichen Daten angefertigt und wiederum auf ihren Servern gespeichert haben. Für die letztgenannte Datenkategorie wird dieser Maßstab erstmals gesetzlich geregelt sein: Artikel 17 Absatz 2a Datenschutz-Grundverordnung verpflichtet den Schuldner bei der Anspruchsumsetzung zur Vornahme aller „angemessenen Maßnahmen". Zur Prüfung der einzelnen Umsetzungspflichten des Anspruchsschuldners wird im Folgenden differenziert zwischen den Daten, die sich auf seinen eigenen Servern befinden (III.) und denen, die sich – etwa nach Kopier- oder Verlinkungsvorgängen – auf Servern Dritter befinden, wobei hierbei wiederum zwischen Datenkopien differenziert wird, die mit (IV.) und ohne (V.) Zutun des Primärverantwortlichen an Dritte gelangt sind.

II. Löschung der Daten auf den eigenen Servern der verantwortlichen Stelle

Wie bereits erwähnt, beschränkt sich die bisherige Anspruchsgrundlage in § 35 Absatz 2 Satz 2 Bundesdatenschutzgesetz darauf, den Verantwortlichen zur „Löschung" zu verpflichten, ohne dies näher zu konkretisieren. Auch die Datenschutz-Grundverordnung trifft insoweit keine Regelungen. Im Rahmen von Löschungspflichten wegen Rechtsverstößen im Internet ist der Verletzer im Allgemeinen zur Wiederherstellung des ursprünglichen Zustands verpflichtet, mithin eines Zustands ohne die Rechtsverletzung.[989] Bei der Löschung personenbezogener Daten, die sich auf eigenen Servern der verantwortlichen Stelle befinden, muss der Verpflichtete demnach die im Verkehr erforderliche Sorgfalt beachten und all diejenigen Handlungen unternehmen, die ihm möglich und zumutbar sind.

1. Möglichkeit und Zumutbarkeit einer funktionalen Datenlöschung

Grundlegend hängt der Umfang der Löschungsverpflichtung davon ab, dass der Verantwortliche die Daten zum einen auffinden und identifizieren kann und zum

---

989 *Libertus*, ZUM 2005, 627, 627.

anderen über eine entsprechende Zugriffs- und Kontrollmöglichkeit verfügt.[990] Vor diesem Hintergrund herrscht Einigkeit darüber, dass die verantwortliche Stelle einem gegen sie gerichteten Löschungsanspruch jedenfalls insoweit nachkommen muss, dass sie sämtliche ihr unterfallenden personenbezogenen Daten sowie etwaige Kopien löscht, soweit sich diese auf eigenen Servern und Speichern befinden, für die sie verantwortlich ist und die sie betreibt. Wenngleich die Datenschutz-Grundverordnung ebenso wie die bisherigen Gesetze keine explizite Rechtsfolgeregelung zu Daten auf den *eigenen* Servern aufstellt, ist dieser Löschungsumfang auch in Zukunft gewiss.

Für Daten auf den eigenen Servern gilt demnach die Pflicht einer Löschungsumsetzung im funktionalen Sinne, wobei der verantwortlichen Stelle überlassen wird, welche Methode genutzt wird, um eine spätere Reproduzierbarkeit vollständig auszuschließen. Hinsichtlich der Ursprungsdaten auf den Servern und Speichern des Verantwortlichen selbst ist eine funktionale Löschung sowohl möglich als auch zumutbar und wird sowohl nach derzeitiger als auch nach künftiger Rechtslage von der Rechtsfolge des datenschutzrechtlichen Löschungsanspruchs umfasst sein:[991] Vertretern der informationstechnologischen Fachliteratur zufolge gelingt dem Verantwortlichen die Löschung der Ursprungsdaten von den eigenen ursprünglichen Speicherungsservern aufgrund seiner direkten und uneingeschränkten Zugriffsmöglichkeiten.[992] Hinsichtlich der Daten auf den eigenen Servern ist dem Löschungsschuldner eine funktionale Löschung technisch möglich durch die Entfernung der Daten – regelmäßig durch Überschreibung – sowie durch Aufhebung ihrer Interpretierbarkeit.[993]

Auch wird die Aufsuchung und Löschung der Daten auf sämtlichen eigenen Servern als zumutbar angesehen. Hierfür spricht, dass sich die verantwortliche Stelle in diesem Fall bereits nicht auf den Fall der „Sperrung statt Löschung" wegen eines „unverhältnismäßigen Aufwands" gemäß § 35 Absatz 3 Nummer 3 Bundesdatenschutzgesetz berufen kann. Insbesondere bei modernen Speichermedien sind diese Voraussetzungen nur selten erfüllt. Im vorliegenden Zusammenhang genügt es insbesondere nicht, die Daten als „vorübergehend" oder „wegen Serverumstellung" für nicht anzeigbar zu deklarieren, da ein Betrachter hieraus ableiten könnte, dass die Daten in der Zukunft wieder erreichbar seien.[994] Die Löschungspflicht umfasst auch die Löschung sämtlicher Verlinkungen zu den

---

990 *Jandt/Kieselmann/Wacker*, DuD 2013, 235, 238.
991 *Weichert*, VuR 2009, 323, 326 f.; *Jandt/Kieselmann/Wacker*, DuD 2013, 235, 239.
992 *Jandt/Kieselmann/Wacker*, DuD 2013, 235, 236; *Nolte*, ZRP 2011, 239.
993 *Jandt/Kieselmann/Wacker*, DuD 2013, 235, 236.
994 Vergleiche *Libertus*, ZUM 2005, 627, 627 f..

Daten innerhalb der eigenen Server, denn mit der Löschungspflicht geht zugleich ein Nutzungsverbot einher.[995] Nur soweit die Daten selbst einschließlich ihrer Verlinkungen gelöscht sind, ist ihre weitere Auffindbarkeit durch Internetnutzer ausgeschlossen.[996] Folglich müssen die Daten so aus dem Internet genommen werden, dass diese nicht mehr über die Server des Verantwortlichen online abrufbar sind, insbesondere auch nicht über dessen Online-Archiv.[997] Soweit der Verpflichtete einen technisch versierten Erfüllungsgehilfen, oftmals den Provider, mit der Löschung betraut, wird ihm dessen Verschulden grundsätzlich gemäß § 278 Bürgerliches Gesetzbuch zugerechnet.[998]

2. Online-Suchmaschine als direkter Anspruchsgegner

Soweit ein datenschutzrechtlicher Betroffenenanspruch gegen einen Suchmaschinenbetreiber auf Löschung von Suchergebnissen gegeben ist (siehe insoweit fünftes Kapitel), besteht das Rechtsfolgenziel darin, dass die entsprechenden Suchergebnisse bei Eingabe des Namens der betroffenen Person in den daraufhin angezeigten Suchergebnissen nicht mehr aufgelistet werden. Dieses Ergebnis gelingt dem Suchmaschinenbetreiber am leichtesten, indem er einerseits das entsprechende Datum aus seinem Index entfernt und andererseits den Webcrawler für die Zukunft so konfiguriert, dass dieser die gegenständliche Webseite nicht erneut indexiert und in der Datenbank abspeichert.[999] So wird sichergestellt, dass die inkriminierte Webseite künftig nicht mehr in der Trefferliste zu der betroffenen Suchanfrage erscheint. Allerdings wird dadurch auch die Webseite im Ganzen dem Zugriff von Suchmaschinennutzern entzogen. Ein weiterer Weg zur Anspruchsumsetzung liegt für den Suchmaschinenbetreiber in der ausschließlichen Löschung des Suchtreffers aus der Liste – mit der Folge, dass nicht die gesamte Webseite aus dem Index entfernt wird.[1000] Die letztgenannte Umsetzungsmethode für Suchmaschinenbetreiber überzeugt, wenngleich sie programmiertechnisch aufwendiger ist. Denn die erstgenannte Methode würde durch die Entfernung der Webseite im Ganzen die Informationsfreiheit der Allgemeinheit sowie die Meinungs- und gegebenenfalls Pressefreiheit des Webseitenbetreibers über ein angemessenes Maß hinaus beschränken. Entsprechend forderte auch der *Euro-*

---

995 *Libertus*, ZUM 2005, 627, 627.
996 *Libertus*, ZUM 2005, 627, 627; *Landgericht Berlin*, MMR 2002, 399, 399.
997 *Libertus*, ZUM 2005, 627, 627; *Landgericht Berlin*, MMR 2002, 399, 399.
998 *Libertus*, ZUM 2005, 627, 628.
999 *Hürlimann*, sui-generis 2014, 1, 13; *von Lackum*, MMR 1999, 697, 701.
1000 *Hürlimann*, sui-generis 2014, 1, 14.

päischen Gerichtshof im „Google"-Urteil als Rechtsfolge die Löschung der „betreffenden Informationen und Links der Ergebnisliste",[1001] was für die zweitgenannte Methode spricht.

3. Umsetzungsfrist

Der bisherige Gesetzeswortlaut nannte keinen Zeitraum, in dem die verantwortliche Stelle ihrer Löschungspflicht nachzukommen hatte. Aufgrund des Schutzzwecks von § 35 Bundesdatenschutzgesetz wurde jedoch von einer unverzüglichen Löschungsverpflichtung ausgegangen, also einer Löschung ohne schuldhaftes Zögern.[1002] In Zukunft gibt Artikel 17 Absatz 1 Datenschutz-Grundverordnung dem jeweiligen Anspruchsgegner die Umsetzung des Löschungsanspruchs „ohne unangemessene Verzögerung" auf. Somit wird die bislang ungeschrieben geltende deutsche Rechtslage in den Verordnungstext aufgenommen. Dabei muss die Löschung in jedem Fall so rechtzeitig erfolgen, dass keine weitere Nutzung, Verarbeitung oder Übermittlung der Daten stattfindet.[1003] Die Zeitspanne beginnt mit dem Kennenmüssen und spätestens mit der tatsächlichen Kenntnisnahme von der Löschungspflicht durch die verantwortliche Stelle.[1004] Allerdings muss im Falle einer zuvor (konkludent durch Onlinestellung) erteilten Einwilligung durch den Betroffenen der verantwortlichen Stelle aus Rücksicht auf das geschaffene Vertrauen je nach Einzelfall ausreichend Zeit eingeräumt werden, um dem Widerruf und den entsprechenden (Löschungs-)pflichten nachzukommen.[1005]

III. Umsetzungspflichten hinsichtlich der Datenkopien auf fremden Servern, die mit Zutun der verantwortlichen Stelle an Dritte gelangt sind

Neben der Datenlöschung auf den *eigenen* Servern wird nunmehr geprüft, inwieweit die verantwortliche Stelle bei einem gegen sie gerichteten datenschutzrechtlichen Löschungsanspruch darüber hinaus dazu verpflichtet werden kann, dafür Sorge zu tragen oder sich zumindest darum zu bemühen, dass die Daten auch von Speichermedien Dritter entfernt werden. Dabei widmet sich der folgende Ab-

---

1001 *Europäischer Gerichtshof*, Urteil vom 13. Mai 2014, Rs. C-131/12 – *Google Spain SL und Google Inc./Agencia Española de Protección de Datos (AEPD) und Costeja Gonzáles*, Rn. 94.
1002 *Dix*, in: Simitis, § 35 BDSG Rn. 24.
1003 *Gola/Klug/Körffer*, in: Gola/Schomerus, § 35 BDSG Rn. 6.
1004 *Dix*, in: Simitis, § 35 BDSG Rn. 24.
1005 *Simitis*, in: Simitis, § 4a BDSG Rn. 101.

schnitt den Datenkopien auf Drittservern, die die verantwortliche Stelle dorthin selbst weitergeben hat.

1. Derzeitige Rechtslage

Sind die dem Löschungsanspruch unterfallenden Daten mit Zutun des Primärverantwortlichen an Dritte gelangt und halten diese entsprechende Kopien der Daten auf ihren Servern, regelt § 35 Absatz 7 Bundesdatenschutzgesetz eine sogenannte „Nachberichtspflicht" für den Primärverantwortlichen:

> „Von der (...) Löschung oder Sperrung wegen Unzulässigkeit der Speicherung sind die Stellen zu verständigen, denen im Rahmen einer Datenübermittlung diese Daten zur Speicherung weitergegeben wurden, wenn dies keinen unverhältnismäßigen Aufwand erfordert und schutzwürdige Interessen des Betroffenen nicht entgegenstehen."

Diese Verständigungspflicht gilt ausdrücklich für Daten, die im Rahmen einer Datenübermittlung an Dritte zur Speicherung weitergegeben wurden, also durch Bekanntgabe gespeicherter oder durch Datenverarbeitung gewonnener personenbezogener Daten, § 3 Absatz 4 Nummer 3 Bundesdatenschutzgesetz. Für eine Übermittlung bedarf es dreier Komponenten:[1006] Erstens muss eine Bekanntgabe vorliegen, zweitens die Beteiligung der verantwortlichen Stelle und drittens der Dritte als Adressat. Bei Daten, die mit Zutun des Primärverantwortlichen an Dritte gelangt sind,[1007] ist die Bekanntgabe durch Datenweitergabe an Dritte gemäß § 3 Absatz 4 Nummer 3b Bundesdatenschutzgesetz einschlägig. Folglich galt hier nach bisheriger Rechtslage die Nachberichtspflicht gemäß § 35 Absatz 7 Bundesdatenschutzgesetz.

2. Künftige Rechtslage

Die Datenschutz-Grundverordnung enthält keine Norm, die mit dem Wortlaut des § 35 Absatz 7 Bundesdatenschutzgesetz übereinstimmt. Jedoch enthält Artikel 17b Datenschutz-Grundverordnung eine Benachrichtigungspflicht mit einem ähnlichen Inhalt speziell für Daten, die die verantwortliche Stelle an Dritte „weitergegeben" hat:

> „Der für die Verarbeitung Verantwortliche teilt allen Empfängern, an die Daten weitergegeben wurden, jede (...) Löschung (...), die aufgrund von Artikel (...) 17 vorgenommen wird, mit, es sei denn, dies erweist sich als unmöglich oder ist mit einem unverhältnismäßigen Aufwand verbunden. Der für die Verarbeitung Verantwortliche unterrichtet die betroffene Person über diese Empfänger, wenn die betroffene Person dies verlangt."

1006 *Kühling/Seidel/Sivridis*, S. 92.
1007 Siehe hierzu *Kühling/Seidel/Sivridis*, S. 92.

Im Unterschied zur Nachberichtspflicht gemäß § 35 Absatz 7 Bundesdatenschutzgesetz ist die künftige Benachrichtigungspflicht in Artikel 17b Datenschutz-Grundverordnung weiter ausgestaltet. Während die derzeitige Norm ausschließlich bei Löschungen wegen des Löschungsgrundes „Unzulässigkeit der Speicherung" gemäß § 35 Absatz 2 Satz 2 Nummer 1 Bundesdatenschutzgesetz eingreift, gilt Artikel 13 Datenschutz-Grundverordnung für jede Löschung nach Artikel 17b Datenschutz-Grundverordnung und differenziert dabei nicht zwischen einzelnen Löschungsgründen. Damit werden die Umsetzungspflichten des Verantwortlichen und die Rechte des Betroffenen bei Daten, die an Dritte weitergegeben worden sind, durch die Datenschutz-Grundverordnung erweitert.

IV. Umsetzungspflichten hinsichtlich der Datenkopien auf *fremden* Servern, die *ohne Zutun* der verantwortlichen Stelle an Dritte gelangt sind

Eine besondere Herausforderung sowohl in technischer als auch in rechtlicher Hinsicht bieten solche Datenkopien, die ohne das Zutun des Primärverantwortlichen auf Drittserver gelangt sind. Demnach wird im Folgenden analysiert, ob und inwieweit die Löschungspflicht des Primärverantwortlichen über die Grenzen seiner eigenen Server hinaus geht, wenn er die Daten nicht aktiv weitergegeben hat. Die Schwierigkeit besteht hierbei aufgrund der Infrastruktur des Internets, das von Kopien, Querverweisen und anderen Vernetzungseffekten geprägt ist.[1008] Einmal online veröffentlichte Daten gelangen regelmäßig über die Server des Primärverantwortlichen hinaus auch an andere Stellen. Lediglich in dem Moment des ersten Onlinestellens ist der Speicherort eines personenbezogenen Datums eindeutig festgelegt. Ab diesem Zeitpunkt wird das Datum ähnlich einem Schneeballsystem verbreitet.[1009] Neben der hier besonders relevanten Indexierung und Verlinkung der Daten durch Online-Suchmaschinen[1010] gibt es mitunter Onlinearchivierungsdienste, die bewusst und zielgerichtet sämtliche Inhalte des Internets auf unbestimmte Zeit archivieren, wie „The Internet Archive",[1011] eine Onlineplattform aus San Francisco, die seit 1996 sämtliche Internetseiten weltweit dauerhaft speichert und diese seit 1999 mittels der Suchmaschine „The WayBack Machine" zum freien Abruf für jeden Internetnutzer bereit hält.[1012] Im Unterschied zu In-

---

1008 Siehe hierzu *Weichert*, VuR 2009, 323, 329.
1009 *Jandt/Kieselmann/Wacker*, DuD 2013, 235, 236.
1010 *Jandt/Roßnagel*, MMR 2011, 637, 637.
1011 Online abrufbar unter www.archive.org.
1012 *Libertus*, ZUM 2005, 627, 630.

ternetsuchmaschinen ist ein solches Webarchiv aber gerade nicht auf eine automatische Löschung der Webinhalte ausgelegt, nachdem deren Originalquelle gelöscht wurde.[1013] Daneben fertigen auch die Internetnutzer selbst bewusst und unbewusst Kopien der online verfügbaren Daten an. So erfolgt beispielsweise eine systembedingte, automatische Speicherung jedes Datums beim Aufruf der entsprechenden Webseite auf dem Nutzer-PC.[1014]

1. Keine Anwendbarkeit des § 35 Absatz 7 Bundesdatenschutzgesetz

Nach bisheriger Rechtslage ist in diesem Zusammenhang zu prüfen, ob die Informationspflicht der verantwortlichen Stelle gemäß § 35 Absatz 7 Bundesdatenschutzgesetz auch bei Daten gilt, die Dritte *ohne* das Zutun der verantwortlichen Stelle an sich gebracht und gespeichert haben. Hierbei stellt sich insbesondere die Frage, ob eine für die „Daten*übermittlung*" erforderliche „Bekanntgabe" vorliegt, § 3 Absatz 4 Nummer 3 Bundesdatenschutzgesetz. Eine solche kann schließlich auch dann bestehen, wenn ein Dritter zur Einsicht oder zum Abruf bereitgehaltene Daten einsieht oder abruft, § 3 Absatz 4 Nummer 3 lit. b) Bundesdatenschutzgesetz. Hierfür muss die Verbringung der Datenkopien in den eigenen Verfügungsbereich vom Dritten selbst ausgehen. Voraussetzung dafür ist, dass die verantwortliche Stelle die Daten zweckgerichtet vorhält.[1015] Dies ist beispielsweise nicht der Fall, wenn sich der Dritte unbefugt Zugang zu den Daten verschafft.[1016]

Vereinzelt wird die Veröffentlichung personenbezogener Daten auf öffentlich zugänglichen Webseiten als eine solche „Bereithaltung zur Einsicht oder zum Abruf" interpretiert.[1017] Jedoch wird dadurch der Begriff der „Übermittlung" überdehnt. So ist zu bedenken, dass die Norm des § 3 Absatz 4 Nummer 3 Bundesdatenschutzgesetz nicht für den Onlinebereich geschaffen worden ist, sodass bei ihrer Auslegung für den Bereich des Internets ein modifizierter Maßstab gelten muss.[1018] Daher ist die bloße Bereithaltung zum Onlineabruf nicht als „Datenübermittlung" einzuordnen. Dies stünde im direkten Widerspruch zur Rechtsprechung des *Europäischen Gerichtshofs* in seinem „Lindquist"-Urteil: Darin hatte der Gerichtshof die Einordnung der bloßen Bereithaltung zum Abruf

---

1013 *Jandt/Kieselmann/Wacker*, DuD 2013, 235, 236.
1014 Siehe *Jandt/Kieselmann/Wacker*, DuD 2013, 235, 236.
1015 *Kühling/Seidel/Sivridis*, S. 93.
1016 *Dammann*, in: Simitis, § 3 BDSG Rn. 150.
1017 *Jotzo*, MMR 2009, 232, 235.
1018 *Arning*, ZD 2011, 140, 141.

im Onlinebereich als „Datenübermittlung" gerade abgelehnt.[1019] Somit ist § 35 Absatz 7 Bundesdatenschutzgesetz im Onlinebereich bei der Abrufbarkeit nicht anwendbar.

2. Neuregelung in Artikel 17 Absatz 2a Datenschutz-Grundverordnung

Speziell im Hinblick auf Daten, die im Internetraum veröffentlicht und von anderen Stellen kopiert oder verlinkt worden sind, wurde mit Artikel 17 Absatz 2a Datenschutz-Grundverordnung erstmals eine explizite Rechtsfolgenregelung für den datenschutzrechtlichen Löschungsanspruch in das Gesetz aufgenommen. Diese Norm regelt die Umsetzungspflichten bei diesem Anspruch konkret im Hinblick darauf, wie ein Verantwortlicher mit Kopien der auf seiner Webseite veröffentlichten Daten durch Dritte vorzugehen hat. Die Regelung wird insoweit als eine der wesentlichen – jedoch nicht unumstrittenen – Neuerungen der gesamten Datenschutz-Grundverordnung empfunden.[1020] Tatsächlich zielt damit – im Gegensatz zu bisherigen Gesetzen – erstmals eine Norm ausdrücklich auf das Interesse eines Internetnutzers ab, sämtliche seiner digitalen Spuren im Internet löschen zu können. Allerdings bestanden weitreichende Unterschiede zwischen den einzelnen Fassungen des Verordnungstexts im Hinblick auf den Pflichtenumfang des Verantwortlichen. Die finale Fassung ist dabei in Anlehnung an die Kommissionsfassung[1021] aus dem Jahr 2012 gefasst und regelt eine „Informationspflicht" – demgegenüber regelte der Parlamentsentwurf aus dem Jahr 2014 weitergehende Umsetzungspflichten. So hatte das Europäische Parlament in seinem Verordnungsentwurf die Umsetzungsmodalitäten folgendermaßen geordnet:

„Hat der in Absatz 1 genannte für die Verarbeitung Verantwortliche die personenbezogenen Daten ohne Vorliegen eines Rechtfertigungsgrunds nach Artikel 6 Absatz 1 öffentlich

---

1019 *Europäischer Gerichtshof*, Urteil vom 06.11.2003, Rs. C-101/01 – *Lindquist/Schweden*, dritter Urteilsleitsatz.
1020 *Kipker/Voskamp*, DuD 2012, 737, 741.
1021 Darin lautete Artikel 17 Absatz 2 Datenschutz-Grundverordnung: „Hat der in Absatz 1 genannte für die Verarbeitung Verantwortliche die personenbezogenen Daten öffentlich gemacht, unternimmt er in Bezug auf die Daten, für deren Veröffentlichung er verantwortlich zeichnet, alle vertretbaren Schritte, auch technischer Art, um Dritte, die die Daten verarbeiten, darüber zu informieren, dass eine betroffene Person von ihnen die Löschung aller Querverweise auf diese personenbezogenen Daten oder von Kopien oder Replikationen dieser Daten verlangt. Hat der für die Verarbeitung Verantwortliche einem Dritten die Veröffentlichung personenbezogener Daten gestattet, liegt die Verantwortung dafür bei dem für die Verarbeitung Verantwortlichen."

gemacht, so hat er unbeschadet des Artikels 77 alle zumutbaren Maßnahmen zu ergreifen, um die Daten zu löschen und bei Dritten löschen zu lassen. (...)"

Demgegenüber lautet Artikel 17 Absatz 2a Datenschutz-Grundverordnung in seiner finalen Fassung nunmehr:

„Hat der für die Verarbeitung Verantwortliche die personenbezogenen Daten öffentlich gemacht und ist er gemäß Absatz 1 zu deren Löschung verpflichtet, so trifft er unter Berücksichtigung der verfügbaren Technologie und der Implementierungskosten angemessene Maßnahmen, auch technischer Art, um für die Datenverarbeitung Verantwortliche, die die Daten verarbeiten, darüber zu informieren, dass eine betroffene Person von ihnen die Löschung aller Links zu diesen personenbezogenen Daten oder von Kopien oder Replikationen dieser Daten verlangt hat."

Nach der Finalfassung gehört es demnach zur Umsetzungspflicht eines zur Löschung Verpflichteten, dass dieser unter Berücksichtigung der vorhandenen Technologie und der Implementierungskosten andere Stellen, die die streitgegenständlichen Daten kopiert oder verlinkt haben, über das Löschungsbegehren des Betroffenen informiert.

a. Anwendungsbereich der Norm

Die Regelung in Artikel 17 Absatz 2a Datenschutz-Grundverordnung stellt im Vergleich zur bisherigen Rechtslage eine inhaltliche Neuerung dar. Insbesondere überzeugt die Einschätzung, sie würde nicht weiter gehen als die bestehende Norm des § 35 Absatz 7 Bundesdatenschutzgesetz,[1022] nicht. Artikel 17 Absatz 2a Datenschutz-Grundverordnung betrifft einen anderen Anwendungsbereich als § 35 Absatz 7 Bundesdatenschutzgesetz. So gilt § 35 Absatz 7 Bundesdatenschutzgesetz gerade nicht für Daten, die Dritte im Onlinebereich aus öffentlichen Webseiten abgerufen und selbst gespeichert haben, da diese Abrufe im Onlinebereich nicht unter den Rechtsbegriff der „Übermittlung" zu subsumieren sind (siehe A. IV. 1. dieses Kapitels). Übermittelte Daten werden nach der künftigen Rechtslage aber nicht in Artikel 17 Absatz 2a, sondern in Artikel 17 b Datenschutz-Grundverordnung geregelt, der insoweit das Pendant zu § 35 Absatz 7 Bundesdatenschutzgesetz darstellt. Demgegenüber gilt Artikel 17 Absatz 2a Datenschutz-Grundverordnung für „öffentlich gemachte" Daten. Konkret betrifft die Norm personenbezogene Daten, die sich außerhalb des Wirkungskreises der verantwortlichen Stelle, sprich deren Servern und Speichern, befinden und aktiv so dargeboten werden, dass die Öffentlichkeit auf sie zugreifen kann.[1023] Ferner lässt sich der Anwendungsbereich der Norm aufgrund

---

1022 So *Roßnagel/Richter/Nebel*, ZD 2013, 103, 107.
1023 *Kipker/Voskamp*, DuD 2012, 737, 741.

seiner systematischen Stellung innerhalb der Datenschutz-Grundverordnung weiter eingrenzen: Artikel 17b Datenschutz-Grundverordnung trifft Regelungen zu Daten, die durch zweckgerichtete Weitergabe seitens der verantwortlichen Stelle an Dritte gelangt sind. In Abgrenzung dazu sind von der verantwortlichen Stelle „öffentlich gemachte" Daten nach Artikel 17 Absatz 2 Datenschutz-Grundverordnung gerade solche Daten, die ohne eine solche zweckgerichtete Weitergabe an Dritte gelangt sind. Ansonsten bestünde ein missverständlicher Überschneidungsbereich zwischen Artikel 17b und Artikel 17 Absatz 2a Datenschutz-Grundverordnung, der Artikel 13 letztlich überflüssig machen würde. Zusammenfassend bleibt festzuhalten, dass Artikel 17 Absatz 2a Datenschutz-Grundverordnung solche Daten betrifft, die von der verantwortlichen Stelle im Internet öffentlich abrufbar gemacht worden sind und sodann von einem Dritten, wie beispielsweise einer Online-Suchmaschine, selbst indexiert und gespeichert worden sind. Der Sinn und Zweck dieser Norm besteht darin, der (technischen) Herausforderung zu begegnen, dass aufgrund der von Kopien und Querverweisen geprägten Infrastruktur des Internets einmal eingestellte Daten nur schwer, wenn überhaupt, ganz aus dem Internet zu entfernen sind und damit die Kontrolle des Einzelnen über seine Daten im Internet zu stärken. So soll das Löschungsrecht des Betroffenen im Hinblick auf Vernetzungsmechanismen im Netz unterstützt werden, durch die seine Daten nicht nur auf Webseiten des Primärverantwortlichen, sondern auch auf Servern Dritter kursieren (können), die die Daten selbst abgerufen und gespeichert haben.

b. Prüfungsmaßstab: Möglichkeit und Zumutbarkeit
Bereits nach derzeitiger Rechtslage gilt, dass der Primärverantwortliche für die Auffindung von Datenkopien, -verlinkungen solche Handlungen vorzunehmen hat, die ihm technisch möglich und zumutbar sind (siehe A. I. 3. dieses Kapitels). Der soeben vorgestellte Artikel 17 Absatz 2a Datenschutz-Grundverordnung wird künftig auch diesen Bereich und damit den Anknüpfungspunkt der Zumutbarkeit gesetzlich regeln. So hat der Verantwortliche nach Artikel 17 Absatz 2a Datenschutz-Grundverordnung bei Bestehen eines Löschungsanspruchs alle „angemessenen Maßnahmen" zur Information der die Daten verarbeitenden Dritten zu unternehmen.

Soweit sich die Datenkopien auf Servern Dritter befinden, unterliegt deren Löschung durch den Primärseitenbetreiber zweier Grundvoraussetzungen: zum einen der Auffindbarkeit der Datenkopien, zum anderen einer entsprechenden Zugriffsmöglichkeit auf diese.[1024] In der Praxis wird es dem Verantwortlichen regelmäßig

---

1024 *Jandt/Kieselmann/Wacker*, DuD 2013, 235, 238.

schwer fallen, die Daten auf fremden Servern mit Internetzugriff zu identifizieren. Zugleich fehlen ihm in der Regel technische Zugriffsmöglichkeiten auf die fremden Server.[1025] Daher werden die Maßstäbe der Möglichkeit und Zumutbarkeit auf beiden Ebenen geprüft: Zunächst im Hinblick auf das Aufspüren von Kopien der dem Löschungsanspruch unterfallenden Daten sowie die Identifizierung entsprechender Dritter (3.) und daran anschließend im Hinblick auf die Einflussnahme auf die entsprechenden Dritten, die über Datenkopien verfügen (4.).

3. Auffinden der Daten auf fremden Servern

Die erste Herausforderung besteht regelmäßig darin, dass die verantwortliche Stelle keine konkrete Kenntnis von allen Datenempfängern hat. So wird als erste Komponente einer digitalen Datenlöschung im Internet im Folgenden betrachtet, inwieweit dem Schuldner eines Löschungsanspruchs die Auffindbarkeit von Kopien dieser Daten auf Servern Dritter möglich (a.) und zumutbar (b.) ist.

a. Möglichkeiten zur Auffindung von Datenkopien auf fremden Servern
aa. Relevanz der technischen Komponente im Allgemeinen

Eine spezielle technische Vorgehensweise oder Umsetzungsmethode für die Löschung schreiben weder die bisherigen Datenschutzgesetze noch die Datenschutz-Grundverordnung vor. In analogen Akten wird die Löschung durch Schwärzen oder Übermalen, zum Beispiel mit Tipp-Ex, umgesetzt.[1026] Hingegen wird die Auslegung des Löschungsbegriffs im digitalen Bereich an den jeweiligen Stand der Technik gekoppelt, sodass Recht und Technik hier Hand in Hand gehen müssen.[1027] Speziell beim Datenschutz im Internet müssen diese beiden Komponenten ineinandergreifen, um zu funktionieren. Ohne die technische Realisierbarkeit und Umsetzung bilden die datenschutzrechtlichen Normen keinen effektiven Datenschutz im Internet. Ein „Recht auf Vergessen im Internet" bliebe ohne technische Umsetzbarkeit ein juristisch-theoretisches Konstrukt.[1028] So bedarf ein effektiver Schutz neben einer sozialen und juristischen Herangehensweise auch technischer Maßnahmen zur Unterstützung des juristischen Rahmens.[1029]

1025 *Jandt/Kieselmann/Wacker*, DuD 2013, 235, 238.
1026 *Kühling/Seidel/Sivridis*, S. 92.
1027 *Kühling/Seidel/Sivridis*, S. 92.
1028 *Jandt/Kieselmann/Wacker*, DuD 2013, 235, 241.
1029 Etwa *Federrath/Fuchs/Hermann/Maier/Scheuer/Wagner*, DuD 2011, 403, 403; ENISA, The right to be forgotten – between expectations and practice, online abrufbar unter https://www.wsgr.com/eudataregulation/pdf/112012.pdf, S. 14.

Auch der europäische Verordnungsgeber hat die Erforderlichkeit dieses Zusammenwirkens erkannt und die Prinzipien des Datenschutzes durch Technik („Privacy by Design") sowie den Grundsatz der datenschutzfreundlichen Voreinstellungen („Privacy by Default") in Artikel 23 sowie Erwägungsgrund 61 der Datenschutz-Grundverordnung normiert.[1030] Nach dem „Privacy by design"-Prinzip soll der Betreiber das Gefahrenpotential seines Datenverarbeitungssystems durch proaktive Technikgestaltung verringern.[1031] Daneben meint „Privacy by default" die Förderung des Datenschutzes durch Standardeinstellungen.[1032] Beide Prinzipien sollen den Datenschutz verbessern, indem sie bereits im Vorfeld, nämlich im Rahmen der Entwicklung und Gestaltung neuer IT-Systeme und Programme, anknüpfen.

bb. Löschungsmöglichkeiten und ihre Grenzen im Internet

Da eine ganzheitliche Löschung von Daten bereits innerhalb eines in sich geschlossenen informationstechnologischen Systems, das abgekoppelt vom Internet fungiert, schwierig ist, wird rasch die Komplexität der Herausforderung einer vollständigen Datenlöschung im Internet klar:[1033] So ist das Netz in technischer Hinsicht eher auf eine dauerhafte Fixierung von Daten sowie die Verknüpfung der Daten untereinander ausgerichtet. Aufgrund der dezentralen Struktur werden die Webinhalte in der Regel nicht nur auf verschiedenen Servern der verantwortlichen Stelle selbst gespeichert. Vielmehr werden sie auch von Suchmaschinen oder Linkverzeichnissen erschlossen und auffindbar gemacht. Zudem werden meist mehrere Sicherheitskopien erstellt und an unterschiedlichen Standorten verteilt und archiviert.[1034] Je mehr Sicherheitskopien existieren, desto schwieriger wird jedoch eine vollständige Löschung der Daten.

Alle der in Abschnitt A. I. 2. b. dieses Kapitels genannten Methoden zur funktionalen Datenlöschung sind hilflos, wenn unklar ist, wo sich Kopien der Daten befinden. Nach Vertretern der informationstechnologischen Fachliteratur ist bereits eine Auffindung *sämtlicher* Datenkopien, -verlinkungen und -replikationen nicht realisierbar.[1035] Die zusätzliche Herausforderung besteht darin, dass

---

1030 Begrüßend insoweit, aber weitere Konkretisierung fordernd *Heckmann*, in: Leible/Kutschke, 17, 29; näher dazu *Hornung*, ZD 2011, 51.
1031 Vergleiche *Heckmann*, in: Leible/Kutschke, 17, 28 f..
1032 *Giurgiu*, CCZ 2012, 226, 227.
1033 Siehe insoweit ausführlich *Kalabis/Selzer*, DuD 2012, 670, 670 ff..
1034 Zu den Gründen für die Mehrfachspeicherungen siehe *Kalabis/Selzer*, DuD 2012, 670, 670.
1035 *Jandt/Kieselmann/Wacker*, DuD 2013, 235, 238; *Boehme-Neßler*, NVwZ 2014, 825, 825.

regelmäßig weder der Betroffene selbst noch die verantwortliche Stelle physische Zugriffsmöglichkeiten auf diese Daten auf Drittservern haben. Wenngleich die informationstechnologische Fachliteratur das rechtliche Grundprinzip eines „Rechts auf Vergessen" gutheißt,[1036] stellt vor allem diese Branche die technische Realisierbarkeit eines solchen Projekts in Frage. So hat beispielsweise die EU-Agentur für Informationssicherheit (European Network and Information Security Agency – im Folgenden ENISA) bereits im Vorfeld zum Urteil des *Europäischen Gerichtshofs* in einem Bericht die existierende Technologie sowie deren Grenzen und Herausforderungen bei der Umsetzung und Unterstützung eines „Vergessens" im Internet aufgezeigt.[1037] Ein ganzheitliches „Vergessen" im Internet in der Form, dass niemand auf der Welt jemals wieder die Daten haben wird, sei technisch nicht zu bewerkstelligen.[1038] Hauptgegner einer ganzheitlichen Löschung ist dabei die sogenannte „analoge Lücke":

cc. Die „analoge Lücke" als Markierung der rechtlichen Unmöglichkeitsgrenze

Jeder Betrachter von Onlineinhalten hat neben der Gelegenheit, sich diese schlichtweg zu merken, die Möglichkeit, trotz Verschlüsselungen oder Kopierschutzprogrammen einen online angezeigten Inhalt mit analogen Mitteln zu kopieren und abzuspeichern. Konkret erfolgt dies etwa in der Form, dass der Betrachter einen betreffenden Text aus dem Internet auf Papier abschreibt oder ausdruckt, ein online gestelltes Foto mit seiner Kamera aufnimmt oder einen Screenshot anfertigt. Nach dem derzeitigen Stand der Technik haben die Dienstanbieter keine Möglichkeit, festzustellen oder zu dokumentieren, welcher Betrachter wie viele solcher Kopien von den entsprechenden personenbezogenen Daten angefertigt hat.[1039] Auch bestehen bislang keine Methoden, um Screenshots von fremden Rechnern auszuschließen oder das Abfotografieren des Bildschirms zu verhindern.[1040] Das Phänomen der fehlenden technischen Schutzmechanismen gegen solche Handlungen wird als „analoge Lücke" bezeichnet.[1041] Zusammenfassend gibt es heutzutage kein technisches Schutzsystem, das zum Schließen der

---

1036 Vergleiche *Gerling/Gerling*, DuD 2013, 445, 445.
1037 ENISA, The right to be forgotten – between expectations and practice, online abrufbar unter https://www.wsgr.com/ eudataregulation/pdf/112012.pdf, S. 1, 7.
1038 Siehe *Jandt/Kieselmann/Wacker*, DuD 2013, 235, 238 sowie *Kalabis/Selzer*, DuD 2012, 670, 671 ff..
1039 *Jandt/Kieselmann/Wacker*, DuD 2013, 235, 239.
1040 *Jandt/Kieselmann/Wacker*, DuD 2013, 235, 239.
1041 *Kalabis/Selzer*, DuD 2012, 670, 672.

„analogen Lücke" im Stande ist. Nach derzeitigem Stand der Technik ist demnach ein wörtliches „Vergessen" in dem Sinne, dass jede – auch vom einzelnen Betrachter analog angefertigte – Kopie der Daten gelöscht wird, technisch nicht realisierbar. Was mindestes bleibt, ist die „analoge Lücke" – eine Erkenntnis, mit der sich sowohl Informatiker als auch Juristen abfinden müssen.[1042] Die „analoge Lücke" bildet insoweit die Grenze des technischen Machbaren und markiert damit auch die Grenze zur rechtlichen Unmöglichkeit.[1043]

dd. Möglichkeiten zum Auffinden digital angefertigter Kopien und Verlinkungen

Die Auffindbarkeit der Daten unterliegt unterschiedlichen Herausforderungen, je nachdem, ob die Daten unbewusst und systembedingt kopiert wurden oder bewusst auf sie zugegriffen worden ist. Die beim Betrachtungsvorgang der Inhalte durch Internetnutzer erfolgenden systembedingten Datenspiegelungen sind technisch nicht nachzuvollziehen.[1044] Auch das weitere Verfahren mit diesen browserbedingt gespeicherten Daten kann der Dienstanbieter technisch nicht registrieren, etwa ob der Nutzer die Daten anschließend zusätzlich bewusst auf seinem Rechner abspeichert. Diese faktische Unmöglichkeit einer Nachvollziehung der systembedingten Datennutzung beim Datenabruf durch Betrachter wird insoweit als „digitale Lücke" bezeichnet, die neben der „analogen Lücke" eine weitere Kategorie der rechtlichen Unmöglichkeit im Rahmen der Umsetzungspflichten des Schuldners eines datenschutzrechtlichen Löschungsanspruchs bildet.[1045]

Anders liegt es bei *bewussten* Erstzugriffen auf die Daten: Vertreter der informationstechnologischen Fachliteratur schließen bei einem bewussten Zugriff eines Dritten auf die streitgegenständlichen Daten gleichzeitig auf die Anfertigung einer Kopie dieser Daten.[1046] Wenn eine Online-Suchmaschine, ein Webarchiv oder ein anderer Internetnutzer bewusst auf die entsprechenden Daten zugreifen, diese etwa herunterladen, um sie auf eigenen Servern zu speichern, kann der Dienstanbieter diesen Vorgang technisch nachvollziehen.[1047] Insbesondere kann der Zugriff auf die einzelnen personenbezogenen Daten, wie etwa Bilder oder

---

1042 Vergleiche *Jandt/Kieselmann/Wacker*, DuD 2013, 235, 238; ausführlich hierzu *Kalabis/Selzer*, DuD 2012, 670, 671 ff. sowie *Federrath/Fuchs/Hermann/Maier/Scheuer/Wagner*, DuD 2011, 403, 404.
1043 Vergleiche *Jandt/Kieselmann/Wacker*, DuD 2013, 235, 238.
1044 *Jandt/Kieselmann/Wacker*, DuD 2013, 235, 236.
1045 Vergleiche *Jandt/Kieselmann/Wacker*, DuD 2013, 235, 239.
1046 *Jandt/Kieselmann/Wacker*, DuD 2013, 235, 239.
1047 *Jandt/Kieselmann/Wacker*, DuD 2013, 235, 239.

Textdateien, theoretisch mittels sogenannter „Logdateien" festgestellt werden. Mit Hilfe dieser Technik kann der Zugriff von einer bestimmten IP-Adresse aus auf konkrete Daten nachvollzogen werden. Allerdings führt die Kenntnis der IP-Adresse nicht zwingend auch zu einer eindeutigen Identifizierungsmöglichkeit des Datenempfängers. Während dies bei bekannten IP-Adressen, wie denen großer Suchmaschinen oder Archivierungsdienste, möglich ist, scheitert die Identifizierung bei der Vielzahl unbekannter IP-Adressen, soweit sich der Betrachter nicht selbst identifiziert, etwa in Form eines Logins oder einer Bestellung.[1048]

ee. Das „Digitale Wasserzeichen"

Nach Vertretern der informationstechnologischen Fachliteratur sind die Systeme des sogenannten „Digital Rights Management" zumindest theoretisch dazu im Stande, eine ganzheitliche Löschung von Daten in der Form zu erreichen, dass allein die „analoge Lücke" bestehen bliebe.[1049] Für die Zielsetzung eines „Rechts auf Vergessen im Internet" kommen insoweit zwei Komponenten des „Digital Rights Management"-Systems in Betracht: Der „digitale Radiergummi", der etwa durch Programme wie „X-Pire!" den Selbstdatenschutz der Betroffenen bei selbst online gestellten Daten betrifft (siehe hierzu C. IV. 2. a. des dritten Kapitels) und das – im vorliegenden Abschnitt relevante – „digitale Wasserzeichen".[1050] Diese technische Implementierungsmethode soll der praktischen Schwierigkeit beggnen, etwaige Datenkopien auf Drittwebseiten überhaupt ausfindig zu machen.[1051] Konkret zielt es darauf ab, die Routen nachzuvollziehen, die Daten im Internet hinter sich gelegt haben, um auf diese Weise etwaige Kopien der Daten ausfindig zu machen. Vom Grundprinzip her beruht diese Implementierungsmethode auf der Anbringung spezieller Markierungen („Wasserzeichen") auf digitalen Medien unabhängig von ihrem Format, wobei die Markierungen nur mit einem geheimen Schlüssel lesbar sind.[1052] Eine effektive Funktion setzt dabei die Robustheit der Markierungen trotz

---

1048 Wenn sich der Nutzer unbekannter dynamischer IP-Adressen nicht selbst, etwa durch Log-in, identifiziert, bleibt dem Dienstanbieter lediglich die Möglichkeit, mittels der IP-Adresse durch Anfrage beim Provider den Besucher einschließlich seiner Kontaktdaten zu identifizieren. Provider dürfen derlei Auskünfte jedoch nur in eng geregelten Ausnahmefällen bei entsprechenden rechtlichen Grundlagen erteilen, und würden sich ansonsten nach deutschem Recht strafbar machen, siehe hierzu *Jandt/Kieselmann/Wacker*, DuD 2013, 235, 239.
1049 *Kalabis/Selzer*, DuD 2012, 670, 671 f.; *Gerling/Gerling*, DuD 2013, 445, 446.
1050 *Kalabis/Selzer*, DuD 2012, 670, 672.
1051 Vergleiche *Kipker/Voskamp*, DuD 2012, 737, 742.
1052 So *Kalabis/Selzer*, DuD 2012, 670, 674.

weiterer Verarbeitungsschritte, eine geringe Wahrnehmbarkeit, Sicherheit sowie Kapazität voraus.[1053] Insbesondere kann beispielsweise der Betreiber eines sozialen Netzwerks an jeder hochgeladenen Datei, etwa einem online gestellten Bild, ein solches „digitales Wasserzeichen" anbringen. Dieses würde dann bei künftigen Kopiervorgängen auch den Kopien anhaften und bei einer entsprechenden Robustheit des Wasserzeichens auch eine offline-Speicherung und den anschließend eigenen Upload überstehen.[1054]

b. Zumutbarkeit des Aufspürens von Datenkopien nach bewussten Datenzugriffen Dritter

Nach der Darstellung der technischen Möglichkeiten wird im folgenden Abschnitt die Zumutbarkeit eines solchen Aufspürvorgangs für den Primärseitenbetreiber diskutiert. Hierbei stellt sich die Frage, inwieweit dem Verantwortlichen überhaupt die – technisch mögliche – aktive eigene Aufspürung solcher Datenkopien und Verlinkungen zumutbar ist und er in seinem eigenen Interesse entsprechende Suchwerkzeuge wie das „Logging" oder das „digitale Wasserzeichen" für die auf seiner Webseite veröffentlichten personenbezogenen Daten verwenden sollte. Die Konkretisierung der Zumutbarkeit wird in Zukunft auch dazu dienen, den unbestimmten Rechtsbegriff der „angemessenen Maßnahmen" in Artikel 17 Absatz 2a Datenschutz-Grundverordnung deutlicher zu fassen. Konkret erfordert die Prüfung der Zumutbarkeit eine umfassende Rechtsgüterabwägung im Einzelfall.[1055]

Bislang ist nicht abschließend geklärt, welche Aktivitäten von der verantwortlichen Stelle im Hinblick auf die Auffindung angefertigter Datenkopien verlangt werden können. In der Vergangenheit haben sich einzelne deutsche Gerichte und Vertreter der rechtswissenschaftlichen Literatur[1056] mit der Umsetzungsreichweite von Unterlassungsansprüchen im Internet in anderen zivilrechtlichen Rechtsgebieten befasst, wie dem Marken-, Urheber-, Wettbewerbs- und Äußerungsrecht. Wenngleich sie im Zusammenhang mit Löschungsansprüchen aus anderen privatrechtlichen Rechtsgebieten formuliert wurden, sind sie dennoch auf die vorliegend relevanten datenschutzrechtlichen Löschungsansprüche im Internet übertragbar.[1057] Schließlich ist gerade der datenschutzrechtliche Löschungsanspruch

---

1053 Zu den technischen Voraussetzungen digitaler Wasserzeichen im Einzelnen *Kalabis/Selzer*, DuD 2012, 670, 673 f..
1054 *Kalabis/Selzer*, DuD 2012, 670, 675.
1055 So auch *Libertus*, ZUM 2005, 627, 629, 631.
1056 *Nolte*, ZRP 2011, 236, 239 f..
1057 *Nolte*, ZRP 2011, 236, 239 f.; *Libertus*, ZUM 2005, 621, 627 ff.; *Gerling/Gerling*, DuD 2013, 445, 446.

Ausdruck des Rechts auf informationelle Selbstbestimmung und damit Teil des Allgemeinen Persönlichkeitsrechts. Hinzu kommt, dass trotz unterschiedlicher Rechts*grund*voraussetzungen all diese Löschungsansprüche ab dem Zeitpunkt ihres Bestehens die gleichen technischen Herausforderung auf der Rechts*folgen*seite vor sich haben: Die Umsetzung des Anspruchs in Gestalt der „Löschung" im Medium des Internets. Im Folgenden wird daher nach der Zugrundelegung des Rechtsschutzbedürfnisses der Betroffenen in der Praxis als Orientierungsmaßstab der Begriff der „angemessenen Maßnahmen" im Sinne des Artikels 17 Absatz 2a Datenschutz-Grundverordnung konkretisierend ausgelegt.

aa. Orientierung am realen Rechtsschutzbedürfnis

Einem wörtlich verstandenen „Vergessen" im Internet steht die „analoge Lücke" entgegen (siehe A. IV. 3. a. cc. dieses Kapitels). Dieser Aspekt darf jedoch nicht die Durchsetzbarkeit der datenschutzrechtlichen Löschungsansprüche im Netz insgesamt in Frage stellen.[1058] Vielmehr sollte die Frage der technischen Möglichkeiten auf das Ziel hin ausgerichtet werden, dem das tatsächliche Rechtsschutzbedürfnis des Betroffenen in der Praxis zugrunde liegt. Zwar mag eine ganzheitliche Löschung auch aus Sicht des Betroffenen den Idealfall darstellen. Jedoch müssen sich um die „Unschließbarkeit" der analogen Lücke vorwiegend Personen sorgen, deren Daten einem besonderen Interessantheitsgrad unterliegen, bei denen es also häufig vorkommt, dass die Daten analog gespeichert und sodann erneut online veröffentlicht werden, wie bei absoluten Personen der Zeitgeschichte. In vielen anderen Fällen wird dem Betroffenenbedürfnis nicht allein durch eine Löschung diesen Ausmaßes entgegen gekommen werden können. Vielmehr werden viele Betroffene mit der Erlangung eines datenschutzrechtlichen Löschungsanspruchs primär erreichen wollen, dass die weitere Auffindbarkeit, dauerhafte Verfügbarkeit und Weiterverbreitung der sie betreffenden Daten so eingeschränkt wird, dass diese im Rahmen der üblichen Internetrecherche nicht mehr aufgefunden werden können.[1059] Demnach sollte, soweit es um Datenkopien geht, die sich außerhalb der Server der verantwortlichen Stelle befinden, die Löschung nicht als vollständige Ausschließung der Reproduzierbarkeit im wörtlichen Sinne verstanden werden, sondern vielmehr als Förderung des Zustands der realistischen „Nicht-mehr-Auffindbarkeit" durch Beschränkung der Auffindbarkeit und Weiterverbreitung. Vor diesem Hintergrund wandeln einige Vertreter der rechtswissenschaftlichen Literatur den strengen Maßstab der funk-

---

1058 In diese Richtung jedoch *Nolte*, ZRP 2011, 236, 237, 239.
1059 Vergleiche *Jandt/Kieselmann/Wacker*, DuD 2013, 235, 235, 241.

tionalen Löschung dahingehend ab, dass es genügt, wenn das betreffende Datum unter Berücksichtigung der entsprechenden Technik innerhalb eines für die Speicherdauer relevanten Zeitraums nicht mehr mit vertretbarem Aufwand rekonstruiert werden kann.[1060]

bb. Verpflichtung zur Durchforstung von Online-Suchmaschinen
(1) Ansichten in Rechtsprechung und Fachliteratur
Sowohl in der deutschen Rechtsprechung[1061] als auch unter den Vertretern der rechtswissenschaftlichen Literatur[1062] herrscht im Wesentlichen Einigkeit, dass von einem Löschungsschuldner nicht die Durchforstung sämtlicher Online-Suchmaschinen gefordert werden kann. Lediglich das *Landgericht Frankfurt am Main* hat in einem markenrechtlichen Fall aus dem Jahr 2000 vom Gegner eines Löschungsanspruchs verlangt, dafür Sorge zu tragen, dass die Rechtsverletzung – in diesem Fall eine online abrufbare Wortmarke – auch aus sämtlichen Online-Suchmaschinen entfernt werde.[1063] Demgegenüber legte insbesondere das *Oberlandesgericht Hamburg* den Umfang der Löschungspflicht weniger weit aus, wonach der Verantwortliche die zu löschenden Daten nicht als Suchbegriff in sämtlichen Online-Suchmaschinen einzugeben und zu überprüfen habe, ob diese Daten von anderen Dritten verwendet würden.[1064] Auch sei der Löschungsschuldner ohne konkrete Anhaltspunkte nicht dazu verpflichtet, einzelne Suchmaschinenbetreiber zu veranlassen, die von ihnen zuvor selbst gelöschten Webinhalte bei Eingabe entsprechender Suchbegriffe nicht mehr mittels des Cache-Speichers aus dem Server der Suchmaschine selbst anzuzeigen.[1065] Angesichts der Vielzahl von Suchmaschinen wäre damit ein unzumutbarer Aufwand verbunden.[1066] Vielmehr dürfe sich ein Verantwortlicher, der die Inhalte von seinen Servern vollständig gelöscht habe, darauf verlassen, dass die Online-Suchmaschinen ihre Datenbanken regelmäßig aktualisierten und die gelöschten Daten so von selbst von den Drittservern verschwänden.[1067] Derartige Aktualisierungen erfolgen in der Praxis regelmäßig innerhalb von maximal

---

1060 *Jandt/Kieselmann/Wacker*, DuD 2013, 235, 241.
1061 *Oberlandesgericht Hamburg*, MMR 2003, 279, 279.
1062 *Libertus*, ZUM 2005, 627, 629; *Gstrein*, ZD 2012, 424, 425.
1063 *Landgericht Frankfurt am Main*, MMR 2000, 493, 493.
1064 *Oberlandesgericht Hamburg*, MMR 2003, 279, 279.
1065 *Oberlandesgericht Hamburg*, MMR 2003, 279, 279.
1066 *Libertus*, ZUM 2005, 627, 629.
1067 *Oberlandesgericht Hamburg*, MMR 2003, 279, 279; *Libertus*, ZUM 2005, 627, 630.

sechs Monaten.[1068] Nach dieser Auffassung gehört es nicht zur Sorgfaltspflicht des Löschungsschuldners, damit zu rechnen, dass die weitere Speicherung und Auffindbarkeit auf dem Server eines Dritten für einen längeren Zeitraum erfolgt. Ebenso ist eine Blockade sämtlicher Internetadressen, die die betreffenden Inhalte enthalten, unzumutbar.[1069]

In diese Richtung gehen auch die überwiegenden Ansichten in der rechtswissenschaftlichen Literatur: Ein präventives Aufspüren und Löschen der internetweit verbreiteten Kopien wird insbesondere aufgrund der technischen Herausforderung verneint. So sei es nicht mehr Teil der Löschungsverpflichtung, sämtliche oder besonders bekannte Online-Suchmaschinen auf ihre Suchergebnisse hin zu überprüfen. Dagegen spricht bereits, dass die verantwortliche Stelle keine umfassende Kenntnis davon hat, welche Stellen die Daten für sich indexiert oder gespeichert haben.[1070] Das Ausfindigmachen all dieser Stellen ist angesichts ihrer Vielzahl sowie aufgrund der dynamischen Veränderungen in den Popularitätsverhältnissen von Internetdiensten dem Verantwortlichen nicht zumutbar.[1071]

(2) Argumentationsansatz unter Berücksichtigung der künftigen Rechtsentwicklung

Auch nach vorliegender Ansicht wird eine proaktive Verpflichtung des Löschungsschuldners zur Durchforstung des Internets und im Besonderen der Online-Suchmaschinen für nicht zumutbar erachtet. Gegen eine solche Pflicht sprechen im Wesentlichen drei Argumente: Erstens die unüberschaubare Anzahl von Online-Suchmaschinen, zweitens die regelmäßigen Aktualisierung der inkriminierenden Inhalte nach einer gewissen Zeit mit der Folge der Entfernung der gelöschten Inhalte und drittens die rechtliche Möglichkeit des Betroffenen, einen direkten Löschungsanspruch gegen den Suchmaschinenbetreiber zu erheben.

So ist die grundsätzliche und pauschale Verpflichtung des Verantwortlichen zum Auffinden und zur Dokumentation sämtlicher Zugriffe auf die streitgegenständlichen Daten durch den Einsatz „digitaler Wasserzeichen" nicht unter die „angemessenen Maßnahmen" zu subsumieren: Diese Methode wäre für den Dienstanbieter mit erheblichen Kosten verbunden, da hierbei letztlich der gesamte Datenverkehr ausgehend von den Daten auf seinem Server auf diese Weise

---

1068 *Oberlandesgericht Oldenburg*, NJW-RR 2000, 1143, 1144.
1069 Vergleiche *Landgericht Berlin*, MMR 2005, 324, 325.
1070 *Nolte*, ZRP 2011, 236, 239.
1071 *Libertus*, ZUM 2005, 627, 629.

überwacht werden müsste. Hinzu kommt, dass eine solche Umsetzungsverpflichtung dem Grundsatz der Datensparsamkeit widerspräche, da hierdurch wiederum mehr personenbezogene Daten von dem Downloadempfänger erhoben würden, als für die angebotenen Dienste erforderlich wären.[1072]

Gegen eine proaktive Überwachungspflicht spricht weiterhin die Rechtsprechung des *Europäischen Gerichtshofs* in seinem „Google"-Urteil, wonach dem Betroffenen unter bestimmten Voraussetzungen ein direkter Löschungsanspruch gegen den Betreiber einer Online-Suchmaschine zusteht (siehe hierzu fünftes Kapitel). Diese Rechtsprechung wirkt sich auf die Auslegung von Artikel 17 Datenschutz-Grundverordnung aus: Würde der primär Verantwortliche im Wege der „angemessenen Maßnahmen" gemäß Artikel 17 Absatz 2a Datenschutz-Grundverordnung bereits zu einer aktiven Aufspürung sämtlicher Dritter, die die Daten halten, verpflichtet, würde die Verantwortlichkeit in unausgeglichener Weise zu seinen Lasten verschoben werden. Die Verantwortlichkeit soll nach der Intention des Verordnungsgebers gerade nicht mehr vollständig dem Verantwortlichen auferlegt werden, sondern ausgeglichener zwischen diesem und dem Betroffenen verteilt werden. So kann und soll der Betroffene durch seinen Direktanspruch gerade *selbst* gegen die Suchmaschinenbetreiber vorgehen. Zusammenfassend ist festzuhalten, dass der Löschungsschuldner ohne konkrete Anhaltspunkte nicht über die Löschung der Daten von den eigenen Servern hinaus dazu verpflichtet ist, Online-Suchmaschinen zu durchforsten, um etwaige Kopien der Daten durch Dritte aufzuspüren.

cc. Löschungsbemühungen innerhalb eines Kommunikationsnetzwerks

Speziell bei zu löschenden personenbezogenen Postings in Kommunikationsnetzwerken, wie sozialen Netzwerken oder Meinungsforen, stellt sich bei der Umsetzung der Löschungspflichten für Netzwerkbetreiber eine weitere Herausforderung: So wird im Folgenden geprüft, ob ein datenschutzrechtlicher Löschungsanspruch hinsichtlich eines solchen Einzelpostings den Onlinedienstanbieter über die Löschung der entsprechenden Daten aus den eigenen Servern hinaus zur zusätzlichen Löschung von Postings *anderer* Mitglieder verpflichten kann, die auf das streitgegenständliche Posting des Betroffenen Bezug nehmen. In diesem Zusammenhang wird bereits diskutiert, ob solche bezugnehmenden Postings überhaupt unter den Anwendungsbereich der künftig relevanten Umsetzungsnorm des Artikels 17 Absatz 2a Datenschutz-Grundverordnung subsumiert

---

1072 So auch *Jandt/Kieselmann/Wacker*, DuD 2013, 235, 239.

werden können.[1073] Eine grundsätzliche Ausnahme der Betreiber sozialer Netzwerke vom Anwendungsbereich der Norm würde allerdings der Intention des Verordnungsgebers widersprechen, vor allem den Datenumgang durch soziale Netzwerke gesetzlich zu regulieren.

Im Ergebnis ist die Zumutbarkeit einer derartigen Aufspürpflicht des Betreibers innerhalb seines Kommunikationsnetzwerkes unzumutbar: So vertritt *Ohly*, dass es sich dabei um eine derartige Ausnahmesituation handele, in der die Erfüllung einer Löschungsverpflichtung entsprechend der §§ 275 Absatz 2, 242 Bürgerliches Gesetzbuch unverhältnismäßig sei.[1074] Zudem sei eine derartige Löschungsverpflichtung nur mit einem übermäßigen Aufwand zu erfüllen, was aber aufgrund der schweren bis praktisch unmöglichen Umsetzbarkeit nicht mehr im Rahmen des Vertretbaren läge.[1075] Zudem würde hierdurch ein Archiv destruiert werden können, das auf Vollständigkeit ausgelegt ist.[1076]

dd. Verpflichtungsumfang bei Hinweis durch den Betroffenen

Bislang wurde dargelegt, dass der Löschungsschuldner ohne konkrete Anhaltspunkte nicht zu einer Durchforstung des Internets verpflichtet werden kann, um etwaige Kopien der gegenständlichen Daten aufzuspüren. Liegen hingegen besondere Anhaltspunkte vor, sollte der Verantwortliche grundsätzlich zu einer Auffindung verpflichtet werden können. Insbesondere ist dem primär Verantwortlichen die genauere Identifizierung von Kopien oder Verlinkungen der streitgegenständlichen Daten auf Webseiten Dritter zumutbar, soweit er durch einen Hinweis des Betroffenen entsprechende Kenntnis erlangt hat.[1077] In dieser Situation kann das Argument der Unzumutbarkeit aufgrund der Unüberschaubarkeit potentieller Datenkopien nicht mehr gelten. Weiterhin stellt sich die Frage, inwieweit der Verantwortliche im Zuge dessen verpflichtet werden sollte, auch den Betreiber der fremden Webseite selbst zu identifizieren. Die Identifizierung des „Dritten" ist jedenfalls dann unzumutbar, soweit dem Verantwortlichen lediglich eine dynamische IP-Adresse vorliegt. Hier wäre eine Identifizierung allein durch Anfrage beim Provider denkbar, die aber in den wenigen Fällen, in denen sie nicht ohnehin rechtlichen Restriktionen unterläge, mit einem Aufwand für den Verantwortlichen verbunden wäre, der nicht im Verhältnis zum Nutzen für den

---

1073 Dies ablehnend *Kipker/Voskamp*, DuD 2012, 737, 742.
1074 *Ohly*, AfP 2011, 428, 434.
1075 So *Kipker/Voskamp*, DuD 2012, 737, 742.
1076 *Ohly*, AfP 2011, 428, 434.
1077 *Libertus*, ZUM 2005, 627, 630 f.; vergleiche ebenso *Nolte*, ZRP 2011, 236, 239.

Betroffenen stünde. Zumutbar sollte hingegen die Identifizierung solcher Dritter sein, deren IP-Adressen aufgrund ihrer großen Popularität bekannt sind, soweit eine Identifizierung über das Impressum möglich ist sowie in dem Fall, dass sich der Dritte selbst durch „Log-in" zu erkennen gegeben hat. In dieser Situation überwiegt nach diesseitiger Ansicht das Interesse des Betroffenen an der effektiven Unterbindung der weiteren Auffindbarkeit seiner Daten den Aufwand des Verantwortlichen. Klarzustellen ist jedoch, dass es als nicht zielführend angesehen würde, einen Katalog der „allgemein bekannten Dritten" zu fixieren und bei der vorliegenden rechtlichen Bewertung heranzuziehen. Aufgrund der Vielzahl der potentiellen Stellen sowie der rasanten Veränderungen der jeweiligen Popularitätsverhältnisse wäre dies kein interessengerechter Maßstab.[1078]

ee. Onlinedienste, die auf dauerhafte Webarchivierung ausgelegt sind

Einen anderen Auftrag als die Speicherung und Online-Anzeige mittels Cache-Speicher und Server, die regelmäßig aktualisiert werden, erfüllen die dauerhaften Internet- oder Webarchive. Das insoweit größte ist „The Internet Archive",[1079] eine Onlineplattform aus San Francisco, die seit 1996 sämtliche Internetseiten weltweit dauerhaft speichert und diese seit 1999 mittels der Suchmaschine „The WayBack Machine" zum freien Abruf für jeden Internetnutzer bereit hält.[1080] Webarchive müssen in ihrer rechtlichen Bewertung von vorübergehenden Speichermedien differenziert werden.[1081] Dies gilt besonders für die Zumutbarkeit im Hinblick auf ihre proaktive Durchforstung durch den Primärverantwortlichen. Hier kann insbesondere das Argument der regelmäßigen automatischen Aktualisierung der entsprechenden Speicher nicht angeführt werden, da das Webarchiv gerade nicht auf eine solche automatische Aktualisierung ausgelegt ist. Nichtsdestotrotz wird nach diesseitiger Ansicht vertreten, dass auch eine Durchforstung der weltweiten Webarchive durch den Löschungsschuldner unzumutbar ist, weil es auch an diesen Diensten eine sich stetig verändernde, kaum überschaubare Anzahl im Internet gibt. Ohne eine entsprechende Kenntnisnahme auf Veranlassung des Betroffenen hin ist der Primärverantwortliche jedenfalls nicht dazu verpflichtet, von der Existenz solcher permanenter Archive, wie „The Internet Archive", zu wissen oder diese von sich aus zu durchforsten.[1082]

1078 Ähnlich *Libertus*, ZUM 2005, 627, 629.
1079 Online abrufbar unter www.archive.org.
1080 *Libertus*, ZUM 2005, 627, 630.
1081 *Libertus*, ZUM 2005, 627, 630.
1082 Vergleiche *Libertus*, ZUM 2005, 627, 630 f..

ff. Rechtliche Zumutbarkeit der Verwendung digitaler Wasserzeichen

Die in A. IV, 3. b. aa. dieses Kapitels dargestellte Zielsetzung, die Rekonstruktion eines streitgegenständlichen Datums mit vertretbarem Aufwand auszuschließen, bedarf vor allem einer technischen Methode, Datenkopien auf Servern Dritter leichter auffinden zu können. Nach dem derzeitigen Stand der Technik existiert mit dem sogenannten „digitalen Wasserzeichen" ein realistischer Mechanismus: Diese Implementierungsmethode zielt auf die Nachvollziehbarkeit der Datenroute ab (siehe A. IV. 3. a. ee. dieses Kapitels) und kann insbesondere bei vom Betroffenen selbst eingestellten Daten helfen, etwaige Kopien aufzuspüren. Wenngleich sein Erfolg maßgeblich von der Robustheit des Wasserzeichens im Einzelfall abhängt, stellt es ein zu begrüßendes Instrument zur technischen Stärkung des Datenschutzes dar. Auch in diesem Kontext gilt es allerdings, die Grenze der Zumutbarkeit zu beachten. So würde der Umgang mit Wasserzeichen mit einem erheblichen zusätzlichen Aufwand für die Onlinedienstanbieter einhergehen. Neben dem Anbringen der Wasserzeichen müssten diese die entsprechenden Wasserzeicheninformationen auf eigenen Datenbanken speichern.[1083] Nach diesseitiger Ansicht würde eine grundsätzliche Verpflichtung der Dienstanbieter zur Verwendung digitaler Wasserzeichen für veröffentlichte Onlineinhalte mit personenbezogenen Daten aufgrund des damit verbundenen technischen Aufwands die Grenze der Zumutbarkeit übersteigen. Zum aktuellen Zeitpunkt könnte nicht jeder Dienstanbieter dazu verpflichtet werden, diese technische Implementierungsmethode in sein Repertoire aufzunehmen, wenngleich dies Vertretern der informationstechnologischen Fachliteratur zufolge wünschenswert wäre.[1084] Soweit ein Dienstanbieter jedoch die Implementierungsmethode der „digitalen Wasserzeichen" grundsätzlich einsetzt, sollte ihm die Anbringung eines solchen an ein vom Betroffenen eingestellten Datum zumutbar sein, soweit dieser den Dienstanbieter darum bittet. Hierdurch würde gewährleistet, dass der Verantwortliche nur dann einen entsprechenden Zeit- und Kostenaufwand tätigt, wenn es dem Betroffenen besonderes wichtig ist. Nur im Falle einer solchen von vorneherein zumutbaren Anbringung eines digitalen Wasserzeichens sollte der entsprechende Dienstanbieter bei einem Löschungsanspruch zur tatsächlichen Verfolgung der Datenroute über dieses Instrument verpflichtet sein.

1083 Siehe *Kalabis/Selzer*, DuD 2012, 670, 675.
1084 Ebenso *Kalabis/Selzer*, DuD 2012, 670, 675.

4. Einflussnahme auf die anderen Stellen

Neben der soeben erörterten Auffindbarkeit setzt eine erfolgreiche Löschung auch eine Einflussnahme auf diese entsprechend aufgefundenen Datenkopien voraus. Da eine technische Zugriffsmöglichkeit des Primärverantwortlichen auf fremde Datenserver von vorneherein wegen Unmöglichkeit ausscheidet, kommt es in diesem Zusammenhang maßgeblich darauf an, welche Form der Einflussnahme des Primärverantwortlichen auf entsprechende Inhaber von Drittservern zumutbar ist. Während die bisherigen Datenschutzgesetze hierzu nicht Stellung nehmen, wird die Einflussnahme bei Datenkopien durch Dritte in Zukunft gerade in Artikel 17 Absatz 2a Datenschutz-Grundverordnung geregelt. Folgende Aspekte dieser Norm stehen im Folgenden in der Diskussion: Erstens die dogmatische Ausgestaltungsform von Absatz 2; zweitens die Verteilung der Verantwortung bei einer datenschutzrechtlichen Löschung im Internet, drittens die Konkretisierung des Begriffs der „angemessenen Maßnahmen" und viertens die fehlenden Regelungen zu den Konsequenzen bei einer Nichterfüllung der gesetzlich normierten Umsetzungspflichten.

a. Dogmatische Ausgestaltung und Verantwortungsverteilung nach Artikel 17 Absatz 2a Datenschutz-Grundverordnung

aa. Entwicklung des Normtextes

Zunächst hatte die Europäische Kommission in einem inoffiziellen Entwurf vom November 2011 die Norm mit einem erheblich weiten Pflichtenumfang formuliert.[1085] Darin war vorgesehen, dass der Verantwortliche „sicherzustellen" habe, dass keine Links oder Kopien der gelöschten Informationen „mehr öffentlich verfügbar" seien.[1086] In ihrem offiziellen Verordnungsentwurf von Januar 2012 formulierte sie Artikel 17 Absatz 2 Datenschutz-Grundverordnung als reine Informationspflicht.[1087]

1085 Online abrufbar unter: www.Statewatch.org/news/2011/dec/eu-com-draft-dp-reg-inter-service-consultation.pdf.

1086 Der konkrete Normtext des damaligen Artikels 15 Absatz 2 Datenschutz-Grundverordnung (Entwurf) lautete: „*Where the controller referred to in paragraph 1 has made the data public, it shall in particular ensure the erasure of any public internet link to, copy of, or replication of the personal data relating to the data subject contained in any publicly availyble communication service which allows or facilitates the search of or access to this personal data*".

1087 In der offiziellen Kommissionsfassung lautete Artikel 17 Absatz 2 Datenschutz-Grundverordnung: „*Hat der (…) Verantwortliche die personenbezogenen Daten*

Das Europäische Parlament gab dem Verantwortlichen in seiner Version von Artikel 17 Absatz 2 Datenschutz-Grundverordnung vergleichsweise offenere Umsetzungspflichten auf:

> „Hat der (...) Verantwortliche die personenbezogenen Daten (...) öffentlich gemacht, so hat er unbeschadet des Artikels 77 alle zumutbaren Maßnahmen zu ergreifen, um die Daten zu löschen und bei Dritten löschen zu lassen. Der (...) Verantwortliche unterrichtet die betroffene Person, soweit möglich, über die von betroffenen Dritten ergriffenen Maßnahmen.

Mit der finalen Fassung von Artikel 17 Absatz 2a Datenschutz-Grundverordnung kehrt der Verordnungsgeber zu der von der Kommission vorgeschlagenen Informationspflicht zurück (siehe A. IV. 2. dieses Kapitels):

> „Hat der für die Verarbeitung Verantwortliche die personenbezogenen Daten öffentlich gemacht und ist er gemäß Absatz 1 zu deren Löschung verpflichtet, so trifft er unter Berücksichtigung der verfügbaren Technologie und der Implementierungskosten angemessene Maßnahmen, auch technischer Art, um für die Datenverarbeitung Verantwortliche, die die Daten verarbeiten, darüber zu informieren, dass eine betroffene Person von ihnen die Löschung aller Links zu diesen personenbezogenen Daten oder von Kopien oder Replikationen dieser Daten verlangt hat."

bb. Bewertung

Einige Rechtswissenschaftler kritisieren die Ausgestaltung der Rechtsfolge als reine Informationspflicht.[1088] Insbesondere wurde hierbei kritisiert, dass im Falle einer reinen Informationspflicht der normative Inhalt des Artikels 17 Datenschutz-Grundverordnung hinter seinem prominent gewählten Titel „Recht auf Vergessenwerden" weit zurückbliebe.[1089] Diese Stimmen befürworten insoweit die weiter gehende Formulierung des Artikels 17 Absatz 2 Datenschutz-Grundverordnung, wie sie das Europäische Parlament gefasst hatte. Eine „Sicherstellungspflicht" der Löschung durch Dritte, wie in der inoffiziellen Verordnungsfassung der Kommission, stellte aber auch die Parlamentfassung nicht dar. Vielmehr war diese Fassung ein Mittelweg zwischen einer „Sicherstellung" der Löschung durch Dritte und einer reinen Informationspflicht.

> öffentlich gemacht, unternimmt er (...) alle vertretbaren Schritte, auch technischer Art, um Dritte, die die Daten verarbeiten, darüber zu informieren, dass eine betroffene Person von ihnen die Löschung aller Querverweise auf diese personenbezogenen Daten oder von Kopien oder Replikationen dieser Daten verlangt. (...)".

1088 Heckmann, in: Leible/Kutschke, 17, 21; Hornung, ZD 2012, 99, 101.
1089 Jandt/Kieselmann/Wacker, DuD 2013, 235, 238; Hornung, ZD 2012, 99, 103; Roßnagel/Richter/Nebel, ZD 2013, 103, 107.

Mit der Endfassung von Artikel 17 Absatz 2a Datenschutz-Grundverordnung wird die rechtliche Verantwortlichkeit bei der Umsetzung eines datenschutzrechtlichen Löschungsanspruchs im Internet neu verteilt. Sie liegt nunmehr zu einem Großteil beim Primärverantwortlichen. Hierfür spricht zum einen die Ausgestaltung des zweiten Absatzes als reine Pflichtenregelung für den Verantwortlichen. Zudem enthält die Norm – anders als in der vorherigen Parlamentsfassung vorgesehen – gerade keinen direkten Löschungsanspruch des Betroffenen gegen „Dritte", wenngleich ein solcher etwa gegenüber Suchmaschinenbetreibern über die Grundsätze des „Google"-Urteils hergeleitet werden können (siehe Abschnitt E des fünften Kapitels). Folglich gibt Artikel 17 Absatz 2a Datenschutz-Grundverordnung dem Verantwortlichen zwar lediglich eine reine Informationspflicht gegenüber den Dritten auf, legt ihm dabei jedoch die meiste Verantwortlichkeit auf.

Konsequenter war die Verteilung der Verantwortlichkeit, wie sie vom Europäischen Parlament beabsichtigt war. Ebenso wünschenswert wie die Wiederaufnahme des Direktanspruchs gegen Dritte im Verordnungstext (siehe G. II. des fünften Kapitels) wäre auch die Verteilung der Verantwortlichkeit, wie sie in Artikel 17 Absatz 2 Datenschutz-Grundverordnung des Parlamentsentwurfs vorgesehen war. Danach war der Umfang der Einflussnahme insoweit angehoben, als dass der Verantwortliche über eine reine Information hinaus alle zumutbaren Maßnahmen zu ergreifen habe; dies wurde wiederum durch die Etablierung eines Direktanspruchs des Betroffenen gegenüber dem Dritten auf Löschung ausgeglichen. Dieser Vorschlag nahm den Internetdiensten die alleinige Umsetzungsverantwortlichkeit ab und verteilte sie zusätzlich auf den Betroffenen selbst.

b. Konkretisierung der „angemessenen Maßnahmen"

Allen Verordnungsentwürfen ist gemein, dass die Grenze der Einflussnahme bei den „vertretbaren" (Kommissionsentwurf), „zumutbaren" (Parlamentsentwurf) beziehungsweise „angemessenen" Maßnahmen (Finalfassung) liegt. Dieser unbestimmte Rechtsbegriff sollte zur Stärkung der Rechtssicherheit für die Dienstanbieter und zur Transparenz für die Betroffenen konkretisiert werden. Ansonsten bestünde die Befürchtung, dass einzelne Verantwortliche die ihnen zumutbaren Maßnahmen selbst nach freiem Belieben bestimmen würden.

Die Verpflichtung zur „Information" in Artikel 17 Absatz 2a Datenschutz-Grundverordnung spricht dabei für eine aktive Handlung, weswegen ein bloßer Hinweis des Primärverantwortlichen auf seiner eigenen Homepage hierfür nicht ausreicht. Vielmehr sollte eine aktive Nachricht gegenüber dem Dritten erfolgen.[1090] Auf deren Form dürfte es dem Normzweck nach nicht ankommen. Dabei sollte – entsprechend der Regelungen über den Zugang von Willenserklärungen – auf die Möglichkeit des Dritten zur Kenntnisnahme abgestellt werden. Sodann stellt sich die Frage, welche Formen der Einflussnahme auf den Dritten darüber hinaus zumutbar sind. Nach diesseitiger Ansicht sollte der Primärverantwortliche über die einseitige Informierung des Dritten mit dessen Möglichkeit zur Kenntnisnahme hinaus intensiveren Kontakt zum Dritten aufnehmen, ihn dabei ausdrücklich zur Löschung der Daten auffordern und ihn auf den potentiellen direkten Löschungsanspruch des Betroffenen nach Artikel 17 Absatz 1 Datenschutz-Grundverordnung hinweisen. Zudem sollten sich die zumutbaren Maßnahmen daran orientieren, wie kompliziert sich eine fruchtbare Kontaktaufnahme im Einzelfall gestaltet. Beispielsweise genügt beim Webarchiv „The Internet Archive" eine einfache E-Mail an den Archivbetreiber, damit dieser konkrete Webseiten entfernt.[1091] Jedenfalls soweit ein Webdienst bekanntermaßen eine derart unkomplizierte und erfolgversprechende Form der Löschungsanfrage bereithält, hat der Löschungsschuldner diese Kontaktierungsmaßnahme vorzunehmen und darüber hinaus zumindest einmal zu kontrollieren, ob der Dritte seiner Löschungsverpflichtung innerhalb eines angemessenen Zeitraums nachgekommen ist. Falls nicht, sollte die Pflicht zu einer erneuten Aufforderung jedenfalls in Fällen bestehen, in denen die Kontaktaufnahme besonders einfach möglich ist, wie etwa gegenüber „The Internet Archive". Die Verpflichtung zu mehr als *einer* erneuten Aufforderung würde jedoch den Bereich der „angemessenen Maßnahmen" übersteigen und ginge über die Ausgestaltung von Artikel 17 Absatz 2a Datenschutz-Grundverordnung als reiner Informationspflicht hinaus.[1092]

c. Fehlende Regelung der Konsequenzen

Der Verordnungstext trifft keine Aussage dazu, wie der nach Artikel 17 Absatz 2a Datenschutz-Grundverordnung informierte (Dritt-)Betreiber auf die Einflussnahme des Primärverantwortlichen reagieren muss und welche Konsequenzen ihm im Falle einer Zuwiderhandlung drohen. Auch wird dem Primärverantwortlichen kein gesetzliches Mittel gegeben, um sicherzustellen, dass der Betreiber die Daten tatsächlich löscht, oder ihn hierzu zwingen zu können. Insbesondere ist die Norm nicht als Rechtsanspruch des Verantwortlichen gegen den Dritten auf

---

1090 *Hornung*, ZD 2012, 99, 103; *Wybitul/Rauer*, ZD 2012, 160, 162.
1091 *Libertus*, ZUM 2005, 627, 630.
1092 Ähnlich *Libertus*, ZUM 2005, 627, 630 f.

Löschung ausgestaltet.[1093] Vielmehr handelt es sich um eine reine Rechtsfolgenbestimmung des Löschungsanspruchs des Betroffenen aus Artikel 17 Absatz 1 Datenschutz-Grundverordnung dahingehend, was der Primärverantwortliche erfüllen muss, um seiner Löschungsverpflichtung zu entsprechen.

Aufgrund dessen fehlender Einwirkungsmöglichkeit auf die Server Dritter wäre die Aufnahme einer entsprechenden Regelung in den Normtext besonders wünschenswert. Ansonsten ist zu befürchten, dass sich diese Norm in einer Rechtspflicht des Primärverantwortlichen ohne Durchsetzungskraft erschöpft. Vorgeschlagen wird zum einen die entsprechende Umformulierung von Artikel 17 Absatz 2 Datenschutz-Grundverordnung in einen ausdrücklichen Rechtsanspruch des Verantwortlichen gegenüber dem Dritten. Zum anderen sollte eine spiegelbildliche Löschungsverpflichtung des Dritten mit entsprechenden Sanktionsfolgen bei Zuwiderhandlung im Gesetz normiert werden.[1094]

B. Sanktionen als Rechtsfolge

Die Umsetzung eines datenschutzrechtlichen Löschungsanspruchs wird in der Praxis letztlich nur effektiv erfolgen, soweit sich die Anspruchsgegner in der Praxis tatsächlich verpflichtet fühlen. Eine rein gesetzliche Anordnung der Verpflichtung reicht dabei regelmäßig nicht aus, wie sich in der Vergangenheit gezeigt hat. So wird ein wesentlicher Erfolgsfaktor für das „Recht auf Vergessen" in der Praxis weiterhin in den Sanktionierungsmechanismen liegen, die bei Nichterfüllung entsprechender Verpflichtungen drohen.

I. Sanktionen nach derzeitiger Rechtslage

Trifft ein Verantwortlicher nicht die erforderlichen organisatorischen Vorkehrungen zur Berücksichtigung eines berechtigten Löschungsgesuchs, können die datenschutzrechtlichen Aufsichtsbehörden gemäß § 38 Absatz 5 Bundesdatenschutzgesetz eine entsprechende Anordnung treffen, die – je nach Stärke des Verstoßes – bis hin zur Untersagung des Betriebs des sozialen Netzwerks gehen kann.[1095] Verzögert oder unterlässt die verantwortliche Stelle eine bestehende Löschungspflicht nach § 35 Absatz 2 Satz 2 Bundesdatenschutzgesetz vorsätzlich oder fahrlässig, kann der Betroffene im Wege der Klage einen Schadensersatzanspruch geltend machen. Das wohl wirkungsvollste Sanktionsmittel sind im

---

1093 *Kipker/Voskamp*, DuD 2012, 737, 742; *Hornung*, ZD 2012, 99, 103.
1094 So *Gstrein*, ZD 2012, 424, 425 f. insbesondere für sensible Daten.
1095 *Jandt/Roßnagel*, MMR 2011, 637, 640.

Internet gleichwohl die drohenden Bußgelder: Im Falle einer unbefugten Datenverarbeitung kann der Verantwortliche mit einer Geldbuße von bis zu 300.000 € belegt werden, § 43 Absatz 2 Nummer 1, Absatz 3 Satz 1 Halbsatz 2 Bundesdatenschutzgesetz. Neben der Bußgeldahndung kann der Verantwortliche gemäß § 44 Absatz 1 Bundesdatenschutzgesetz einen Straftatbestand erfüllen, wenn er mit Bereicherungs- oder Schädigungsabsicht handelt oder die Daten gegen Entgelt weiterverarbeitet.

II. Sanktionen nach der Datenschutz-Grundverordnung

Auch nach künftiger Rechtslage werden die Sanktionsmechanismen der behördlichen Anordnung (Artikel 79 Datenschutz-Grundverordnung) sowie der Schadensersatzpflicht (Artikel 77 Datenschutz-Grundverordnung) weiter gelten. Dabei wurde die Schadensersatzpflicht auf immaterielle Schäden erweitert, Artikel 77 Absatz 1 Datenschutz-Grundverordnung. Besonders wird der Betroffenenanspruch auf Löschung durch die erhebliche Anhebung der Bußgelder gestärkt, wobei die Bußgeld*höhe* bei Verletzung des Betroffenenrechts auf Löschung in den jeweiligen Verordnungsfassungen erheblich variierte: So machte der Kommissionsentwurf die jeweilige Bußgeldhöhe von dem konkret verletzten Artikel abhängig und sah für den vorsätzlichen oder fahrlässigen Verstoß gegen das „Recht auf Vergessenwerden und auf Löschung" gemäß Artikel 79 Absatz 4c Datenschutz-Grundverordnung eine Geldbuße von bis zu EUR 500.000,- und bei Unternehmen von bis zu 1 % des weltweiten Jahresumsatzes, vor. Das Europäische Parlament vereinheitlichte die Bußgelder für alle Normen der Verordnung und verschärfte die Sanktionshöhe erheblich: Artikel 79 Absatz 2 lit. c) Datenschutz-Grundverordnung dieses Verordnungsentwurfs sah vor, bei jeglichem Verstoß gegen die Datenschutz-Grundverordnung ein Bußgeld von bis zu EUR 100.000.000,- oder 5 % des weltweiten Jahresumsatzes bei Unternehmen verlangen zu können – je nach dem, welches im Einzelfall höher liegt.

Die finale Datenschutz-Grundverordnung ahndet eine Verletzung der Löschungsverpflichtung gemäß Artikel 79 Absatz 3a lit. b) mit bis zu EUR 20.000.000,- oder 4 % des weltweiten Jahresumsatzes bei Unternehmen – je nach dem, welches im Einzelfall höher liegt. Wenngleich die Bußgeldhöhe damit im Vergleich zum Parlamentsentwurf verringert worden ist, so machen die künftigen Bußgelddrohungen dennoch im Vergleich zur bisherigen Rechtslage aus dem neuen europäischen Datenschutzrecht einen scharfzahnigen Tiger.[1096]

1096 *Albrecht*, ZD 2013, 587, 590.

C. Rechtsdurchsetzung

Soweit der Dienstanbieter das Löschungsbegehren eines Betroffenen ablehnt, kann sich dieser an die Datenschutzbeauftragten sowie die Zivilgerichte wenden, um seinen etwaigen Anspruch durchzusetzen. Dort werden seine Beschwerden gegen den gescheiterten Löschantrag geprüft und ihnen gegebenenfalls Abhilfe verschafft, indem die Dienstanbieter zur Löschung der gegenständlichen Daten angewiesen werden.[1097] Aus dem Inkrafttreten der Datenschutz-Grundverordnung folgt für deutsche Gerichte, dass bei entsprechenden Rechtsstreitigkeiten die Normen der europäischen Datenschutz-Grundverordnung direkt anzuwenden sind und für Auslegungsfragen der *Europäische Gerichtshof* im Wege des Vorabentscheidungsverfahrens anzurufen ist, Artikel 267 Absatz 1 lit. b) des Vertrags über die Arbeitsweise der Europäischen Union.

Als Besonderheit besteht im Datenschutzrecht neben dem gerichtlichen Rechtsschutz die Möglichkeit einer Rechtsdurchsetzung durch außergerichtliche Kontrollinstanzen. Bei diesen ist zu differenzieren zwischen der internen Selbstkontrolle in Unternehmen und der – vorliegend relevanten – externen Aufsicht durch staatliche Institutionen, namentlich den Datenschutzbehörden: Die Datenschutzbehörden haben die Aufsicht über die Datenverarbeitung durch Mitgliedstaaten (öffentlicher Datenschutz) und durch private Stellen (privater Datenschutz). Auch nach künftiger Rechtslage können die Aufsichtsbehörden etwaige Verstöße gegen das Datenschutzrecht mit Sanktionen ahnden. Das Recht des Betroffenen, sich bei Hinweisen auf eine unzulässige Datenverarbeitung an eine Datenschutzkontrollinstanz zu wenden, ergibt sich unter anderem aus dem Petitionsrecht gemäß Artikel 17 Grundgesetz.

Die sachlich zuständige Behörde wird bei den vorliegenden Fragestellungen regelmäßig der Landesdatenschutzbeauftragte sein.[1098] Die Regelungen zur örtlichen Zuständigkeit der Aufsichtsbehörden werden im Zuge der Datenschutz-Grundverordnung wesentlich verändert: Zwar erstreckt sich auch nach Artikel 51 Datenschutz-Grundverordnung die Zuständigkeit einer Aufsichtsbehörde weiterhin auf den eigenen Mitgliedstaat. Jedoch gilt für Unternehmen mit mehreren Niederlassungen innerhalb der Europäischen Union nunmehr die Besonderheit des sogenannten „One-Shop-Stop": Danach wird eine einzige Aufsichtsbehörde für alle Niederlassungen dieses Unternehmens zuständig sein, und zwar die

---

1097 *Europäischer Gerichtshof*, Urteil vom 13. Mai 2014, Rs. C-131/12 – *Google Spain SL und Google Inc./Agencia Española de Protección de Datos (AEPD) und Costeja Gonzáles*, Rn. 82.
1098 *Kühn/Karg*, ZD 2015, 61, 63.

in dem Hoheitsgebiet, in dem sich die Hauptniederlassung des Unternehmens befindet, Artikel 51 Absatz 2 Datenschutz-Grundverordnung. Es soll also für jede verantwortliche Stelle nur einen einzigen Ansprechpartner innerhalb der Europäischen Union geben. Sinn und Zweck dieser Regelung liegen darin, trotz länderübergreifender Datenverarbeitung Rechtssicherheit, Rechtseinheitlichkeit und Wettbewerbgleichheit für die Unternehmen und die Betroffenen zu schaffen.[1099] Auch soll dem sogenannten „forum shopping", das heißt dem planmäßigen Vorgehen der Unternehmen bei der Ortswahl ihrer Niederlassung, vorgebeugt werden, sich eine bestimmte – vermeintlich günstige – Aufsichtsbehörde auszusuchen.[1100]

D. Gesamtergebnis zum sechsten Kapitel

Zur Beurteilung des Umfangs der konkreten Umsetzungspflichten bei einem datenschutzrechtlichen Löschungsanspruch wird differenziert zwischen einerseits den Daten, Datenkopien und -verlinkungen, die sich auf Servern und Speichern des Primärverantwortlichen selbst befinden und andererseits solchen Kopien, die Dritte von den Ursprungsdaten angefertigt und auf ihren eigenen Servern abgespeichert haben, die sich also außerhalb einer Zugriffsmöglichkeit des Primärverantwortlichen befinden. Maßstäbe für die konkreten Umsetzungspflichten bilden dabei insbesondere die technischen Möglichkeiten sowie die rechtliche Zumutbarkeit. Im Hinblick auf die Ursprungsdaten und deren Kopien auf den *eigenen* Servern des Anspruchsgegners gilt dabei das funktionale Verständnis der Löschung, das heißt die Verpflichtung zur ganzheitlichen Löschung sämtlicher Bestände und Sicherungsversionen der Daten.

Soweit es um Datenkopien auf Servern *Dritter* geht, die sich außerhalb des Zugriffsbereichs des Verantwortlichen befinden, sind Möglichkeit und Zumutbarkeit zum einen bei der Auffindung solcher Kopien und zum anderen bei der Einflussnahme auf die entsprechenden Dritten zu prüfen: Dabei sind der Verpflichtung des Verantwortlichen zur Aufspürung angesichts des Grundsatzes der Unmöglichkeit insbesondere durch die „analoge Lücke" sowie die „digitale Lücke" Grenzen gesetzt: So umfasst die Verpflichtung zur Erfüllung eines datenschutzrechtlichen Löschungsanspruchs jedenfalls nicht, solche Internetnutzer aufzuspüren, die die streitgegenständlichen Daten auf analogen Medien, wie einer

---

1099 *Albrecht*, ZD 2013, 587, 588.
1100 *Albrecht*, ZD 2013, 587, 589. Insoweit geben *Nebel/Richter*, ZD 2012, 407, 412 zu Recht zu Bedenken, dass ein solches planerisches Vorgehen letztlich immer noch in Bezug auf die Hauptniederlassung möglich bleiben wird.

Fotografie, abgespeichert haben. Auch kann nicht von ihm verlangt werden, den systembedingten, browserbasierten Vorgang einer Datenspiegelung nachvollziehen oder zu dokumentieren, der abläuft, wenn ein Betrachter die gegenständlichen Daten im Internet abruft. Des Weiteren ist der Schuldner eines datenschutzrechtlichen Löschungsanspruchs nicht dazu verpflichtet, ohne Anhaltspunkte ins Blaue hinein etwaige Kopien der dem Löschungsanspruch unterfallenden Primärdaten im Internet aufzusuchen. Insbesondere ist ihm die proaktive Durchforstung von Online-Suchmaschinen nicht zumutbar und wird nicht unter die „angemessenen Maßnahmen" gemäß Artikel 17 Absatz 2a Datenschutz-Grundverordnung fallen. Jedoch sollte ihm die Identifizierung der Datenkopien zumutbar sein, soweit er Kenntnis von bestehenden konkreten Datenkopien durch einen entsprechend substanziierten Hinweis des Betroffenen erhält. Bei entsprechend lokalisierten Datenkopien sollten an die Einflussnahme des Primärverantwortlichen auf den Dritten weitere Umsetzungspflichten gestellt werden. So sollte dieser den Dritten nicht nur einseitig informieren, sondern echten Kontakt zu ihm aufnehmen, um ihn um Löschung der Kopien zu bitten. An dieser Stelle wäre eine Regelung des Verordnungsgebers dahingehend wünschenswert, welche Konsequenzen eine Verweigerung des Dritten in einer solchen Situation hat. Denn letztlich wird die Effizienz der Umsetzung datenschutzrechtlicher Löschungsansprüche durch die Webdienste ganz entscheidend von den ansonsten drohenden Sanktionen abhängen.

Siebtes Kapitel
Zusammenfassung und Ausblick

Die Aussage „Das Internet vergisst nicht" enthält sowohl in technischer als auch in rechtlicher Hinsicht viel Wahres. Eine erzwungene Amnesie des Internets kann und wird es nicht geben. So ist ein „Vergessen" im Sinne einer ganzheitlichen Datenlöschung technisch nicht zu erreichen, was maßgeblich in der schwierigen Auffindbarkeit sämtlicher angefertigter Kopien der streitgegenständlichen Daten begründet liegt. So kann insbesondere die „analoge Lücke" nach dem heutigen Stand der Technik nicht geschlossen werden, also die Möglichkeit der Betrachter, wahrgenommene Daten auf analogen Speicherträgern zu sichern. Die Schwierigkeiten bei der technischen Realisierbarkeit dürfen jedoch keinesfalls als Argument für fehlende Umsetzungsbemühungen auf der rechtlichen Ebene dienen. Das Rechtsschutzziel vieler Betroffener wird in der Praxis bereits von vorneherein realistischer sein als ein wörtlich verstandenes „Vergessen". So wird in vielen Fällen der Wunsch dahin gehen, die besonders einfache, schnelle und weltweite Auffindbarkeit der streitgegenständlichen Daten im Internet zumindest einzuschränken, um auf diese Weise die ausgeprägten Recherchemöglichkeiten im Internet auszutarieren. Dieses Ziel kann sowohl auf technischer als auch auf rechtlicher Ebene realisiert und unterstützt werden. Die grundlegende Reform des Datenschutzrechts, insbesondere die Klarstellungen und Erweiterungen der Normtexte im Hinblick auf den Betroffenenanspruch auf Löschung sowie die Ausweitung des räumlichen Anwendungsbereichs des europäischen Datenschutzrechts auf sämtliche Anbieter am europäischen Markt sind mit besonderem Nachdruck zu begrüßen.

Nicht zuletzt im geplanten Verordnungstext zeigt sich, dass sich der Hinweis „Das Internet vergisst nicht" auch auf der rechtlichen Ebene bewahrheitet: Das mit einem „Wunsch, vergessen zu werden" zum Ausdruck kommende Grundrecht auf informationelle Selbstbestimmung als Teil des Allgemeinen Persönlichkeitsrechts gilt nicht absolut. Demnach besteht weder heute noch künftig ein absoluter Löschungsanspruch des Betroffenen hinsichtlich seiner personenbezogenen Daten, mit dem er seine ursprünglich rechtmäßig veröffentlichten Daten ohne weitere Voraussetzungen nach freiem Belieben später wieder entfernen lassen kann. Vielmehr ist das Grundrecht auf informationelle Selbstbestimmung stets im Rahmen einer umfassenden und einzelfallabhängigen Rechts- und Interessenabwägung mit den Grundrechten der anderen beeinträchtigten Stellen in Einklang zu bringen. Diese Abwägung zieht sich wie ein roter Faden durch sämtliche in der vorliegenden Arbeit behandelten Bereiche und entscheidet im Einzelfall über den Erfolg eines Einwilligungswiderrufs bei selbst onlinegestellten Daten sowie einen Löschungsanspruch hinsichtlich personenbezogener Daten in journalistischen Online-Archiven oder in Suchtreffern einer Online-Suchmaschine. Auch auf der Rechtsfolgenseite bleibt die Interessenabwägung für die Frage des dem Anspruchsgegner Zumutbaren relevant.

Dabei sollte weder dem Datenschutz noch den anderen betroffenen Interessen, wie beispielsweise dem Informationsinteresse der Allgemeinheit, ein absolut überwiegendes Gewicht beigemessen werden. Die in den vorliegenden Fallkonstellationen betroffenen Grundrechte, insbesondere die Persönlichkeitsrechte sowie die Informations- und Meinungsfreiheit, sind von besonderer Bedeutung für die freiheitlich demokratische Grundordnung und bedürfen daher eines sachgerechten Ausgleichs in jedem Einzelfall. Nach diesseitiger Ansicht ist die (geplante) legislative Rahmengebung einer solchen Abwägung die sachgerechte Methode, um den künftigen Verordnungstext flexibel und entwicklungsoffen zu halten. Gleichzeitig ist es die Aufgabe der Gerichte, Aufsichtsbehörden und Rechtswissenschaftler diesen Rahmen mit Abwägungskriterien im Einzelfall auszugestalten. Dabei kommt es in besonderem Maße auf eine Balance zwischen dem Persönlichkeitsrecht des Einzelnen und dem Informationsinteresse der Allgemeinheit an. So dürfen nicht durch eine zu legere Löschungspolitik die grundlegenden Vorteile der langfristigen Archivierung vergeben werden, wie etwa freie Recherchemöglichkeiten für Journalisten. Demnach sind im Rahmen der Abwägungen in den einzelnen Fällen gesellschaftlich akzeptierte Rechtszustände anzustreben, in denen Erinnern und Vergessen in Balance zueinander stehen.

Der datenschutzrechtliche Löschungsanspruch bleibt für den Betroffenen das verlässlichste Mittel, um auf seine online veröffentlichten personenbezogenen Daten nachträglich einzuwirken. Neben der rechtlichen Perspektive sollten jedoch auch andere vorausschauende und vorbeugenden Maßnahmen getroffen werden, um die Anzahl künftiger Rechtsstreitigkeiten auf diesem Gebiet von vornherein zu verringern. Die vorbeugende Perspektive setzt dabei ein Umdenken sowohl auf Seiten der Webdienstbetreiber als auch auf Seiten der Betroffenen voraus: Die Webdienste müssen dazu übergehen, dass Datenschutzrecht weniger als Belastung mit aufwendigen Verpflichtungen anzusehen und die Einhaltung der Datenschutzgesetze vielmehr als Wettbewerbsfaktor zur Kundengewinnung einzusetzen.[1101] Ein rechtmäßiger Umgang mit dem Datenschutz wird so zu einem nicht zu unterschätzenden Wettbewerbsmotor für die Wirtschaft der Onlinedienstanbieter,

---

1101 Ebenso Giurgiu, CCZ 2012, 226, 229.

der Wirtschaftswachstum und Arbeitsplätze schaffen kann. Die Möglichkeit der Dienstanbieter, sich mit einer besonderen Qualität im Datenumgang von Konkurrenten abheben zu können, wird durch die legislativen Bestrebungen auf europäischer Rechtsebene bestärkt, unabhängige Datenschutzzertifizierungssysteme für Unternehmen einzuführen.[1102] Zudem werden die Dienstanbieter durch die geplanten Informations- und Transparenzpflichten in Artikel 14 Datenschutz-Grundverordnung zum Umdenken animiert, die verglichen mit der bisherigen deutschen Rechtslage einen wesentlich weiteren Umfang haben. Künftig wird jeder Dienstanbieter nach dem Verordnungstext dazu verpflichtet sein, seine Nutzer insbesondere über die Dauer der Datenspeicherung, den Umfang und Zweck der konkreten Datenverarbeitung sowie über die Kontaktdaten der zuständige Aufsichtsbehörde zu informieren. Hinzu kommt die neue explizite Informationspflicht hinsichtlich der Betroffenenrechte auf Löschung und auf Widerspruch. Diese Transparenzpflichten kommen dem Ziel einer nachvollziehbaren und effektiven Umsetzbarkeit der eigenen Rechte durch den Betroffenen besonders entgegen. Es bleibt zu hoffen, dass auf diese Weise das jüngst entstandene verstärkte Angebot sogenannter „Reputation Defender", also kommerzieller Anbieter, die für die Betroffenen unerwünschte Inhalte im Internet aufspüren und sich um deren Entfernung kümmern,[1103] wieder zurückgeht. Der Betroffene muss allerdings über die Durchsetzbarkeit seiner Rechte so umfassend informiert werden, dass er allenfalls einen Rechtsanwalt, nicht aber einen „Reputation Defender" zur Umsetzung seiner gesetzlichen Ansprüche einschalten muss.

Des Weiteren werden sich die Dienstanbieter auch im Bereich der *technischen* Ausgestaltung ihrer Angebote auf dem Gebiet des Datenschutzes hervorheben können. So wird die interdisziplinäre Symbiose aus Recht und Technik im Datenschutz künftig gesetzlich stärker kodifiziert. Etwa regelt Artikel 23 Datenschutz-Grundverordnung künftig die Prinzipen des „Privacy by Design" sowie des „Privacy by Default", an denen die Dienstanbieter ihre Programmausgestaltung zu orientieren haben. Die Integration von Technik in den datenschutzrechtlichen Verordnungstext stellt einen wichtigen Schritt hin zu einem zukunftsversierten und flexiblen Rechtsschutz personenbezogener Daten im Internet dar. Entsprechend des Grundsatzes der Technikneutralität lässt der Verordnungstext offen, mit welcher konkreten Implementierungstechnik etwa eine Löschung gelingen soll, Erwägungsgrund 13 der Datenschutz-Grundverordnung. Insoweit ist die Informationstechnologiebranche dazu aufgerufen, die Innovation für neue Me-

---

1102 Vergleiche Artikel 39 Datenschutz-Grundverordnung.
1103 Siehe hierzu *Weichert*, DuD 2009, 7, 12.

thoden der Datenlöschung im Netz weiterhin zu fördern, wie es beispielsweise mit dem Ideenwettbewerb 2012 zum Thema „Vergessen im Internet",[1104] organisiert vom damaligen Bundesinnenminister *Friedrich* gemeinsam mit der Deutschen Akademie der Technikwissenschaften, bereits einmal aussichtsreich erfolgt ist. Mit dem Verständnis des Datenschutzes als Wettbewerbsfaktor wird sich auch der Einbau preisintensiver Implementierungsprogramme, mit denen die Vorgaben der Datenschutzgesetze erfüllt werden können, langfristig rentieren.

Nach diesseitiger Ansicht sollte insbesondere der Grundsatz des „Privacy by Default", also des Datenschutzes durch Voreinstellungen, so umgesetzt werden, dass die Dienstanbieter – soweit ihr Dienst unterschiedliche Sicherheitsstufen umfasst – stets die höchste Sicherheitsstufe als Standard einstellen. Sofern der Nutzer eine andere Sicherheitsstufe einstellen möchte, müsste er dies im Nachgang selbst entscheiden. Speziell zu sozialen Netzwerken wurde dieser Vorschlag bereits im Jahr 2011 in einer Gesetzesinitiative der Hessischen Landesregierung[1105] aufgegriffen, der vermutlich vor allem an den in der Luft liegenden Plänen zur Gesamtreform des europäischen Datenschutzrechts gescheitert ist. Durch die standardmäßige Einstellung der höchsten Sicherheitsstufe könnte insoweit Rechtsstreitigkeiten vorgebeugt werden, die entstehen könnten, weil die Daten ohne Reflexion durch den Betroffenen an einen weiten Publikumskreis gelangt sind und gegebenenfalls bereits von Online-Suchmaschinen indexiert worden sind. Somit würde eine solche Standardeinstellung dem „Wunsch, vergessen zu werden" aus einer vorbeugenden Perspektive zusätzlich entgegen zu kommen.

Neben den gesetzlichen Verpflichtungen liegt die wesentliche Grundvoraussetzung für die sachgerechte Umsetzung der Abwägungsmaßstäbe ebenso wie für das Umdenken der Dienstanbieter allerdings im Umdenken der Betroffenen selbst, sprich: eines jeden von uns. So müssen die Internetnutzer ihr rechtliches „Rüstzeug" kennen, um datenschutzfreundliche Angebote im Internet zu erkennen und schätzen zu wissen. Dies setzt voraus, dass sich die Menschen den Wert ihrer persönlichen Daten bewusst machen. Speziell das Bewusstsein von Kindern und Jugendlichen muss insoweit geschärft werden, da diese naturgemäß nur wenig Misstrauen gegenüber Webdiensten hegen. Zur Erreichung eines selbstbestimmten Internetnutzers dürfen jedoch nicht allein Gesetzgeber, Datenschutzbeauftragte und Gerichte auf den Plan gerufen werden. Vielmehr muss Datenschutz auch als besondere Bildungsaufgabe verstanden werden, bei der (Hoch-)Schulen,

---

1104 www.zdnet.de/news/41562116/bundesinnenministerium-kuert-gewinner-des-ideenwettbewerbs-vergessen-im-internet.htm.
1105 Gesetzesentwurf zur Änderung des Telemediengesetzes vom 08. Juli 2011, BR-Drs. 156/11.

Erziehungsberechtigte sowie die Webdienstanbieter selbst dazu angehalten sind, die jungen Menschen auf ihrem Weg zum selbstbestimmten Internetnutzer zu begleiten.[1106] Die Aufklärung der (jungen) Menschen muss insbesondere zwei Aspekte umfassen: Zum einen müssen gerade junge Nutzer eines Onlinedienstes verinnerlichen, dass dieser gerade nicht, wie oft angenommen, „kostenfrei" angeboten wird, sondern von ihrer Gegenleistung in Form der (geldwerten) Einwilligung in die Verarbeitung ihrer persönlichen Daten abhängt, durch die sich die Dienstanbieter wiederum selbst mit Werbeeinblendungen finanzieren. Die eigenen Daten werden im digitalen Zeitalter zur Leitwährung.

Zum anderen müssen sie lernen, welche Konsequenzen die unreflektierte Preisgabe ihrer eigenen Daten im Netz für ihre private und berufliche Zukunft haben kann. So muss die Aufklärung auch die Eindrücke bestimmter Datenoffenbarungen auf einen potentiellen Arbeitgeber oder eine potentielle Hochschule vermitteln, auf der der Jugendliche studieren möchte. Um speziell den negativen Konsequenzen für das berufliche Vorankommen entgegen zu wirken, wurde 2010 per Gesetzesinitiative vorgeschlagen, dass es dem Arbeitgeber verwehrt sein solle, in eine Bewerberentscheidung personenbezogene Daten einfließen zu lassen, die er über den Bewerber aus sozialen Netzwerken erlangt hatte, die nicht der Darstellung der beruflichen Qualifikation der Mitglieder dienen.[1107] Wenngleich eine solche Pflicht nach diesseitiger Ansicht nicht praktikabel zu kontrollieren sein wird und daher eine Umsetzung in Form eines Gesetzes schwierig erscheint, wird der Ansatz gleichwohl als Denkanstoß zum Konstrukt des „Vergessens im Internet" begrüßt, da er bei gleicher Zielsetzung an einem Punkt ansetzt, an dem einem Rechtsstreit noch vorgebeugt werden kann.

Insgesamt wird vorliegend nicht etwa zu einer gänzlichen digitalen Enthaltsamkeit geraten, sondern vielmehr zur Bewusstseinsschärfung aufgerufen. Insbesondere jungen Menschen muss vor Augen geführt werden, dass einmal online veröffentlichte Daten, die ihre Person betreffen, weder technisch noch rechtlich ohne Weiteres später wieder gelöscht werden können. So liegt das Ziel darin, „die Fähigkeit und Bereitschaft der Bürgerinnen und Bürger, insbesondere von Kindern und Jugendlichen, zu fördern, verantwortungsvoll mit ihren eigenen Daten und respektvoll mit den Daten anderer Menschen umzugehen".[1108] Neben

---

1106 Ebenso *Wagner/Brink*, in: Wolff/Brink, Grundlagen und bereichsspezifischer Datenschutz – Landesdatenschutz, Rn. 83, 91.1.
1107 Entwurf eines Gesetzes zur Regelung des Beschäftigtendatenschutzes, BT-Drs. 17/4230.
1108 Entschließung der 78. Konferenz der Datenschutzbeauftragten des Bundes und der Länder vom 8. Oktober 2009 mit dem Titel „Aktueller Handlungsbedarf beim

hrem hohen wirtschaftlichen Wert bilden personenbezogene Daten letztlich einen wesentlichen Bestandteil unserer freiheitlichen Demokratie. Ein gesetzlich geregelter Datenschutz ist ein Privileg, das jeder Nutzer für sich zu schätzen und zu nutzen wissen sollte. Dementsprechend sollten die Internetnutzer so rasch und früh wie möglich darauf vorbereitet werden, die Risiken einer (freizügigen) Datenpreisgabe im Internet mit dem damit einhergehenden Nutzen für ihre Persönlichkeitsentfaltung nach eigenem Empfinden abwägen zu können und nach entsprechender Reflexion den für die eigene Person adäquaten Umfang der eigenen Datenpreisgabe selbstbestimmt festzulegen. Denn der aufgeklärte und informierte Internetnutzer ist und bleibt das wirkungsvollste Mittel zum Datenschutz im Internet.

Datenschutz – Förderung der Datenschutzkultur", online abrufbar unter https://datenschutz-berlin.de/attachments/619/Entschlie__ungen.pdf?.